KB030413

커플 체크업

당 신 의 결 혼 은 건 강 합 니 까 ?

James V. Cordova 저 | 권정혜 · 채규만 공역

학지사

The Marriage Checkup Practitioner's Guide:
Promoting Lifelong Relationship Health
by James V. Cordova

Copyright © 2014 by the American Psychological Association

This Work was originally published in English under the title of: ***The Marriage Checkup Practitioner's Guide: Promoting Lifelong Relationship Health*** as a publication of the American Psychological Association in the United States of America. Copyright © 2014 by the American Psychological Association (APA). The Work has been translated and republished in Korean language by permission of the APA. This translation cannot be republished or reproduced by any third party in any form without express written permission of the APA. No part of this publication may be reproduced or distributed in any form or by any means, or stored in any database or retrieval system without prior permission of the APA.

Korean Translation Copyright © 2019 by Hakjisa Publisher, Inc.

All rights reserved.

본 저작물의 한국어판 저작권은 American Psychological Association 와의
독점계약으로 (주)학지사가 소유합니다.
저작권법에 의해 한국 내에서 보호를 받는 저작물이므로
무단 전재와 무단 복제를 금합니다.

이 책을 다음 사람들에게 드립니다.
나의 사랑하는 가족 Cindy, Ariana와 Sammy

끝없는 사랑을 보여 주신 어머니와 아버지

개척자적인 업적과 너그러운 멘토를 보여 주신
Neil Jacobson, Andy Christensen과 John Gottman

마치 두 화살이 공중에서 만나는 것과 같았던
존경하는 선생님, Melissa Blacker와 David Rynick

함께하지 않았다면 이러한 작업이 불가능했을 나의 모든 제자에게 드립니다.

관심은 사랑의 가장 기본이다. 관심을 통해서 우리는 축복하고 축복을 받는다.

— John Tarrant

사랑은 전체이다. 우리는 단지 한 조각일 뿐이다.

— Rumi

역자 서문

결혼 체크업(Marriage Checkup: MC)은 미국 클라크 대학교에 있는 Cordova 박사 연구팀에 의해 개발된 부부 컨설팅 프로그램이다. 건강을 유지하기 위해 일 년에 한 번 건강 검진을 받듯이 결혼상태가 얼마나 건강한지 정기적으로 MC를 받는다면 부부 관계 건강을 더 잘 지킬 수 있지 않을까. 이것이 바로 Cordova 박사가 MC 프로그램을 개발한 이유이자 역자들이 이 책을 번역한 이유이다. 이 프로그램에서는 부부들이 간단한 설문지 작성을 한 후 부부 면담과 부부 상호작용 관찰을 포함한 2시간에 걸친 종합적인 부부 평가를 받은 후 부부 관계를 어떻게 개선할 수 있을지에 대한 아주 구체적이고 실행 가능한 피드백을 받아 건강한 부부 관계를 향해 노력할 수 있도록 도와준다. 즉, 총 4~5시간의 초단기 부부 컨설팅을 제공하여 건강한 부부 관계를 촉진시키고자 하는 프로그램이라고 볼 수 있다. Cordova 박사는 미국 국립보건소에서 100만 달러의 연구비를 받아 MC의 효과를 밝혀냈을 뿐만 아니라 미군을 대상으로 프로그램의 효과를 검증했으며, 현재 미국 아동 및 가족 행정부에서

200만 달러의 연구비를 지원받아 저소득층에 이 프로그램을 보급하고 있다.

우리나라는 이혼율이 높기도 하지만, 이혼에 이르지 않더라도 한 지붕 아래 이혼한 부부처럼 사는 부부가 얼마나 많은지 모른다. 부부 갈등은 당사자들의 신체적 건강뿐만 아니라 우울증 등의 정신장애에 취약하게 하고 자녀들의 자존감과 교우관계, 학업에도 큰 영향을 미친다. 부부 관계가 좋지 않으면 직장생활에도 활력이 떨어지고 생산성이 떨어지는 것은 말할 나위가 없다. 부부 관계가 중요하다는 것을 부인할 사람은 없지만 부부상담만큼 받기 힘든 것도 없다. 부부 관계가 악화되었다는 것을 인정하기까지 시간이 오래 걸릴 뿐 아니라 부부상담을 같이 받기로 의견이 일치하기란 정말 힘들다. 역자가 고려대학교 부부상담연구소에서 부부들을 상담하면서 가장 안타까웠던 점은 부부 관계가 심각하게 악화되기 전에 좀 더 일찍 상담을 받으러 오셨다면 얼마나 좋았을까 하는 것이었다. 그렇지만 우리나라에는 부부들이 쉽게 접근할 수 있는 부부 프로그램이 많지 않을 뿐 아니라 비용이나 시간적인 제약으로 인해 부부 관계에 대한 피드백을 받기 어려운 실정이다.

다행히 우리나라 사람들은 심리검사에 대해 매우 개방적이며 흥미를 가지고 있는 경우가 많다. 사람들이 심리검사를 쉽게 받아 보듯이 부부 관계를 평가해 주는 MC를 한번 받아 보라고 권하고 싶다. 부부들이 MC를 받는다면 부부 관계가 악화되기 전에 더 적은 노력을 들이고도 부부 관계를 개선할 수 있는 방법을 발견할 수 있을 것이다.

아직 우리나라에 MC의 효과에 대한 연구는 지극히 적지만, 소수의 연구에서 매우 고무적인 연구 결과를 얻고 있다. 앞으로 직장에서 정기적으로 MC를 실시하면 직장인들의 스트레스가 감소하고 생산성이 더 높아진다는 결과를 얻을 날이 머지않아 오기를 기대해 본다. MC를 통해 부부가 자신들의 부부 관계가 건강한지에 대해 적극적으로 관심을 기울이고 좀 더 친밀하고 활기찬 부부 관계를 가질 수 있도록 하는 작은 행동을 실천할 때 이것들이 쌓여서 부부 관계가 장기적으로 건강한 방향으로 나아가도록 촉진할 수 있을 것이다. 필자들의 바람은 우리나라 사람들이 신체적인 건강에 관심을 가져 정기적인 건강 검진을 받는 것처럼 부부 관계에도 관심을 가지고 MC를 받고 건강한 부부 관계를 유지하는 부부가 점점 늘어나는 것이다.

이 자리를 빌려 우리나라에 MC를 도입하는 것에 대해 같이 고민한 고려대학교 부부상담연구소의 상담진과 번역작업에 참여해 준 박사과정생들에게 고마움을 전하고 싶다. 또한 이번 역서의 출판을 허락하고 오랜 시간 기다려 주신 학지사 김진환 사장님과 책을 정성 들여 편집해 준 이영봉 님에게도 깊은 감사의 뜻을 전한다.

2019년

역자 대표 권정혜

저자 서문

현재의 결혼 건강 관리는 공중 건강 관리 기준으로 볼 때 대체로 원시적인 상태에 있다. 가장 흔히 실행되고 있는 결혼 건강 관리의 형태는 이미 심각한 정도의 곤경에 처한 부부들을 위한 3차적 치료이다. 다음으로 가장 유행하고 있는 형태는 부부들에게 건강한 결혼생활에 필요한 기초 요인들을 교육할 목적으로 하는 부부 교육이다. 즉, 현재의 결혼 건강 관리 상태는 전근대적인 치아 건강 관리와 유사한데, 마치 사람들에게 치아를 열심히 닦는 것이나 치실을 사용하는 것과 같은 기초적인 내용의 과정을 수강하고, 이가 아플 때 비로소 치과의사를 찾아보라고 하는 것과 같다.

근대 이전과 비교했을 때 현대 치아 건강 관리 체계의 가장 중요한 차이점은 정기적으로 연 2회 검진을 받는 것이다. 정기적인 검진을 하게 되면, 통상적인 치아 관리 기능을 잘할 수 있고, 건강한 습관을 장려할 수 있으며 초기에 문제점을 발견하여 치료할 수 있다. 정기 검진을 실시하기 전에는 중년이 될 때까지 치아를 모두 유지한 사람이 거의 없었고, 일생 동안 치아를 유지한 사람들은 극소수였다. 검진과 현대적인 보살핌 덕분에 개발 국가의 대부분의 사람들은 전 생애 동안 자신들의 모든 치아를 유지할 수 있게 되었다. 이 책과 일반적인 결혼 체크업(MC) 프로그램의 목표는 정기적인 치아 검진을 통해서 치아 건강 관리를 했던 것을 결혼 건강 관리에도 적용해서 제공하는 데 있다. 즉, 효과적으로 일생 동안 부부 관계 건강을 증진시킬 수 있는 수단을 제공하는 데 있다.

나는 수년 동안 인간관계에 관한 강의를 해 왔고 제자들과 같이 작업하면서, 모든 젊은 성인은 이혼에 관한 통계를 잘 알고 있고, 그것이 자신의 삶에 미치는 영향을 두려워하며, 자신을 병든 결혼과 이혼으로부터 보호하는 보증수표로서 일생을 같이 살기 위해 법적인 결심을 하기 전에 거의 모두가 동거를 선호하고 있다는 것을 분명히 알게 되었다. 이에 관한 많은 연구 결과를 보면, 동거는 잘해 봤자 결혼 후 관계에 이익이 되는 효과가 없고, 최악의 경우에는 오히려 높은 이혼율과 상관이 있다는 것이 밝혀지고 있다. 한마디로, 예방적인 약으로서의 동거는 뱀 기름 같은 것으로, 즉 동거라는 시행착오를 하면 결혼 관계가 바람직한 결혼으로 이어질 것이라는 것은 사실이 아닌 기대에 불과하다. 그러나 젊은이를 포함한 대부분의 사람은 일반적으로 이혼율 통계가 주는 두려움과 장기적인 건강한 관계를 이루고자 하는 당연한 관심에 답해 줄 수 있는 것이 무엇인지를 적극적으로 찾고 있다.

나는 MC에는 사람들이 적극적으로 자신을 보호하고 장기적이고 건강한 관계를 증진시키고자 하는 욕구를 타당성 있고 효과적으로 대처할 수 있는 잠재력이 있다고 믿고 있다. 내 희망은 후속 연구가 계속 나와 MC의 효과가 지지되고 증진되어 뱀 기름이 했던 역할을 현대 의학이 대체했던 것처럼 자신들의 관계 건강을 확보하기 위해 미리 동거해 보는 방법을 사용하는 대신 매년 MC를 하는 것이 자리 잡게 되는 것이다.

이 책을 통해 당신은 모든 커플, 결혼을 했건 안 했건 간에 그들의 일생 동안의 관계 건강을 증진시키는 관계 건강 체크업을 효과적으로 실시할 수 있는 방법을 안내 받게 될 것이다. 이 매뉴얼은 지난 15년간의 연구 결과와 MC 개발의 결과물이고, 다양한 개인과 부부들이 헌신적으로 작업한 결과를 대표적으로 제시해 주고 있다. 만일 당신이 건강 관리에 대한 아주 새로운 접근을 시도하면서 연구비를 신청할 때 어려움을 겪은 경험이 있었다면, 내가 얼마나 어려움을 겪었고 행운도 얼마나 필요했는지 알 것이다. 나는 이 프로젝트를 적극적으로 지지해 주고, 위기에 처했을 때 구원의 손길을 펼쳐 주신 여러 사람을 알게 된 엄청난 행운을 경험했기에 그들의 노력에 대해서 영원히 감사할 것 같다. 나는 또한 이 프로젝트에 수년 동안 헌신적으로 참여한 아주 훌륭한 대학원생들을 얻는 무한한 행운을 누렸다. 그들이 없었다면 이 작업은 불가능했다. 나는 진정 어린 감사를 다음의 사람들에게 표하고 싶다. Rogina Scott, Christina Gee, Lisa Warren, Marina Dorian, Shilagh Mirgain, Daniel Yaeger, Alison Groot, Karen Wachs, Amy Meade, Jonathan Blair, Amanda Harp, Melinda Morrill, C. J. Eubanks Fleming, Julia Sollenberger, Ellen Daring, Tatiana Gray와 Matthew Hawrilenko. 마지막으로, 위험을 감수하고 이 MC 실험에 참가해 준 수많은 부부가 없었다면 이 작업은 불가능했다. 여러분의 삶에 사랑과 기쁨이 가득하기를 빈다.

차례

서론

저자 서문에서 언급했듯이, 국민 건강 관리의 관점에서 결혼 건강 관리의 현 상태는 정기적으로 치과 체크업을 실시하기 이전 치과 의료계 사정과 비슷하다. 1960년대, 미군은 예방적인 치과 프로그램을 기획했고, 치과적인 건강 사업은 대부분 치아의 상실에 관한 치료뿐만이 아니라 충치 치료까지도 포함했다. 이제는 6개월마다의 정기적인 치과 검진을 통해서 전체인구는 아닐 수도 있지만 대부분은 일생 동안에 치아를 유지할 수 있게 되었다. 관계를 연구하는 과학은 반복적이고 결정적인 증거를 가지고 관계 건강이 정신과 신체 건강, 더 나아가서는 부부들의 자녀들의 건강과 안녕에 강력한 영향력이 있다는 것을 제시하고 있지만, 관계 건강 관리는 치과나 신체 건강 관리보다 수십 년 뒤처져 있다. 이러한 현상은 정기적 예방과 초기 개입이란 측면에서 특별히 사실로 나타나고 있다.

우리 신체 내에 있는 모든 시스템과 마찬가지로, 우리의 관계가 번영하고 성숙하기 위해서는 정기적인 관심이 필요하다. 결혼 체크업(Marriage

Checkup: MC)은 정기적인 관심을 촉구하고 있다. Gottman(1994)은 대부분의 결혼은 방치하게 될 때 그 결과로 부부들 사이가 멀어지고 그들의 친밀감의 경험은 사라지게 된다고 하였다. 방치는 양육의 반대 개념으로 관계를 방치하게 되면 어떤 것도 잘 보살필 수 없고 사랑할 수 없다. 즉, 우리는 관계에 관심을 가질 때에만 우리에게 가장 깊고 소중한 것들을 잘 보살피고 사랑할 수 있다. 우리가 질적으로 높은 관심을 우리의 직업, 가정, 사회에 가질 때, 이들은 번성할 수 있다. 우리가 질적으로 높은 관심을 우리의 신체, 치아 그리고 정신건강에 가질 때, 우리는 장기 또는 단기간에 걸쳐 눈에 띄게 행복해지는 경향이 있다. 이와 마찬가지로, 우리가 자녀와 배우자에게 질적으로 높은 관심을 가질 때 그들도 모두 더 풍성한 삶을 누릴 수 있다. 우리는 관심을 가지고 사랑하는 것을 잘 자라도록 할 수 있다. 모든 질적인 보살핌은 세심한 관심을 주는 것에서 시작하고, 그러기에 관심이란 사랑의 가장 근본적인 형태이다.

관심이 사랑의 가장 근본적인 형태라면, MC는 현실 세계에서 우리가 사랑을 실천하도록 하는 한 가지 방법이다. 우리는 너무나 자주 매일의 수많은 요구 사항들로 인해 정말로 사랑하는 사람들에게 관심을 주지 못하고 그로 인해 우리의 애정적인 결속력은 취약하게 된다. 무관심이 사랑의 적인 것이다. 친밀감은 우리의 온전하고 있는 그대로 솔직하게 존재함이 없이는 성장할 수 없다. 그러나 그것은 쉽지 않다. 인간의 삶은 요구가 끊임없이 많으며 불확실하다. 우리는 순간순간에 우리가 해야 할 의무를 해내고 불확실성을 막아 내는 데 급급하다. 친밀감은 본래 취약하고 쉽게 상처받는다는 것을 고려할 때, 안전과 확실성에 대한 우리의 욕구는 항상 도전을 받고 있다. 우리는 여기서 쉽게 외면할 수 있다. 주의가 분산되는 것은 우리의 자연스러운 본성이기 때문이다.

그렇다면 우리는 어떻게 서로에게 접근하기를 실천하도록 지지해 줄 수 있을까? 우리는 어떻게 우리의 삶 가운데서 그리고 부부들과 작업하는 과정에서 배우자들이 순간적으로 일상의 분주한 삶을 내려놓을 수 있는 공간을 창조해서 그들이 사랑의 관심을 가지고 재진입할 수 있는 공간을 마련할 수 있을까? 많은 방법이 있다. 우리가 창조성을 제한하는 만큼만 한계를 경험할 것이다. 그렇기에 이 경우에 우리의 프로젝트인 MC가 바로 대안이 될 수 있다는 것인데, MC는 부부들이 서로에게 의도적으로 다가가도록 고안되었고, 적어도 매년 단위로 평가와 결혼 건강에 관한 피드백을 해 주는 단 2회기로 구성되었다. 매년 신체 건강 검진을 하듯이 동일한 기본적인 예방 건강 기능을 하도록 하는 건강 모델에 기초하여, MC는 부부들에게 정기적인 토론의 장을 제공해 그들이 서로에게 아주 깊은 감사함을 느끼고, 한편으로는 그들의 관계에 관한 관심 사항을 논의할 수 있도록 세심하게 평가할 수 있는 방법을 제시해 준다. MC는 친밀감을 증가시키고 깊어지게 하도록 고안되었기에, 부부들에게 결혼 건강에 도움이 되고 그들 사이의 친밀감을 높일 수 있는 새로운 아이디어를 발견하도록 피드백을 제공해 준다.

이 책은 누구를 위한 것이고, 이 책에서 다루고 있는 것은 무엇인가

MC의 목표는 임상가 또는 상담자가 부부들의 관계 건강을 정기적으로 체크할 때 필요한 이론, 구조 및 도구들을 제공해 주는 데 있다. 즉, 예방과 조기 발견 및 개입이라는 두 가지 목표를 충족하고자 한다. 이 책은 부부들과 작업하는 사람들, 즉 임상심리전문가, 결혼 및 가족 치료사, 상담가, 임상사회복지사 등을 위한 것이지만 꼭 이들에게만 필수적으로 제한되는 것은 아니다. 이 책에서 제시된 접근들은 동거 중인 사람, 동성 부부 등을 포함해서 장기적인 관계를 지향하고 있는 부부들의 관계 건강을 증진시키기 위해 기획되었다. MC의 근거가 되는 원리는 관계 건강이 일반적인 건강의 핵심이라는 데 있다. 제시된 효과는 법적인 부부에만 해당되는 것은 아니다.

이 책은 다음과 같이 구성되어 있다.

- 1장: MC에 대한 전체적인 견해 및 기본적인 구성을 제공함.
- 2장: 부부와 작업하는 기본적인 사항들을 정리하고, 임상 경험에 근거한 사례를 포함하고 있음. 이 장은 부부들과 같이 작업할 때, 특히 단기 개입이라는 맥락에서 특별하게 도전이 되는 중요한 점들을 제시함.
- 3장: 치료적인 면담 기법, 동기강화 면담 기법 그리고 통합적인 부부치료 기법이 단기적 · 정기적인 관계 건강 체크업을 제공할 목적으로 어떻게 적용되었는가를 기술함.
- 4장: 부부들의 관계 건강을 증진시키는 서비스를 제공하는 데 동기강화 피드백을 제공하는 구체적인 목표를 논의함.
- 5장: MC 평가 회기를 진행하는 절차를 자세히 제시함.
- 6장: 단기적이고 치료적으로 유용한 동기강화적인 피드백 보고서를 작성하는 방법과 연관이 있음.
- 7장: 동기강화적인 피드백 회기를 진행하는 구체적인 사항을 제공함.
- 8, 9장: 피드백 보고서에 문제와 장점을 각각 기술하는 데 직접적으로 사용될 수 있는 많은 양의 자료를 제공함.
- 10장: MC에 관련한 최근까지 연구된 사항들을 정리하고 미래의 방향에 대한 논의를 제공함.

친밀감에 대한 이해

나에게 있어 MC의 전체적인 관점은 친밀감의 방향으로 나아가는 것이다. 파트너들은 때로 자신들의 삶과 관계에서 경험한 고통, 실망을 회피하려는 노력으로 친밀감을 의도적으로 멀리하려고 한다. 어떤 경우에는, 파트너들이 매일의 삶에서 개인적으로 해야 할 수많은 일을 하려다가 서로 같이 삶을 나누기보다는 단순히 서로가 서로에게서 멀어진다. 나는 결혼 건강—관심의 결과물, 기꺼이 하고 싶은 마음, 수용하기—의 핵심은 친밀감이라고 주장한다. 나는 또한 친밀감이 일반적으로 심리적인 건강과 수용의 핵심이라고 믿는다. 물론 이것은 단지 나만의 믿음은 아니다. 수많은 연구 결과도 관계적인 삶과 우리 자신의 정신 및 신체 건강에 친밀감이 중요하다는 것을 지지하고 있다. 그러기에 MC의 목표는 서로의 삶과 서로에게 다가가는 친밀감을 증진시켜서 결혼 건강을 유지하고 향상하는 데 있다.

알지 못하는 것이 친밀감일 수 있다

개입법으로서 MC의 심장에 해당하는 것은 친밀감을 풍성하도록 하는 것에 전념하는 것이다. 결혼 관계는 진화를 거듭하면서 친밀감이야말로 관계 건강의 기초가 됨을 우리가 직면하도록 해 주었다. 자녀들은 오가고 있고, 파트너들도 매일 또는 매년 사소한 정도에서부터 심각할 정도로까지 지속적으로 변화하고 있다. 장기적으로 책임감을 가지고 관계를 지속시키게 해 주는 토대는 계속해서 변화하고 있다. 감정적인 면에서의 사랑은 일정한 것이 아니고, 계속 변하면서 밀물처럼 오지만 썰물처럼 빠져나간다. 책임감이나 헌신도 다양한 면이 있고 분명히 영구적인 것이 아니다. 아마도 부부가 서로의 관계에 헌신하고 재헌신하는 반복적인 과정 또는 게으른 인지적 습관(평가할 뜻은 없음)이라고 정확히 특징지을 수 있을 것 같다. 자녀를 공유하고, 시간과 책임을 공유하고, 소유물을 공유하고, 공유된 기억, 공유된 삶, 이 모든 것 또한 오가는 것에 불과하다.

그러나 건강한 결혼의 심장에는 단순한 어떤 것이 존재하는데, 바로 우정이다. 그리고 지속적이고 심오한 우정의 심장에는 무엇인가 순수하게 생기가 넘치고 근본적인 것이 존재한다. 바로 친밀감이다. 나의 삶의 경험과 내가 부부들과 작업하는 과정을 통해서, 장기적인 관계에서 지속적으로 변화하고 그것을 유지하기 위한 기초가 되는 강력한 힘과 생명력은 친밀감이라고 확신한다. 그리고 내가 의미하는 친밀감은 파트너와 우리 자신을 좀 더 깊고 좀 더 완벽하게 알기 위해 지속적으로 서로에게 다가가는 결코 중단 없는 과정임을 의미한다. 내가 만난 모든 친구는 처음 만난 후부터 계속 변하고 있는데, 어떤 친구들은 아주 몰라볼 정도로 변화되었다. 나는 내가 가장 깊이 유대감을 느끼고 있는 친구들을 지지하고 껴안으면서, 수년간에 걸쳐 변화를 겪고 있는 친구들과 함께하며 이를 지켜보고 있었다. 이러한 것이야말로 진정한 우정의 마음이다. 내 아내에 관한 모든 것 역시 변화를 거듭하고 있는데, 어떤 점은 미묘하게 변화하고 어떤 점은 획기적으로 변화했다. 우리가 서로 연결되고 있는 깊이는, 시간이 지나면서 나타나는 변화를 이해하고 포용하면서 버텨 주는 것에서 나타난다. 이것이 진정한 사랑의 마음이다. 우리 둘은 결점이 있고, 넘어지기도 하고, 끊임없이 변화하는 인간인데, 우리 둘 사이에 복잡하게 나타나는 연결감을 지속해 줄 수 있는 유일한 것이 바로 이 친밀감이라고 믿고 있다.

그래서 MC의 핵심은 두 파트너의 내부와 파트너 사이에 친밀감을 증진시키는 것에 전념하는 것이다. 아이디어 자체는 간단하지만 그에 대한 의미는 심오할 수 있다.

친밀감은 취약함이다

친밀감을 개념화하고, 연구하고, 측정하는 다양한 방법이 있음에도 불구하고, 나는 비교적 간단히 생각하려고 한다. 우리 모두는 취약한 부분이 있다. 그러한 취약성을 수용할 때, 우리는 자신의 삶이 타인과 연결되는 것과 친밀감을 허용하고 초대하는 것이다. 그러한 취약한 점에서 돌아설 때 우리는 고립과 절망을 야기하게 된다.

친밀감이란 수용과 내적인 연결감이다. 우리가 사는 세상에서 온전히 우리 자신으로 존재할 수 있음을 느끼고, 다른 세계도 있는 그대로 존재하는 것을 허용해 줄 때, 우리는 자신의 삶과 어느 정도의 친밀감을 성취할 수 있다. 우리가 파트너와 온전히 편안하게 우리 자신으로 존재할 수 있다고 느끼고, 파트너 역시 있는 그대로 존재를 수용해 줄 때, 우리는 그 관계에서 어느 정도 친밀감을 성취할 수 있다. 우리가 취약하지만 우리의 삶을 있는 그 자체로 허용해 주게 되면 우리는 친밀감을 향해서 전진하는 것이다.

나는 친밀감에 관해서 행동적인 관점에서 기술한 적이 있는데, 친밀감이란 우리가 자신의 취약점을 다른 사람에게 드러냈을 때 그 사람이 따뜻하고 수용적인 자세로 반응해 주면, 미래에도 우리의 취약점을 좀 더 드러낼 가능성이 있고, 취약한 자신에 대해서도 더 안전하게 느낄 수 있게 된다. 반대로, 우리가 자신의 취약점을 인정하면서 이를 다른 사람에게 드러냈을 때 상대방이 차갑고 거부적인 태도로 반응하면, 우리는 미래에 우리의 취약점을 덜 허용적으로 드러내게 되고 취약한 자신의 존재에 대해 덜 안전하게 느끼게 된다.

그 과정은 경험을 통해 삶에서도 나타나게 된다. 친밀감 과정의 정서적 흔적들은 우리가 주위 사람들에게 취약한 존재로 있을 때, 안전하게 느끼는가 아니면 덜 안전하게 느끼는가를 통해서 나타난다. 그것은 단순한 과정이지만, 그 과정의 핵심에는 우리가 소중하게 여기는 모든 것이 담겨 있다. 친밀감이 없는 곳에는 오직 분리와 배고픔과 절망이 있을 뿐이다.

친밀한 관계에서 도전이 되는 것은 결과적으로 MC에서도 도전이 되는 것으로, 취약성이 항상 남아 있게 된다. 그러나 그 취약성은 사람에 따라, 시간에 따라 대처하는 것이 다르다. 현재 진행 중인 어떤 친밀한 관계에서도 때로는 처리가 잘 될 때도 있고 그렇지 않을 때도 있다. 이것은 불가피한 것이고, 어떠한 현실적인 인간관계에서도 이런 점들이 나타난다. 아무리 친밀한 파트너라도 완벽하게 친절한 것은 아니고, 모든 것이 수용적이지는 않다. 첫째, 단지 우리가 친밀한 파트너의 영역, 즉 우리가 자신과 자신의 행동에 관해서 수용하기 어려운 영역을 발견하게 되는 것은 시간 문제이다. 아마도 이것은 우리의 조급성, 지저분한 행동, 불안, 건망증 또는 인간으로서 어느 정도의 불완전성일 수도 있다. 둘째, 우리는 파트너의 정서적인 반응을 촉발시키는 뜨거운 단추를 필연적으로 발견할 것이다. 마지막으로, 장기간 정서적 근거리에서 살고 있는 두 사람은 필연적으로 우연한 기회에 그러면서도 대체로 정기적으로 상대방의 정서적인 영역을 침범하게 된다. 그렇기에 우리는 자신의 취약성이 잘 다루어지지 않고 상처를 받는 상황을 정기적으로 경험하게 된다.

가장 건강한 관계에서는 대부분의 경우에 우리의 취약한 부분들이 잘 처리되고 있다. John Gottman(1994)은 파트너 사이에 건강한 관계의 특징을 비율을 이용해서 기술했는데, 즉 부정적인 상호작용 한 가지가 있을 때 다섯 가지의 긍정적인 상호작용이 있음을 언급했다. 관계가 악화되고 건강하지 못한 관계는 이와 같은 비율이 더 낮다고 지적했다. Gottman이 제시한 비율은 일반적으로 관찰할 수 있는 긍정과 부정의 비율을 의미하지만, 약간은 비슷한 균형이 순간적인 취약성을 보이는 순간에도 구체적으로 적용될 것 같다. 실제적인 면에서도, 우리는 친밀한 파트너와의 관계에서 항상 취약할 수밖에 없다. 그러나 특별히 취약한 영역들은 긍정 대 부정의 비율이 줄어들기 시작할 때 억압하려는 경향성을 가지고 있다.

친밀감이 잘 충족되다

우리가 자신과 파트너에게 얼마나 친밀한가의 정도는 상대방이 자신을 얼마나 친절하고 수용적으로 대해 주는가에 달려 있다. 만일 진정한 자신의 모습이 너무나 자주 거절당하면 다른 사람들로부터 자신을 방패막으로 방어하는 것은 필연적인 것 같다. 다른 한편으로는, 우리가 상처를 받을 때 어떻게 반응하는가와 우리가 순수한 친밀감에 필요한 요구 사항들을 얼마나 잘 지탱해 주는가가 우리의 관계가 얼마나 건강한가에 대한 핵심적인 면이다. 어떤 사람들은 과거 대인관계 경험으로 인해 상처를 받을 때는 아무리 친절하고 수용적인 접근을 해도 다른 결점이 있는 인간들과 순수한 친밀감을 유지하는 것이 거의 불가능할 수 있다. 과거에 다른 경험을 한 사람들은 상처를 받을 때에도 친절하게 서로 교제하면서 친밀감을 더 잘 유지하기에, 오류 투성이인 인간 사이에서도 친밀감을 장기적으로 더 잘 유지할 수 있다.

MC에서 우리가 만난 부부들은 진정으로 건강하고 친밀한 사람에서부터 진정으로 건강하지 못하고 서로에게 폐쇄적인 사람들까지 친밀감의 연속선상에 있는 사람들이다. 어떤 부부들은 친밀감의 기초가 단순히 관심의 부족으로 인해서 침식되기도 하고 적대하거나 철회하면서 적극적으로 관계를 망치기도 한다. MC의 목적은 모든 부부가 관계의 건강을 평가하고, 건강하고 스스로 잘 유지되는 친밀감을 가지기 위해 그들이 할 수 있는 일을 최대한 하도록 돕는 데 있다.

일러두기

원저자는 Marriage Checkup(MC)이라는 용어를 사용하였으나 이 책이 일반적인 결혼 관계뿐만 아니라 장기적인 관계를 추구하는 다양한 유형의 커플들의 관계 건강을 증진시키기 위해 기획된 책인 만큼 역자는 Marriage Checkup을 '**결혼 체크업**' '**커플 체크업**'으로 번역하여 혼용하기로 한다.

Chapter 01
커플 체크업이란 무엇인가

커플 체크업(MC)이란 아이디어는 간단한 것 같지만, 그 의미는 부부의 관계 건강과 공중 건강 양자 모두에 잠재적으로 변화를 줄 가능성이 있다는 것이다. 정기적인 치과 체크업이나 정기적인 신체검사가 우리 치아와 신체의 건강에 기여하는 것처럼, MC는 결혼 건강에 기여한다. 이 장에서는 주기적으로 관계를 점검해야 할 필요성과 MC의 근거가 되는 이론을 설명하고, 개입 방법과 그 전달 방법에 대해서 간단히 기술하겠다.

부부 관계의 새로운 모델

부부 관계의 건강 관리를 통상적으로 광범위하게 적용하는 건강 관리 전략의 일부로 기대할 수 있는지에 관해 논의하기 전에, 먼저 사람들이 자신들의 결혼에 대해서 일반적으로 인식하는 방식을 변화시킬 필요가 있다고 생각한다. 부부들은 초기에 건강한 관계가 점차 지속적으로 훼손되어 가는 위험한 시기를 경험하지만 이를 잘 알아차리지 못하고 지나간다. 부부들은 관계에 돌이킬 수 없는 손상을 입히지는 않는 한두 개의 특별히 곤란한 문제들을 경험하기도 할 것이다. 사실 부부들은 위험한 시기를 거쳐 가면서도 그들의 관계에 대해서는 계속해서 전반적으로 만족스럽다고 평가하는 경향이 있다.

Gottman(1994)은 부부 관계 악화의 두 단계로 P단계와 Q단계를 설명했다. P단계는 변화가 누진적으로 이루어지는데, 악화된 갈등이 쌓이고, 시간이 지나면서 마치 낙숫물이 바위를 뚫는 것과 같이 부정적 경험이 부정적 경험을 야기하는 단계이다. Q단계는 변화가 이분법적인데, 부부 관계가 어떤 날은 청신호이지만, 다음 날은 적신호로 바뀔 수 있다. 즉, 하루는 부부 관계를 만족하다고 평가하지만 다음 날은 불만족스럽다고 평가한다. 이 두 가지 변화 유형으로 인해 부정적 경험이 쌓여감에도 불구하고, 부부들은 자신의 전반적인 관계에 대해 계속해서 만족한다고 평가할 수 있다. 그러나 부정적 경험이 임계치를 넘어서게 되면, 관계 평가는 만족에서 불만족의 변곡점 단계로 넘어가게 된다. 이 상태의 문제점은 일단 만족에서 불만족으로의 전환이 이루어진 후에는 관계에 만족한다고 평가하기 위해서는 동일한 정도의 긍정적 경험이 축적되어야 할 필요가 있는데, 이렇게 하는 것이 상당히 어려운 일이라는 것이다. 이런 현상이 의미하는 것은 부부들이 부부 관계를 불만스럽다고 계속해서 평가하고 있음에도 불구하고 새로운 전환점에 도달하기 전까지는 부부 관계의 긍정적 상호작용은 탄력을 받을 때까지 계속해야 한다는 것이다. 대부분은 아니겠지만 여전히, 많은 부부에게 이렇게 하는 것이 의미 있는 도전이 될 것이라는 것을 쉽게 상상할 수 있다.

이러한 관계 변화의 모델에서 보면, 손상받은 관계를 복구하는 것은 쉽거나 단순하지 않다. 즉, 이런 현상은 돌이 쉽게 언덕 아래로 굴러 내려가려는 것을 막으려고 하는 것보다는 그 돌을 언덕 위로 밀어 올리는 것에 비유하는 것과 유사할 것이다. 이것이 친밀한 관계에서 불만족이나 고통이 어떤 역할을 하는지 정확하게 반영해 주는 비유로서 정확하다면 갈등이 쌓이기 시작할 때 관계를 규정하는 이분법적인 평가가 바뀌기 전에 개입하는 것이 가장 효과적이다. 이 모델에 따르면, 만족에서 불만족으로 이분법적인 평가가 바뀌는 것을 예방하는 것이 불만족에서 만족으로의 이분법적인 평가에서 변화를 추구하는 것보다 더 쉽다. 그리고 이러한 결과를 고려할 때 정기적으로 MC를 실시하는 것은 중요한 이득인 셈이다. 따라서 건강한 결혼이 악화되는 것을 예방하는 데 MC는 다음과 같은 장점을 가지고 있다. ① 결혼이 망가지는 것을 예방하고, ② 결혼생활의 어려움이 쌓여 가고 있는 것을 조기에 알아차려서 결혼생활이 불만족한 방향으로 변하기 전에 반대 방향으로 되돌리도록 하고, ③ 이미 관계가 악화된 부부에게는 이 문제점을 적극적으로 알려서 단기치료적 개입과 필요한 경우에는 좀 더 철저한 치료를 받는 동기를 제공해 줄 수 있다.

MC 모델은 친밀감, 수용, 상호적인 열정과 행동적 활성화를 증강시키는 데 초점을 두고 있다. 치료와 안념감을 증진하는 많은 새로운 접근 방법은 이와 같은 삶의 방식들을 강조하고, 전반적인 심리적 웰빙이 기초가 된다고 가정하고 있어, MC는 더욱더 널리 알리고 나눌 수 있는 잠재력을 가지고 있다.

그 밖에도 현존하거나 진행 중인 연구 결과들은 정기적인 MC를 실시하는 것이 부부들의 관계를 건강하게 해 줄 수 있는 유익한 방법이라는 구체적인 증거를 제시해 주고 있다. 또 하나의 시사점은 관계의 건강이 향상된 결과는 전반적인 이혼율을 낮추고 전반적으로 사람들의 정신과 신체 건강을 가져오며, 아동들의 평균 건강과 웰빙에 기여할 것이라는 점이다. 물론 현 시점에서 이런 장기적인 효과는 단지 추정에 불과하지만, 현재 드러나고 있는 연구 결과들은 정기적인 부부 건강 체크업은 잠재적인 장점이 있다는 것을 지지해주고 있다.

부부 갈등의 고비용

심각하고 만성적인 부부 갈등은 부부와 그 자녀들의 건강, 복지와 삶의 질에 심각한 영향을 준다. 인구의 약 90%는 일생 동안 한 번은 결혼을 하고 (Norton & Moorman, 1987), 부부의 약 20%에서 한 번은 심각한 결혼의 어려움을 겪는 것으로 추정된다(Beach, Arias, & O'Leary, 1986). 만약 미국에서 약 6,000만 쌍이 결혼한다고 하면, 그중 약 1,200만 쌍이 한 번은 심각할 정도의 위태로운 지경에 빠진다는 것이다(U.S. Census Bureau, 2010). 미국에서 초혼 부부의 약 절반가량은 이혼을 하는데, 지난 20여 년간 이 통계치는 일정하게 유지되고 있다(Kreider, 2005; National Center for Family and Marriage Research, 2009). 여성은 50세, 남성은 59세가 될 때까지, 각각 39%, 41%가 최소한 한 번 이혼을 한다고 한다(Kreider, 2005). 더욱이 이혼하지 않고 사는 상당수의 부부는 불행하거나 학대적인 관계를 유지한다고 한다. 정신건강 문제를 가진 사람의 40%는 정신적 문제가 관계의 어려움에 기인한다고 할 수 있다(Berger & Hannah, 1999). 연구에 의하면 부부 관계 불화와 해결의 어려움은 더 높은 정신장애 비율, 면역 기능의 손상, 청년 우울증과 자살, 수십 억 달러의 사회 손실 비용 등과 관련이 있음이 드러나고 있다(Berger & Hannah, 1999).

이 밖에도 부부 관계 악화와 이혼에 의해 파생되는 다른 문제들은 수많은 다른 어려움의 근원이 되고 있다. 즉, 중요한 인간관계의 갈등을 경험한 사람들은 주요우울 삽화의 발생 비율이 10~25배까지 높은 것으로 추정된다(Baucom, Shoham, Mueser, Dautia, & Stickle, 1998; Weisman, 1987; Whisman, 2007). 또한 부부 관계의 갈등은 상당히 심각한 수준으로 알코올중독과 다른 약물 남용(Maisto, O'Farell, Connors, McKay, & Pelcovits, 1997), 가정 폭력(Holzworth-Munore, Smutzler, Bates, & Sandin, 1997), 면역 기능의 약화(Newton, Kiecolt-Glaser, Glaser, & Malarkey, 1995; Whisman & Uebelacker, 2006), 의료적인 치료를 지속적으로 받지 못하는 현상(Schmaling & Sher, 1997)과 연관이 있다.

부부 관계 악화는 또한 자녀에게도 상당히 고통을 주는데, 신체 건강 악화, 낮은 학업 성취, 더 많은 문제 행동과 정서적 문제, 낮은 자존감과 함께 대인관계 형성 및 유지에 있어서도 어려움을 초래하는 것으로 나타났다(예: Amato, 2001). Amato(2001)는 실행 가능한 개입을 했음에도 불구하고, 1990년대를 기준으로 10년 전에 비해 이혼가족의 자녀와 비이혼가족의 자녀들 간 심리적 · 정서적 발달을 비교했을 때, 이들의 간극은 더 넓어졌다고 보고했다. 요약하면, 심각하고도 만성적인 부부 관계 악화를 방지하는 것은 가족 전체의 심리적 · 행동적 그리고 신체적 장애들을 예방할 수 있다.

3차적 개입의 한계점

불행하게도, 부부 문제에 대한 개입은 전통적으로 부부치료를 받는 것으로 개념화되어 있다. 결과적으로 전문적 도움은 전형적으로 부부의 관계가 심각한 수준까지 악화된 후에야 효과가 있다고 여겼다. 더욱이 부부들은 자신들의 문제가 심각할 정도로 문제가 있는 경우에만 부부치료를 받는 것으로 간주했기에, 부부치료를 받아도 효과를 볼 수 없을 때까지 미루다 시기를 놓친다. 마지막으로 대부분의 부부 갈등이 있는 부부들은 부부치료에 훈련받은 전문가들보다는 오히려 주치의나 목사에게 도움을 구한다(Doherty, Lester, & Leigh, 1986; Veroff, Douvan, & Kulka, 1981). 이혼한 부부들은 약 37%만이 이혼하기 전에 상담을 받았다고 한다(Johnson et al., 2002). 현재 결혼한 부부 또는 로맨틱한 혼전 관계 중인 연인 중에서 66%가 자신들의 부부 관계를 강화하기 위해 워크숍이나 수업과 같은 부부 관계 교육 프로그램에 참여했음에도 불구하고, 이들 중 부부치료를 받은 사람들은 19%에 불과했다(Johnson et al., 2002).

마지막 순간의 해결책 옵션

치료에 참여하기를 꺼리는 것에 대한 원인은 분명하지 않지만(Bradbury, & Fincham, 1990), 한 가지 가능한 설명은 치료에 요구되는 시간과 비용에 대한 투자이다. 또한 심리치료에 대한 사회적 낙인도 부부가 치료에 참여하는 것을 막는 요인이다. 이혼했지만 부부치료를 받지 않았던 사람들에 대한 연구에서 보면, 치료를 찾지 않은 가장 큰 이유는 변화를 이끌어 내기에는 너무 늦었다는 인식 때문이었다(Wolcott, 1986). 실제로 연구에서는 부부들이 자신들의 관계가 아주 심각한 정도로 악화되어서 도움을 받으려고 결심하기까지는 평균 6년이 걸린다고 제시한다(Notarius & Buongiorno, 1992: Gottman, 1999에서 재인용). 치료 지연의 주요 요인들은 부부들이 치료에 참여하기로 결정하는 과정에도 적용하는데, 세 가지 주요 단계가 나타난다. 그것은, ① 부부 문제가 있음을 인식하기, ② 치료받는 것을 고려하기, ③ 부부치료를 받기 위한 절차 밟기이다(Doss, Atkins, & Christensen, 2003). 실제로 많은 부부는 치료를 받기로 결정하기 전, 문제를 인식하고 치료를 고려하는 단계에서 진퇴양난에 빠진다. 부부 관계에 문제가 있다고 알아차리기 위해서는 관계가 오랫동안 심각하게 나빠져 적어도 부부 중 한 명은 자신의 부부 만족도가 '대체로 만족'에서 '대부분 불만족'으로 전환하게 되는 임계치 수준에 다다를 필요가 있다. 문제가 있다고 인식하기 이전에, 이미 관계의 손상이 오랫동안 쌓여 있어 온 셈이다. 치료받는 것을 고려할 때, 개인의 일반적 태도를 포함해서 많은 장애물이 있다. 많은 사람은 치료를 받는 것, 특히 부부치료를 받는 것에 부정적 태도를 가지고 있는데, MC 치료자들도 부부들로부터 부부치료를 받으면 겉으로는 좋아지는 것 같지만 결국에는 이혼하게 된다는 등 염려의 소리를 종종 들어 왔다. 그래서 많은 부부는 부부치료를 하지 않으려 할 뿐 아니라 그것이 이혼에 이르게 할 가능성도 있다고 의심하고 있다.

부부치료를 받는 데 도전이 되는 것 중의 하나는, 부부가 함께 부부치료를 받기로 심각하게 고려해야 한다는 것이다. 부부들은 자신들의 결혼 상태에 대해서 언급하는 것을 불편스럽게 생각하고 있고, 많은 부부는 이런 민감한 문제들을 특별하게 회피한다는 것을 의미한다. 그 밖에도 일반적으로 남성은 여성보다 치료받는 것에 대해서 상당히 더 부정적인 태도를 가지고 있으며(Doss et at., 2003; Robertson & Frizgerald, 1992), MC 치료자들도 부인들은 남편에게 부부치료를 받자는 권유를 할 수 없다는 말을 자주 듣게 된다. 마지막으로 부부치료를 받기 위한 절차를 밟는 것에는 시간, 돈 그리고 아이 돌보아 줄 사람 구하기 등을 포함한 많은 난제가 있다. MC 치료자들이 자주 접하는 다른 난제는 신규 내담자를 받아 주는 훌륭한 부부치료자를 찾기 힘들다는 것이다. 그래서 부부치료의 수많은 장애물을 기꺼이 넘으려고 하는 소수의 사람에게조차 전문적인 부부치료는 최후의 수단으로 배제되는 경향이 있다.

제한된 효과성

부부치료는 비용과 끌리지 않는다는 점 외에 효과성 면에서도 제한점이 있다. 부부치료에 대한 메타분석 결과는 부부치료를 받는 경우는 부부치료를 받지 않는 경우에 비해서 약 40~50%에서 효과성(효과성의 크기=0.84)이 있다는 것을 보여 주고 있다(Shadish & Baldwin, 2003). 단기 부부 개입을 받은 경우에도 치료를 받지 않은 경우에 비해 더 높은 수준의 관계적 건강성을 보여 주었다(Uebelacker et al., 2006). 50% 정도의 회복률은 치료를 전혀 받지 않은 경우와 비교해 볼 때 칭찬할 만한 수준이지만, 참고할 만한 자료를 보면 MC 치료자에게 부부치료는 많은 경우에 너무 적게 또는 너무 늦게 실행되고 있지 않나 하는 믿음을 갖게 한다. 연구들은 치료에서 가장 어려움이 있는 부부들은 더 심각한 정도의 갈등을 경험하고 있고, 정서적으로도 더 많이 격리되어 있고, 좀 더 극단적으로 양극화되어 있는 경향이 있음을 보여 준다(Baucom & Hoffman, 1986; Hahlweg, Schindler, Revenstorf, & Brengelmann, 1984; Jacobson, Follette, & Pagel, 1986). 이것은 많은 부부가 치료에 오기 전까지, 그들의 부부 관계가 치료에서 도움을 받기에는 너무 멀리 가 있다는 것을 시사한다. 이론적으로는, 시간이 지나면서 체크되지 않은 역기능적 과정의 결과로서 부부 관계의 손상이 누적되어 가면 결과적으로, ① 전반적인 관계 손상과 친밀감이 더 줄어드는 현상이 일어나고, ② 돌이키기 힘든 정도의 손상도 더 많이 발생하고, ③ 부부 관계가 복구할 수 있는 가능성은 더 적어지고, ④ 더 광범위한 개입이 필요하지만 성공 가능성은 더 적어지고, ⑤ 신체적 · 정신적 그리고 가족 건강에 좀 더 심각하고 만성적이고 부정적인 영향을 미치게 된다. 그래서 부부 관계의 악화 예방에 초점을 맞추는 것이 중요하다.

단기 개입이 부부 사이를 메우는 방법

단기 부부 개입은 갈등을 경험하고 있는 부부가 부부치료를 받는 것에 대한 장벽을 낮춰 줄 수 있는 잠재력이 있다는 것을 보여 준다. 단기 부부치료는 과거에도 검증되었는데, 적극적으로 치료에 임한 관계 악화 부부에게는 치료로서 그리고 잘 기능하고 있는 부부에게는 부부 관계를 강화시켜 주는 경험으로서 놀라운 효과가 입증되어 왔다. 예를 들어, Halford, Osgarby와 Kelly(1996)는 부부 관계의 어려움이 있는 부부들을 대상으로 3회기의 피드백 프로그램을, 전통적으로 12~15회기를 실행하는 행동적 부부치료와 비교했다. 두 치료 모두 관계 만족도에서는 유의한 상승이 있었지만, 어떤 치료법이 다른 것보다 더 우수한 것으로 나타나진 않았다. Davidson와 Horvath(1997)도 적극적으로 치료를 찾은 부부 관계의 어려움이 있는 부부들에게 3회기의 부부치료 효과를 연구했다. 그들은 문제의 재정의(reframing)와 억제(restraining)의 역설적 개입 기법에 초점을 두었는데, 치료 집단의 경우 통제집단과 비교해 볼 때 부부들의 결혼 만족도, 표적 불만, 갈등 해결에서 유의한 개선이 있었으며, 6주 추수 검토에서도 효과성은 유지되었다. Worthington 등(1995)은 잘 기능하고 있는 학생 부부들을 대상으로 관계증진 프로그램(relationship enrichment procedure)으로 3회기의 평가와 피드백 개입의 효과를 연구했다. 결과를 보면, 이 개입은 단지 평가만 받은 부부들과 비교했을 때 부부의 결혼 만족과 헌신의 태도에서 적지만 긍정적인 효과를 보였다. Cummings, Faircloth, Mitchell, Cummings와 Schermerhorn(2008)은 지역사회 부부들을 대상으로 4회기 단기 심리교육 프로그램의 효과성을 연구했는데, 개입 후에 참여 부부들의 건설적 의사소통은 더 많아지고, 파괴적 의사소통은 더 적어졌다. 현재 문헌에서는 단기 개입이 부부 관계에 유의한 영향을 미친다는 것을 입증하고 있다.

보편적 예방의 한계점

의학협회(Institute of Medicine)의 정신장애 예방에 관한 보고서에서는 정신질병 예방의 하위 분야를 다음과 같이 분류했다(Muñoz, Mrazek, & Haggerty, 1996). ① 보편적(universal) 예방 개입 – 일반적 문제가 시작되기 전에 전 주민을 대상으로 문제를 방지하는 것이 목표(예: 예방주사). ② 선택적(selective) 예방 개입 – 심각한 문제로 발전하기 쉬운 고위험군으로 분류된 집단을 대상으로 함(예: 심장병이 있는 가족의 식사 습관을 바꾸기 위한 목표로 실시하는 교육 프로그램). ③ 징후 지시적(indicated) 예방 개입 – 아직은 정신질환의 진단 준거에 맞지 않지만, 정신적 질환을 전조하는 작지만 탐지 가능한 징후를 보이는 집단에 대한 예방적 개입(Muñoz et al., 1996, p. 1119).

부부치료의 제한점 때문에 보편적 예방 개입 프로그램들이 계획되고 그 효과가 검증되었다. 이 프로그램들은 결혼 전 커플과 신혼부부들을 대상으로 하였으며, 장기적으로 결혼 건강에 필요한 것으로 간주되는 대화 및 문제해결에 대해 학습시켰다(Markman, Floyd, Stanley, & Storaasli, 1998; Markman, Renick, Floyd, Stanley, & Clements, 1993; Stanley, Amato, Johnson, & Markman, 2006). 이런 개입에서는 결혼 초기 부부와 같이 도움을 받을 수 있는 부부의 비율이 상대적으로 적은 편이었다. 또한 이미 결혼생활을 하고 있으면서 심각하고 만성적인 문제를 가지고 있는 부부들에게 도움이 될 수 있는 복잡한 문제점들은 다루지 못한다는 한계가 있다. 결과적으로, 많은 부부 워크숍이 기혼 부부들의 요구들에 중점을 두면서 발전해 왔으며, 이런 보편적 예방 개입은 주로 집단으로 실시된다. 또한 이런 개입들은 많은 시간이 요구되기에 처음에는 흥미를 갖고 참여했던 부부들의 상당한 비율이 포기하게 되기도 한다(40~60%의 탈락률; Halford, O'Donnell, Lizzio, & Wilson, 2006; Windenfelt, Markman, Guerney, & Behrens, 1997).

어떤 부부가 커플 체크업의 후보일까

MC 프로그램은 정의에서 예시하듯 전통적으로 문제가 있어서 예방이 필요한 부부들보다 훨씬 광범위한 부부들을 대상으로 하고 있다. 결혼의 황폐화 위험성에 있는 부부들을 끌어들이기 위해서, 검진 모델(checkup model)은 결혼 건강 상태가 건강하고 행복한 부부들로부터 심각하게 손상되고 황폐화된 부부들에게도 모두 매력적이어야만 한다. 만약 상당수의 위기 상태의 부부가 도움을 받을 만큼 위기 상황이거나 어려움이 있다고 스스로를 평가하지 않는다는 것을 가정한다면, MC는 스스로를 본질적으로는 행복하다고 판단하고 있는 부부들에게도 매력적이어야만 한다. 그래서 MC는 예방적인 것(보편적 개입의 제한적 형태)과 조기 탐지와 개입 프로그램(3차적인 개입) 두 가지 모두에 맞게 고안되었다. MC의 관계 건강성 증진을 목표로 한다고 해도, 그 수준이 부부치료가 필요한 심각한 부부들의 기능들 모두를 도와주는 것을 목표로 하지 않는다. 그러나 단기 개입도 아주 심각한 부부들에게 개입하는 데 효과적이었고, MC는 상당히 심각한 문제를 가진 부부들에게서도 긍정적 효과가 있었다는 증거들이 있다. 심각한 정도의 불행한 부부들에게 MC를 시행하는 목적 중 하나는 그들이 좀 더 광범위한 부부치료적인 개입도 받아 보도록 동기화시키는 데 있다.

치료와 보편적인 예방적 개입 프로그램에 대한 관심과는 반대로, 부부 건강의 다양한 스펙트럼과 함께 부부 관계가 악화될 수 있는 매우 초기 단계에 있는 부부들의 필요를 충족하는 프로그램을 개발하고 경험적으로 검증하려는 시도는 거의 없었다. 이것은 전통적인 부부치료가 효과 측면에서나 부부들을 끌어들이는 데 제한점을 가지고 있으며, 보편적인 예방 프로그램은 부부들에게 널리 적용되지 못하고 참여하기를 거부하는 부부들이 많다는 면을 고려할 때 불행한 차이점이다.

결혼이 악화될 위기에 있는 부부

MC에서 제시된 예방 프로그램은 일반적으로 도움을 찾지 않거나 또는 도움을 받는 것에 양가적인 사람들에게 잠재적으로 접근할 수 있기에 결과적으로 보통 부부치료를 받는 부부들에 비해서 더 많은 사람들에게 매력적일 수 있다. MC에서 제시하는 예방 프로그램은 실제로 전통적인 치료들보다 비용에 비해서 훨씬 더 높은 효과성을 시도하고 있고, 특히 MC는 단기적이면서 부부의 강점, 기술, 결혼을 개선하고자 하는 동기를 고취하고 있다.

심각한 문제를 가진 부부

MC에서 제시하는 예방 프로그램의 이점은 일반적 예방 프로그램과 대부분의 부부 관계를 강화하는 프로그램(enrichment program)과는 달리 심각한 관계의 어려움이 있는 부부들도 배제하지 않는다는 것이다. 심각한 어려움이 있는 부부들이 '치료'를 받는 것에 대한 저항이 있음에도 MC에는 기꺼이 참여하게 하며, 이런 결과로 필요할 때 적절한 치료를 받는 것에 대한 저항도 감소시킬 것이라는 것이라고 이론적으로 제시했는데, 최근의 자료에서는 이전에는 부부치료를 받지 않았던 심각한 어려움이 있는 부부들 중 상당한 비율이 MC에는 기꺼이 참여한다는 것을 보여 준다. 마지막으로, 관계의 손상을 되돌릴 수 없기 전에 그리고 부정적인 영향이 정신적 · 신체적 그리고 자녀의 건강에까지 퍼지기 전에 징후 지시적 예방 프로그램은 이런 악화의 과정을 멈출 수 있다.

치료를 추구하지 않는 부부

MC가 부부건강 서비스를 좀처럼 받지 않는 부부들에게도 인기가 있다는 증거가 있다(Morril et al., 2011). 나는 이 책의 마지막 장에서 이 연구에 대해서 자세히 언급했는데, 연구에서 흥미 있는 발견 중 하나가 치료자들이 소위 치료 추구를 드러내지 않는(veiled treatment seeking) 부부들에게도 MC가 유인가가 있다는 것이다. 이들 부부들은 문제가 없고, 부부 건강에 대해서 긍정적인 이유로 MC를 신청했다고 하지만, 실제로는 상당한 영역에서 걱정거리가 있어 도움을 필요로 하나, 아직 '어려움 있다'고 칭할 수 있는 준비는 안 되어 있는 부부들이다. 이들에게 MC는 사실 자신들이 매우 건강하고 걱정할 필요가 없다는 것을 재확인시켜 주고, 걱정되는 것이 무엇이며 이를 어떻게 하면 되는지를 알려 준다. 일반적인 의미에서 MC는 검진에서 도움을 받을 수 있는 대상들뿐만 아니라 전혀 이런 서비스를 찾지 않을 수 있는 사람들에게도 상당히 유인가가 있다.

커플 체크업의 목표

MC는 더 넓은 범위의 사람들에게 관심을 가질 수 있도록 하는 것뿐만 아니라 검진 모델의 기본적인 목표 달성을 목표로 한다. 첫 번째 목표는 부부의 강점을 계속 유지하고, 갈등 영역은 부드럽게 다루고, 부부 관계에도 애정 깊은 관심을 정기적으로 보내면서, 부부들이 자신들의 결혼 건강을 유지하도록 격려하는 것이다. 두 번째 목표는 부부 관계를 잠재적으로 악화시킬 수 있는 패턴을 사전에 탐지해서 더 건강한 부부 관계를 실현하도록 안내함으로써, 부부 관계 건강의 악화를 예방하는 것이다. 세 번째 목표는 이미 부부 관계 건강의 악화 초기 단계가 시작된 부부들에게도 유용한 초기 개입을 제공하는 것이다. 마지막 목표는 이미 매우 손상을 받은 부부들에게는 초기에 예비적인 도움을 제공하고, 그들에게 좀 더 광범위한 다른 치료들을 찾아가도록 동기를 강화시키는 것이다. 그래서 모든 검진 모델에서처럼, MC의 요점은 부부의 전반적인 결혼 건강성을 평가하고 이를 정기적 기반을 가지고 적극적으로 지원하는 것이다.

더욱이 부부 관계가 좀 더 적극적으로 부부 건강을 유지하고 향상하는 면에서 방해가 되는 것들, 즉 감소된 친밀감, 변화를 향한 협력 의향을 사라지게 하는 양극화, 변화에 대한 동기의 부족을 예방하도록 이론적으로 준비되어 있다(적절한 치료를 받도록 시도하는 것 포함). 다른 말로 하면, 부부 관계에 어려움이 있으면, 실제적으로 치료를 추구하는 동기를 저하시킨다는 점에서 어려움이 있는 개인과는 다르다. 우리가 개인으로서 고통을 겪고 있다면, 이 고통은 도움을 요청하고 추천된 치료에 기꺼이 참여하려는 방향으로 우리를 충분히 동기화시킨다. 그러나 우리가 관계에서 어려움이 있을 때, 만성적인 갈등은 오히려 배우자에게 접근해서 더 많은 친밀감과 보호를 갖기 위해서 서로 협력하려는 동기를 오히려 갉아먹는 정반대의 특성으로 나타난다. MC는 특히 친밀감을 높이고, 양극화를 감소시키고, 행동적인 실천을 동기화시키기 위해 검진이라는 맥락을 사용하여 이런 잠재적인 방해물을 다루기 위해 계획되었다.

MC의 개발은 기존 연구 문헌에 고무되었는데, 치료를 적극적으로 찾은 관계 악화 부부에게는 치료로서, 그리고 잘 기능하고 있는 부부에게는 결혼 강화 경험으로서, 단기 부부 개입이 놀라운 효과가 있다는 것이 입증되었기 때문이다(예: Halford & Osgarby, 1993). 그 후속 연구에서도 본 저자들의 경험적 연구에서도 MC가 치료 목표들을 충족하고 있음을 보여 주었다. 저자는 이 책의 마지막 장에서 이에 대한 상세한 정보를 제시할 것이지만, 짧게 말해 본다면 연구 결과는 MC에 참여한 부부들이 친밀감, 협력, 변화 동기에서 향상이 있었음을 시사한다. 이러한 개선들은 관계 만족도와 관련된 성과지표(우울증, 자녀에 대한 효과성)에서 나타났다. 이들 개선 결과는 시간이 지나서도 잘 유지되었다. 이런 증거들을 볼 때, MC가 목표를 충족시킬 뿐 아니라 이에 참여한 부부들의 결혼 건강을 무시할 수 없을 정도로 개선시킬 수 있음을 알 수 있다. 적극적으로 대처하는 데 있어서 관계의 장벽을 낮춤으로써 MC는 적당한 치료를 찾게 하는 것과 부부 관계에서 건강한 행동들을 증가시키는 것, 더 나아가 가족 건강의 개선과 부부 관계 악화나 이혼의 예방이라는 더 큰 목적을 목표로 한다.

적절한 도움을 추구하도록 동기화하기

일단 위험한 관계에 있는 부부들의 관심을 끌고 확인하면, MC의 목표는 부부들이 적합한 치료를 받는 것을 포함해서 효과적 변화의 전략들을 찾도록 촉진시키는 것이다. MC는 Miller와 Rollnick(2002)이 개발한 동기강화 면담의 기법을 사용한다. 동기강화 면담은 사람들이 변화를 향해 나아가도록 하기 위해 개인의 내적 동기를 고양시키도록 돕는 치료적 접근 방식이며, 문헌을 통해서도 이 기법은 치료적 효과성이 안정적으로 보고되고 있다(예: Burke, Arkowitz, & Menchola, 2003). 이런 기본적 아이디어는 부부들에게 자발적인 변화와 치료 참여를 모두 포함하는 변화의 과정을 시작하도록 격려한다.

지금까지의 경험적 자료들에 의하면, MC가 실제로도 부부 관계의 건강에 적극적으로 관심을 기울이도록 부부의 동기를 향상시킨다는 예비적 증거를 제공해 주고 있다. MC 참여 부부들은 행동적인 활성화도 증가했고, 권고해 준 전략들을 규칙적으로 실천하고 있다고 보고했으며, 치료 권고 사항들과 의뢰들을 따를 것이라고 말했다.

장기적인 부부 건강을 증진시키고 이혼은 예방하기

MC의 장기적 목표는 부부 건강을 증진시키고, 부부 관계의 악화를 예방하고, 이혼 가능성을 감소시키는 것이다. 부부 관계의 악화와 이혼을 예방함으로써, 결혼 붕괴 과정에서의 고통이 경감될 뿐만 아니라 우울, 약물중독, 자녀에 대한 나쁜 영향을 포함하는 관련 문제들의 발생 확률도 감소한다. 분명히 연구 증거들은, 만약 자녀들이 상당한 부부 갈등에 노출되었다가 그것이 사라질 때 자녀들에게 나타나는 성과들은 이혼 후에 더 개선될 수 있다는 것을 제시하고 있다.

동시에 모든 결혼 또는 장기적인 친밀한 관계가 배우자들에게 일생 동안 지속되는 것은 아니고 어떤 배우자들에게는 별거나 이혼이 불가피하며 잠재적으로는 가장 건강한 결정이 될 수도 있음을 시사한다. 이혼 후에 결과적으로 자녀들이 상당한 양의 갈등에 노출되는 것이 감소하게 되면, 이혼 후에도 아동들의 적응이 향상된다는 분명한 증거가 있다. 연구들에 의하면, 건강하지 못한 결혼생활은 다른 관련 건강 체계에도 유해하다는 것을 시사하며, 행복 수준이 가장 낮은 사람은 건강하지 못한 관계에 있는 사람이라는 증거들이 있다. 많은 사람이 이혼 이후에 성공적인 삶을 살고 있다고 보고한다. 이러한 현상이 있다는 것을 인정하면서도, MC의 목적은 결혼의 건강성을 키우는 것임을 강조하고 싶다. 물론 어떤 부부들은 결국 이혼할 것이며, 이들 부부에게는 이혼이 가장 건강한 선택이 될지라도, MC의 관점에서 보면 적절하고 규칙적으로 결혼 건강을 돌보면 이혼은 피할 수 있다는 것이다.

이들 목표를 추구해 감으로써 MC 치료자들은 건강한 가족을 재건한다는 장기적 목표에도 기여한다. 이러한 접근이 효과적이라는 증거가 증가하고 있는 추세이다. 부가적으로, 문헌들은 전반적으로 부부치료가 효과적임을 보여주고 있어(예: Snyder, Castellani, & Whisman, 2006), 적절한 치료를 찾도록 동기화시키는 것이 긍정적인 효과가 있음을 말해 주고 있다. 자녀 관련 연구에서는 부부 관계가 악화되고 이혼할 때 그것이 자녀에게 분명하게 영향을 미친다는 사실이 확고하게 입증되어 왔다(예: Amato, 20010). 이런 증거들은 부모들의 적대적인 갈등이 자녀의 적응에 가장 부정적인 영향을 주었고, 자녀의 자존감을 저하시키고, 학업 성취를 방해하고, 우울을 증가시키고, 반사회적 행동들은 증가시킨다고 하였다. 만약 MC가 관계에서의 어려움과 이에 따른 적대적 갈등을 분명하게 감소시킬 수 있다면, 자녀의 적응도 확실히 개선될 수 있을 것이다.

커플 체크업은 어떤 내용일까

치료자들이 1차 진료기관에서 MC를 함에 따라 MC 프로토콜이 급속하게 변천하고 있음에도 불구하고, 저자들이 클라크 대학교 부부 및 가족 연구센터(Clark University Center for Couples and Family Research)에서 경험적 연구를 위해 사용했던 MC 표준 프로토콜은 두 개의 회기로 구성된다. 각 회기는 약 60~90분 정도가 소요된다. 평가 회기는 간단한 관계력 면담, 문제 해결과 사회 지지적 상호작용, 관계의 강점에 대한 면담, 관계의 걱정거리에 대한 면담으로 구성된다. 연구 프로토콜의 압박감에서 벗어난 표준 임상 회기에서는 평가 회기가 더 짧아질 수 있는데, 예를 들어 문제 해결과 사회 지지적 상호작용을 생략함으로써 치료 시간을 감소시킬 수 있다.

평가 회기가 끝나면, 관계건강 전문가는 간단한 동기적 피드백 보고서(motivational feedback report)를 작성한다. 보고서에는 관계력에 대한 이야기와 문헌에 기초해 부부의 강점을 설명하고, 부부의 걱정거리나 어려움을 친밀감을 촉진하는 용어로 풀어서 재조명하고, 부부가 걱정거리를 어떻게 적극적으로 해결할 수 있는지를 제안하는 메뉴들을 제시한다.

이어지는 피드백 회기에서 임상가는 부부와 함께 피드백에 대해서 논의한다. 이 회기에서는 부부의 관계력을 긍정적으로 재검토하는 것으로 시작해서, 부부의 강점들은 축하해 주고 부부 관계에서 관찰된 최상의 측면들을 부부 서로가 인정하고 감사하도록 격려하는 논의를 진행한다. 그러고 나서 부부의 걱정거리로 넘어가서 친밀감, 수용감, 행동적 활성화를 촉진하는 범위 내에서 부부들이 걱정하고 있는 이슈들을 다룬다. 이후에는 권고사항을 치료자가 해결책 옵션을 제안하는 형식으로 제시하는데, 즉 치료자가 제안하는 사항들을 부부들이 자신에게 맞게 선택할 수도 있고, 선택하지 않을 자유도 있다는 것을 강조하면서 마무리한다. 마지막으로, 치료자는 이런 해결책 옵션 목록에 부부만의 제안거리를 덧붙이기 위해 브레인스토밍을 하도록 이끌어 간다. 피드백 회기를 끝낼 때에, 부부에게 피드백 보고서를 주고 차기년도의 부부 관계 검진 계획을 알려 준다.

현 건강진료 상황에서의 커플 체크업

이 책에서 기술하는 프로토콜은 표준적인 외래치료 장면에 적합하도록 계획되었다. 평가와 피드백 회기는 50분에 충분히 맞추어서 시행할 수도 있다. 피드백 보고서는 심리평가 보고서처럼 회기 후에 작성된다. 지금까지 나는 이 서비스를 치료 개발 연구의 일부로 무료로 시행했다. 현장에서 MC는 다른 유형의 심리평가와 동등하게 관계 건강성 검사로 무료로 제공할 수 있다. MC는 또한 자격 있는 목회상담자들이 서비스를 제공할 수도 있다.

가장 최근의 연구에서 Kristina Coop Gordon과 내가 MC 참여자 모집을 위해서 함께 1차 진료기관 표준 매뉴얼을 개발했으며, 저소득층 부부들이 도움을 받는 데 효과가 있을 수 있도록 장벽을 더 낮추기 위해 프로토콜을 부부의 집에서 수행할 수 있도록 했다. 우리의 의도는 다양한 건강진료 장면에 가능한 한 빠진 데 없이 적합할 수 있도록 MC 프로토콜을 개발하는 것이다. 예를 들어, 현재 미 공군과 함께 협력해서 1차 진료센터에 있는 행동건강 상담원들이 MC를 실시하는 초기 단계를 시작하고 있다.

한마디로 말해서, 매년 실시되는 관계 건강성의 검사가 서로 다른 많은 건강진료 장면에 적용될 수 있다고 믿는다. 그러나 MC가 연구 단계에서 자유로운 개업 시장으로 넘어간다면, 그 비용 구조가 어떠할지에 대해서는 명확하지 않다. 동시에 임상가들은 임상 실제에서 필연적으로 창의적이면서 경영자적인 집단이기에, 저자는 이 서비스를 현재의 시장 구조 내에서 가장 효과적인 방법으로 제공할 수 있는 방법을 발견할 수 있으리라는 것을 의심하지 않는다.

덧붙여, 나는 치료자가 부부를 개별적으로 직접 만나는 것이 효과적인 일년 단위의 정기 검진에서 핵심이라고 본다. 부부들이 관계의 갈등 속에 있을 때 이것은 매우 개인적인 것인데, 워크숍 구조는 면대면의 접촉만큼 부부들이 가지는 복잡성에 접근할 수 없다. 치료적 프로토콜로서 MC의 한 가지 측면은 부부들이 잠재되어 있는 자신들의 건강하지 못한 관계 문제를 보도록 도와줄 수 있다는 것이다. 이 중요한 작업을 하기 위해서 상담자들은 부부와 직접 그리고 일대일로 작업을 해야만 한다. 건강한 친밀감을 해치는 논제와 관계의 습성들은 부부 스스로가 알아채기 어려울 수 있지만, 훈련받은 임상가는 부부들이 그들의 이슈를 상대적으로 빨리 명료화하도록 도와줄 수 있다. 그래서 부부를 개별적으로 만나는 것은 집단 또는 웹 기반의 교육보다 더 강도가 높지만 치료 모델로서 MC의 핵심이다.

결론

이 장에서 저자는 MC를 개발하고, 효과성을 연구하는 기본적인 이유를 소개했고, 치료적인 개입의 핵심이 되는 전반적인 개요를 제공했다. 그 외에 기본적인 MC 프로토콜에 대한 전반적인 개요도 제시하고, MC가 현재의 건강관리 시장에서 어떻게 적합한가를 논의했다. MC는 초기 개입에 효과적인 접근으로서 각광받기 시작했고, 나는 현대 치과 의료계가 공중 건강에 시도했던 것과 같이 결혼 건강에도 기여할 수 있는 잠재력이 있다고 믿는다. 부부들이 사랑하는 관심을 친밀감, 부부 관계의 건강의 방향에 정기적으로 고취시킴으로써 일반 대중의 전반적인 건강과 행복에 실제적인 효과를 낼 수 있게 되는 것이 저자의 희망 사항이다.

Chapter 02

부부들과 단기 개입 작업하는 기본 원칙

나는 독자들이 부부들과 작업하는 데 기본적인 문제가 무엇이고, 특별한 도전이 무엇인가에 관심이 있을 것이라고 가정하고 이 장을 쓰려고 한다. 결혼 체크업(Marriage Checkup: MC) 모델은 치료자들이 부부들과 만나자마자 신속하게 작업하는 것을 필요로 한다. 그들은 건강하고 행복한 부부로부터 아주 심각하게 갈등을 겪고 있고 악화되고 있는 부부들까지 부부 관계 건강의 전 범위를 포함하고 있다. 신속하게 작업하기 위해서는 결혼 건강의 현상을 잘 이해하고, 유용한 치료적인 도구를 가지고 배우자들이 당면한 문제를 다루고 재정의할 수 있어야 한다. 부부치료가 초보인 치료자들은 이 장을 통해 이러한 작업에 공통적인 위험과 덫을 파악하고 있는 것이 부부들을 다루는 데 유용할 것이다. 경험이 더 많은 치료자들은 자신들이 훈련받은 내용과 경험을 활용하면서도 특별히 MC에 관련된 작업에서 강조하는 측면이 무엇인지 알면 도움이 될 것이다.

나는 주로 MC 모델과 함께 MC가 근거하고 있는 Christensen과 Jacobson이 고안한 통합적인 부부치료(예: Christensen, Jacobson, & Bacock, 1995; Jacobson & Christensen, 1996)와 Miller와 Rollnick에 의해 알려진 동기강화 면담 모델(Miller & Rollinick, 2002)을 가지고 거의 지난 20년간 부부치료자들을 훈련시켜 오고 있다. 지난 수년간 내가 하는 치료와 내 제자들을 훈련하는 과정에서 반복적으로 발생하고 있는, 부부들과 작업하는 데 내재한 많은 도전을 잘 경험하고 있다. 어느 임상가, 슈퍼바이저 또는 교사들과 같이, 학습과 실습에 대한 나의 접근은 수년간에 걸쳐 진화해 왔고, 이후에도 분명히 진화해 나갈 것이다. 이 점을 명시하면서, 나는 부부들과 작업할 때 만나게 되는 일반적인 도전과 특히 MC의 입장에서 부부들과 작업하는 데 관련된 특별한 도전들에 대해서 현재 내가 이해하고 있는 점을 기술해 보겠다.

부부와 작업하는 것은 개인과 작업하는 것과 다름

불행하게도, 내 경험에 의하면 개인 심리치료를 효과적으로 실시할 수 있도록 최상의 훈련을 받았을지라도, 그것이 부부들을 상대로 효과적인 치료를 할 수 있도록 우리를 준비시켜 주지는 않는다는 것이다. 부부치료는 기본적으로 여러 면에서 다르다. 더욱이 부부치료에 대한 수요가 증가하고 있는 상황에서, 나는 개인 심리치료만 훈련을 받은 치료자들이 부부치료에 대한 수요가 높아져 부가적 훈련없이 부부들을 상담하고 도움을 주려고 노력하는 현상을 관찰하고 있다. 내 생각에 이것은 현명하지 못하다. 부부들과 작업하는 복잡한 현상에 구체적인 훈련이 없이는 효과적인 부부치료를 약화시키는 많은 덫에 쉽게 빠진다.

불균형 동맹

가장 흔한 어려움 중의 하나는 거의 모든 사례에서 적어도 한쪽 배우자와 작업하는 것이 다른 배우자와 작업하는 것에 비해 약간은 더 쉽다는 점에서 기인한다고 나는 생각한다. 어떤 경우에는 한 배우자가 둘 중에서 심리적으로 좀 더 통찰력이 있어서 대화하기가 더 쉽다. 어떤 배우자들은 우리와 좀 더 비슷하기에 공감을 쉽게 할 수 있다. 어떤 배우자는 좀 더 자연스럽게 사교적이고, 친절하고, 호감이 가며, 결과적으로 강력하고 긍정적인 인상을 줄 수 있고, 비교적 쉽게 긍정적으로 마음이 통한다. 어떤 경우에는 특정 배우자가 다른 배우자에 비해서 자연스럽게 동정심을 느끼게 한다. 반면에, 어떤 배우자들은 좀 더 화가 나 있고, 적대감이 있고, 방어적이고, 치료와 치료자를 의심하며, 더 반항적이고 도전적이다(이러한 현상이 모두 한꺼번에 발생하지 않기를 희망하지만). 어떤 배우자들은 상대방이 싫어할 것이라고 예견하는 모습으로 자신을 설명하고, 실제로 우리가 그 사람들을 싫어하든 좋아하든 관심을 가지지 않기도 한다. 어떤 배우자들은 우리를 자극해서 우리의 반사적인 행동을 야기하기도 한다. 이러한 사실을 고려할 때, 명확하거나 약간 애매한 배우자 중에서 좀 더 호감이 가는 배우자와 동맹관계를 더 쉽게 형성하는 것이 미끄러지기 쉬운 경사를 지탱하는 것과 같다. 불행하게도, 한 배우자에 비해서 다른 배우자와 즉각적으로 동맹관계를 맺으면 치료를 불균형하게 만들 수 있고, 결과적으로는 치료의 진행을 방해하게 되어 관련된 모든 사람에게 좌절감을 느끼게 한다. MC는 아주 단기적이고, 첫인상이 과도할 정도로 강력한 영향을 주고 신속하게 진행해야 할 필요성이 있기에 치료자는 좀 더 호감이 가는 배우자를 따라가고 싶은 유혹을 느끼게 된다.

물론 그와 같은 동맹관계가 임상적으로 효과가 있고 결과적으로 긍정적인 변화를 이루어 낼 수 있으면 문제가 되지 않는다고 가정할 수 있다. 그러나 불행하게도 이러한 동맹관계는 치료가 궤도에서 벗어나게 하고, 부부들이 갇혀 있던 덫에 치료중에도 똑같이 갇히게 만드는 경험을 하게 만든다. 아주 중요한 사실은 부부 문제에 대한 해결책은 갈등을 경험하는 한쪽에 편중해서 풀 수 있는 것이 결코 아니라는 것이다. 이와 같은 현상은 주지하는 바와 같이 문제의 초점은 한쪽이 이기고 지는 것이 아니고, 부부들이 이기거나 지는 틀 안에 갇혀 있다는 점이다.

명심할 것은 부부들과 작업할 때 더 도전을 주는 배우자에게 책임을 더 전가해서는 안 된다는 점이다. 실제로 목표는 배우자들에게서 책임감을 덜어 내서 둘 사이에서 파생하는 관계의 패턴을 강조하는 것이다. 부부들이 자신들에게 발생하는 갈등 때문에 서로를 비난하게 되면 문제 해결은 오직 다른 배우자가 변화하도록 싸우거나 또는 더 이상 희망이 없다고 포기하는 것이다. 다른 한편으로, 두 사람의 패턴을 문제시하면 부부들이 패턴 자체에 관심을 가지게 되고 서로 어깨를 맞대고 협력해서 그 패턴이 자기들의 관계에 충격을 덜 미치도록 노력하게 된다.

상호적인 덫

MC에서 치료자는 역기능적인 관계 패턴을 명료화하고 각 배우자가 이 드라마에서 왜 그런 역할을 하는지 수긍할 만한 이유를 구체적으로 제시함으로써 부부들을 이 패턴에서 벗어날 수 있게 해 준다는 가정하에 부부들의 역기능적인 패턴에 대해 직접적으로 작업한다. 부부들이 이러한 패턴을 알아차릴 때, 즉 마치 '음'하고 말하거나 당신의 손톱을 물어뜯는 것과 같은 습관이 있다는 것을 알아차릴 때 그 행동을 훨씬 덜 하게 된다(Cordova, Jacobson,

& Christensen, 1998). MC 치료자는 이러한 역기능적인 패턴을 상호적인 덫(mutual traps)이라고 자주 부른다.

상호적인 덫은 부정적인 패턴들이다

상호적인 덫은 각 배우자가 문제를 해결하려고 시도하지만, 오히려 문제를 더 악화시키는 역할을 하는, 관계에서 발달된 부정적인 패턴들이다. 예를 들면, 한 배우자가 다른 배우자가 일상생활의 문제에 대해서 과장되게 지각해서 반응하면, 이를 좀 더 여유 있고 태연하게 다루려고 할 때 이러한 행동이 다른 배우자에게는 덜 배려한다고 보이기에, 다른 배우자는 더 걱정하게 된다(예: '남편은 모든 것에 대해서 신경을 안 쓰니, 내가 모든 것에 신경을 써야 해!').

상호적인 덫은 문제를 해결하려는 정직한 시도에서 유래된다

상호적인 덫은 부부가 그들이 보는 관점에서 문제를 해결하려고 정직하게 시도하는 과정에서 만들어진다. 불행하게도, 이렇게 각자 정직하게 노력하는 것이 양극화 과정을 영속시킨다. 치료자가 상호적인 덫이 존재하고 있음을 평가하고 효과적으로 이를 명료화하고 기술한다면, 이런 덫은 관계의 건강을 증진시키는 데 임상적으로 가장 유용한 시작점이 될 수 있다. 덫이 명료하게 보인다면, 부부가 거기에서 자유로워질 뿐 아니라 덫 자체가 더 깊은 친밀감을 만드는 가교 역할을 할 수 있다. 나는 이 책의 후반부에서 상호적인 덫에 관한 문제를 해결하는 방법을 좀 더 구체적으로 다룰 것이다.

한쪽 편을 들지 않으면서 덫 밖에 머무르기

부부가 상호적인 덫에 갇혀 있을 때, 치료자가 상대 배우자에 비해 한쪽 배우자의 편을 들게 되면, 당신도 마찬가지로 똑같은 덫에 갇히게 되는 것은 시간 문제이다. 치료적으로 중요한 요점은 상호적인 덫에 벗어나야 부부들이 그 덫을 볼 수 있고 그것을 더 효과적으로 다루는 것을 배우도록 도와줄 수 있다는 것이다. 당신이 그들과 함께 이러한 패턴에 사로잡히면, 치료적인 관점에서 부부들을 관찰하기보다는 그 덫에 빠져 그들의 상호적인 덫을 알아차리지 못하게 된다. 3장에서 좀 더 자세히 논의하겠지만, 통합적인 부부치료에서 나온 패턴 확인 작업 기법을 MC에서도 핵심적으로 활용하는데, 이는 연구에 근거를 두고 있다(Cordova et al., 1998). 즉, 부부들이 자신들의 관점에서 패턴을 더 잘 묘사할 수 있으면 실제로 그들은 그러한 패턴에 덜 자주 빠지게 된다. 그러기에 치료자가 배우자 한쪽 편을 드는 것에 빠지지 않게 되면 부부들의 관계를 직면할 수 있어서, 치료자가 부부들 자신이 그것을 스스로 보고 설명하는 데 도움이 될 수 있는 방식으로 부부들의 패턴을 정확히 관찰하고 설명할 가능성이 높아진다.

편견과 좌절감에 주의하기

훈련 중인 치료자에 대한 나의 충고는 첫 회기에서부터 발생하는 당신의 편견에 대해서 적극적으로 주의를 기울이고, 당신이 어느 배우자에게 더 동맹관계를 유지하려는 경향이 있는지 주의를 기울이라는 것이다. 첫째로, 자연스러운 동맹관계는 치료적인 입장에서 당연히 빠르고 공감적인 라포를 형성할 수 있다. 그런 경우엔 상호적인 덫은 상호적으로 작용하는 덫이며, 한 배우자에게 당신이 더 많은 호감을 느끼고 있어도 배우자 모두가 덫을 지탱하고 유지하는 데 똑같이 역할을 하고 있다는 점에 관심을 가져야만 한다. 당신이 한 배우자를 위한 논쟁을 하면서 다른 배우자가 당신이 지각하는 대로 사태를 인식하도록 미묘하게 또는 드러나게 시도한다면, 치료적인 균형은 즉각적으로 상실하게 되고 실제적으로 치료적인 효과에 필요한 관점과 견인력을 상실하게 된다.

만약에 당신이 부부의 패턴에 빠지게 되면, 우선 당신이 그들의 패턴에 빠져 있다는 것 자체를 인식하지 못할 수 있다. 상담실에서 당신의 입장은 당신 자신에게는 완벽하게 합리적이라고 여기고, 당신은 한 배우자를 꾸짖고 다른 배우자와는 합작하면서 행복하게 총총 걸음을 유지할 수도 있을 것이다. 이러한 상황에서 내담자가 빠져 있는 함정에 정말로 당신도 빠져 있다는 분명한 신호는 부부들에 대해 점점 더 많이 느끼게 되는 좌절 경험이다. 이런 현상은 부부들이 좌절을 경험하고 있고, 바로 그 동일한 원인이 만들어 내는 좌절감을 당신도 경험하는 데서 온다. 상호적인 덫은 이유가 있는 덫이다. 덫을 만들어 낸 관점에서는 그 덫을 간단하게 해결할 수 없다. 그것은 부부들의 지능, 에너지, 그 덫에서 벗어나고자 하는 결심과는 관계가 없다. 그 문제라는 관점 내에서 문제를 풀려고 시도하는 것이 매듭을 더 조이게 하는 것이다. 당신이 거기에서 그들과 접촉할 때에 당신은 단지 그 매듭을 조이는 더 큰 힘을 보태는 것과 같다. 당신은 궁극적으로는 부부들 자신과 같이 피곤하고 좌절을 경험할 것이다.

동맹을 재균형화하기

어떤 배우자와 동맹을 형성하기가 더 어려운지 알아차리는 것은 그 배우자의 방향으로 더욱더 열정을 가지고 다가갈 기회를 제공해 준다. 당신이 무례하다고 느낄 정도로 문제를 일으키는 부부들조차도, 열정적인 이해가 필요할 만한 이유가 있어서 그렇게 행동하는 것이다. 이러한 상황에서 접근은 당신이 어려움을 더 경험하고 있는 배우자에게 좀 더 호기심을 가지고 접근하는 것이다. 목표는 당신이 '아하' 하면서 그 사람을 열정적으로 이해할 수 있는 순간까지, 그 사람이 어떤 사람인가 더 배우도록 노력하는 것이다. 이렇게 하면 두 가지의 필연적인 긍정적 효과가 있다. 첫째, 당신이 그 사람과 진정한 라포를 형성할 수 있도록 도와주기에 그 사람은 이해받고 인정받는다고 느끼게 된다. 이렇게 되면 두 배우자와 당신이 맺고 있는 동맹관계의 재균형을 이룬다. 둘째, 당신이 열정을 담은 이해심을 드러내려고 시도하면서 한 배우자와 대화를 시도할 때마다, 경청하는 다른 배우자도 동시에 약간은 대리학습을 통해서 동일한 열정 있는 이해심을 발견하게 되면서 도움을 받을 수밖에 없다. 중요한 점은 그들이 서로 직접적으로 대화할 때 공통적으로 방해가 되었던 방어와 싸울 필요 없이 이해할 수 있게 된다는 것이다.

상대 배우자는 항상 경청하고 있다

부부상담의 이점 중 하나는 치료자가 한 배우자와 이야기할 때 상대 배우자는 항상 듣고 있다는 것이다. 당신의 배우자가 누군가의 간섭을 받지 않고 본인의 이야기를 하는 것을 경청하는 것은, 이런 상황이 아니라면 불가피하게 발생하는 방어를 '피해 갈 수 있게' 만든다. 부부치료자로서 우리는 부부들이 좀 더 열정적인 관점을 가지면서 자신들이 평상시에 사용하는 패턴과 습관적인 방어를 사용해서 문제를 복잡하게 만들지 않고 자신과 상대방을 더 잘 이해하도록 돕는 옆문을 통해서 접근할 수 있는 장점을 이용할 수 있다. 그렇기에 부부치료자는 다른 배우자가 듣고 있다는 것을 항상 신경을 쓸 필요가 있고, 상대방이 듣고 있기에 발생할 수 있는 효과성을 염두에 두어야 한다. 이상적인 상황에서는 당신이 한 배우자와 나누고 있는 대화는 상대방 배우자에게서 진정으로 열정적인 이해심을 촉발할 것이다. 그러나 당신이 상대방 배우자가 듣고 있다는 사실에 신경을 쓰고 있지 않으면, 첫 번째 말하는 배우자가 자극적인 말을 하게 내버려 두게 되고, 그 결과 듣고 있는 배우자가 방어적으로 되고 철수하도록 만들 수 있다. 치료자가 한 배우자와 대화하는 것을 상대편 배우자가 항상 듣고 있다는 것을 염두에 두게 되면, 치료자는 첫 번째 배우자의 불평이 열정적으로 이해할 만한 뿌리에서 생겨났다는 것을 조명하는 방식으로 재정의하고 이해시키도록 유도할 수 있다는 것을 명심하라. 예를 들면, 한 배우자가 상대방에 대해 "나를 즉시 무릎꿇게 할 정도로 말을 확 끊어요."라고 불평하면, 그렇게 말하도록 하는 대신에 당신은 좀 자연스럽게 공감적인 이해를 이끌어 내는 방식으로 재정의할 수 있다.

> 그러니까 당신의 기분이 끓어 올라 아주 언짢다고 느껴 기분을 가라앉히기 위한 어떤 해결책을 추구하려고 힘을 다해 노력할 때, 물론 그녀가 의도는 좋았다고 하지만, 다 들어주지 않고 끼어드니 당신은 좌절스럽고 속상하고 외롭다는 것 같은데, 맞나요?

이 배우자가 재정의에 동의하는 정도만큼 자신을 이해하도록 돕고, 또한 다른 배우자가 상대방에게 방어적으로 되기보다는 어느 정도 공감과 열정을 느끼도록 도와주는 뜻하지 않은 극적인 향상을 도모할 수 있다.

관계의 안녕과 개별 배우자에게 관심을 준다

부부들과 상담하는 과정에서 도전이 되는 원칙 한 가지는 부부 관계를 전체적으로 배려하는 것과 남편과 부인을 유일하고 독립적인 인간으로 배려하는 것 사이에서 균형을 유지하는 것이다. 학생들은 가끔 "내담자, 부부 관계, 관계 중에 있는 부부들 중에 누가 내담자입니까?"라는 질문을 한다. 이 질문은 부부 관계의 중요성을 유지하는 데 대한 관심이, 이에 관련된 개인들에게 항상 가장 건강하지 않을 수도 있다는 것을 내포하고 있다. 우리 모두는 이러한 관점에서 우리 자신들의 과거 관계를 반성하고 부부치료가 관련된 사람들에게 좋지 않을 수 있는 관계에 갇히게 할 가능성이 있다는 염려를 해 본다. 물론 어떤 경우에는 기존의 부부 관계가 그 관계에 관련된 한 개인 또는 두 사람에게 유용하지 않는 경우도 있다. 어떤 대가를 치르고라도 모든 부부 관계를 살리려고 하는 것이 MC의 철학이 아니다.

나는 부부 관계 대 개인들이라는 질문을 양자택일의 관점에서 보려고 하지 않는 경향이 있다. 나에게는 부부치료의 기본적인 원칙은 사람들이 자신들이 있는 그대로, 전인적인 면에서 자신의 삶에서 좀 더 완전한 친밀감을 증진시키도록 돕는 것이다. 부부치료와 MC의 목표는 두 배우자 사이에서 친밀하고, 진지하고, 열정적인 연결과 이해를 촉진시키는 것이다. 대부분의 경우에 더 많은 진실성과 사건과 관련된 사람들에게 관심을 두면 부부 사이에 더 깊은 결속감과 부부 친밀감과 만족감을 이루어 내게 된다. 그러나 어떤 경우에는 경험적 회피성을 다루고, 좀 더 완벽하고 열정적인 이해를 발전시키는 진솔성을 증진시키다 보면, 그들 개인의 삶이 배우자에게서 서로 멀어지고 이와 같은 부부 관계가 더 이상 가능하지 않다는 결론을 맺기도 한다. 이러한 결정들은 항상 관련된 개인들에 달려 있다.

핵심적인 균형은 이러한 두 개인 사이의 정서적 유대감을 존중하고, 그들 사이에 부적절한 거리감을 만들어 줄 수 있는 장벽을 다루어 줄 때 유지된다. 거리감이 긍정적인 성장을 하는 과정에서 발생한다면, 그것은 긍정적인 성장이라고 할 수 있다. 만일에 이 거리감이 회피, 반사적 행동, 진지한 이해가 결여된 경험을 하는 과정에서 발생한 경우에는 관계의 잠재력은 손상되고 그러한 장벽들은 두 개인이 이 관계에서 무엇을 할 수 있는가를 결정하기 위해서 다루어져야 한다.

이와 관련하여 내가 몇 년 전에 피터와 마리아라는 부부를 상담하는 대학원생 상담자를 훈련시키는 과정에서 경험한 것이 생각난다. 그 부부가 치료를 받기 위해서 왔을 때는 중간 정도 갈등을 경험하고 있었다. 즉, 이 부부는 상담 초기에 부부들이 흔히 호소하는 가장 공통적인 문제들, 즉 빈약한 대화 기술, 돈에 관련된 갈등, 생활의 책임감 등의 문제들을 겪고 있었다. 치료 과정에서 이러한 문제들이 표면화되고 그 내용들이 생생하게 드러날 때, 그들의 핵심적인 문제는 서로 상반된 꿈을 가지고 있다는 것이 점차 분명해졌다. 피터가 꿈꾸는 삶은 지방 소방서에서 소방관으로 일하는 것이었다. 그는 기억하는 한 오랫동안 자신의 꿈을 열심히 추구해 왔고, 굴곡이 있었고 자리가 나기를 기다리는 시름을 경험한 끝에 결국은 그가 꿈꾸던 직업을 가지는 데 성공했다. 그가 작업 도중에 심한 상처를 입어서 장애자 리스트에 이름이 올라가기까지 약 일 년 넘게 그 일을 했다. 부부가 치료를 받으러 왔을 때 남편은 재활을 위해서 열심히 노력하고 있었는데, 꿈의 직업이 혹시라도 일 년 또는 그 후에 물거품이 되지 않을까 하는 염려가 커 가고 있었다. 그는 재활을 열심히 한다면 다시 소방서에 복직할 수 있다는 생각을 가지고 있었고, 성격이 강인했기에 자신의 지위를 다시 찾는 데 노력하였으며 결심이 대단했다.

마리아의 경우에는 이전 3년간 예술과 창조적인 디자인 분야에 강렬한 열정을 키워 왔다. 몇 회기를 지나오면서 이것은 그녀에게는 강한 삶의 꿈이었다는 것이 분명해졌다. 불행하게도 그들이 살고 있는 도시에는 그녀가 원하는 방식으로 자신의 꿈을 추구할 수 있는 자원이 없었지만, 그녀는 다른 지역에서 그녀가 완벽한 출발을 보장할 수 있는 아주 명성 있는 학교를 찾아냈다. 피터는 초기에는 아내의 열정을 아주 적극적으로 지지했고, 아내는 아마도 입학은 되지 않을 것이라 생각하며 그 학교에 지원했다. 그러나 그녀는 합격되었을 뿐만 아니라 적극적으로 스카우트를 제안받았다. 그녀는 너무 기뻐했다. 그리고 처음에는 피터가 장애자 명단에 이미 올려졌고 그녀가 프로그램을 마치기까지 몇 년이 걸리기에, 피터가 자신과 함께 그 프로그램에서 공부하는 동안에 기꺼이 함께 이사할 것이라고 생각했다. 그리고 바로 이 지점이 그들의 꿈이 갈등으로 변하는 곳이었다. 남편은 자신이 살고 있는 도시에서 소방관으로 일하는 것과 자신이 성장하고, 깊은 정이 들고, 자신이 봉사하고 싶은 도시를 떠난다는 것을 상상할 수 없었다. 마리아에게는 아주 귀한 기회를 살리지 못하는 것은 자신의 꿈을 포기하는 것이고 명망 있는 프로그램에서 공부할 기회를 망치는 것을 의미했다. 그들은 진퇴양난에 처해 있었다.

불행하게도, 비교적 짧은 상담 기간에 그들은 자기 자신에 대해서 열정적인 이해를 더하게 되었고 서로 상대방을 사랑함에도 불구하고 그들의 관계가 모두의 꿈을 품을 수는 없었다. 이 경우에는 사랑하고 관대한 부부 관계에 헌신하고 싶은 마음은 있었지만, 개인의 꿈을 추구할 수 있도록 별거하기로 했다. 자신들이 별거하는 것에 대해서 진실로 슬퍼했지만, 자신의 꿈을 이루는 것 때문에 상대방의 꿈을 사라지게 하고 싶지는 않았다. 이 사례는 내 경험상 분명히 열정적인 이해가 별거로 이어지는 희귀한 경우였기에 기억에 남는다. 더 흔하게 일어나는 일은 부부가 서로에게 어느 정도 더 헌신하게 되고 서로 공유된 그리고 공유 가능한 꿈에 더 매진하게 만드는 계기가 되었다.

단기 부부 개입은 장기 부부상담과 유사하지 않음

MC는 설계상 아주 단기적이지만, 동시에 부부들의 친밀감에 강력한 영향을 미치도록 하려는 의도가 있다. 그렇기에 치료자는 깊은 라포를 신속하게 형성하는 것이 중요하다. 제한된 시간 때문에, 초기에 즉각적으로 한쪽 배우자의 말을 인정해 주려는 공감적인 반영은 다른 쪽 배우자의 말을 인정해 주는 공감적 반영과 균형을 이루어야 한다. 각 배우자는 서로 자신의 사연을 말하는 동안 상대방이 반박하지 않고 들어주는 조건에서 동일한 시간이 주어져야 한다. 치료자는 단기치료라는 맥락 때문에 피상적으로 보이는 부부들의 문제에 단순한 해결책을 가지고 뛰어들려는 유혹을 알아차려야 한다.

라포는 신속하고 깊게 형성되어야 한다

라포를 형성하기 위해서 MC 상담자는 완벽한 집중력과 진정한 공감적인 의도를 가지고 경청해야 할 필요가 있다. 첫 번째 요소는 집중력이다. 여기에서 필요한 것은 단순히 그 사람이 말하는 단어와 대화의 내용을 듣는 것이 아니고, 사연의 내용이 그 사람이 경험하고 있는 덫을 만들어 내는 방법과 사연이 근거하고 있는 진정한 친밀감의 욕구 양자를 모두 경청하는 것이다. 이야기의 내용은 대부분의 경우에 부부가 빠져드는 덫의 한 부분이기에, 치료자가 그 내용을 재진술해 줄지라도 근저에 깔려 있는 친밀감의 욕구를 정확하게 반영해 주면서 일부분을 재진술하는 식으로 반영해 주면, 조금이라도 라포를 형성하는 데 도움이 되고, 더 깊고 결과적으로 더 치료적으로도 유용한 라포를 형성하게 된다.

내재하는 친밀감의 욕구를 경청하는 것은 두 번째 요소인 진솔한 라포, 즉 진정으로 공감하고자 하는 의도와 연관이 있다. 공감을 형성하는 것은 정서적으로 상상하는 창조적인 행동이다. 중요한 요소는 상대방의 입장에서 비슷한 이야기를 하는 사람이 왜 치료를 받으려고 하는가에 대해 진정한 호기심을 가지고 적극적으로 상상하는 것이다. 친밀한 관계의 많은 정서적인 풍경은 대체로 공통적이기에 창조적이면서 공감적인 당신의 직감은 대체로 놀라울 정도로 정확할 수 있다. 당신이 핵심적인 포인트에 가까이 접근하는 정도만큼, 당신은 그 사람이 습관적으로 제시하는 이야기의 내용에 주의가 분산되었다면 놓쳤을, 말하지 않고 넘어간 부분에 대해서 의견을 제시할 수 있을 것이다.

예컨대, 나는 반복적으로 일어나는 의견의 불일치를 보이는 부부를 MC 상담에서 만난 적이 있다. 그들은 건물을 공동으로 소유하고 있었고, 건물을 임대하는 과정에서 건물 수리와 개조를 어떻게 할지에 대한 구체적인 내용을 가지고 자주 다투었다. 남편의 불만은 다음과 같다.

아내는 아주 고집불통입니다. 자신의 머릿속에 어떤 생각이 들면, 노새처럼 완고하고 단지 항상 자신의 방식이 옳아야만 하고 마지막까지 자신의 지시대로 해야 합니다. 저를 오해하지 말아 주세요. 많은 경우에 아내 말이 맞아요. 그러나 환장하게도 아내는 내 말을 전혀 듣지 않거나 내가 내 입장을 설명하도록 놔두지 않습니다. 제가 아내를 이겨먹고 싶은 것은 아니에요. (아내는 "그래 당신이 해 봐."라고 중간에 끼어든다.) 아닙니다! 아니, 나는 안 해요. 나는 단지…… 나는 모르겠어요.

여기서 보면 이 부부의 사연이 건물 개조 자체에 관한 것이고, 그중에 어떤 아이디어가 더 효과적이고 '누구 생각이 더 이기는가'에 관한 것처럼 들린다. 또한 분명한 것은 남편은 건물을 개조하는 프로젝트의 어떤 구체적인 내용과 관련해서 불평하는 것이 아니고, 또한 남편 자신이 실제로 프로젝트를 이해하지 못하기에 불평하는 것이 아니라는 점이다. 이 상황에서 창조적인 활동으로서 공감은 비슷한 상황에 처해 있다는 것을 상상하면서, 비슷한 좌절감을 야기하는 논쟁에 빠져 있고, 내가 비슷한 상황에서 어떤 기분일까를 언어로 잘 묘사하면서, 내담자의 관점에서 규정하는 것이다.

> 제가 당신을 정확히 이해하고 있는지 어디 봅시다. 당신이 정말로 화가 나는 것은 아내가 당신의 의견을 끝까지 들어주지 않을 때, 설령 당신이 나중에 생각하면 아내의 생각이 더 좋았다고 느끼는 경우에도 당신은 불친절하게 무시당하는 기분을 느끼고, 당신의 의견을 끝까지 들어주지 않기에 충분히 배려받지 못하고, 진솔한 존경을 받지 못한다고 느끼시는 것 같군요. 이러한 상호작용이 의미하는 것은 당신이 아내로부터 대등하고 존경받는 배우자라고 여겨진다면, 당신은 훨씬 더 기분이 좋을 것 같다는 거죠. 당신은 아내가 타일에 무엇을 집어넣어 붙이는 것인가에는 관심이 없고, 당신이 원하는 것은 아내가 당신을 소중하게 배려했으면 하는 것이네요. 당신이 느끼는 것과 비슷한가요?

그렇기에 공감적으로 추측을 해 보면, 남편 입장에서의 중요한 밑 감정은 아내가 자신과는 궁극적으로 다른 생각을 가지고 있더라도, 자신에게 중요한 것은 아내도 중요하다고 느끼기를 원하는 것이다. 그는 많은 경우에 아내의 아이디어가 자신의 것보다 더 좋다는 것을 수긍하고 싶을지라도, 아내가 진지하게 충분히 경청해 주어서 배려받기 원한다고 불평하고 있는 것이다. 내가 남편의 감정을 반영해 준 것에 대한 그의 반응은 "예, 바로 그것입니다!"였는데, 그는 누가 당신이 고민하면서 찾고 싶어 하는 단어 또는 문구를 찾도록 도와주었을 때 당신이 경험하는 안도감을 전달하려는 것같이 말을 했다. 그것이 공감적 반영, 즉 문자적 내용보다는 감정을 반영해 주는 것인데 이것은 신속하고 깊은 라포를 형성해 주는 경향이 있다.

한 배우자의 말을 인정해 주는 것은 다른 배우자의 말은 인정해 주지 않는 느낌을 가지게 할 수 있다

치료의 초기 단계에서의 흔한 도전은 라포를 형성하는 과정에서 치료자가 한쪽 배우자에 대한 공감적 이해를 반영해 주면 상대 배우자는 인정받는다는 느낌을 받지 못하고 방어적인 감정을 유발할 수 있다는 것이다. 장기상담에서는 시간과 관심을 균형 있게 배분해서 이런 문제를 해결할 수 있지만, MC는 균형 잡힌 라포를 형성할 만한 충분한 회기가 많지 않다. MC는 단기이기 때문에 치료자는 제일 처음 공감적 반영을 할 때 인정받음-인정받지 못함 이슈(validating-invalidating issue)에 의도적으로 주의를 기울여야 한다. 인정받음-인정받지 못함 이슈는 사이좋은 부부에게서는 크게 문제되지 않으나 불만족하고 양극화되어 있는 부부에게는 흔하게 나타난다. 이런 부부에게는 각 배우자에게 자신의 관점으로 그 문제를 온전히 기술하도록 시간을 주되 상대 배우자가 끼어들지 않고 듣고 있는 것이 가장 도움이 된다. 나는 때로 부부가 끼어들고 싶은 욕구가 아주 강할 수 있다고 사전에 경고하고, 그러한 욕구를 느끼면 대안으로서 노트에 기록할 수 있다고 제안한다. 그러나 내가 선호하는 것은 그들이 상대방을 잘 경청하는 것이다. 마지막으로 나는 나와 같이 상대방의 대화를 경청하다 보면 방어하고 싶은 감정이 생겨나고 때로는 자신이 인정받지 못하는 기분이 들 수도 있다는 것도 경고해 준다. 그러나 나는 그들에게 이러한 감정은 정상적이고, 그들은 동일한 시간과 관심을 받을 것이라고 안심시킨다.

각자 염려하는 문제에 대해 각 배우자의 독특한 관점을 찾는다

갈등을 느끼는 배우자들은 자주 "상대방에게 말 좀 해 주세요."라고 희망하면서 평가 회기에 참여하고 자신을 방어한다. 이러한 현상은 당신에게 자신들은 '진실'을 말하고 있다고 보이고 싶어서이며, 부부들은 그들이 실제로 이해하는 진실이 무엇인가에 대해 사소한 차이가 있어도 극도로 불안을 느낀다. 나는 지난 번 부부 사이에 다툼이 월요일에 발생했는지, 화요일에 발생했는지의 문제로 주제에서 벗어난 부부를 만났지만, 가장 자주 발생하는 현상은 "나는 그런 말을 하지 않았어!"라는 것을 이런 식으로 표현하는 것이다. 이런 의견의 불일치는 MC 과정에 거의 도움이 되지 않기에 우리 치료자의 입장에서는 논의 중에 있는 문제에 대해서 부부 각자가 자신의 입장에서 이해한 내용을 진술하도록 함으로써 이런 문제들을 피하도록 노력한다. 우리는 처음부터 부부들은 현재 문제들에 대해서 어느 정도 혹은 아주 크지는 않지만 다르게 이해할 수 있다는 것을 예상하고 있고, 각자 다른 관점을 전적으로 이해하는 것이 중요하다는 것을 알려 주면서 시작한다.

첫 번째 배우자의 진술 내용에 두 번째 배우자가 반응하거나 반박하도록 요구하지 않는 것이 가장 중요하다. 그 대신, 두 배우자에게 동일한 방식으로 동일하게 자신의 입장을 말하게 하는 질문을 한다. 예컨대, "그래서 당신의 성관계에 대해서 당신 자신이 개인적으로 염려하는 점을 저에게 말씀해 주세요."라고 질문한다. 나는 상대방의 입장에서 진실을 왜곡한다고 지각하는 점에 대해서 직접적으로 배우자에게 반박하도록 허용하는 것은 치료 과정에 도움이 되지 않는 것을 발견했다. 왜냐하면 그런 반응은 치료자가 중재자의 역할을 하게 하면서 부부들이 평상시 싸움으로 돌아가게 한다. 이에 반해 우리는 문제에 관해 각 배우자 특유의 관점에서 듣기를 원한다. 나는 두 번째 배우자에게 다음과 같이 말할 수 있다.

> 부부들은 공통의 문제에 관해서 아주 다른 견해를 갖는 것이 흔합니다. 저는 배우자분이 말한 것에 대한 당신의 단순한 반응이 아닌 당신의 관점을 꼭 듣고 싶습니다. 그래서 당신의 관점에서 당신의 성관계에 대해 무엇이 염려스러운지 말씀해 주셨으면 좋겠습니다.

각 배우자의 관점에 초점을 맞추게 되면 부부들이 문제에 대해서 어떤 생각을 하고 있고, 어떤 생각들이 지금까지 그들을 갉아먹고 왔고 상호적인 덫을 영속화시켰는지를 더 잘 이해할 수 있다. 부부 각자의 인지적인 습관을 알기 시작하면, 당신은 더 부드러운 감정을 경청하고 반영할 수 있고, 그들의 방어적인 습관의 근본적인 이유를 더 잘 이해할 수 있다. 각 배우자가 문제에 관한 자신들의 염려거리를 당신과 나눌 때, 당신은 누가 진실을 말하고 있는지 냄새를 맡으려고 할 때보다는 그들의 관심사들에 더 쉽게 공감하고 열정적으로 반영할 수 있다.

단순한 문제라고 해서 항상 단순한 해답을 가지고 있는 것은 아니다

단기 개입에서 흔히 나타나는 공통적인 함정은 외견상 피상적으로 보이는 문제를 피상적으로 다루는 것이다. 많은 경우에 부부들이 불평하는 문제들은 간단한 해결책을 가지고 있는 것처럼 보이고, 특히 단기간이라는 점을 감안하면 마치 낮게 달려 있는 과일같이 보이는 것을 따고 싶은 강한 유혹을 느낄 수 있다. 문제가 단순해 보인다면, 당신은 무엇이 그 문제를 부부들에게 복잡하게 만들어서 그들이 꽉 막혀 좌절감을 느끼게 되었는지 이해하기 위해서 더 열심히 작업해야 한다. 이런 현상은 MC를 실행할 때 실제로 발생할 수 있는데, 개입은 상대적으로 단기이다 보니 좀 더 완벽하고 열정적인 이해를 추구하기보다는 단순한 해답을 제공해 주고 싶은 유혹이 있을 수 있다. 예컨대, 나는 부부치료 실습 중에 남편이 단지 자신의 휴대전화를 내려놓고 아내를 경청해 주면, 부부 관계가 만족할 만한 수준까지 괄목할 만한 진전이 이루어질 것 같은 부부를 만난 적이 있다. 내 경험에 의하면 이러한 경우와 같은 간단한 문제들은 항상 거의 덫인데, 경험이 적거나 훈련을 잘 받지 않은 부부치료자들이 쉽게 빠져들 수 있는 덫이다. 당신의 '휴대전화를 내려놓으라'는 해결책이 부부 관계에 도움이 될 수도 있다. 그러나 대부분의 경우에, 부부가 왜 단순한 해답에 도달하지 못했는가에 관해서는 많은 이유가 있다. 이 경우에 덫은 문제 자체가 단순하다고 생각하는 것뿐만 아니라, 당신이 앞에 있는 부부보다 자신이 더 좋은 문제 해결자라고 생각하는 것이다. 나는 내가 지도하고 있는 치료자들에게 우리 내담자들은 영리하고 능력이 있는 성인들이고, 만일에 부부 문제에 대한 해결책이 정말로 간단하다면, 그들이 상담실을 찾아오기 전에 이미 스스로 잘 해결했을 것이라는 것을 자주 상기시켜 준다.

우리가 더 나는 문제 해결자라고 여기는 것에 대한 문제점을 예시할 때 내가 선호하는 이야기는 내가 치료한 부부에게서 간접적으로 들은 사건이다. 아내는 전에 자신들의 관계에 생긴 만성적인 장기적 문제를 다루기 위해서 부부치료를 받으러 간 적이 있다고 말했다. 아내는 가족 내에서 항상 괴짜 취급을 받았고, 그러한 인식 때문에 남편과 자녀들은 '괴짜인 그녀를 알아서 대처해야 하는 것'처럼 행동하고, 그러한 대처 행동들은 그녀에게 잘난 척해 보이고 무시하는 듯이 보이는 경향이 있었다고 설명했다. 그녀가 말하는 이전 치료 경험의 예는, 남은 음식을 다음 날 점심으로 가져가려고 냉장고 안에 넣어 두었던 것이었다. 남편은 그 남은 음식을 보았을 때 아마도 오래된 것인데 아내가 내버리지 못한 것이라고 생각했기에, 아내에게 물어보지 않고 버려도 된다고 짐작했다. 아내는 이러한 점에 관해서 수없이 불평을 했지만 반복해서 발생하고 있었고, 남편과 자녀들은 '엄마는 이상한 사람이라는' 특성의 하나라고 생각하면서 아내의 불평을 참아 왔다. 그들의 이전 치료자는 이러한 이야기를 듣고는 그 문제는 해결책이 간단하고, 아내는 남은 음식을 넣은 그릇에 테이프로 날짜를 적어 놓고 남편이 그 음식이 오래되지 않았다는 것을 알게끔 하라고 제안했다. 다시 말하지만, 단순한 해결책은 효과적일 수 있겠지만, 이는 단순한 해결책을 단순하게 만들지 않는 부부 문제에 내재한 문제를 완전히 간과하는 것이다. 이 경우에는 부부들의 관계 문제는 '확인된 환자'라는 맥락에 의해서 나빠지고 있는 것이었다. 즉, 아내가 자신을 좀 더 신중하게 대해 달라고 싸우면 싸울수록 남편은 아내를 덜 신중하게 대해 주고, 남편이 덜 신중하게 다루면 다룰수록 아내는 더 신중하게 다루기를 바라면서 싸운다는 완벽한 상호적인 덫에 갇혀 있는 것이다.

다시 말하지만, 문제를 해결하기 아주 쉽다면 아주 지적이고 같이 협력할 수 있는 능력이 있는 두 성인은 치료자의 컨설팅 없이 문제를 해결했을 것이다. 당신이 부부를 상담하고 있을 때 문제가 아주 단순한 것 같은 일이 벌어지면, 그 순간 "무슨 부부 관계 패턴 또는 문제들이 이 두 사람을 꼼짝 못하도록 복잡하게 만들었을까?"라고 자문하는 것을 기억해야 한다. 그릇에 라벨을 붙이는 것이 좋은 해결책이 아니라고 말하는 것은 아니고, 부부 사이에 있는 복잡한 문제를 다루지 않고 있다는 것이다. 예를 들면, 부부의 경우 아내가 과거에 우울증과 불안증을 경험한 것을 고려하면 아내는 가족 내에서 확인된 환자이고, 부부 사이에는 환자–보호자의 역동적인 관계를 형성하고 있기에 평등하고 상호 존경하는 입장에서 협동할 수 있는 능력이 손상되었다. 이들이 이러한 패턴을 자각하지 못하는 한, 이 세상에 있는 모든 테이프를 다 사용할지라도 부부가 관계에서 균형을 다시 이루고 좀 더 상호적이고 진솔한 관계를 발전시키도록 도와주지 못할 것이다.

MC 내에서 우리가 부부들과 작업을 할 때 교훈은 부부들에게 만성적인 문제가 분명하고 쉬운 것같이 보이면, 그때는 그 부부들을 갇히게 만들고 있는 복잡한 양상을 더 깊이 추구해야만 하는 사안이라는 것을 알아야 한다는 것이다. 단순한 해결책이라도 잘 작용할 때는 훌륭하기에, 어떤 경우에는 그것들이 도움이 될 가능성을 무시하고 싶지는 않다. 그러나 내 경험에 의하면 그러한 경우는 아주 드물기에 단순한 해결책은 문제가 사소하고 부부들의 핵심적인 관심 사항의 영역이 표면화되지 않았을 때 한해서 도움이 된다. 부부들이 염려하는 핵심적인 영역을 이해하려고 할 때 간단한 해결책을 제공하면, 부부들에게는 치료자가 잘난 체하는 것처럼 보이거나 자신들이 무시당하거나 그것이 피상적으로 지각될 수 있다. 이 상황에서 명심해야 할 간단한 원칙은 유능한 부부들이 단순한 해결책을 알지 못하기 때문에 상호적인 덫에 갇히지 않는다는 것이다.

부부들은 지속적으로 싸운다

부부상담의 초기에 가장 큰 정서적 도전 중 하나는 부부가 이성을 잃고, 서로에게 상처가 되는 말을 하고 소리를 지르면서 싸우기 시작하는 것이다. 특별히 갈등을 겪는 부부들이 부부치료의 초기에는 상담 중에 싸우는 현상이 자주 발생하기도 한다. MC에서는 부부들이 처음 치료자와 만나기 시작할 때 좀 더 자제하는 경향이 있기에 이런 현상이 좀처럼 발생하지는 않지만, 어떤 부부들은 평가 회기 동안에도 열을 내면서 싸우기에 MC 치료자는 이러한 경우를 다룰 줄 아는 것이 중요하다. 초보 치료자들은 부부들이 싸우기 시작하면 마치 자신이 실패한 것처럼 자주 느낀다. 그러나 치료자가 어떻게 한다고 싸움을 시작하는 부부를 말릴 수 있는 것이 아니다. 갈등을 겪는 부부들은 수년간 서로에게 자극을 주고 받아 왔기 때문에 반사적으로 행동하는 것이 거의 자동화되어 있고 강렬할 수 있다. 부부치료자들이 상담 중에 부부가 싸우는 것을 처음 경험할 때는 불가피하게 정서적으로 압도당하게 된다. 핵심적인 사항은 부부들의 싸우는 패턴을 관찰하고 그들이 좌절스러운 악순환에 빠져드는 것을 중지할 수 있도록 준비하는 동안에, 당신 자신도 감정적으로 흥분할 수 있다는 사실을 허용하는 것이다.

초기 다툼의 몇 가지 단계를 기록하고 감정적인 홍수를 다룬다

부부가 상담 중에 갈등에 빠져들 때, 치료자는 각 배우자가 무엇에 의해 자극되는지, 부부를 교착 상태에 빠지게 하는 내용이 무엇인지를 주목할 수 있는 기회가 주어진다. 그렇기에, 초기에는 싸움을 중재하기 전에 첫 몇 단계가 어떻게 진행되는지 흘러가게 두는 것이 치료적으로 필요하다. 그러나 어느 시점 이상 지속하게 놔두면 급속도로 너무나 고조되거나 부부들은 서로 소진하게 되고, 이렇게 되면 좋은 치료적인 효과를 이룰 수 있는 에너지마저 사라질 수 있기에, 싸움이 지속되도록 허락하지 않아야 한다. 거의 대부분의 경우, 부부들의 촉발 자극을 관찰하기 위해서 필요한 것은 초기 몇 분이면 충분하고, 그 이후의 싸움은 단지 소리를 내고 화를 내는 것에 불과하다.

일단 처음의 몇 단계를 봤다면, 치료자는 손을 들고 "좋아요, 그만 멈추세요. 이제는 당신들이 무엇을 중요하게 생각하는지 더 탐색해 봅시다."라고 말한다. 만약 부부가 이성을 잃고 싸운다면, 다시 한번 반복하고 목소리를 다소 높일 수도 있다. 부부들은 싸움의 악순환으로부터 나오는 것에 다소 안도감을 느낄 것이며, 물론 약간은 억한 감정은 있지만 치료자의 지시 사항에 주의를 기울일 것이다. 그 시점에서 당신은 "저는 두 분이 계속해서 싸우는 것을 원지 않아요. 그러나 두 사람 간에 싸움이 어떻게 시작되는지 알 수 있어서 다행이었어요."라고 언급할 수 있다. 만약 그들이 감정의 홍수를 경험하고 있다면, 물을 주거나 화장실에 다녀오게 할 수 있다. 부부가 다시 돌아왔을 때, 각 배우자가 자극되었던 지점에 대해 더 부드러운 감정과 이해할 만한 이유를 발견하고자 하면서 싸움의 단계를 분석하기 시작한다. 처음 싸움을 건 배우자에게 "당신은 '왜 내 말을 그렇게 안 들어!'라고 말하기 전에 당신 안에서 무언가가 일어난 것 같아요. 무슨 버튼이 당신에게 눌러졌는지 저에게 말해 줄 수 있어요?"라고 질문할 수 있다. 당신은 상대편 배우자가 자극하는 행동을 했던 것에 초점을 맞추지 않으면서 촉발 요인과 그것의 원인을 확인하도록 한다. 예를 들면, "그래서 당신의 관점에서는, 당신이 말하는 도중에 상대방이 끼어드니까 당신은 무시당하는 것 같고, 즉 정말로 당신이 말하려고 하는 것을 듣지 않을 정도로 당신을 배려하지 않는다고 느꼈군요. 당신은 이전의 관계나 성장하는 과정에서도 이런 문제가 있었나요?" 이 상황에서 당신은 남편을 이야기에 초대해서, 아내 입장에서 왜 끝까지 자기 말을 경청해 주지 않는 것이 아내를 강하게 반발하게 만드는 촉발 자극이 되는지 이해할 수 있도록 도와준다. 당신이 열정을 갖고 반응하는 맥락에서 아내의 답변을 반영해 준 뒤, 남편이 초기에 왜 강한 반응을 보이는가에 관해서 동일한 형태의 질문을 할 수 있다. 이러한 과정은 부부 사이에 친밀감을 이해할 수 있는 연결 고리를 증가하도록 하기 위해 초기 몇 가지 단계를 활용할 수 있다.

배우자들이 정서적으로 격화되는 반응을 하게 되면, 치료자들도 항상 정서적인 경험을 하게 된다. 상담실에서 누군가가 화를 내면, 우리 자신에게도 상응하는 정서적인 반응이 일어난다. 더 많은 경험이 있는 부부치료자들은 부부들이 싸움이 격화될 때 자기 자신이 신체적으로 반응하는 것에 대해 여유 있는 태도로 접근하는 것을 배운다. 이러한 경험에 익숙하게 되면, 당신은 치료가 진행되는 동안에 부부들이 싸울 때 덜 당황하게 될 것이다.

끼어들기를 예방하기

부부와 작업할 때 가장 기본적인 도전 중의 하나는 부부들이 서로의 말을 강압적으로 중단시켜야 한다고 느끼는 것이다. MC 내에서 작업할 때 이러한 현상이 일어나는 것을 허락할 수도 있는데, 당신이 무슨 형태의 역동이 그들의 관계에서 작용하고 있고, 무엇이 그것을 촉발시키는지 관찰하기 위해서이다. 그러나 대부분의 경우에 당신은 서로가 서로를 방해하지 않도록 하는 것이 중요하다. 그렇지 않으면, 부부들은 처음에 진술하기 시작한 배우자가 상대방을 자극하는 대화에 말려드는 경향이 있기 때문에 상담실에서 균형을 이루는 것이 불가능하다. 한 배우자가 "남편은 화가 나면 물건을 집어던져요." 라고 진술하면, 남편은 자신을 방어하기 위해서 "한 번 그랬어요. 당신도 싸울 때 천사같이 행동하지는 않거든요."라고 말한다. 이러한 역동이 자연적으로 발생하도록 허락을 하면, 당신은 각 배우자 특유의 관심을 경청할 기회를 상실하고, 대신에 단지 부부들이 지속적으로 지치도록 공격하고 방어하는 것을 관찰하게 된다.

부부들은 또한 둘이서 상담자가 타당한 이야기를 구성할 수 있도록 해 주어야 한다는 잘못된 믿음을 가지고 있기 때문에, 구체적인 사항들을 서로에게 명료화하기 위해서 상대방을 중단시킬 것이다. 불행하게도, 그러한 시도를 하다 보면 그들은 불가피하게 구체적인 내용과 특히 상대방의 의도에 대한 선입견에 대해서도 다른 의견을 가질 수 있다. 다시 말하지만, 이런 식으로 중단시키는 것을 허용하면, 재빠르게 회기의 주제에서 벗어나게 되고 MC와 같이 단기적인 개입에서는 중요한 시간을 허비하게 된다.

한 배우자가 상대방이 이야기하는 동안에 끼어들면서 방해하는 것을 가장 쉽게 대처하는 방법은 따뜻한 마음과 유머를 보이는 것이다. 한 배우자가 처음 방해를 하면, 당신의 손을 들고 그 배우자를 따뜻하게 미소를 띠면서 바라보고 다음과 같이 이야기할 수 있다.

> 상대방이 말하는 동안에 끼어들지 않는 것이 불가능한 것처럼 느끼시는 것 같은데 저는 정말로 두 분 각자의 이야기를 차례로 들을 필요가 있어요. 두 분은 문제를 자신만의 유일한 방법으로 이해하고 있기에, 두 분이 머릿속으로 무슨 생각을 하는지 알지 못하면 두 분을 도와줄 수 없거든요. 제가 당신의 배우자를 이해하려고 하는 것처럼, 당신을 열심히 이해하기 위해서도 노력하겠다고 약속할 수 있어요. 상대방에게 끼어들지 않으려고 최선을 다해 주세요. 괜찮으시겠어요?

대개는 부부들이 끼어들지 않기 규칙을 내면화하기 전에 몇 번 더 상기시켜 주는 것이 필요하며, 그들이 또다시 끼어들고, 만약 당신이 편하게 느낀다면 유머를 사용할 수도 있다. "안 돼요, 안 돼요. …… 규칙에 따르면 끼어들어서는 안 됩니다. 연필을 입에 물고서야 그치실 건 아니죠?" 초보 치료자는 자주 끼어드는 배우자를 중단시키는 데 어려움을 경험한다. 만일에 당신이 유용한 치료적인 경계를 유지하기 위해서 어느 정도 사회적으로 예의를 지키려는 정도를 넘어 강하게 말할 필요가 있다. 특별히 갈등을 경험하는 부부들은 자신들이 습관적으로 반응하는 행동을 하면서 통제력을 잃는다는 것을 명심하고, 회기 중에 끼어드는 것과 같은 행동을 통제하는 치료자의 단호한 태도를 환영하기도 한다. 당신이 부부가 습관적인 패턴을 다시 반복하도록 허용하면, 그들은 진전을 이룰 수 없다. 끼어들지 않기 규칙을 유지하는 것이 그들이 그러한 패턴에서 벗어나서 상담실에서 적절한 균형을 유지할 수 있도록 하는 강력한 도구가 된다.

수용과 변화 모두를 치료적으로 추구함

개입으로서 MC의 핵심은, 각 배우자가 관계에서 각자가 깊은 친밀감을 경험하도록 격려하는 동시에 부부 사이에도 더 깊은 친밀감을 증진하도록 하는 것이다. 친밀감이라는 방향으로 접근하는 과정에서 각 배우자는 순수한 진솔성 앞에서 자신이 취약하게 느낄 위험을 감수해야 하는데, 그러한 진솔성은 반대로 확고하게 상대방을 수용하는 분위기에서 형성된 안전성에 대한 인식이 필요하다. MC는 통합적인 부부치료에 근거를 두고 있고(Christensen et al., 1995; Jacobson & Christensen, 1996), 그러한 전통에 걸맞게 건강한 친밀감을 이루는 열쇠가 수용성이라는 것을 아주 강조한다. MC의 도움을 추구하는 부부들 중 더 만족한 부부들은 수용성이 그들의 부부 관계에서 이미 의미 있는 부분이기에, 치료자는 부부들이 불필요하게 갈등을 경험하고 있을 수 있는 영역에도 동일한 태도를 갖도록 초대하면 된다.

수용하는 태도를 보이기

부부 사이에 갈등이 더 심하고, 그들의 관계가 더 양극화되면 될수록, 부부들은 상대방이 짜증나게 하는 것을 덜 따뜻하게 수용하려는 태도를 가지게 된다. 이러한 경우에 치료자는 특히 열정적으로 수용하는 태도를 적극적으로 제시해야 한다. 그렇게 할 때, 각 배우자가 치료자에게 위험을 감수하고 진술할 수 있도록 허용해 주게 된다. 그 외에도 치료자는 배우자 모두에게 그들의 문제에 대한 입장을 좀 더 수용할 때 무슨 행동을 할 수 있는가에 대한 중요한 모델을 제공해 준다. 부부들이 무엇인가를 변화하도록 시도하는 과정에서 소진이 되어 왔을 수 있는 어떤 사항들에 대해 대화하면서 모델을 보여 주게 되면 다른 방법이 없어서 그들에게 폐쇄되어 있는 문을 열 수 있게 해 준다.

예를 들면, MC를 받은 한 배우자는 자신의 아내가 자신을 들어오지 못하게 감정적인 벽을 유지하고 있는 것이 얼마나 자신에게 상처가 되었는지를 설명했다. MC 치료자는 그 사람이 자신의 아내와 정서적으로 가까워지고 싶은 강한 열망을 가지고 있는 것을 철저하게 수용하는 관점에서 반응했다. 다른 한편으로 동일한 정도로 철저하게 수용하는 입장에서, 치료자는 아내가 부부 관계에서 자신이 경험한 친밀감과 거리감에 대해서, 또 자신의 역기능적이었던 가정에서는 정서적으로 독립적이 되어야 한다고 배웠다는 것을 이야기하도록 했다. 남편은 아내가 친 장벽을 넘고 싶은 열망이 있고, 아내가 그 장벽에서 어떻게 나오는지 경험하지 못한 것을 따뜻하게 수용하는 태도를 제시해 주었을 때, 부부는 과거에는 가능하지 않았던 친밀한 공간에서의 만남을 가질 수 있었다. 각 배우자의 경험을 판단하거나 압박감을 주지 않고 과감하게 수용해 주었을 때, 장벽을 방어하거나 무너뜨리는 것과는 완벽하게 무관한 친밀감을 만들어 낼 수 있었다.

수용은 변화를 가져온다

MC가 통합적 부부치료(Christensen et. al., 1995; Jacobson & Christensen, 1996)로부터 강한 영향을 받았다는 것을 감안해, 내가 자주 받는 질문은 수용과 변화의 균형에 관한 것이다. 삶의 문제를 강한 변화의 관점에서 바라보는 것이 우리 사회에 아주 뿌리 깊게 자리 잡고 있기에, 사람들이 확인된 문제를 가진 채 더 건강한 관계로 나아가기 위한 한 가지 방법으로서 수용이라는 아이디어는 종종 도전을 받고 있다. 물론 부부들과 상담을 할 때 우리 치료자 역시 자신의 관계와 자신이 배우자와 변화를 시도하기 위해서 고통스럽게 시도하는 많은 방법에 대해서 생각하게 된다. 우리는 수용이라는 아이디어를 꺼리는 대안으로 반사적으로 반응하게 된다. 수용의 아이디어가 관대하지만 도전적이기 때문에 수용이 언제나 답은 아니라고 우리 자신을 설득하며, 수용을 하나의 답으로 고려조차 하지 않으려고 하는 극단으로 치우친다. 그렇기에 내가 자주 접하는 질문은 "그런데 혹시 사람이 학대적인 관계에 있으면 어떻습니까? 당신은 그들도 그것을 단순하게 수용해야 한다고 말하고 있습니까?"이다.

물론 그에 대한 답변은 '아니요'이다. 많은 상황은 우리가 단순하게 수용을 이해하도록 허용하지 않는다. 내가 보기에는 거의 그러한 모든 상황은 상대방을 폄하하는 경우에 속한다. 학대는 상대방을 폄하하는 것이다. 방치도 폄하하는 것이다. 완벽성 역시 폄하하는 것이다. 그러나 나는 수용을 좀 더 철저하게 이해하는 것은 학대적인 행동에도 적용될 수 있다고 생각한다. 건강한 방향으로 열심히 노력하기 위해서 우리는 학대가 발생하고 있다는 것, 안정성이 문제가 되고 있다는 것, 배우자 모두 폄하당하고 있는 것, 관계 안에서 변화를 시도하는 노력은 필연적으로 실패하고 위험하다는 것을 먼저 수용해야만 한다. 학대적인 관계에서 탈피하기 위해서는 아주 많은 양의 에너지 방출이 필요한 것이다. 그러한 사실을 무시하는 것은 문제에 관련된 개인들이 생생하게 경험하는 것을 인정하지 않는 것과 같다.

또한 내가 기억하는 한, 우리 자신이 변화하려고 노력했지만 좌절된 상황에서 기인하는 묵시적인 불편함을 다루려고 노력한다. 치료자로서 우리 자신은 상담에서 사용하는 기구나 도구이다. 우리가 상담하고 있는 사람들에게 단지 말하기 위해 하는 말은, 마치 산책하려는 의도를 진지하게 고려하지 않은 채 걷는 것과 같이 거의 유익을 주지 못한다. 만일 우리가 수용을 상담에 도입하려고 시도하려면, 당신은 수용을 당신 자신의 삶과 당신 자신의 배우자와의 관계에서 실천해야만 한다.

Neil Jacobson과 Andrew Christensen은 수용 대 변화로 구분하는 것은 실제로 거짓 이분법이고, 수용 자체가 변화라고 기술했다(Jacobson & Christensen, 1996). 수용과 변화 사이의 구분은 우리가 잘못된 믿음, 즉 우리의 배우자 그리고/또는 세계가 우리가 선호하는 것과 일치하는 방향으로 변화해야 하는가(전통적인 변화) 혹은 우리 자신이 우리 배우자 및 세상과 일치하는 방향으로 변화해야 하는가를 좀 더 구체적으로 지적해 준다. 수용은 우리가 우리의 욕심, 분노, 완벽성으로 방해받지 않으면서 배우자와 세상이 존재하는 방식 자체를 그대로 인정하고, 세상이 존재하는 방식과 우리가 원하는 방식 사이의 간격을 좁히는 개인의 변화 스타일을 의미한다.

나는 이전에 수용과 변화 사이의 구분과 관련해서 평화의 기도(Serenity Prayer)에 대해 기술했고(Cordova, 2009), 그 기도에 대한 Reinhold Niebuhr의 견해에서 흥미 있는 부분도 지적했다. 변화에 관한 한, Niebuhr의 견해에서는 변화될 수 있는 모든 것보다는 변화되어야만 하는 모든 것들에 대해 강조했다. 그래서 "신이여, 내가 변화시킬 수 없는 것은 수용할 수 있는 평화를 주시옵소서."라고 할 때 변화라는 것은 우리 배우자나 세상이 쉽게 변화할 수 없는 것에 대해서 더 많은 개방성과 따뜻한 친절함을 가지고 그것들을 받아들이도록 내가 변화하는 것을 말한다. '변화되어야만 하는 것을 변화시키려는 용기'는 우리가 살고 있는 세상에서 우리의 배우자나 세상을 우리 마음대로 조종하려는 것에 관해 가능한 한 아주 가벼운 압력만을 행사하기로 결심하면서 우리의 배우자나 세상에 대해서 놀라울 정도로 존경스러운 태도를 가지는 것을 뜻한다. 여기서 지혜는 변화되어야만 하는 것들을 단지 변화시키려고 노력하는 것과 배우자에 관해서 진실인 부분은 존경하는 마음으로 모든 것을 허용하려고 노력하는 것이다. 그렇기에 변화는 변화이고, 수용은 변화이며, 그 차이를 알아차리는 지혜가 차이점이 되는 것이다.

부부들과 실제로 상담을 하다 보면, 나는 전통적인 면에서의 변화와 수용과의 균형을 생각할 때, 무엇이 변화 가능한지, 또 무엇이 생겨날 수도 있는 변화인지를 알아차리는 감각을 활용한다. 가볍게 취급될 가능성은 있어도, 간단한 규칙은 우리가 자각하고 있는 행동과 우리가 의지적으로 경험하고 있는 행동에 대해서는 특히 두 배우자가 자비심과 열정적인 이해심의 태도로 부부 관계를 유지하고 있을 때 종종 전통적인 변화 모델을 적용할 수 있다. 다른 한편으로, 예를 들면 우리가 좀 더 천성적으로 내향적인가 또는 외향적인가와 같이 우리의 성격이나 존재 자체에 깊이 녹아 있는 습관들은 전통적인 모델로 변화가 가능하지 않다. 그 밖에도 우리를 정서적으로 촉발시키는 자극들, 우리의 반박하는 행동, 우리의 단호하고 방어적인 방식들은 변화하기 어렵다. 현실적으로 보면, 개인이 성장하도록 노력하는 작업과 인간 본질—우리 인간은 모두 잘못 조립된 장난감의 섬에 존재하고 있다—에 대한 과감한 수용을 혼합한 복잡한 작업이 요구된다. 인간 모두는 깨지고 완전히 이해되고 통제되기에는 너무 복잡한 존재이다. 우리는 서로에게 사랑하는 마음으로 관심을 가지는 시간의 양은 변화시킬 수 있다. 우리는 친밀감이라는 과정이 강력하고 정서적으로 복잡하다는 현실은 변화시킬 수 없다. 우리의 많은 습관과 사고를 변화시킬 수 있지만, 우리 자신이 누구인가와 우리 배우자가 누구인가에 관해서는 많은 부분이 변화를 시도하기에는 근본적으로 너무나 복잡하다.

진정한 친밀감은 과감한 수용이 필요하다. 우리는 얼굴에 나있는 사마귀점 모두를 포함해서 존재하는 방식 그대로 수용받기를 원한다. 우리는 가정에서 가사 분담을 어느 정도 해야 할 것인가는 변화시킬 수 있다. 우리는 복잡한 일로 우리가 얼마나 혼란스럽게 느끼는가를 변화시킬 수는 없다. 우리는 재앙화하는 인지적인 습관이나 적어도 우리가 재앙화를 얼마나 심각하게 하는가에 관해서는 변화시킬 수 있지만, 위험에 대해서 각성하는 경향에 대해서는 쉽게 변화화시킬 수 없다. 우리는 관계에서 흔히 하는 습관, 즉 요구하거나 철회하는 방식은 변화시킬 수 있지만, 그와 같은 것에 빠질 수 있는 근본적인 취약성에서 완전히 변화할 수 없다. 한마디로, 변화와 수용 사이의 구분은 그 차이점을 아는 지혜와 함께 우리가 우리 배우자가 변화하기를 바라는 소망의 자리에 가능한 한 가장 가벼운 발자국만을 남기는 지혜와 같다.

결론

MC의 개념으로서 주된 특징의 하나는 친밀감의 관계 속에서 살고 있는 부부들과 수년간에 걸쳐서 부부 관계를 연구한 과학자들이 해낸 어마어마한 양의 연구 결과들 사이를 이어 주는 가교 역할에 전념하는 것이다. 실제적인 임상가이면서 부부 관계를 연구하는 과학자로서, 나는 나의 직업적인 삶에서 매일 이러한 교량 역할을 하면서 살고 있다. 나와 동료들이 지금까지 부부 관계에 대한 과학 분야에서 연구해 왔고 또 앞으로도 지속할 조심스럽고, 헌신적이고, 창조적이고, 근면한 작업은 관계 속에서 살고 있는 모든 인간 존재에 엄청나게 유용할 잠재력이 있고, 축적되어 가는 광대하고 소중한 발견물인 것이다. 부부들의 문제 해결 대화의 복잡성에 관한 초기의 연구들(예: Birchler, Weiss, & Vincent, 1975; Gottman, Markman, & Notartius, 1977)로부터 좀 더 최근의 관계 건강과 심각한 신체 질병에서의 회복에 관한 양방향적인 작업의 연구들(예: Ptacek, Pierce, & Ptacek, 2008; Yorgason, Roper, Sandberg, & Berg, 2012)에 이르기까지 우리의 일상생활에 아주 많은 정보를 제공해 주는 연구들이 풍부하다. 불행하게도, 기술적인 과학적 학술지들의 요구들과 형식들은 관계 속에서 생활하고 있는 평범한 사람들에게는 유용하고 실제적인 정보의 전달이 쉽지 않은 상황이다. 이 책의 맥락에서, 전문적인 과학자들을 상대로 논문을 쓸 때 포함되어 있는 복잡성을 이 분야에 있는 임상가들을 상대로 전수하기가 쉽지 않다. 나는 이러한 차이점이 조만간에 극복될 것이라고는 보지 않는다.

이 책을 집필하는 시점은 MC를 잘하기 위한 훈련이 막 시작된 때로서, 실험실에서 연구한 최근의 결과들을 부부들에게 적용하는 MC 모델을 임상가들이 활용할 수 있도록 촉진하기 위해 프로그램을 개발하는 초기 단계에 있을 따름이다. 내가 바라는 것은 연구 결과들이 나오는 대로 클리닉과 다리를 놓아주는 역할을 하는 대변인으로 좋은 프로그램을 고안하는 것이다.

나는 현재 상담을 하고 있는 임상가들에게 자신이 훈련을 받은 대학교의 도서관을 통해서 월 단위로 연구지를 구독할 수 있는 계좌를 신청하여 도서

관에서 자동적으로 논문심사를 거쳐 가장 최근에 발간된 논문들을 전자우편을 통해서 당신에게 전달할 수 있게 되는 것을 추천한다. 이러한 논문들은 아주 적은 양이지만 현 분야에서 일어나고 있는 방향에 동시 접촉할 수 있는 기회를 제공해 준다.

Chapter 03

치료적 평가, 동기강화 면담 및 통합적 부부치료를 커플 체크업에 적용하기

결혼 체크업(MC) 치료자는 검진 과정을 통해 두 가지의 단순하지만 쉽지 않은 목표를 이루어야 한다. 첫 번째 목표는 친밀감과 상호 연민, 더 많은 상호 수용을 촉진하는 것이다. 두 번째 목표는 동기강화 면담의 원리를 사용하여 부부로 하여금 두 사람이 직면하고 있는 쟁점에 같이 다가가도록 하는 것이다. 두 사람이 같이 쟁점에 다가가도록 한다는 의미는 그들로 하여금 공동 목표를 이루기 위해 협력적으로 작업하도록 동기화하는 것을 말한다. 치료자가 부부 공동의 걱정거리나 어려움을 한 가지씩 다룰 때 다음과 같은 질문을 염두에 두고 있어야 한다. 이 부부가 정서적으로 더 유대감을 느끼기 시작했는가? 쟁점에 같이 다가가기 시작했는가? 요약하면, 목표는 두 사람이 당면하고 있는 쟁점에 대해 더 협력적인 일체감을 가지게 함으로써 두 사람을 가깝게 만드는 것이다.

치료적 평가

MC는 Finn과 Tonsager(1997)의 평가의 치료적 모형에서 아이디어를 얻었다. 그들의 모델에서는 평가와 피드백이 그 자체로서 강력하고 단기적인 치료적 개입이 될 수 있다고 보고 있다. 임상가들은 내담자들이 평가 과정에 적극적으로 참여하고 이 과정에서 능동적인 역할을 하게 될 때(예를 들어, 평가에 대한 이유를 스스로 찾고, 평가 결과를 함께 해석해 나갈 때; Allen, 1981; Butcher, 1990; Finn, 1996, 2007) 치료의 평가 단계에서도 내담자에게 긍정적 변화가 일어난다는 점에 주목해 왔다. Finn과 Butcher(1991)는 내담자들이 평가 후 피드백 회기에서 다음과 같은 이점들을 얻을 수 있다고 보았다. 즉, 자존감 향상, 고립감 감소, 희망적 느낌의 증가, 증상 완화, 자기자각과 자기이해 증대, 정신건강 서비스 이용에 대한 동기 증가 또는 현재 진행되고 있는 치료에 더 능동적으로 참여하고자 하는 동기 증가 등이다. Poston과 Hanson(2010)의 17개 연구에 대한 치료적 평가 연구 메타분석에 의하면 치료적 평가는 치료 효과와 과정 변인들에 있어서 유의미한 긍정적 효과($0.367 < \text{효과 크기} < 1.117$)를 보이는 것으로 밝혀졌다.

치료적 평가의 목표는 내담자가 평가에 대한 피드백 회기를 마쳤을 때, 평가 회기를 통해 새로운 경험을 하거나 자신에 대해 새로운 통찰을 얻게 되어 자신의 삶을 변화시킬 수 있게 만들어 주는 것이다. 따라서 평가자의 임무는 내담자가 평가 회기를 통해 자기 발견 및 성장의 기회를 갖게 해 주는 것이다. Finn과 Tonsager(1997)는 치료적 평가의 세 가지 목표로, "① 내담자와 공감적 관계를 발전시키고 유지하는 것, ② 내담자가 평가에 대해 자기만의 개별화된 목표를 정할 수 있도록 내담자와 협력적으로 작업하는 것, ③ 내담자와 평가 결과에 대해 공유하고 탐색하는 것"(p. 378)을 들었다. 성공적인 치료적 평가 후에 내담자는 존중받고 이해받는 느낌을 받고, 평가의 결과로서 새로운 삶의 방식들을 알게 되고, 이 경험에 의해 감동받고 변화하며 시간이 지나도 그 변화를 지속시킬 수 있게 되는 것이다.

동기강화 면담과 통합적 부부치료

MC에서는 Miller와 Rollnick(2002)의 동기강화 면담 기법들을 활용하고 있다. 동기강화 면담은 내담자가 변화를 향해 작업하게끔 내재적 동기를 증가시킬 수 있도록 고안되어 있다. MC에서는 부부가 자신들의 부부 관계가 건강한지에 대해 적극적으로 관심을 기울이도록 내적 동기를 올려주면 자연스레 건강한 부부 관계로 나아가는 장기적인 궤적을 밟게 된다고 가정한다. 일단 활성화를 향해 걸음을 옮기게 되면 자연적으로 수반성이 일어나게 되어 부부가 행동을 취하고 유지하는 방향으로 힘이 지속된다. 즉, 부부가 일단 부부 관계를 가꾸는 데 깊은 관심을 보이기 시작하면, 그로 인한 이득을 즉각적으로 느낄 수 있게 되고 유대감과 친밀감이 증가하게 되면서 계속적으로 자가발전하게 된다.

동기강화 면담은 특히 내담자가 변화에 대해 양가적일 때 유용하다. 부부사례에서 양가적 특징은 심각한 문제가 있음에도 변화를 고려할 정도로 주관적 고통을 느끼지 못하거나 또는 꼼짝달싹 못하는 상태에 갇혀 변화를 향해 어떻게 나아가야 할지 모르는 것으로 나타난다. 이런 부부들은 가만히 보고 기다리는 관망 단계에 들어가 단지 시간이 지나면 해결될 것을 막연히 희망하기도 한다. 부부 관계 문제는 복잡하고 쉽게 해결되지 않는 경향이 있기 때문에 많은 부부는 쟁점을 회피하고 부부 관계 면역 시스템이 있어서 시간이 지나면서 그 시스템이 해결해 주길 희망하기도 한다. 불행하게도, 부부간 차이에서 나온 문제에 대해서는 이러한 관망은 문제를 없애 주기보다는 고통과 좌절을 고조시킬 뿐이다. 동기강화 면담 기법들은 이런 부부들에게 잘 맞아서 변화에 대한 양가감정을 해결하고 변화를 향해 보다 적극적으로 움직이도록 만들 수 있다.

이와 비슷하게, 동기강화 면담은 변화에 대해 양가적인 배우자에게 잘 맞기도 한다. 많은 사례의 경우 부부 중 한 명은 변화를 강력히 원하며 변화에 대해 이미 동기화되어 MC를 받으러 온다. 하지만 그가 주장하는 '변화'는 내 쪽에서의 변화가 아닌 상대방 배우자의 행동 또는 성격의 변화인 경우가 많다. 다른 쪽 배우자는 MC에 임하면서 이미 요지부동의 태도로 변화에 대한 저항이 생활화되어 있고, MC에서 무엇을 제공해 주든지 회의적일 준비가 되어 있다. 이러한 전형적 예에서는 배우자 중 누구도 자신이 변해야겠다고 생각하지 않고 상대방 배우자가 변해야 한다고 굳게 믿고 있다. 이런 상황에서 동기강화 면담 기법들은 특히 유용하다. 즉, 부부에게 각자 자신의 행동을 어떻게 수정해야 부부 관계를 좋게 만들어 그 이점을 누릴 수 있는지에 대해 생각해 보도록 동기화시킨다.

MC의 목표는 부부를 결국 고통과 이혼의 단계에 이르게 하는 빠져나올 수 없는 틀에서 벗어나도록 가볍게 자극하는 것이다. 여기서의 가정은 가볍게 자극하는 것만으로도 부부가 자신들의 관계의 건강성에 대해 능동적 책임을 떠안을 에너지를 얻게 된다는 것이다(자신의 힘으로 또는 상담의 도움을 받아). 즉, 많은 부부가 상대적으로 '단기의 동기적 부양책'만으로도 관계의 고착에서 충분히 벗어날 수 있으며(Miller & Rollnick, 2002), 부양책 이후 부부가 스스로 자신들의 기술과 강점들을 사용하여 관계를 개선시키고 이를 지속시킬 수 있다는 것이다. 또는 문제를 해결하기 위해 부부상담과 같은 전문적 도움을 활용하고자 하는 동기를 갖게 되기도 한다. 최적의 건강한 결혼생활을 유지하기 위해서 정기적인 부양책이 필요하기 때문에 MC는 매년 하도록 구성되어 있는데, 이러한 정기적인 부양책이 부부가 최적의 건강한 부부 관계를 가지는 데 필요충분조건일 수 있다. 대단위 임상 연구(Cordova et al., 2013)에 의하면 부부들은 대부분 최초의 MC 이후 친밀한 유대감의 질을 계속 향상시켜 나가는데, 매년의 체크업이 이런 긍정적인 궤적을 계속 유지시키는 것으로 나타났다.

Miller와 Rollnick(2002)의 동기강화 면담에 의하면 한 개인의 변화에 대한 동기는 비직면적이고 심리교육적이며 치료적인 면담을 통해 고양될 수 있다. 이 면담에서 문제의 본질이 무엇인지, 문제에 어떻게 감정적으로 얽혀 있는지, 특히 자신이 가장 관심을 가지고 있는 일에 문제가 어떤 영향을 미치고 있는지를 인식하도록 돕는다. 이러한 접근은 개인이 양가적으로 느끼는 이슈를 새로운 관점에서 보게 해 주는데, 이 관점은 양가적인 감정을 가지고 있음을 인정하게 해 주면서 동시에 변화하지 않을 때 초래할 부정할 수 없는 결과에 대해 볼 수 있게 만들어 준다. 즉, 양가성의 상반된 두 면을 명확히 보게 하고, 그 상반된 두 가지 측면의 객관적 결과를 보게 해 줌으로써 그 이슈의 '문제적' 속성에 주의를 기울이게 하여 변화에 대한 내재적 동기를 증가시키는 것이다.

MC에서의 가정은 부부가 깊게 관심을 기울이는 영역은 둘의 관계와 배우자라는 것이다. 그러므로 치료자가 두 배우자에게 가장 중요한 것을 찾기 위해 많은 작업을 할 필요가 없다. 근본적인 가정은 이 관계에 깊은 관심을 두는 것 자체가 변화에 대한 강력한 지렛대 받침점이 될 수 있다는 것이다. MC에서 양가성은 보통 통합적 부부치료(Integrative Couple Therapy: ICT)에서 말하는 '상호적인 덫'의 형태로 나타난다. 부부 각자가 문제를 해결하기 위해서 애쓰는데, 상대가 변해야 한다고 주장한다. 즉 자신의 제한적인 관점에서 문제를 해결하기 위한 시도를 하지만 이는 문제를 더 꼬이게 만들뿐이다. 예컨대, 샐리는 '부부간 거리감'을 해결하기 위해 변화를 요구하고, 밥은 '부부간 거리가 너무 가까움'의 문제를 해결하려 갈등으로부터 철수한다. 배우자들은 종종 상황을 변화시키기 위한 자신들의 시도에 대해 양가적이기도 하다. 그들의 습관적인 변화 전략이 해결을 위한 유일한 방법인 것처럼 보이지만 그 전략들은 전혀 먹히지 않기 때문이다. MC에서 하는 작업은 부부가 상호적인 덫이 왜 문제가 되는지 그 문제적 특성에 주의를 기울일 수 있도록 하여 현안에 대한 대안을 찾게끔 동기를 증가시키고 자신이 설정한 변화 어젠다는 내려놓고 수용에 대한 개방성은 증가시키는 것이다. 연구에 의하면 상호적인 덫이 무엇인지 알게 되면 그런 역기능적인 패턴에 덜 빠져들게 되고 자연히 관계 만족이 증진된다고 밝혀졌다(Cordova, Jacobson, & Christensen, 1998).

MC는 부부가 변화를 원하게끔 유도하고 변화를 이루기 위해 필요한 것들을 갖추고 있다고 느끼도록 도와준다. 변화를 강요하거나 요구하거나 논쟁적이지 않고 궁극적인 안녕을 위해 치료자와 내담자가 함께 관심을 나누는 것이다. 동기를 부양하기 위해 평가 정보를 제시하는데, 부부로 하여금 평가 회기에서 밝혀진 관계의 쟁점들을 알려 주기 위해 수량적인 자료와 서술적인 자료를 다 제시한다. 피드백을 줄 때 부부가 그들이 받은 정보에 바탕을 두고 어떤 행동을 취할지 말지는 전적으로 부부의 의사에 달려 있다는 것을 명확히 한다. 동기는 부부가 그 관계에 얼마나 헌신하고 있는지와 문제가 부부 관계를 얼마나 약화시키는지의 대비를 통해 생겨날 수 있다. MC를 통해 부부 관계의 악화를 말해 주는 지표가 무엇인지 알게 되는 것만으로도 부부가 문제를 다루는 방향으로 건강한 노력을 기울이도록 동기를 불어넣을 수 있다.

동시에 문제를 침소봉대하지 않기 위해 약소한 문제는 약소한 관계 쟁점으로 정확하게 파악하는 것이 중요하다. 사실, 부부들에게 주어지는 피드백에서 상당 부분이 부부가 지나치게 걱정하는 문제를 많은 부부가 경험하는 공통적인 문제로 알려 주는 경우가 많다. 예컨대, 나이가 들면서 부부간의 성기능이 떨어지는 것을 거부나 애정의 결여로 과대 해석할 수 있다. 심리교육을 통해 이런 변화가 정상적이라는 것을 알려 줌으로써 관계에서의 고통과 불안이 줄어드는 방향으로 나아갈 수 있다.

한편, 고통이 꽤 있는데도 관계에서의 어려움을 적극적으로 무시하는 많은 부부에게는 문제를 회피할 때 발생할 수 있는 장기적인 부정적 결과들에 대해 알려 줌으로써 보다 건강한 방식으로 문제를 다루게 할 수 있다. 예컨대, 금전 문제에 대해 이야기하는 경우 정서적으로 힘들어 그에 대해 이야기하는 것을 회피하여 고통을 겪는 부부에게는 이 주제를 계속 회피할 때 어떤 장기적인 결과가 나타날지에 대해 주의를 기울이게 함으로써 비록 편치 않더라도 그에 대해 짚고 넘어가는 것이 두 사람에게 다 이익을 가져온다는 것을 명확하게 할 수 있다.

MC가 동기강화 면담의 기법에만 의존하는 것은 결코 아니다. MC는 부부가 자신들의 강점들을 볼 수 있게 하고, 서로를 더 깊이 수용할 수 있는 잠재력을 탐색하며, 부부의 친밀감 과정에 새로운 힘을 불어넣고, 두 사람 사이의 협력적인 자세를 더 높일 수 있게 해 준다. 이 장의 서두에서 언급한 것같이 MC의 주된 목표는 배우자 간의 친밀감을 증진시키는 것이며, 따라서 MC의 틀 안에서 변화에 대한 동기가 생성되는 것은 부부간 친밀감을 증진시키는 데 기여할 수 있다.

이 점에서 볼 때 MC는 통합적 부부치료(Jacobson & Christensen, 1996)의 수용 촉진 기법과 친밀감 증진 기법을 모두 다 활용하고 있다고 볼 수 있다. 이 두 기법을 잘 섞어 사용하는 것이 MC만의 독특한 색깔을 가지게 해 주는데, 이는 수용을 강조하여 친밀감을 증진시키는 치료적 면담 기법과 부부 관계의 건강을 증진시키기 위한 보다 적극적인 방법을 모두 사용하는 접근이라고 볼 수 있다. 가장 기본적으로 MC는 무엇보다 부부간의 친밀감을 증진시키는 것을 목적으로 하고 있다. 이를 위해 각 배우자가 상대방의 인간적인 약점을 수용하도록 하며, 두 배우자가 회피하고 있던 어려움을 적극적으로 다루게 해 준다. 부부가 가장 자랑스럽게 생각하는 영역과 두 사람이 힘들게 씨름하거나 회피하고자 하는 영역을 모두 다룸으로써 친밀감을 높이고자 하는 것이 강조점이다.

동기강화 면담 기법을 커플 체크업에 적용하기

2장에서도 언급했듯이 MC는 아주 단기의 개입이므로 치료자의 라포 형성 기술은 아무리 강조해도 지나치지 않다. 치료의 성패는 부부와 얼마만큼 강한 라포를 맺을 수 있는가에 달려 있다. 치료자는 부부 관계의 모든 영역을 빠르게 평가해야 하는데, 이 영역들은 어느 한 배우자 혹은 두 사람 모두에게 매우 민감한 영역일 가능성이 높다. MC의 목표는 배우자들로 하여금 그들의 부부 관계 건강을 정직하게 평가하고, 치료자와 협력하여 그들의 부부 관계 건강을 그들 스스로 아니면 다른 사람의 도움을 받아 증진시킬 수 있는 방법을 적극적으로 찾아내는 것이다. 이것은 사람들의 삶에서 아주 사적인 영역을 건드리는 민감한 작업이며, 결혼생활이나 친밀감의 특징이라고 할 수 있는 개인적인 정서적 취약성과 방어성의 이슈들을 다루는 작업이다.

치료가 성공하기 위해서는 MC에 참여하는 부부가 치료자로 하여금 자신들의 결혼생활을 깊게 들여다보고 강점과 장점을 파악할 수 있도록 허용해야 한다. 치료자는 부부와 빠르고도 강하게 라포를 형성할 수 있어야 한다. 만일 부부 중 한 사람이라도 치료자와 잘 통하지 못하고 신뢰감을 가지지 못한다면 개입의 질은 상당히 떨어질 수밖에 없다.

따뜻하고 인정 어린 이해를 하도록 적극적으로 노력하라

라포를 강하게 형성하기 위해서는 따뜻하고 인정 어린 이해와 진정한 공감이 가장 중요하다. MC 치료자는 배우자 각각에 대해 따뜻하고 인정 어린 이해와 공감을 적극적으로 할 뿐 아니라 이것을 성공적으로 전달할 수 있어야 한다는 것을 끊임없이 유념하고 있어야 한다. 연구에 의하면 치료자의 공감이 내담자의 치료 성과를 예측하는 것으로 밝혀졌다(Miller & Baca, 1983). 효과적인 부부치료에서 공감이 중요하고, 특히나 MC는 부부에게 쏟을 시간이 제한적이기 때문에 치료의 성공을 위해서 공감이 더욱 중요하다. 당신이 각각의 배우자와 라포 형성을 잘하면 잘할수록 부부 관계에 더 많은 영향을 끼칠 수 있을 것이다. 만일 부부가 당신으로부터 이해받았다고 잘 느끼지 못하고 유대감을 느끼지 못한다면 당신이 말하는 것에 의해 영향을 거의 받지 못할 것이다.

라포를 형성하는 것은 결국 공감적 이해를 하는가에 달려 있다. 대부분의 사람은 적어도 어느 정도는 다 이해받지 못하고 경청되지 못한다고 느낀다. 장기간 만성적 갈등과 오해, 양극화와 상호적인 덫의 긴장 속에 놓여 있던 부부는 특히 더 자신이 이해받지 못하고 경청되지 못한다고 느낀다. 그리고 이런 부부는 상대방의 말을 더 이상 들을 수 없을 정도까지 같은 논쟁을 지루하게 벌였을 가능성이 높다. 따라서 서로의 말을 솔직하게 들으려고 노력하기보다는 논쟁과 방어, 맞비판과 방어에 빠져 있기 쉽다.

이러한 상황의 치료 장면에서 치료자가 진정으로 들어주고 자신의 이야기의 내용뿐만 아니라 이야기의 의도와 결혼생활의 감정적 근원에 대해서 정확하게 반영해 준다면 매우 강력한 효과를 가질 것이다. 필자의 경험으로는, 누군가 드디어 자기 말을 들어주고 이해해 줄 때 부부가 안도감을 경험하는 것을 잘 감지할 수 있었다. 라포가 강하게 형성되는 것은 마침내 이해받았다는 느낌을 받는 것이나 아니면 적어도 누군가 내 이야기를 정직하게 이해하려고 노력한다는 것을 느낄 때 온다. 치료의 열쇠는 바로 이러한 경험을 배우자 두 사람에게 다 제공해 주고, 많은 경우에 그들의 이야기와 당신의 이해가 논리적이고 선형적인 방식으로 일치되지는 않는다는 것을 인정해 주는 것이다. 종종 배우자 각각의 내러티브가 상대방의 내러티브와 관계없이 독자적으로 존재한다. 이것은 어느 정도 이해가 되는데, 각 배우자의 내러티브에서는 스스로를 영웅이나 피해자로 만들고 상대방은 악당으로 만들기 때문이다. 어떻든지 간에 내담자에 대한 치료자의 따뜻하고 인정 어린 이해를 잘 전달하는 것은 라포 형성뿐만 아니라 부부 서로 간의 이해를 촉진시킨다. 당신이 상대방 배우자의 이야기를 공감적으로 반영해 주는 것을 들을 때, 이러한 공감적 반영은 간과될 수 없고 서로에 대한 공감적 유대감을 막는 방어벽을 넘어가게 만들어 준다. 가끔 배우자 각자의 현안에 대해 공감적 반영을 해 주며 이야기를 주거니 받거니 몇 번 하고 나면 어느새 갈등의 매듭이 약간 느슨해지고 정서적 분위기가 좀 온화해짐을 느낄 수 있을 것이다.

반영적 경청을 해 주라

반영적 경청은 부부의 말에 단순히 동정하는 것 이상이다. 각자의 말 이면에 깊이 깔려 있는 의미를 이해하는 것이다. 초심자가 반영적 경청을 하는 방식은 너무 기계적이어서 단지 내담자의 이야기를 다른 말로 바꾸어 말하는 것에 그치기 쉽다. 반영적 경청을 잘하게 되면 내담자가 말하는 것 전부를 깊이 경청하게 되는데, 그 결과 내담자 이야기에서 겉으로 드러난 내용과 그 이면의 것, 이면의 동기, 측은지심의 귀를 통해 들리는 것을 명확히 다 들을 수 있게 된다. 각 배우자는 진심에서 느껴지는 의미를 전달하려고 하며 내담자가 선택한 특정 단어 속에 그 의미가 희미하게 반영된다. 치료자는 그 단어에 숨어 있는 의미를 이해하고자 노력하여 그 의미를 명확한 진술문의 형태로 내담자에게 반영한다. 즉, 치료자는 내담자가 되었다고 가정하고 내담자의 이야기와 그것이 어디서 비롯되었는지 탐색함으로써 내담자를 이해하고자 한다. 이것이 바로 공감의 의미이다. 동정은 다른 사람을 따뜻하고 인정 어린 시선으로 바라보는 것이지만 공감은 동정과 다르다. 공감은 실제로 다른 사람의 입장에서 그 사람이 어떤 이유로 어떤 것을 느끼는지 실제로 느껴 보는 것이다. 스스로에게 '무엇이 방금 이 사람이 말한 것과 같은 것을 말하게 할까?' '나도 비슷한 것을 느껴 본 적이 있는가?'와 같은 질문을 해 보고 이에 대한 당신의 답이 공감적 반영을 이끌게 하라.

앞에서 말한 것과 같이 반영은 질문의 형식이 아닌 진술문의 형식을 취한다. 이론적으로 질문은 그들이 말하는 것을 계속 말하게 하기보다 대답을 하게 만들기 때문에 사람들로 하여금 그들의 느낌을 경험하는 데서 멀어지게 한다. 다음 두 진술문의 차이를 느껴 보라. "남편이 당신 이야기를 듣지 않는 것 같을 때 외로움을 느끼셨군요."와 "남편이 당신 말을 듣지 않을 때 외로움을 느끼시지요?"를 비교해 보라. 첫 번째 진술문에서 당신은 그 사람에게 대답을 하도록 요구하지 않기 때문에 그 사람이 자신의 경험에 머물러서 탐색해 보게 만든다. 진술문에서는 당신의 톤이 끝에서 올라가고 당신은 '예, 아니요'의 대답을 강요하게 되어 무심코 내담자의 더 깊은 탐색의 기회를 차단시킨다. 이것은 미묘한 차이지만 많은 내담자에게 회기가 달라지게 만든다.

반영은 어디까지나 추측이기 때문에 언제나 실제 내담자의 마음을 적중하지 못할 가능성이 있음을 명심해야 한다. 이는 정상적인 것이고 치료에 해가 될 것은 없다. 내담자에게 더 이상 물어보지 않아도 자연스럽고 편안하게 수정해 줄 것이다. 반영은 기계적인 기법이 되어서는 안 된다. 반영은 지금 이 내담자에 대해 진정한 호기심을 갖고 경청하는 방식으로 내담자가 되어 내담자를 이해하는 것이다. 만일 당신이 반영적인 경청을 단지 반영적인 경청을 해야 한다는 규칙을 따라 기계적으로 한다면 그것은 당신이 원하는 방식으로 작용하지 않을 것이다. 만일 당신이 반영적 경청으로 배우자를 더 깊이 이해하려고 사용한다면 반영적 경청은 노력하지 않고도 저절로 '올바른' 방식으로 나올 것이다.

부부와 배우자를 인정해 주라

MC의 중요한 부분은 부부의 강점과 긍정적 특성을 인정하고 강조한다는 것이다. 또한 부부의 강점을 찾아낸다. 만일 당신의 내담자 부부가 부부로서 어떤 강점을 가지고 있음을 주목하게 되었다면 그것을 강조해서 언급해 주고 진정한 강점이 됨을 인식하도록 요청하라. 예컨대, 부부 모두가 그들의 자녀에 대해 애정 어린 표현을 하고 서로를 좋은 부모로 긍정적으로 표현한다면, 치료자는 이에 대해 부부가 따스하고도 중요한 헌신을 공유하고 있음을 반영해 줄 수 있다. 치료자는 부부가 상호적인 취약성으로 인해 건강한 부부 관계에 도전을 받고 있음에도 불구하고 서로 친밀감을 가지고 서로 관계에 몰두하고 있고 서로 사랑하고 있음을 짚어 준다. 얼마 동안 힘든 시간을 보내고 있었던 내담자 부부는 이와 같은 전문가의 긍정적인 코멘트에 안심하고 인정받은 느낌이 들 것이다. 이것은 부부로 하여금 그들의 부부 관계가 가치 있으며, 개선하는 방향으로 노력할 만한 귀중한 것이라는 점에 주의를 기울이게 하고 희망을 되살아나게 할 것이다. 희망을 되살리는 것의 치료적 힘은 아무리 강조해도 지나치지 않다.

클라크 대학교 부부 및 가족 연구센터에서는 두 배우자가 서로에게 애정을 가지고 있음이 느껴질 때 그것을 먼저 주목함으로써 강점 피드백 파트를 시작한다(5장에서 면담 기법을 좀 더 자세히 언급할 것이다). 대부분의 사례에서 배우자들은 얼마동안 상호적인 덫에 빠져 힘들어하고 상대에게 좌절감을 표현하더라도 서로를 매우 사랑하는 경우가 많다. 필자의 경험으로는 두 배우자가 서로를 사랑하고 있음이 치료자에게 너무나 명백하게 보이고, 언급할 만하다고 하면 부부는 놀라면서 그런 말을 듣는 것을 기뻐한다. 부정적인 측면에 초점을 맞추는 것이 사람들의 자연스러운 경향성이어서, 두 사람 사이에 유대감이 선명하게 고동치고 있어도 그것을 간과하는 경우가 많다. 이러한 유대감에 주목하고 그것을 인정해 주는 것이 부부로 하여금 자신들의 강점에 기초를 두고 그들이 가진 축복을 누리도록 하는 강력한 방법이 된다.

수시로 요약하라

수시로 요약하는 것은 당신과 내담자 부부로 하여금 회기 동안에 일어나고 있는 일을 좀 더 명확하게 파악하도록 돕는다. 다음의 예를 보자.

> 당신 부부는 서로에 대해 깊은 애정을 가지고 있고 그것을 귀하게 생각하고 있는 것처럼 보이네요. 그렇지만 당신이 걱정하는 일이 부부 관계를 해칠

까 봐 걱정하고 있고요. 베스, 당신은 가끔 당신이 걱정하는 일에 자기 혼자라는 생각을 하시는데, 아마 부모님이 헤어지고 난 다음 당신이 어린 동생들을 돌볼 때 나쁜 일이 일어나지 않도록 매사를 확실히 하려던 책임감과 비슷한 것 같네요. 찰리, 당신은 가끔 그날 일어났던 문제에 빠져들어 헤어나올 수 없는 것같이 느끼시지요. 당신의 과거력을 보면 집안에서 감정이 고조되려고 할 때 '고개를 숙이고 숨는 것'이 낫다고 생각했고요.

부부들에게 자주 치료적으로 요약해 주는 것은 남편과 부인에게 치료자가 자기 말을 잘 듣고 있다는 것을 확인시켜 주고, 또 더 미묘하게는 좀 더 연민 어린 관점에서 상대방을 이해할 수 있도록 돕기도 하다. 치료적 요약은 단순히 부부들이 한 말을 재진술하거나 다른 말로 바꾸어 이야기하는 것이 아니고, 좀 더 정확하게는 그들이 한 말에 의도적으로 부드러운 감정을 넣어 이해할 만한 이유로 그렇게 했다는 것을 연민 어린 톤으로 재구성해서 말해 주는 것이다. 이런 종류의 풍부한 요약은 화자로 하여금 자기 자신을 좀 더 잘 이해하게 해 줄 뿐만 아니라 듣는 배우자로 하여금 상대방을 좀 더 온전하게 이해하게 해 준다. MC 평가 회기에 일어난 다음의 대화 예를 한번 살펴보라. 다음은 이전 장에서 언급했던 부부의 사례이다.

남편: 글쎄, 제 아내가 어떤 일을 어떻게 처리할지 일단 자기 마음을 정하고 나면 상황이 어떻게 되든 그대로 가야 할 때가 많죠. 제가 다른 의견을 가지고 있든 말든, 우리가 다른 방식으로 일을 처리하는 게 좋겠다고 여기는 제 생각과는 상관없이 그대로 가게 된다니까요. 아내가 자기 마음을 결정하고 나면 제 의견은 전혀 고려하지 않아요.

부인: (끼어들며) 대부분의 경우 그래도 내 의견이 맞잖아요. 당신도 개의치 않는 것처

럼 보였는데⋯⋯ 어차피 해야 할 일은 해야 되잖아요. 당신이 다른 의견을 가지고 있다면 왜 그 의견이 더 나은지 확실하게 말해서 내 의견을 꺾어야 되는 것 아니에요? 돈이 얼마나 드는가보다 당신 의견이 받아들여지는가에 더 신경을 쓰는 거죠.

치료자: (남편에게) 예를 하나 들어 봐 주시겠어요?

남편: 얼마 전 우리 임대주택 중 하나에 물이 새 수리를 해야 했어요. 저는 우리 집에 썼던 멋있는 타일로 붙이길 원했죠. 그런데 아내는 화를 내면서 싼 타일로 천장 수리를 하고 그냥 임대를 하자고 했어요. 저는 조금 더 값나가는 타일을 붙이면 보기도 좋고 임대료도 더 받을 수 있다고 했지만, 아내는 도통 들을 생각도 하지 않더라고요. 돈이 덜 드는 싼 타일로 하기로 마음을 먹은 다음에는 제가 뭐라고 해도 들을 생각도 안 해요.

치료자: 당신 의견에 귀 기울이지 않는다고 느꼈군요. 만일 충분히 설명할 기회가 있었다면 그녀도 당신 의견이 고려할 만하다는 걸 알았을 텐데 말이죠.

남편: 아니, 그건 아니에요. 그녀가 옳긴 해요. 값이 덜 나가는 타일을 붙이는 게 맞긴 해요. 이런 일에 대해서는 그녀가 더 잘 알죠. 그래도⋯⋯ 제 말은⋯⋯ 글쎄⋯⋯ 제가 화가 났던 건 그녀가 도무지 들으려고 하지 않았기 때문인 것 같아요. 왜 그렇게 고집이 센지 모르겠어요.

치료자: (치료적 요약) 당신은 당신 의견이 꼭 옳다고 주장하는 게 아니라 아내가 당신의 의견을 인정해 주기를 원했던 것처럼 들리네요. 설사 결국 당신 의견과 다른 의견으로 결정될지언정 당신의 의견이 아내에게 존중받기를 원했던 것 같군요. 당신은 아내로부터 경청받는 것이 중요한 거지요. 당신이 중요하다고 생각하는 것을 아내도 중요하게 생각해 주기를 바라는군요. 아내가 그 내용에 동의하지 않더라도 단지 그 의견을 귀담아 들어주었으면 하는 거네요, 맞나요?

남편: 맞아요. 제가 원하는 건 제가 어떤 의견을 말할 때 아내가 제 의견과 다르더라

도 좀 더 귀를 기울여 주었으면 하는 거죠.

부인: 저도 그런 측면에서는 생각해 보지 못했네요.

치료자: 남편이 무슨 의견을 말할 때 그게 어떤 마음에서 나왔는지 알아보는 건 남편의 의견이기 때문에 당신한테도 중요하다는 말이죠.

부인: 그렇죠.

이 예에서 남편의 불평에 대한 치료적 요약을 해 줄 때 그의 말을 단지 재진술하지 않았다. 그가 부인의 말이 옳다는 것을 인정하면서도 천장 타일에 대해 그렇게 화가 났던 이면에 깔려 있는 이유를 연민을 담아 잘 설명해 주었던 것이다. 계속 이야기를 정리해 나가면서 남편이 원했던 것은 그가 옳을 수도 있다는 것을 보여 주고 싶었던 것이었고, 부인이 그 논쟁을 이긴 것에 대해 화가 났다는 것을 이끌어 냈다. 치료자의 반영을 통해 남편이 바란 것은 부인이 결국은 자기와 의견이 다르더라도 자기 말을 진지하게 들어줄 만큼 존중받는 느낌이라는 점이 명확하게 드러났다. 이런 치료적 요약을 통해 아내는 남편이 화가 난 것이 옳고 그름의 차원이 아닌 관심받지 못하는 것과 관련된 감정인 것을 이해하게 되었다.

요약은 상담실에 있는 모든 사람이 진행되고 있는 과정을 똑같이 따라오게 해 줄 뿐만 아니라 부부 관계의 주요한 내러티브를 재조정하는 중요한 도구이기도 하다. 배우자들이 그들의 강점을 강조하고 수용을 촉진하는 연민 어린 이해를 강조하는 이 새로운 내용의 내러티브를 더 자주 들음으로써 자신들이 갖고 있었던 낡고 관례적이고 부부 관계를 침식해 들어가던 내러티브를 새롭고 더 건강한 내러티브로 바꿀 수 있게 된다.

개방형 질문을 사용하라

개방형 질문을 해야 한다는 원칙에 대해 두 가지 사실이 정말 맞는 것 같다. 첫째는 이 충고를 수없이 많이 들었다는 것이고, 둘째는 그럼에도 불구하고 내담자를 보는 동안 소홀하기 쉬운 원칙이라는 것이다. 우리는 모두 폐쇄형 질문은 내담자에게 정교하지 않은 대답을 유도하므로 바람직하지 않다는 것을 배웠다. 단지 '예, 아니요'를 물어보는 질문이나 누가, 언제, 어디서, 무엇을 알아보는 질문은 가장 흔한 폐쇄형 질문으로서, 이런 질문에 대답할 때는 자세하게 설명할 필요가 없다. 개방형 질문을 하면 내담자가 더 자세하게 설명하게 된다. 예컨대, "두 분은 어떻게 만나셨어요?"라는 질문은 그다지 많은 설명을 요구하지 않는다. 말하기 좋아하는 내담자라면 그 질문을 받아 자신의 이야기를 이어 갈 것이다. 하지만 이 질문에 극히 간결하게 한마디로 답하고 그 정도면 충분한 답이 되었는지 또는 더 뭔가를 말해야 하는지 당신 눈치를 살피는 부부도 있을 것이다. 이런 질문에 자세하지 않은 대답이 나오게 되면 부부가 결혼생활의 스토리 속에서 좋은 기억을 떠올리며 기념하도록 하여 치료적 효과를 낼 수 있는 좋은 기회를 잃어버리게 된다. 그래서 Gottman(1994)은 Studs Terkel에게 영감을 받아 "두 분이 어떻게 만나셨는지 그 스토리를 듣고 싶군요. 두 분의 관계가 최초로 어떻게 시작되었는지 말이지요."와 같이 질문하는데, 이것은 훨씬 더 개방적인 질문으로서 부부로 하여금 자신들의 첫 만남에 대해 보다 상세하고도 사적인 스토리를 치료자와 나누게 만든다. 이런 질문에 대한 답과 부부가 들려주는 이야기는 더 친밀하고 마음을 따뜻하게 해서 단지 이런 이야기를 하는 것 자체가 부부에겐 따스하고도 관계를 확인하는 경험이 될 것이다.

통합적 부부치료의 원리들을 커플 체크업에 적용하기

통합적 부부치료(ICT; Jacobson & Christensen, 1996)는 부부 관계를 증진시키기 위해 도구적 변화를 이끌어 내고자 하는 전통적인 초점과 정서적 수용을 촉진하는 초점을 잘 혼합한 접근이다. ICT의 기본적인 전제 중 하나는 부부가 씨름하는 만성적 이슈는 부부간의 변화시킬 수 없는 기본적인 차이에 뿌리를 두고 있다고 보는 것이다. 성격 차이(예: 내향성, 신경성), 개인적 내력의 차이(예: 감정적으로 변덕스럽고 불안정한 가정에서 자라남 vs. 감정적으로 억제된 가정에서 자라남), 정서적 의미 구조의 차이(예: 돈을 쓰는 사람 vs. 돈을 안 쓰고 모으는 사람), 부모 양육 스타일의 차이(예: 허용적 vs. 권위적)는 부부간에 피할 수 없는 마찰을 가지고 온다.

ICT에서는 바꿀 수 없는 것을 바꾸고자 하는 잘못된 시도를 하기 때문에 양극화, 비방, 상호적인 덫을 초래하며, 만성적인 관계 고통이 생겨난다고 가정한다. 따라서 변화가 반드시 필요한 영역에서는 도구적 변화를 촉진하지만 ICT의 우선적인 강조는 상대방에 대한 아주 획기적이고 근본적인 상호 수용을 통해 부부간의 친밀감을 촉진하는 데 있다. 치료자들은 따뜻하게 상대방을 수용하는 것과 나의 '나쁜 점들'조차도 그대로 수용받는 느낌을 받도록 이끌어 간다. 나쁜 점들까지 수용한다는 것은 모든 수용 작업의 기본적인 가정을 잘 보여 주고 있다. 즉, 더 깊은 수용을 이끌어 내는 작업은 특히 배우자들을 화나게 만드는 관계의 측면이나 배우자 특성을 목표로 삼는다(Cordova, 2001). 배우자가 서로에 대해 좋게 생각하는 측면들을 수용하도록 작업할 필요는 없다. 수용을 더 하기 위해서는 제발 배우자가 바꾸었으면 하는 특성들에 대해 수용하도록 작업해야 한다.

ICT에서 수용을 강조하는 것은 행동치료 분야 전반에서 수용을 강조하는 운동에 기초하고 있고, 이것은 21세기 행동치료 분야의 지도자들인 Marsha Linehan(1993), Alan Marlatt(1998), Steve Hayes(Hayes, Strosahl, & Wilson, 1999), Zindel Segal과 John Teasdale(Segal, Williams, & Teasdale, 2002)에게 영향을 미친 고대 명상 전통에 기반을 두고 있다. 필자가 생각하기에는 부부들과 좀 더 깊은 친밀감을 확립하고 전반적인 관계의 웰빙을 이루기 위해 작업할 때 이러한 수용에 대한 강조는 핵심적인 부분이라고 본다. 따라서 MC에서는 서로 간에 더 많은 수용을 촉진함으로써 부부간의 깊은 친밀감을 조성하며, 동시에 부부가 좀 더 활발하게 '서로에게 같이 다가가도록' 동기화시킨다.

다음에서는 더 많이 수용하고 더 깊은 친밀감을 촉진하는 ICT의 기법들이 MC에서 어떻게 적용되는지 설명하고자 한다.

고통에 대한 이론: 부부가 만든 상호적인 덫

먼저 MC 접근에 기저하고 있는 부부 고통에 대한 이론에 대해 설명하겠다. ICT나 수용적 치료 접근을 취하는 나의 관점에서 볼 때 부부는 결혼을 통해 엄청나게 복잡한 대인관계 역사를 지닌 관계 속으로 들어가게 된다. 이 대인관계 역사를 통해 부부는 무수히 많은 유동적인 조건에 기초한 복잡한 대인관계 패턴을 배우게 되는데, 그 결과 이롭거나 해로운 대인관계 행동을 모두 가지게 된다. 다시 말해, 우리 각자는 놀랍도록 복잡한 대인관계 존재들이라고 볼 수 있다. 우리가 다른 사람과 어떻게 관계를 맺는가 하는 방식은 전 생애에 걸쳐 그 패턴이 형성되는데, 매일매일의 타인과의 관계들(좋은, 나쁜, 중립적인)로부터 형성된다. 우리는 좋은 대인관계 교훈을 얻기도 하고 궁극적으로 관계를 좀먹어 가는 교훈도 얻는데, 그러면서 다른 사람을 잘 대하려면 어떻게 해야 하는지에 대해 놀랄 정도로 많은, 때로 의식적이기도 하고 무의식적이기도 한 미신적인 신념을 우리 속에 쌓아 간다. 내 관점에서는 이렇게 복잡한 대인관계적 특성을 지닌 두 사람이 부부 관계와 같은 친밀한 관계에서 피할 수 없이 복잡다단한 체계를 형성하게 될 때 두 사람이 같이하는 경험은 도저히 이해할 수 없을 정도로 복잡할 수밖에 없을 것이라고 본다. 심장이 약한 사람에게는 부부 관계를 이룬다는 것이 맞지 않을 것이다.

따라서 이 복잡한 두 사람의 관계에서 최소한 한두 가지 영속적으로 마찰이 일어나는 지점이 불가피하게 발생하기 마련이다. 오래 지속하는 관계로 발전할 때 쉽게 해결할 수 있는 문제는 빨리 초기에 해결된다. 해결하기 더 어려운 문제는 많은 씨름과 조정이 요구될 뿐 아니라 시간이 걸리지만 결국 배우자들은 해결의 길을 찾게 된다. 마지막으로 남는 문제는 두 배우자가 늘 사용하는 문제 해결 전략으로는 도저히 풀지 못하는 종류의 마찰이라고 볼 수 있다.

이러한 영속적인 마찰 쟁점은 자연스러운 것이고 피할 수 없는 부분이다. 따라서 이러한 마찰이 존재하는가의 여부가 건강한 관계와 병든 관계의 차이를 결정짓는 것이 아니라 두 사람이 부부 관계에서의 그러한 마찰을 얼마나 부드럽고 우아하게 접근하는가에 따라 달라진다. 결혼생활에서 상호작용의 안정성을 연구한 Gottman과 Levenson(1999)의 연구에서 거의 대부분의 부부가 4년 동안 논쟁을 벌이게 되는 이슈는 동일한 것으로 밝혀졌는데, 부부의 갈등 이슈 중 69%가 4년 동안 동일했다고 한다. 건강한 커플과 건강하지 못한 커플을 구분 짓는 특성은 "대부분의 커플이 해결하지 못하는 영속적인 문제들을 다룰 때 부부간 상호작용의 정서적 특성"인데(p. 164), 즉 부부가 그 문제를 논의할 때 풀리지 않더라도 웃음과 애정이 흘러나오는 커플은 건강한 커플이라는 것이다. 이 연구 결과가 시사하는 바는 모든 부부에게는 영속적인 문제가 있는데, 그 문제를 대처하는 방식에 따라 부부 관계가 지속될 수도 있고 깨질 수도 있다는 것이다.

이와 관련하여 교훈적인 우화를 한 가지 알고 있는데, 늘 그렇듯이 첫 부분을 제대로 기억하고 있는지는 잘 모르겠으나 다른 좋은 우화와 비슷하게 화창한 날 모든 사람이 창조주와 함께 나와 있다. 모든 사람이 영혼들의 행렬이 지구로 내려가 삶과 죽음의 사이클로 들어가려고 준비하는 것을 보고 있다. 각 사람은 일단 멈춰 서서 상당한 양의 막대기 더미를 집어 그것을 어깨에 메고 문을 지나 자신의 새로운 삶으로 들어가는 것에 주목하였다. 사람들은 창조주에게 "저 막대기 꾸러미가 무엇입니까?"라고 물었다. 창조주는 말했다. "그것은 각 사람이 영속적으로 짊어지고 살아야 할 자기 몫의 짐이지. 이 세상을 살면서 일생 동안 그 일로 씨름을 하게 되는데, 각 사람에게는 각자의 분량의 짐이 있고, 그런 짐을 가지지 않은 사람은 아무도 없지. 이것이 바로 그들이 나에게 돌아오게 되는 길이야."

제대로 기억했는지 못했는지는 모르겠지만, 이 이야기는 바로 모든 친밀한 관계에 들어간 부부들이 겪을 수밖에 없는 일을 정확하게 말해 주는 것으로 내 뇌리에 남아 있다. 모든 부부는 처음부터 그들만의 영속적인 문제를 안고 살아가도록 되어 있다. 부부는 그들 결혼생활의 전 생애 동안 이 영속적인 문제로 같이 씨름하게 된다. 모든 부부는 그런 문제를 적어도 한 가지씩은 가지고 있다. 어떠한 부부도 그런 문제 없이 친밀한 관계 속에 들어가지는 않는다. 이것이 바로 진정한 친밀감에 이르는 길이다.

대부분의 치명적으로 파괴적인 형태의 대인관계 갈등에서는 이러한 영속적인 쟁점을 대할 때 변화가 반드시 일어나야 할 의제로 바라보며, 또 경쟁적 입장에서 승자-패자 틀의 관점에서 바라본다. 반면에, 친밀한 관계에서 불가피하게 생성될 수밖에 없는 이러한 약점을 연민의 마음과 이해하는 마음으로, 수용의 의제로서 협력적인 관점을 가지고 우리가 같이 잘해 봐야 할 일이라는 틀로 접근한다면 견고하고 장기적으로 지속되는 건강한 친밀한 관계를 형성하게 된다.

Christensen과 Jacobson(1996)은 관계가 악화되고 있는 커플이 상호적인 덫에 갇히게 되는 과정을 잘 설명하고 있다. 늘 사용하는 문제 해결 전략으로 잘 해결될 수 없는 갈등 이슈로 정면 대결하는 부부는 결국 해결될 수 없는 그 속성으로 서로에게 좌절만 증가시킬 뿐이다. 예컨대, 부인이 남편에게 화를 잘 내고 변화를 요구하는 것에 대해 불평할 때 남편은 방어적으로 반응하고, 수치심 때문에 변화를 시도하거나 자동적으로 일어나는 감정 반응을 숨긴다. 만일 이러한 이슈가 남편의 신경증적인 성격 차원에서 비롯되었다면, 인생에 대한 그의 부정적인 전망을 변화시키고자 하는 시도가 오히려 상승하게 되고 부정적 인생관을 변화시키려는 모든 시도는 실패할 수밖에 없을 것이다. 반면에, 이 이슈에 대해 부부가 서로 연민의 마음에서 오는 이해심을 가지고 접근하여 공동의 노력으로 우아하게 다룬다면 부부간의 거북스러운 마찰은 건강하게 너그러이 참아질 수 있고 부부간 친밀감이 오히려 증가할 수 있다.

만일 부부가 좀 더 경쟁적인 자세를 가지게 된다면 더 커 가는 부부의 좌절감이 문제를 해결하려고 더 노력하게 만들 것이다. 이러한 시도는 더 강압적이고 필사적이며 수그러들 줄 모르는 상태로 나아가게 만들 것이다. 예컨대, 아내는 남편에게서 발견하는 모든 부정적인 면을 빠짐없이 비판하게 될 것이고, 그 부정적인 점이 자신을 얼마나 힘들게 하는지와 아이들에게도 얼마나 나쁜지 지적할 것이다. 그러면서 남편에게 바뀌지 않으면 그를 떠날 수도 있음을 넌지시 또는 드러나게 비치기도 하고 남편을 가족 내에서 추한 사람의 자리에 놓이게 한다. 그러면 남편은 만성적 철수 상태가 될 수 있고 아내와 자녀를 피하고, 함께 있을 때도 감정적으로 거리를 유지하게 된다. 보통 이런 부부들에게는 분노 폭발과 공개적으로 갈등의 순간이 일어나게 된다. 이러한 과정이 지속되면 부부는 서로 양극화된다. 남편은 계속되는 비판으로 희생자라고 느껴 더 이상 자신의 행동을 순화시키려 하지 않는다. 그리고 아내는 남편에게 버림받고 무시되었다는 느낌이 들어 남편의 애매한 부정성도 참으려 하지 않게 된다. 부부가 문제를 해결하려고 더 애쓸 때, 아내는 남편을 더 압박하고 남편은 더욱 방어적 저항을 나타내는 방식으로 애써 문제는 더욱더 완전히 교착 상태에 빠지게 된다. 이것이 바로 상호적인 덫이다. 아내가 남편에게 부정성을 줄이라고 강제할수록 남편은 더 철수하고 방어적이 된다. 남편이 자신을 보호하기 위해 방어할수록 아내는 더욱 비판적이 된다. 상호적인 덫의 틀에서는 서로에게 이해되는 유일한 조치들은 단지 그 틀을 영속화시키는 결과를 가져온다. 고통스럽게도, 부부가 문제를 해결하려고 필사적으로 매달릴수록, 또 변화하려고 더 열정적으로 노력할수록 관계에 더 해를 끼치게 되고 상호적인 덫에 더 갇히게 된다. 결국 부부는 서로 비방하고 서로를 적으로 보고, 결혼생활을 공유하는 관계에서 서로를 지지해 주는 사람이 되기보다 서로에게 만성적 좌절을 가져다주는 근원이 되게 된다.

1장에서 Gottman(1994)이 말한 P공간과 Q공간 변화를 인용하며 언급한 바와 같이 내가 MC를 통해 바라는 것은 양극화 과정 초기 단계에 있는 부부들을 좀 더 빨리 발견해서 욕설이나 비방이 자리 잡기 전에 상호적인 덫에 대한 대안으로 서로에 대한 수용적 태도를 갖는 방향으로 이끄는 것이다. MC를 통해 부부 관계의 건강 측면에서 다양한 지점에 놓여 있는 부부들을 보고 그들 모두에게 도움이 되는 서비스를 제공하고 싶지만, MC 모델의 특성상 MC가 접근하기 쉬운 부부들은 바로 상호 비방이 시작되기 전 고통이 심하지 않아 부부치료를 받을 만큼 동기화되어 있지 않지만 위험에 처해 있는 부부들이다.

부부 관계 주제를 발견하고 작업하기

부부 관계의 주제는 부부 관계에서 일어나는 패턴들, 상호적인 덫의 표현이다. 부부는 그 문제적 패턴에 깊게 빠져 있어 자신들의 관계 패턴을 잘 볼 수 없다. 따라서 부부가 그 패턴을 발견하도록 도와주는 것만으로도 그 패턴에 사로잡혀 있는 것에서부터 자유롭게 해 줄 수 있다. 부부가 자신들의 패턴을 잘 설명하고 공개적으로 설명할수록 그 패턴에 빠지게 될 기회는 훨씬 더 줄어든다(Cordova et al., 1998).

부부의 패턴을 밝혀내는 가장 믿을 만한 방법은 내담자 부부에게 그들이 가장 힘들어하는 문제로 가장 최근에 논쟁했던 것에 대해 설명하게 하는 것이다. 처음에 부부들은 나무만 보지 숲을 볼 수 없으므로 그 패턴을 설명할 수는 없지만, 특정 갈등에 대해 그들이 무엇을 했는지는 설명할 수 있다. 부부의 이야기를 들으면서 치료자는 부부의 만성적 패턴의 틀을 볼 수 있다.

가장 흔한 패턴 중의 하나는 요구-철수 패턴으로, Christensen에 의해 잘 연구되어 왔다(예: Eldridge & Christensen, 2002). 가장 일반적인 형태로 요구-철수 패턴에서는 한쪽 배우자는 변화를 요구하면서 추격하고 다른 배우자는 요구를 해 올 때 도망가면서 요구를 피하기 위해 만성적으로 철수한다. 요구되는 변화가 무엇인지는 부부마다 다르며, 요구-철수의 자세한 모습 역시 부부마다 다르다. 예컨대, 가장 흔한 패턴 중 하나는 한 배우자가 정서적 친밀감을 요구하고 다른 배우자는 정서적 거리를 유지하기 위해 철수하는 것이다. 이런 사례들에서 부부간의 차이는 친밀감에 대한 '설정점'의 차이라고 볼 수 있다. 배우자들은 흔히 어떤 상태가 적정한 친밀감인지에 대해 약간의 차이를 보이는데, 한 배우자는 언제나 약간 결핍감을 느끼고 다른 배우자는 과충족되어 있다고 느끼는 일이 드물지 않게 일어난다.

관계의 주제를 찾기 위해서는 두 배우자가 당신에게 묘사하는 상호작용에서 어떤 패턴이 나타나는지 귀담아 들어 보라. 맥스와 조앤의 예를 살펴보자. MC를 하면서 조앤은 그녀의 주요 걱정이 맥스의 만성적인 짜증과 화내는 것임을 알게 되었다. 그는 언제나 무엇인가에 화가 나 있다는 것이었다. 직장에서 집에 돌아오면 직장 일에 대해 화가 나서 씩씩거린다. 설거지를 한다든가 잔디를 깎는 등 집안일을 하면 또 집안일에 대해 화를 낸다. 아이들 숙제를 도와주다가도 화를 내고, 아이들에게 짜증을 내면서 요구하고 결국엔 아이들에게 화가 나는 것으로 끝난다. 운전을 하면 다른 운전자들에게 화를 내거나 옆에 있는 조앤에게 화를 내고야 만다. 그녀가 다른 의견을 제시하면 맥스는 다른 의견을 제시하면서 엄청 짜증을 낸다. 조앤은 남편이 세상이나 다른 사람에 대해 언제나 암울하고 절망적인 관점을 가지고 있고 늘 스트레스를 받아 불행하다고 호소했다. 이런 일에 대해 어떻게 생각하는지 치료자가 남편 맥스에게 물어보자, 자주 화가 나는 것이 사실이며 자기도 좀 더 편안하고 스트레스를 덜 받았으면 좋겠다고 이야기했다. 그는 자신이 화나는 것에 대해 노력하고 있으며 조금씩 좋아지고 있는 것 같지만, 조앤과 같이 있을 때 자기가 불쾌한 것이 드러날까 봐 조심하느라 늘 살얼음판을 걷는 것 같다고 했다.

나는 이 이슈와 관련된 최근 일을 한 가지 이야기해 보라고 했다. 조앤은 맥스가 그 주에 딸의 숙제를 도와주면서 생긴 일을 한 가지 이야기했다. 그녀가 보기에 남편이 점점 좌절감을 느끼는 것 같아 자기가 개입하려고 했더니 오히려 자기에게 신경질을 냈다고 했다. 그녀에게 가장 속상한 부분은 남편이 이렇게 자기에게 신경질 부리고 딱딱거리는 것이 자기 아버지와 유사해서 아버지 밑에서 자랄 때 느꼈던 기분이 다시 생각난다는 것이었다. 그녀는 어머니와 같은 인생을 살지 않겠다고 스스로에게 다짐했는데, 맥스가 너무도 그녀의 아버지와 비슷하다는 것이 정말 화가 났다고 했다. 그녀는 숙제 사건에서 손을 떼고 이후에 맥스로 하여금 스스로 해결하도록 했다. 그녀는 얼마나 속상하고 화가 나고 실망했는지 남편에게 말하고 '이런 식으로는' 계속 살 수 없을 것 같다고 말하고 남편에게 좀 더 인내하는 법을 배우라고 말했다.

맥스는 부인에게 이런 말을 들은 것이 처음이 아니라고 말하면서 조앤이 그의 짜증에 대해 언제나 불만을 표현했다고 말했다. 그는 패배를 인정할 수밖에 없고 그냥 이 일을 내버려 두는 것이 상책이라고 느꼈다. 그는 자신과 조앤 둘 다 딸이 학교에서 잘하길 바란다고 생각했고, 또 딸이 엄청 애를 쓰고 있는 것을 알기에 집에서 딸을 많이 도와주어야 한다고 생각했다고 말했다. 그날 저녁따라 유난히 딸이 숙제하는 것을 질질 끌며 공부에 집중을 하지 않았고, 그가 말하는 것을 잘 듣지 않았다. 그래서 정말 좌절감을 느꼈고, 언성이 점점 높아지게 되었으며, 딸이 공부를 진지하게 하지 않는다고 야단치고, 급기야는 딸에게 지금처럼 계속 공부에 집중하지 않으면 일주일 동안 딸이 즐겨하는 활동을 제한하겠다고 말했음을 인정했다. 그렇게 한 후 즉시 자신이 형편없는 사람처럼 느껴져서 흥분을 가라앉히고 딸의 나머지 숙제를 봐주었지만, 여전히 스스로와 딸에게 화가 났다고 했다. 불난 집에 기름을 붓듯 조앤은 그를 맹렬히 공격하며 그의 모든 잘못을 들춰내고 그가 그녀의 아버지와 똑같다고 말하며 그가 변하지 않으면 안 된다고 말했다고 했다. 그날 저녁과 다음 날까지도 두 사람은 서로의 눈치를 보며 조심스럽게 대하며 보냈다. 맥스는 자기가 쉽게 좌절하거나 화를 내지 않아야 한다는 것을 안다고 말했고, 조앤은 남편이 노력하고 있다는 것을 안다고 말하며 그 주일의 나머지 시간을 그럭저럭 넘겼다고 했다.

이 사건에 대한 이야기를 들으면서, 아주 정확하게 맞지는 않지만 요구-철수 패턴이 이 두 사람 사이에 작용하는 상호적인 덫의 많은 부분을 차지하고 있음을 알았다. 맥스와 조앤이 신경증 성격 차원의 서로 다른 지점에 놓여 있다고 가정하면서 그들의 패턴에 대해 탐색해 보았다. 맥스는 신경증 척도 점수가 높은 사람들이 늘 그렇듯이 세상에 노출된 신경처럼 모든 외적 · 내적 자극에 과민하게 반응하며, 인생의 주요한 좌절은 물론이고 사소한 좌절에도 쉽게 화를 내는 사람이다. 내가 보기에 신경증 점수가 높은 사람은 우리의 초기 경고 시스템의 역할을 하는데, 위험에 대한 레이더가 보통 사람들보다 훨씬 예민하게 발달해 있어서 문제가 생길 가능성이 있을 때 그것을 초기에 빨리 발견하는 '탄광 속의 카나리아'(역주: 예전 광부들은 일산화탄소가 탄광에 있을 경우 예민한 카나리아가 먼저 쓰러지기 때문에 일산화탄소 중독 위험을 미리 감지하기 위해 카나리아를 데리고 탄광에 들어갔다고 함)와도 같다고 본다. 물론 이런 역할을 하기 위해서는 대가를 치르게 되는데, 자신이나 가까운 사람들이 아주 힘들다. 당연히 세상에 노출된 신경 역할을 하는 사람이 더 힘들다.

한편, 조앤은 아주 차분하지는 않지만 신경증 차원에서는 훨씬 낮은 지점에 있어 일상생활에서 겪게 되는 크고 작은 소란이나 귀찮은 일에 대해 맥스보다 짜증을 덜 냈다. 그녀의 신경 체계에서 볼 때 맥스가 왜 그렇게 쉽게 좌절하고 마음이 상하는지 이해할 수가 없었다. 우리가 다 그렇듯이 조앤은 맥스가 왜 좀 더 자기와 같이 느긋하게 반응하지 못하는지 이해하지 못했고 그가 그렇게 쉽게 짜증내는 것을 일종의 성격 결함으로 보려고 했다. 딸이 고집스럽게 버틸 때 좀 더 오래 기다려 주었지만, 그녀 역시 결국에는 인내의 한계에 부딪혔다. 조앤은 맥스가 좀 더 자기와 같고 자기 아버지와 같지 않기를 바랐으며 그가 그렇게 하지 못할 때 자신에 대한 통찰력이 부족하거나 자신을 덜 사랑해서 그러는 것이라고 보았다.

이런 패턴은 조앤이 맥스가 화를 낼 때마다 공공연하게 또는 조용히 입을 다물어 버리는 때 나타났다. 그녀의 철수를 눈치챌 때 맥스는 곧바로 자기가 뭘 잘못했다는 것을 알았다. 그는 조앤이 그렇게 예민하게 반응하는 것에 대해 화가 났고 스스로도 차가운 침묵 속으로 철수했다. 이런 냉랭한 시간이 좀 흐른 다음 조앤은 남편이 그가 잘못 행동했다는 것을 알아차리고 변화해야만 한다는 것을 납득시키기 위한 시도에서 남편을 향해 (잘못했다는 것을 암시하며) '삿대질'을 하기 시작한다. 그러면 맥스는 방어적이 되고, 자신의 입장을 항변하다가 결국은 입을 다물고 철수한다. 조앤은 한동안 그를 쫓아다니며 요구하다가 지치고 화나서 자신도 철수해 버리고 만다. 시간이 좀 지나면 맥스의 방어적인 태도도 좀 누그러져 자신을 창피하게 느끼며 자기비판적이 된다(자기비판성은 신경증이 높은 사람들이 흔히 보이는 또 다른 특성이다). 그러면 조앤에게 다가가서 자기가 잘못했음을 인정하며 달라지도록 노력하겠다고 약속한다. 그러면 조앤은 마지못해 그를 용서하고 그의 상한 감정을 달래 준다. 약간 보수된 채로 절름거리며 관계가 이어져 가다가 어느 순간 다시 조앤이 맥스의 짜증과 화에 주목하고 다시 같은 악순환이 반복된다.

이 예에서 당신은 다음과 같은 두 가지에 주목하게 될 것이다. 첫째, 부부의 패턴을 찾기 위해서 당신은 관계의 주제를 발견하기 위한 관점에서 관련된 일화에 대해 각 배우자가 말하는 스토리를 들으면 된다. 둘째, 부부의 패턴 작업에는 두 가지 요소가 있다. 첫 번째 요소는 부부간 차이점에 대해 이해한 바를 상세하게 설명하는 것인데, 이때 그것이 참으로 이해할 만하다는 점을 강조하고, 각 배우자가 상대 배우자의 특성이 어떻게 경험될지에 대해 공감과 연민 어린 마음을 가지고 전달하는 것이다. 이 예에서는 신경증 척도가 높게 타고난 사람은 선천적으로 정서적 기복이 심할 수 있음을 이야기하고, 자신보다 신경증 척도가 높은 사람과 함께 살아가는 것이 얼마나 도전적인 일인지 말해 주는 것이다. 두 번째 요소는 패턴을 세부적인 것까지 자세히 설명하는 것인데, 그것이 한번 시작되면 같은 패턴으로 돌게 된다는 점을 강조하면서 그 핵심 특성을 잘 짚어 내어 약간의 유머를 섞어 이름을 짓는다. 이 경우에는 '짜증 난 탱고'라고 이름을 붙였다.

부부의 패턴이 항상 재빨리 발견되는 것은 아니다. MC에서는 운 좋게도 거의 대부분의 경우 부부의 패턴에 잘 맞는 별칭을 찾고 부부에게 상호적인 덫으로부터 빠져나오게 도와줄 수 있었다. 필자의 경험에 의하면 좀 더 장기간의 부부치료에서는 관계의 패턴을 이로운 방식으로 제시하기까지 시행착오를 겪으며 여러 회의 상담이 필요한 때도 있다.

다시 말하자면, 패턴 작업의 중요 포인트는 부부가 같이 추는 춤이 어떻게 이루어지는지 그들이 보지 못하던 것을 보게 해 주고, 부부가 서로 공감하고 연민의 마음을 가지고 이해할 수 있는 틀로 자세히 설명해 주는 것이다. 부부에게 그 패턴을 자세히 설명해 주는 것을 통해 부부가 같이 서서 그 패턴을 볼 수 있는 플랫폼을 만들어 주게 되면 매일 일상적으로 일어나는 그 패턴을 조금 다르게 볼 수 있게 된다. 일단 자신의 패턴을 보게 되면 미래에는 맹목적으로 똑같이 행동하는 것이 점점 어렵게 된다. 필자가 발견한 것은 일단 커플이 그 패턴을 묘사하고, 그것이 어떤 것인지 알고 별칭을 짓게 되면 그 패턴에 덜 자주 빠지게 되는 것 같다는 것이다. 나는 부부들에게 그런 패턴이 결코 한꺼번에 없어지는 것이 아니고 아마도 결혼생활의 나머지 내내 두 사람의 관계에 그런 패턴의 약간의 그림자가 나타날 것이라고 말해 준다. 인간의 연약한 모습이 가지는 아름다움을 어느 정도는 받아들여야 하지 않을까. 필자가 보기에 부부가 그런 패턴이 있다는 것을 주목하게 되면 그것이 좀 덜 나타나는 경향이 있는 것 같다. 어떤 때는 그런 패턴이 발생하고 난 다음 깨닫기도 하는데, 자신들에 대해 좀 더 연민 어린 이해심을 가지고 회복의 길을 공감하며 유머를 섞어 나가게 된다. 때로는 그런 패턴이 일어나고 있는 가운데 그것을 주목하기도 하는데, 그런 경우 계속 패턴대로 할지 말지 약간의 선택의 여지를 두고 결정하게 된다. 종종 부부가 그 패턴이 완전히 그대로 재현되고 있을 때 그것을 발견한다면 패턴대로 하는 것보다는 그 패턴을 깨는 어떤 행동을 해 보는 것이 좀 더 재미있지 않겠냐고 말하기도 한다. 늘 추는 춤에서 하던 그 다음 스텝을 그대로 밟기보다 '노래를 부른다든지, 춤을 바꾼다든지, 요들송을 부른다든지, 바닥에 주저앉는다든지' 무엇이든 해 보라고 한다. 마지막으로 일어날 수 있는 가장 좋은 시나리오는, 배우자 모두 또는 한 사람만이라도 패턴이 나타나려고 할 때, 즉 짜증이 처음 일어날락 말락 할 때 차단해 버리는 것이다. 어떤 경우에라도 패턴을 파악하는 작업을 하게 되면 부부는 그 패턴에 덜 자주 빠지게 되고, 패턴에 빠져 있는 시간이 줄어들고, 거기서부터 더 우아하게 빠져나와 회복하게 된다.

회기 중 자료를 활용하기

부부는 의견이 다르다. 이것은 진정으로 친밀한 관계에서 일어나는 생동감 넘치는 부분이다. 사람이 또 한 사람의 복잡한 인간 존재와 살게 되면 크고 작은 의견의 불일치가 일어난다. 부부들은 이런 의견의 불일치를 MC에 와서 이야기하게 된다. 과거에 의견이 달랐던 일에 대해 듣게 될 뿐 아니라 상담실 바로 눈앞에서 의견이 다른 것을 관찰할 수 있다. 당신 앞에서 부부가 때로 강하게 큰 소리로 의견이 달라 싸우면 처음에는 곤혹스럽고 곤란하지만 어느 정도까지는 매우 유용한 거리가 될 수 있다. 그들이 회기 내에서 의견의 불일치를 보일 때 그 불일치는 부부의 주된 테마의 변형일 수 있다는 점이다. 치료자는 적절한 정도의 주의와 적절한 질문을 통해 이러한 상담 회기 내의 부부간 불일치를 과거 일에 대한 단순한 회상을 다룰 때보다 패턴의 발견과 패턴을 조명하는 더 좋은 기회로 활용할 수 있다.

이때 위험 부담은 패턴의 가장 중요한 부분이 논쟁의 초기 시점에서 많이 나타난다는 점이다. 이 촉발 사건의 연속이 가장 중요해서 그 이후에 일어나는 일은 단지 소리와 분노일 경우가 많다. 따라서 회기 내에서 논쟁이 일어날 때 그것을 파악하는 열쇠는 논쟁이 어떻게 시작되었는지와 반응하느라 미처 깨닫지 못한 생각과 감정이 어떤 것이었는지에 주의를 기울이는 것이다. 촉발 사건의 연속은 자주 한 배우자가 무심코 우연히 상대 배우자에게 민감한 부분의 버튼을 누르는 것에서 시작된다. 그 배우자는 자동적으로 반응하게 되고, 그 반응은 상대 배우자의 맞대응을 촉발시킨다. 결국 둘 간의 싸움이 벌어지고 서로 화를 내게 되는데, 보통 각본에 있는 대로 예측 가능한 방식으로 일어난다. 부부가 연속적으로 일어나는 일을 자세히 들여다보면 그 패턴을 명확하게 볼 수 있게 되고, 숨겨진 반응과 맞대응의 의미를 파악하게 된다. 그러면 갈등에 대한 이해가 급진적으로 일어나고 아무 생각 없이 패턴에 따라 행동하는 것이 어렵게 된다. 최근에 필자가 만났던 부부는 회기 내에서 큰 가족 행사를 준비하는 것에 대해 싸웠다. 남편은 부인이 사소한 일에 대해서 스트레스를 받는다고 비난했고, 아내는 남편이 그 일에 대해 조금도 신경 쓰지 않고 자기에게 다 떠넘긴다고 비난했다. 언쟁이 격해지면서 상대 배우자의 '문제'에 대한 예들과 반증하는 예들이 나오기 시작했다. 그때 내가 끼어들어 언쟁을 잠깐 멈추고 질문을 던졌다.

나는 남편이 아내에게 "당신이 얼마나 '스트레스 원숭이'(역주: 아주 조그만 스트레스에도 과민하게 반응하는 사람을 지칭함)인지 모르지, 그것도 '항상 그래.'"라고 할 때 언쟁이 고조되기 시작했음을 주목해 보았다고 말했다. 아내는 그 말을 듣고 "바로 그거예요! 그는 저를 스트레스 원숭이라고 부르면서 자기는 편히 '쉬고' '인생을 즐기는' 동안 모든 귀찮은 일이 마술처럼 해결될 것처럼 말한다니까요." 나는 남편에게 반응하는 것을 자제하도록 손짓을 하고, 아내에게 남편으로부터 스트레스 원숭이라고 들을 때 어떤 생각과 느낌이 촉발되었는지 좀 더 이야기하게 했다. 그녀는 바쁜 연말에 가족 행사 준비 일이 자신에게 얼마나 압도적인 부담으로 느껴지는지 이야기하며 자신이 얼마나 스트레스를 받고 있는지 불평할수록 남편은 더 무관심해진다고 이야기했다. 나는 그녀가 경험했을 압도당한 느낌과 남편의 지지가 가장 필요한 때 오히려 '혼자가 된 느낌'이 어땠을지 반영해 주었다. 그리고 이번에는 남편에게 아내를 스트레스 원숭이라고 부를 때 어떤 생각과 어떤 느낌이었는지 설명해 달라고 요청했다. 남편은 아내가 항상 무언가에 스트레스를 받고 있는데, 그럴 때마다 자신은 일요일이라도 편안하게 쉬면 안 될 것 같은 느낌이 들었다고 말했다. 자신도 회사 일과 가족 행사로 스트레스를 받고 있으며, 잠깐이라도 자신의 시간을 갖고 편히 쉬지 않으면 머리가 돌 것 같다고 불만을 토로했다. "아내는 왜 느긋하게 긴장을 풀지 못하죠? 내가 긴장을 푸는 것조차 못봐요. 왜 늘 스트레스 원숭이로 살아야만 하는 건가요?"

나는 아내가 반응하지 못하도록 손짓으로 표하고, 남편이 얼마나 압도당하는지와 긴장을 풀고 쉬는 시간을 결사적으로 필요로 하는지에 대해 반영해 주었다. 나는 수차례 부부 각각의 압도되는 느낌과 상대방의 지지를 얼마나 원하고 필요로 했는지 등의 경험이 어떠했는지를 자세히 다루었다. 마지막으로 요약하면서 남편이 아내에게 스트레스 원숭이라고 불평할 때 실은 자신이 얼마나 압도당하고 스트레스를 받고 있는지를 표현하는 것이고, 아내의 지지나 연민을 멋없이 구하고 있는 것이라고 말했다. 남편의 입장에서 가정해 본다면, 스트레스를 받을 때 긴장을 풀고 아무 것도 안 하는 시간을 가지면 기분이 좋아질 거라고 예상한다는 것이다. 그렇지만 그가 아내를 '스트레스 원숭이'라고 표현할 때 아내는 남편이 해야 할 일에서 도망가고 아내 자신이 얼마나 압도되고 스트레스가 많은지 인정하지 않는 것처럼 들릴 것이다. 그러면 아내는 남편을 무관심하다고 비난하고 도와달라고 남편을 더 강요하는 방식으로 반응하게 된다. 그녀에게 기분이 좋아질 것이라고 희망하게 되는 때는 해야 할 일을 다 마쳐서 할 일을 적어 놓은 목록의 모든 항목을 끝낸 표시로 그어 놓고 마지막으로 느긋하게 쉬는 것이다. 그녀의 긴장이 고조되는 것을 느낄 때 남편은 기분이 좋아질 기회가 사라지고 스트레스의 무게가 더해지는 것을 느껴 요지부동의 자세로 아내에게 저항적으로 대했던 것이다. 아내는 남편이 저항을 보이면 속이 상하고 남편에게 흥분하다가 결국은 남편을 전혀 도와주지 않는 사람으로 포기한다. 이때 남편은 갈등에서 오는 긴장은 좀 완화되고 안도감을 느끼지만, 죄책감과 억울하고 분한 마음은 늘어 더 스트레스를 받고 편하게 쉴 수 없게 된다.

이 부부는 회기 내에서 한 언쟁을 통해 자신들의 패턴을 명확히 보게 되었다. 또한 두 사람 모두 그들이 바쁜 삶에서 오는 부담을 얼마나 많이 지고 사는지 알게 되었다. 아내는 할 일의 목록을 지워 나간 후 쉴 시간을 찾을 수 있을 것이라는 희망을 가지고 열심히 일하는 것에서 위안을 찾고, 남편은 긴장을 풀 희망에서 아무것도 안 하는 시간을 가지려고 노력하는 데서 위안을 찾았다. 각자는 상대 배우자에게 지지와 압도당한 느낌을 같이 풀어 나갈 동반자가 되어 줄 것을 기대했지만 긴장을 푸는 방법이 서로 달랐기 때문에 오히려 갈등에 부딪히고 서로에게서 철수하게 되었다. 이 부부가 패턴을 좀 더 명확하게 보고 측은지심의 관점에서 이해하게 되자 감정을 고조시킬 만한 근원은 사라지게 되고 협력의 기반이 생성되었다. 이 부부의 경우 주말에 해야 할 일을 부부가 함께 하고, 일한 보답으로 당연히 가져야 할 여가 시간을 같이 보내면서 둘이 기꺼이 함께하게 되었다.

기본적으로 부부의 패턴은 모든 영역에 만연해 있기 때문에 당신이 MC 회기 내에서 부부간에 사소한 충돌이 벌어진다면, 이를 좋은 기회로 삼아 이 현

저하게 나타난 회기 내 자료를 밝혀 부부의 광범위한 관계 패턴들을 탐색해 보는 데 활용해 볼 수 있다. 하지만 상담 회기에서 부부가 감정에 지나치게 휩싸이게 되면 조금 뒤로 물러서서 돌아볼 수 없기 때문에 이 경우는 관계 패턴에 대해 다루기 힘들게 된다. 이런 이유로 회기 내에서 감정이 고조되기 시작될 때 통제하기 힘든 상태로 치닫지 않도록 빨리 개입하는 것이 중요하다. 특별히 감정 조절이 약화된 커플은 MC에서 이런 작업을 하기가 너무 어렵기 때문에 보다 집중적인 상담이 필요하다.

친밀감을 촉진시키기 위한 기법

MC의 가장 주된 기능은 MC에서 체크업의 형식을 사용하여 부부가 친밀감의 다리를 놓도록 돕는 것이다. 목표는 두 사람이 삶에서 서로에게 좀 더 친밀감이 생동감 있게 느껴지도록 나아가게 해 주는 것이다. 가장 기본적인 가정은 서로를 존중하지 않는 갈등, 정서적인 반응, 방어적인 태도, 철수는 모두 배우자가 상대방에게 공감하고 정서적으로 공명하며 우아하게 관심을 기울이는 능력과 기꺼이 하고자 하는 마음을 갖지 못하게 한다는 것이다.

친밀감의 다리를 구축하기 위해서는 부부가 서로에 대해 공감과 측은지심의 이해를 증가시킬 수 있는 방식으로 갈등이 되는 이슈 또는 회피했던 이슈에 대해 이야기할 수 있도록 도와야 한다. 필자의 견해로는 철수와 변화에 대한 공격적인 요구는 모두 체험적 회피의 발현이다. 고전적인 요구–철수 상호작용 패턴과 다른 형태의 적개적인 갈등이나 철수는 모두 배우자로 하여금 의견의 불일치나 마찰 혹은 격앙으로부터 생겨나는 정서적 고통이나 불쾌감을 줄이거나 회피하려는 목적에서 상대방으로부터 거리를 두게 만든다.

친밀감 개입의 목표는 체험적 회피를 줄이고, 짜증나거나 고통스러운 바로 그 지점에서 상대방과 거리를 두려는 경향성을 상쇄하려고 노력하면서 그동안 회피해 온 갈등 사안을 다시 잘 다루게 해 주는 것이다. 만일 배우자가 문제가 되는 영역에서도 서로를 피하지 않고 존중하면서 생동감 있고 공감적인 방식으로 상대방을 대할 수 있다면 이런 문제의 해결책을 쉽게 찾지 못하더라도 그 문제가 더 이상 유대감이나 친밀감을 해치는 기능은 하지 않게 될 것이다.

MC는 ICT로부터 다음과 같은 두 가지 친밀감을 증진시키는 기법을 가져와서 사용하고 있다. 첫째, 단단하고 굳은 감정적 표현의 이면에 숨어 있는 부드러운 감정을 이끌어 내는 것, 둘째, 두 배우자의 반응적 행동에 대해 이해할 만한 이유를 발견해 내는 것이다.

부드러운 감정을 드러내기

부드러운 감정은 공감, 연민, 배우자에게 더 가까이 다가가기 원함을 일으키는 감정 표현을 말한다. 여기에는 슬픔, 외로움, 걱정, 공포, 사랑, 애정, 좋아함 등이 속한다. 이와는 대조적으로, 딱딱한 감정은 배우자로부터 철수하거나 반격하게 만드는 감정 표현들을 말한다. 딱딱한 감정에는 분노, 분개함, 비난, 비판, 경멸 등이 포함된다. MC를 받으러 찾아온 부부들은 그들의 주요 문제에 대해 이야기할 때 부드러운 감정보다는 딱딱한 감정을 더 앞세우는 방식으로 서로 이야기한다. 딱딱한 감정이 더 흔하고 정상적이기도 하지만, 그것이 다가 아니다. ICT에서부터 가져온 원리 중 하나로 우리는 모든 딱딱한 감정 밑에는 걱정, 거부됨, 외로움, 슬픔과 같이 말로 표현되지 않은 부드러운 감정이 숨어 있다고 가정한다. 치료자는 배우자들에게 이끌어 내지 않았으면 숨어 있었을 감정적 내용을 표현하게 함으로써 친밀감의 다리를 구축할 수 있도록 돕는다. 이론적으로 친밀감은 한쪽 배우자가 취약한 행동을 할 때 상대 배우자가 그런 취약성을 표현하는 것을 강화하는 방식으로 반응할 경우 생긴다(Cordova & Scott, 2001). 다른 말로 하면, 취약한 상태에 있는 경험을 할 때 그것이 안전한 느낌, 수용받는 느낌, 좋아해 주는 느낌을 상대방으로부터 받게 만든다면 우리는 자신의 취약한 모습을 더 드러내게 되고 결국 미래에 완전하게 진정한 자기 자신을 드러낼 수 있다.

취약성의 표현 및 그에 대한 반응이 언어적인 경우가 많지만, 그렇지 않은 때도 많다. 배우자들이 이와 같이 안전감, 수용, 애정을 어떻게 표현하는가도 마찬가지이다. 위로함, 받아들임, 강화적인 반응도 언어적으로 표현되는 경우도 많지만, 비언어적으로 표현되는 경우도 많다. 치료적 면담에서 부부가 제일 많이 싸우는 문제와 관련하여 부드러운 감정을 서로 나누게 하면 취약성을 더 쉽게 표현할 수 있게 되고, 그것에 대해 연민 어린 이해로 반응하도록 분위기를 만들게 되면 회기 중에 생생한 친밀감을 경험하게 된다. 만일 치료자가 한 배우자로 하여금 취약한 감정을 표현하게 하고, 상대 배우자가 수용적이고 위로하는 방식으로 반응하면 상담실 안에서 친밀한 순간을 만들어 내게 된다. 이론적으로는 친밀감의 과정은 자기영속적이며(Cordova & Scott, 2001), MC 회기에서 친밀한 사건을 촉진시키게 되면 MC 이후에도 친밀감 과정이 높은 비율로 지속적으로 일어난다.

부드러운 감정을 이끌어 내기 위해서는 배우자들의 말에 담겨 있는 부드러운 감정을 잘 강조해서 다른 말로 바꿔 표현하거나 부드러운 감정을 직접 물어보는 것이 좋다. 예컨대, 아내가 "남편이 원하는 건 오로지 성관계뿐이에요. 몇 주 동안 우리가 서로 일상적 대화를 갖지 못했다는 건 남편에게 중요하지 않아요. 그는 성관계가 모든 것에 대한 답이라고 생각해요."라고 말한다면, 아내의 이 말에 대해 치료자가 부드러운 감정을 강조해서 바꿔 말하기를 잘할 경우 다음과 같이 말할 수 있을 것이다. "당신은 참 외롭고 남편과 단절되었다고 느끼는 것 같군요. 남편과의 사이에서 엄청난 정서적 거리를 느끼며 집 안에서 혼자 외로이 고립되어 서성대는 것 같아요. 성관계는 남편과의 그 머나먼 거리를 이어 주지 못할 뿐 아니라 오히려 그 거리를 더 차갑고 슬프게 만든다고 느끼시는군요." 치료자의 재진술이 내담자의 감정을 정확하게 짚은 거라면 내담자는 강하게 동의하거나 자신의 부드러운 감정에 깊이 빠져들게 될 것이다(심리치료 과정 연구자들이 심화라고 부르는 과정). 만일 당신이 내담자의 마음을 정확하게 짚어냈는지 확신이 들지 않는다면 "제가 제대로 이해했나요, 아니면 조금 벗어났나요?"라고 다시 물어볼 수 있다.

당신이 배우자의 부드러운 감정을 제대로 '짚었는지'의 여부는 당신이 얼마나 진정한 공감의 정서적 경험을 하고 있는가에 달려 있다. 치료자의 공감에 대해 기억해야 할 핵심 포인트 중의 하나는 공감이 단지 지적인 일, 즉 내담자의 입장이 되어 볼 때 그것이 어떤 느낌을 줄지에 대한 이성적인 상상에서 나오는 것이 아니다. 그것은 비슷한 상황에 놓일 때 당신이 어떤 느낌을 가질지에 대해 보다 철저하게 진정한 정서적 교감을 가질 때 생겨날 수 있다. 당신이 조금 핵심에서 벗어날 것 같으면 내담자들은 기꺼이 자기 경험에 대해 좀 더 이야기함으로써 당신을 친절하게 안내해 줄 것이다. 계속 부드러운 감정을 강조하면서 재진술을 해 나가면 어느새 당신이 내담자가 느끼는 것을 비슷하게 느끼는 시점에 도달할 것이다.

면담을 계속 해 나가면서 치료자로서 당신이 한쪽 배우자가 그 이슈에 대해 어떻게 생각하고 느끼는지 부드러운 감정을 포함하여 잘 이해하게 되어서 그 배우자도 같이 공명하고 공감하는 것처럼 보일 수 있다. 이때 당신은 상대 배우자에게 몸을 돌려 같은 과정을 반복해 나간다. 당신은 "이 이슈에 대해 아내와의 관계에서 어떤 경험을 하셨는지 좀 말씀해 보시지요. 당신은 어떻게 설명하실 수 있을까요?" 다시 남편의 경험에서 부드러운 감정을 포함한 내용이 어떤 것인지 찾아보고 재진술하면서 이야기를 계속하다 보면 남편과도 비슷한 심정으로 좀 더 연민 어린 이해를 하게 되는 시점이 올 것이다. 이 사례에서 남편은 다음과 같이 이야기를 시작할 수 있다.

저는 아내와 있을 때 완전히 얼어붙어 있답니다. 아무리 다가가도 되돌아오는 것은 차가운 시선이죠. 저는 아내가 뭘 원하는지 모르겠어요. 뭐라고 이야기해야 하는지, 무엇을 해야 아내를 행복하게 만들어줄 수 있는지 도무지 모르겠어요. 제가 성관계를 원할 때 아내는 마치 엄청난 부담을 지우는 것처럼 행동해요. 마치 저는 발정해서 그녀를 탐하기만을 원하는 못된 개자식처럼 느껴져요.

다시 남편의 말에 대해 재진술을 잘한다면 다음과 같이 할 수 있을 것이다.

당신도 아주 비슷한 경험을 한 것처럼 들리네요. 당신도 외로움을 느끼고 거부당하고 '얼어붙은' 것처럼 보이네요. 당신이 아내와 어떻게든지 유대감을 조성하려고 노력할 때, 즉 성관계를 해 보려고 할 때조차 당신은 가까워지고자 하는 바로 그 상대로부터 엄청나게 거절당하고 좋지 않은 판단을 받는 것처럼 느끼시는군요. 당신은 도대체 뭘 어떻게 해야 할지, 어떻게 이 상황을 바꿔 나갈지에 대해 전혀 모르는 것처럼 느끼시고요. 당신은 이렇게 느끼고 싶지 않고, 두 사람 사이가 좀 더 편하고 재미있고 가볍기를 바라는데요. 결국 당신은 두 손 들고 항복한 심정으로 당신의 인생에서 이렇게 불행하게 버티는 법을 배워야 하는 것은 아닌지 생각하고 있네요. 제가 말하는 것이 맞나요? 제가 선생님의 마음을 잘 이해한 건지요, 아니면 제가 놓친 것이 있나요?

이렇게 재진술을 하다 보면 때로 내담자가 이야기한 것에서부터 멀리 나가게 되는 경우도 있다는 점을 주목하라. 이때 염두에 두어야 할 것은 당신이 그 사람이 말한 내용을 재진술하는 것이 아니라 그 사람의 경험에 대해 공감하고 그 사람에 대해 이해한 것을 나누기 위해 그런 공감적 경험을 말로 풀어놓는다는 점이다. 다시 말해, 만일 배우자가 당신의 말을 잘 따라오고 있다면 그 두 사람이 그들의 공통적인 경험에 대해 좀 더 부드럽고 연민 어린 이해를 할 수 있도록 이어 주게 될 것이다.

필자가 가르쳤던 실습 강의에서 만난 좋은 예를 한 가지 소개하겠다. 부부가 서로 의사소통이 잘 안 되고 점점 거리감을 느낀다고 하면서 찾아왔다. 자녀들은 집에서 나가 살고, 남편 제이미는 최근에 은퇴했다. 평가 과정 중에 큰 아들 숀이 치료 시점에서 10년 전에 자동차 사고로 죽었다는 것이 밝혀졌다. 부인 이사벨은 아들의 죽음에 대한 슬픔과 애도 과정을 잘 넘어갔다고 느꼈지만, 남편은 여전히 충분히 회복하지 못하고 그 이후에도 거리를 유지하고 예민하다고 했다. 하지만 이 이슈는 치료 초기에 집중했던 그들의 주요 문제는 아니었다. 그들의 주요 호소 문제는 매일의 일상생활에서 일어나는 갈등의 빈도에 관한 것이었다. 예컨대, 아내는 남편에게 침실 밖 복도에 있는 전구를 교체해 달라고 부탁하면 남편은 "그럼, 곧 해 줄게."라고 말하고는 계속 미루고 해 주지 않는다는 것이었다. 그러면 아내가 다시 해 달라고 부탁하지만, 그래도 남편이 하지 않은 채 며칠이 지나 마침내 화를 내면서 고함 지르게 된다고 했다. "당신 도대체 왜 그래요? 내 말이 안 들려요? 내 말을 전혀 귀담아 듣지 않는 거죠?" 이렇게 고함을 지르고야 남편은 마침내 전구를 갈

곤 했다. 이런 고통스러운 과정이 계속 반복되는데, 작은 일이든 큰일이든 비슷하게 일어난다고 했다

평가 회기를 가진 후 명확해진 것은 이런 패턴의 뿌리는 제이미가 지난 10년 동안 아들의 죽음에서 비롯된 슬픔과 애도의 안개 속에 계속 남아 있었다는 사실이다. 어떤 측면에서 이사벨은 그의 슬픔을 알아차리고 그로 하여금 이야기하도록 노력했고, 이것을 다루기 위한 치료도 받았다. 이사벨은 큰 소리로 왜 남편이 '진작에 이 일을 극복하고' 자기 인생을 살아가지 못하는지 의아해했다. 그녀는 남편이 좀 더 마음을 열어 털어놓고 치유되지 못하는 것을 비난했다. 슈퍼비전을 하면서 이 커플을 맡은 치료자와 필자는 제이미와 이사벨이 아들의 죽음에 대해 같이 애도한 적이 없었을 것이라고 추측하고, 이러한 공유된 애도를 회피한 것이 두 사람 사이에 장벽이 되어 왔을 것이라고 생각했다. 치료자는 부부가 서로에게 툭 터놓고 아들을 잃은 슬픔을 나누는 것이 그동안 두 사람 사이에 부족했던 친밀감 다리가 될 수 있을 거라 판단했다. 치료자는 이사벨과 제이미에게 이것을 이야기하고 그들이 아들의 죽음에 대해서와 그들의 경험을 이야기해 보겠는지 물어보았다. 비록 그 일이 어렵고 고통스러울 수 있지만 그들은 시도해 보는 데 동의했다.

치료자는 남편이 아들의 죽음 이후 애도하고 고통으로부터 안전하게 있기 위해 토끼굴로 은신한 것 같다고 메타포를 사용해서 이야기했다. 이사벨은 남편을 그리워했기 때문에 남편을 그 굴에서 이끌어 내려고 계속 반복해서 시도했지만, 이런 시도가 실패하면 남편에게 굴에서 나오라고 고함을 질러 보기도 하였다. 마침내 그녀는 굴 앞에 삽을 가지고 가서 제이미를 캐서라도 데려오려고 했지만 어떤 것도 효과가 없었다. 그녀가 그를 꺼내려고 하면 할수록 남편은 더 깊이 숨었다. 그러면서 자기는 아무 일 없고, 행복하며, '괜찮다'고 말했다.

처음 이사벨은 치료자에게 아들의 죽음과 관련된 기억을 나누는 데 아주 개방적이었다. 그녀는 경찰이 집에 와서 아들의 죽음에 대해 알리던 날의 비통함과 믿을 수 없었던 마음에 대해 말했다. 그녀는 최근 옷장을 치우다가 오랫동안 보지 못했던 아들의 작업복 셔츠를 발견한 일에 대해 이야기를 나누었다. 그 옷을 처음 입었을 때의 아들을 기억하고 그때 아들이 더 이상 아이가 아니라는 사실을 깨닫고 얼마나 자랑스러워했는지 말했다. 그녀는 셔츠를 얼굴에 대고 냄새를 맡았으며, 울음을 절대 그칠 수 없을 것같이 울었다고 했다. 그 순간이 지나자 그녀는 그 옷을 잘 개어 박스에 넣어 두고 점심을 준비하러 아래층으로 내려갔다.

치료자는 이번에는 제이미에게 아들이 죽던 날 어떠했는지 물어보았다. 그는 시체안치소에 아들 시체를 확인하러 내려갔어야 했던 일에 대해 이야기했다. 그러나 그의 이야기는 사실에만 초점이 맞춰져 있었다. 경찰이 그를 데리러 집으로 왔는데, 그 경찰은 그가 아는 이웃 사람으로서 차로 시체안치소까지 태워다 주었다. 경찰은 그를 어떤 방으로 데리고 갔는데, 시체는 시트로 덮여 있었다. 그가 시트를 들치고 그 시체가 아들 것이 맞는지 확인하자 누군가 서류에 사인을 하라고 했고, 그런 다음 그는 떠났다. 그때 기분이 어땠냐고 묻자 그는 "슬펐죠."라고 말했다. 좀 더 자세히 이야기해 보라고 하자 그는 "잘 모르겠어요. 그저 제가 해야 할 일들을 했어요. 가서 보고 그것이 아들 숀인 것을 확인하고 사인했는데 그건 슬펐죠. 그리고 집으로 왔어요." 아무리 계속 탐색해도 비슷한 내용의 간단하고도 방어적인 대답만 돌아왔다. 이렇게 하면서 치료자는 자신도 아내가 토끼굴 문제에 대해 접근했던 방식, 즉 계속 회유하고 그를 파내려는 시도를 하고 있다는 것을 깨달았다. 이런 접근에 대해 제이미는 구멍 속으로 더 깊이 파고 들어갔다.

바로 이때 치료자는 치료적인 공감적 경청을 하기 위해 필요한 요소인 공감적 상상이라고 필자가 말하는 방법을 사용하는 쪽으로 접근을 바꾸었다. 그에게 어떤 감정을 느끼는지 물어보는 대신 이사벨은 남편 제이미와 함께 그 토끼굴로 내려갔다. 치료자는 슈퍼비전에서 다음과 같이 그 경험에 대해 회상했다.

> 나는 치료 초기에 그들에게 부모가 되는 경험이 어떤 것인지 나도 짐작할 수 있다는 것을 알게 하기 위해 나에게도 자녀가 있고 나도 부모라고 말했다. 이 시점에서 나는 제이미에게 이렇게 말했다. "제이미, 그 일이 어떻게 느껴졌을지 한번 상상해 볼게요. 그렇지만 사실을 말하자면 숀을 머리 속에 그리는 게 아니라 내 아들을 그려 보려고 합니다. 지금 시체안치소로 가는 길에 있는 것을 상상하고 있어요. 나는 어떻게든지 실수가 발생해서 거기 갔을 때 누군가 딴 사람이 죽어 있고 내 아들은 여전히 살아 있기를 간절히 바라고 있어요. 시체안치소의 그 방에 있는 것을 상상해 보고 있어요. 시트를 들치자 아들이 거기에 있어요. 차갑고 더 이상 없는 상태죠. 내가 씻어 주곤 했던, 또 만지고 키스했던 그의 다정한 얼굴, 내가 그렇게도 사랑하고 아끼던 그 얼굴을 보면서 어떻게든지 그를 구해 내서 그를 잡아끌고 거기서 꺼내오고 싶었어요. 나에게 이건 그냥 이미지이지만 견딜 수가 없네요. 그런 일을 겪고 싶지 않고, 느끼고 싶지도 않아요. 그만 중단하고 이 일이 없어지게 하고 싶어요. 그런 이미지를 실제 기억으로 안고 살아간다는 게 어떤 것일지 도저히 상상도 할 수가 없네요." 이 시점에서 나는 울었고, 제이미도 울었고, 이사벨도 울었다. 제이미는 실제 흐느껴 울었는데, 머리를 손에 파묻고 울었다. 아마도 이사벨 앞에서 처음으로 그렇게 울었을 것이다. 이사벨은 그에게 몸을 돌리고 속삭였다. "나는 당신이 그런 일을 겪었는지 전혀 몰랐어요."

바로 이 순간이 이 부부에게 돌파 지점이 되었다. 그 후 서로 좀 더 많은 것을 나누었고, 결국 유대감을 다시 이루고 더 깊은 친밀감을 구축할 수 있었다. 필자가 다소 긴 이 이야기를 하는 이유는 공감적 경청이나 공감적 합류가 단지 치료자로서 우리가 연기하는 기법이 아니라는 것을 말하기 위해서이다. 우리가 효과적인 임상가 혹은 치유자가 되기 위해서는 될 수 있으면 산 경험 속으로 완전히 들어가야 한다. 이러한 공감적 상상은 우리에게 찾아온 내담자 부부의 경험 속으로 들어갈 수 있는 유일한 수단이고 부부가 서로에 대해 깊은 연민 어린 이해를 하게 할 수 있는 가장 효과적인 수단이다. MC는 배우자 간에 유대감이 끊긴 영역이 어디인지를 평가하고, 부부가 좀 더 깊은 친밀감을 가지는 방향으로 움직일 수 있도록 계기를 마련해야 하는데, 치료자가 공감을 통해 산 경험을 하는 것이 절대적으로 필요하다.

이해할 만한 이유를 발견하기

당신이 보고 있는 부부가 어떤 상태에 있든 그들의 관계를 따뜻하게 수용한다는 것을 말로나 당신의 존재감으로 전달하는 것은 아주 중요하다. MC에서 치료자는 비판단적 입장을 견지해야 하며, 비판적 피드백이라도 판단적 자세가 아니라 내담자 자신과 부부 관계를 위한 목표와 관련지어 엄중하게 전달해야 한다. 부부의 상호 수용을 구축하는 과정은 치료자가 부부로 하여금 각자 서로에 대해 철저하게 연민 어린 이해를 발달시킬 수 있도록 돕는 것이다. 우리는 부부가 공통의 문제에 있어서 왜 각자의 어떤 특별한 역할을 하고 있는지 이해하려고 노력해야 한다. 왜 어떤 배우자는 상대 배우자보다 더 소비자의 역할을 하고, 왜 어떤 배우자는 상대 배우자보다 더 절약자의 역할을 하는가? 왜 어떤 배우자는 친밀감의 정서적 복합체 안에서 철수하는 경향을 보이고, 왜 다른 배우자는 정서적 유대를 거의 필사적으로 추구하는가? MC의 맥락 안에서 우리는 이 질문에 대한 좀 더 연민 어린 이해와 수용을 일으킬 수 있는 답을 찾으려고 한다. 거의 모든 경우 부부 각자 상호적 이슈에 기여하는 방식에 있어서 완전히 이해할 만한 이유가 있다. 대부분의 경우 이러한 이해할 만한 이유는 역사가 있다. 우리는 한 개인의 역사 안에서 각자가 이 특별한 이슈에 가져온 취약성을 조성하게 된 기초가 무엇인지 살펴본다.

이해할 만한 이유를 탐색하기 위해서 문제의 정서적 근원의 개인력을 탐색해야 한다. 그 개인력은 아마도 부부 관계에서 이루어졌거나, 아니면 이전 관계에서 이루어졌거나 원가족 안에서 형성되었을 것이다. 예컨대, 앞의 사례에서 "당신이 어렸을 때 외로움을 경험하거나 정서적 고립감을 느낄 때 위로받기 위해서 누구한테 찾아갈 수 있었나요?"라고 물어볼 수 있다. 혹은 "당신이 어렸을 때 당신이 슬프거나 외롭거나 두렵거나 걱정이 되었을 때 혹은 남들에게 안 보이게 러그로 둘둘 말고 싶을 때 누구에게 가서 이해와 위로를 받을 수 있었어요?"라고 물어볼 수도 있다. 이런 질문은 당신이 면담하고 있는 사람의 애착력을 파악하는 데 매우 강력한 도구로 사용할 수 있다. 특히 부부가 씨름하고 있는 주된 문제가 친밀감, 정서적 유대 혹은 정서적 철수라면, 이 개인의 애착 요구가 아이로서 어떻게 충족되었는지에 대한 그림을 알게 되면 각 배우자가 상대방이 친밀감과 거리감의 이슈에서 왜 그렇게 반응하는지에 대해 좀 더 친절하고 동정심을 가지고 이해를 할 수 있게 될 것이다. 과거력과 현재 관계와의 관련성을 다음과 같은 질문을 통해 얻을 수 있을 것이다. 즉, "당신이 슬프거나 외롭거나 러그를 가지고 당신이 보이지 않게 둘둘 말았을 때와 같은 때, 당신은 아이로서 어떻게 해야 할 것같이 배웠고, 그것이 당신의 부부 관계에 어떤 영향을 미쳤을까요?"

이해할 만한 이유를 찾을 수 있는 또다른 종류의 질문은 다음과 같다. "당신이 예전에도 현재 느끼는 감정과 유사한 외로움과 고립감을 느꼈던 때가 있었나요?" 목표는 바로 이 사람에게 왜 이 이슈가 문제가 되는지 이해할 수 있게 하는 질문이다. "사람이라면 누구라도 외롭고 싶지 않을 텐데요."와 같은 아주 보편적인 답을 하더라도 각자 개인의 인생사에 그런 답을 하게 만든 독특하고도 특별한 경험이 있을 것이다. 배우자 사이에 연민 어린 이해를 구축하는 데 우리가 의존하는 것들이 바로 이런 종류의 특별하고 고유한 것들이다.

MC 치료자로서 당신이 '아하' 하는 경험을 하게 되어 상대 배우자도 그렇게 생각했으면 좋겠다고 바랄 때 바로 당신은 이해할 만한 이유를 찾아냈다는 것을 알게 될 것이다. 만일 당신이 한 배우자와 작업하는데 그가 왜 돈에 대해 그렇게 불안해하는지, 그의 개인사에서 어떤 경험이 그를 그렇게 만들었는지 탐색하고 있다고 하자. 그가 원가족 내의 어떤 재정적인 상황에 대해 무엇인가를 밝혔을 때 당신이 "아하, 그에게 돈을 절약하는 것이 왜 그렇게 정서적으로 중요한지 이제 알겠어요."라고 말하게 되었다면, 그 이해한 것을 큰 소리로 재진술해 볼 수 있다. 그 말을 듣고 그의 아내가 당신과 비슷하게 "아하, 이제 왜 그런지 알겠어요."라고 하는 정도만큼 그녀는 남편이 왜 그렇게 돈을 쓰는 것에 대해 심한 불안을 느끼는지에 대해 더 깊은 수용을 하게 될 것이다.

요약하면, 더 깊은 상호 수용은 각 배우자로 하여금 그들의 문제에서 각자가 왜 그런 입장을 취하게 되었는지 이야기를 함으로써 얻어질 수 있다. 더 깊은 상호 이해는 동시에 더 깊은 상호 수용을 낳고, 그것은 관계에서 친밀감과 협력을 이끌어 내는 정서적 분위기를 조성하게 해 준다.

협력적 자세를 구축하기

협력적 자세를 구축하기 위해서는 배우자가 그들의 문제를 바라볼 때 문제가 그들 사이에 끼어드는 것으로 보지 않고, 문제를 그들이 함께 협력해서 풀어 가야 하는 것으로 보게 만드는 관점을 가지도록 돕는 것이다. MC 치료자는 이 과정을, 문제를 '그것'으로 만드는 과정이라고 말한다. 이 과정에서 목표는 문제를 두 사람 사이에서 발생할 수 있고 이해할 수 있는 차이에서 나온 상호적인 것으로 간주하고, 이때 문제를 놓고 누가 잘못한 것인가 따지지 않도록 하는 것이다. 우리는 종종 부부간에 상호적으로 생겨나는 마찰의 쟁점이 관계 안에서 자연스럽게 일어날 수밖에 없는 결점이라고 본다. 만일 우리가 그들의 문제를 이해할 만한 패턴 혹은 주제에서 나온 결과라고 본다면(예: 소비자–절약자 주제), 배우자들은 상대방이 고통의 원인이라고 서로를 비난하는 대신 그들이 공유하고 있는 영속적인 문제에 대해 위로할 수 있는 더 나은 위치에 서게 될 것이다.

예컨대, 어떤 부부가 친밀감–거리감의 주제에 대해 싸우는 것을 그들이 서로 다른 가족사로부터 부부 관계에 가지고 들어온 차이에서부터 자연스럽게 생겨난 문제로 본다면, 이 문제에 대해 이야기할 때 두 사람 중 한 사람이 다른 사람에게 하는 못된 일로 보지 않고 '그것'인 것처럼 이야기할 수 있을 것이다. 따라서 "당신은 내가 가까이 가려면 언제든지 밀어내는군요."라고 말하는 대신 "우리가 다시 친밀감–거리감의 춤을 추고 있네요."라고 말할 수 있을 것이다. 부부가 자신들의 문제를 같이 가지고 있는 '그것'으로 말하는 부부들이 상대방을 비난하는 정신으로 문제에 빠져 있는 부부들보다 부부치료 후 더 만족한 부부생활을 한다는 경험적 근거가 있다(Cordova et al., 1998).

결론

요약한다면, 부부의 가장 큰 걱정거리나 어려움에 대해 면담할 때 주요 목표는 친밀감을 일으키는 내용을 더 밝혀내는 것이다. 그 내용은 보통 좀 더 부드러운 감정 표현과 좀 더 이해할 만한 이유와 좀 더 깊이 공유된 관점으로 이루어져 있을 것이다. 당신이 치료자로서 부부 모두로부터 연민이 담긴 내용을 이끌어 내고, 그러한 이해를 부부 각자에게 다시 설명해 주는 시간을 가졌다면, 그다음 두 번째 이슈로 넘어가라. 위의 세 영역은 친밀감을 이끌어 내는 세 가지 가능한 방법이기도 하다. 그렇지만 반드시 세 영역 모두를 다 다뤄야 할 필요는 없다. 당신은 좀 더 느긋하게 면담을 진행하고 싶을 것이다. 괜히 다 다루려고 하다가 면담이 지나치게 길어질 수 있다.

다음 장에서는 동기적 피드백을 제공하는 것의 목표를 좀 더 자세히 다루고자 한다. 4장에서는 동기, 효과적인 단기 개입의 기본 요소, 변화 단계, 부부의 동기를 해치는 흔한 함정들에 대해 다룰 것이다.

Chapter 04

동기강화를 위한 피드백의 목표

MC는 배우자 간의 친밀감의 가교를 구축하는 것 외에도, 부부가 관계 건강에도 지속적으로 적극적인 관심을 두도록 동기화시키기 위해 기획되었다. 다른 말로 하면, MC 개입의 기저에 깔린 건강한 관계의 핵심은 부부가 어떤 문제가 있을 때나 또는 밸런타인데이 같은 기념일에나 서로에게 보상을 주듯이 관심을 주는 것이 아닌, 관계 건강을 위해 정기적으로 건강한 행동을 실행하는 것이다. 특히 부부들이 건강한 신체를 위해 건강한 먹거리를 먹고 다이어트를 하는 것처럼, 부부의 건강한 관계를 이와 동등한 수준에서 대하도록 동기화시키고자 한다. MC 피드백 회기는 동기강화 면담의 기법을 활용해서, 부부들이 자신들의 결혼생활을 더 좋게 그리고 더 많이 정기적으로 관리하도록 하는 동기를 키우도록 기획되었다. 깊은 친밀감 구축과 함께 행동을 위한 동기강화(motivating action)는 MC 변화의 이론에서 핵심적 요소이다.

동기강화: '기다리고 보자'에서 '우리가 그것을 할 수 있다'로 전환하기

동기는 어떤 목표를 성취하기 위해 노력하고자 하는 내적 욕망을 말한다. 동기의 부족은 특정 목표를 위해 노력하고자 하는 내적 욕망의 부재를 의미한다. MC 치료자의 역할 중 하나는 더욱 건강한 관계를 위해서 노력할 수 있도록 하는 내적 욕망을 끌어내고 촉진시키는 것이다.

동기강화 면담의 원칙들은 건강하지 못한 습관을 변화시키거나 관계 건강에 적극적으로 관심을 갖는 것이 도움이 된다는 것을 잘 모르는 부부들에게 특히 유용하다. 이들은 상호적 덫에 갇혀 있거나 자신들의 행동 문제의 본질을 모르거나 또는 자신들의 건강하지 못한 행동이 정당하다고 확신하는 경우가 많다. 또한 자신들의 결혼생활에서 문제가 되는 패턴을 잘 인식하지 못하고 있거나 이런 패턴을 변화시키는 것에 양가적이거나 이런 문제에 완전히 갇혀서 파괴적 패턴을 어떻게 변화시켜야 할지 모르는 부부들도 있다. 어려움을 경험하고 있지만, 이것이 적극적인 변화를 모색해야 할 만큼 뚜렷하게 어려움이 드러나지 않은 부부들에게도 동기의 부족은 문제가 된다. 이런 부부들은 '기다리고 보자'는 단계에 있으며, 단지 시간이 지나서 자신들의 문제가 해결되기만을 기대하고 있다. MC의 목적 중 하나는 부부에게 변화해야만 한다고 단지 말하는 것보다는 변화를 위한 동기를 높이도록 촉진하는 것이다.

부부 관계를 변화시키는 데 주된 장애물 중 하나는 문제적 관계 패턴에서 나타나는 상호적 덫이 가지는 특성이다. 만약 배우자가 변화해야만 한다는 압박을 느낀다면, 남편 또는 아내는 당연히 저항할 것이다. 저항은 압박에 대한 인간의 자연스러운 반응이며, 우리는 자신이 원하는 것이었을지라도 압박하면서 하라고 할 때는 저항한다. MC에서 강력히 주장하는 동기강화의 장애물은 많은 부부가 갇혀 있는 상호적 덫이 가지는 작용-반작용의 역학이다. 즉, 한 배우자는 문제를 해결하기 위해서는 남편 또는 아내가 즉각 노력하는 것만이 사용할 수 있는 유일한 방법이라고 확신하지만, 상호적 덫에서 오직 상대 배우자의 역할만을 지적하는 것은 오히려 그 사람의 변화에 대한 동기를 해칠 수 있다.

변화에 대한 양가성은 권력과 특권이든, 도덕적 승리나 복수이든 또는 성공적 방어와 정서적 안전의 보장이든 어떤 것이든 간에, 문제적 패턴에서 어떤 식으로든 이득을 얻고 있는 많은 배우자에게서 나타나는 것이 특징이다. 이런 것들은 뚜렷한 좋은 이유가 있지 않는 한 쉽게 포기되기 어렵다. 그리고 '내가 그렇게 말했기 때문에' '그렇게 하는 게 옳기 때문에' 그리고 '그래야만 하기 때문에'와 같이 말하는 것으로는 거의 설득력이 없다. 대신에 동기강화 면담의 원칙에 따라서, MC는 개인의 고유한 가치 체계와 최고 이익을 위해 작업하며, 이것들은 자신의 현실을 좀 더 좋게 볼 수 있게 하고, 이런 단기간의 대가를 계속 유지하는 것이 좀 더 가치 있을 수 있는 어떤 것(친밀감, 수용, 안전, 사랑, 결혼, 가족, 존중, 연민적 애정, 파트너십)에 손해를 줄 수 있다는 것을 인식시켜 준다.

일반적으로 MC는 사람들의 저항, 양가성, 무지함, 무망감을 해결해서 건강한 변화를 향한 효과적인 행동을 할 수 있도록 개발되었다. 많은 부부에게 있어서 이런 '동기강화적인 자극(motivational nudge)'이 건강한 결혼을 위한 자기지속적 과정으로 나아가는 데에 필요한 전부라는 것이 MC 치료자의 가정이다. 일단 변화를 향한 첫걸음이 시작되었다면, 이에 자연스럽게 이어지는 수반성으로 인해 배우자들은 행동 실행과 유지를 향한 탄력을 얻게 된다. 연구 결과에 의하면 MC를 통해 이런 자기유지적 변화가 일어난다는 것을 지지했으며, 이 책의 마지막 장에서는 연구 결과를 더 자세히 다루겠다 (Cordova et al., 2013).

한 사람의 변화를 향한 노력이 결국 자신의 삶에서 눈에 띄는 개선으로 이어진다면, 이 사람은 변화를 유지하기가 좀 더 쉬울 것이다. 예를 들어, MC에서 만났던 한 부부의 피드백 시간에, 나는 부부가 서로의 관계를 가꾸기 위해서 보내는 시간이 불충분하다는 것을 말하면서 부부가 더 많은 시간을 함께 보내기 위한 창의적 방법들을 브레인스토밍할 수 있도록 했다. 그 부부 둘 다 인정한 아이디어에는 함께 할 수 있는 흥밋거리들을 찾는 데 남편이 리드를 하는 것도 포함되어 있었다. 내가 이 부부를 다음 MC에서 만났을 때, 부부는 남편이 제안한 활동들을 더 많이 하기 시작했으며, 부부 관계의 정서적인 분위기도 극적으로 변화되었다고 보고했다. 남편 자신의 보고를 보면, 남편은 오직 자기 자신만을 고려하는 옛날 생각으로 되돌아가고 싶지 않다고 했는데, 함께 더 많은 것을 나누는 시간이 즐겁기 때문이라고 했다.

MC의 역할은 부부들의 불만족, 관계 악화 그리고 결혼의 붕괴로 이어지는 틀에 박힌 습관에서 벗어나도록 부부를 살짝 자극하는 것이다. MC에서 검증된 가정은 미래로 향하는 지금 이 순간부터 부부가 자신들의 관계의 건강에 대해 적극적인 책임을 갖도록 힘을 불어넣는 것으로 충분하다는 것이다. 많은 부부는 단지 그들이 덫에 갇혀 있지 않도록 하는 비교적 간결한 수준의 동기강화에 대한 격려만이 필요할 뿐이며, 그러고 나면 그들은 관계를 개선시키고 이를 계속 유지하기 위해서 그들 자신의 기술과 강점을 이용하게 될 것이다. 다른 부부들은 치료자와 함께 부부 관계의 향상을 위한 동기를 강화하면서 이것을 부부치료를 받기 위한 계기로 이용하기도 할 것이다. 또한 MC를 이용한 부부들은 교회의 상담자나 멘토 부부, 자조서, 개인치료자 또는 다양한 다른 조력적 서비스 등을 선택할 수도 있을 것이다.

동기강화를 위한 요소

Miller와 Rollnick(2002)은 『동기강화 면담(Motivational Interviewing)』이라는 책에서, 단기 개입의 성공을 방해하는 주된 요인 중 하나는 짧은 기간 안에 변화를 일으키기 위해서는 치료자가 신속하게 변화가 일어나도록 밀고 나가야 한다는 믿음을 갖고 있는 것이라고 말했다. 부부에게 정보를 주고 부부들의 반응들을 인내심 있게 들어주는 느슨한 스타일이 상당히 짧은 시간 안에서 행동을 취하도록 동기화를 일으킬 수 있다고 말하는 것은 일견 직관에 반대되는 것처럼 보인다. 우리가 모두 적극적 경청이 치료적 성공의 핵심임을 알고 있음에도 불구하고, 치료자는 시간의 압박을 느낄 때에 적극적 경청을 강의하기와 설득하기로 대체하면서 그것을 가장 먼저 포기하는 것 같다. 그러나 특히 변화에 대한 양가성이 있는 경우에는 변화를 향한 압박하기는 최소한의 압박 강도와 동등한 수준으로 저항 수준도 올려 준다.

구체적인 피드백 제공하기

좋은 동기강화 피드백은 종합적인 평가에 바탕을 두고 구조화되어 있으며 구체적이다. 내가 언급했던 것처럼, MC는 초기 평가 회기와 피드백 회기로 구성되어 있다. MC는 표준적인 의료 및 치과의 검진과는 다른 형태이지만 평가와 피드백 두 가지로 면담을 하는 것은 치료자가 평가 자료들을 유용한 피드백 체계로 통합할 수 있도록 시간을 허용해 준다. 그리고 부부에게 치료적 면담을 소화할 수 있는 시간과 치료적 틀(체계)에서 작업할 수 있는 두 번째 기회와 함께 동기 촉진적 피드백을 제공해 준다. 구조화된 그리고 상세한 피드백 제공의 요점은 부부와 치료자가 단순히 '메시지를 전달하는 방식을 넘어서' 한 팀으로서 함께 지향할 수 있는 어떤 점들을 제공한다는 것이다. 그래서 교수가 학생에게 피드백을 주는 것 같은 것이 아니고, MC 치료자는 객관적으로 정보를 제공하고 건강한 변화를 향한 부부들의 헌신을 촉진하는 방식으로 부부들의 반응들을 반영해 주고, 부부와 같은 편에서 평가적 정보에 근거해서 부부들과 합류한다. 이런 방식에서 MC 치료자는 엄격하게 한 사람의 자문가로서만 행동한다. 부부 관계는 부부 자신들이 책임을 지고, 그들이 선택한 방식으로 피드백 정보를 이용할 책임도 부부에게 남겨진다.

내담자 책임 강조하기

효과적인 단기적 개입의 기본 요소는 변화에서 내담자 개인의 책임에 대한 강조이다. 예를 들어, "물론 건강한 관계를 충실하게 유지하는 것은 전적으로 당신 자신에게 달려 있습니다. 정원을 가꾸는 것과 마찬가지로, 관계라는 것은 세심하고 일정한 관심이 없이는 돌볼 수 없는 것이니까요."라고 말할 수 있다. 이것이 MC가 추구하는 건강을 위한 예방적인 목표의 핵심이다. 결혼의 건강성을 강조하는 목적은 부부가 자신들의 건강한 결혼을 위해 적극적으로 관심을 갖도록 이끌어 가기 위한 것이다. 우리가 우리의 신체적 건강에 관심(정기적으로 신체 검진을 받는 혜택을 포함)을 갖고 이를 유지하기 위해 개인의 책임감에 대해서 더 많은 것을 알아 가는 것과 마찬가지로, MC의 목표는 부부가 자신들의 건강한 부부 관계에 관심(정기적으로 결혼 검진을 받는 혜택을 포함)을 갖고 이를 유지하고자 하는 책임감을 갖도록 함으로써 이와 유사한 이득이 있다는 것을 부부가 알도록 돕는 것이다. 어떤 사람도 한 번 운동을 했다고 해서 신체 건강을 위해서 모든 것을 다 했다고 믿는 사람은 없을 것이다. 비슷하게, 어느 누구도 의사에게 한 번 찾아갔다고 해서 자신의 나머지 삶을 다 지킬 수 있다고 장담할 수 없을 것이다. 그런데 불행히도 너무 많은 부부가 한 번의 결혼 맹세가 결혼의 건강을 보증하는 것처럼 여기며, 미래의 성공 또는 실패는 운명이라고 여기고 있다.

MC와 같은 단기 개입의 이득 중 하나는 부부들이 치료자에게 자신들의 결혼에 대한 책임을 맡겨 둘 수 없다는 것을 처음부터 알고 있다는 것이다. 왜냐하면 치료자는 그들의 결혼에 대해서 단지 간결하게 자문해 줄 수 있기 때문이다. 가장 간단하게 MC의 구조적 요점을 요약해서 말한다면, 부부가 자신들의 관계 건강성을 향한 책임을 방치하지 않도록 한다는 것이다. MC 메시지에서 강조하는 것도 각각의 배우자는 관계의 건강성에서 각자의 신성한 책임—그리고 개인의 책임—이 그들 자신에게 있다는 것이다. 어느 누구도 각자가 감당해야 할 많은 양의 무게를 덜 수 없으며, 이 짐을 다른 사람에게 의지할 수도 없다. 두 배우자는 자신들의 결혼 관계, 가족 그리고 서로에 대한 가치들을 되새김하면서 결혼의 건강성에 함께 적극적으로 관여하기 위해서 온전히 그리고 개인적으로 책임을 갖도록 격려된다.

명확한 조언해 주기

명확한 조언을 제시하는 것도 단기 개입의 한 요소이다. 한편으로 우리는 부부에게 형편없고 빈약한 수준의 조언을 하지 않기 위해서 부부 두 사람의 이야기를 경청하고 그들을 공감적으로 이해하려 했다고 확신한다. 그리고 다른 한편으로, MC 컨설턴트로서의 우리 역할은 각 부부에게 꼭 맞는 맞춤식의 유용한 피드백을 제공하는 것이다. 결국 우리는 부부의 관계 돌봄과 유지에 대한 꼭 맞는 전략들을 요약한 특별 조언을 해야 할 것이다. 여기서 핵심은 부부가 이 조언들을 받아들이고 실행하도록 동기를 강화시키기 위해서 추천 사항들을 잘 구성하는 것이다. 부부들이 조언들을 받아들일 준비가 되었음을 알 수 있는 가장 쉬운 방법은 그들이 조언들에 대해서 직접 질문을 할 때이다. 그러나 대부분은 당신이 가지고 있는 조언들을 부부와 함께 공유해도 좋은지를 먼저 요청해야 할 것이다. 부부의 문을 두드리는, 초대하는 태도를 견지해서 부부가 당신이 하고자 하는 조언을 듣고 싶어 문을 열도록 하는 것이 요점이다. 꼭 피해야 할 위험성은 마치 모든 것을 다 아는 체하면서 고자세로 강압적으로 아는 척하며 경솔하게 조합한 실용성 없는 조언을 주는 것이다. 이런 것은 MC의 체계에서는 쉽게 피할 수 있는데, 대부분의 조언이 평가 회기 동안 당신이 부부의 관계에 대해 온정적으로 이해하고 있음을 보여 준 이후에 피드백 회기 동안에 제공되기 때문이다. 이에 덧붙여, 부부가 취사선택할 수 있는 일련의 해결책 옵션이라고 하면서 이런 조언을 제시한다. 우리는 피드백 회기에서 각자의 관심 영역을 공식적으로 설명하면서, 그 당면한 문제들을 어떻게 다룰 것인지에 대해 선택할 수 있는 최소한 세 가지의 제안을 제공해 준다. 다양한 해결책 옵션을 제공하여 부부들에게 치료자의 제안에 동의할지 안 할지에 대한 압박감을 느끼지 않도록 한다. 대신에, 부부는 취사선택을 할 수 있으며, 어떤 제안들에 대해서 개방적인 태도를 보이면서 어떤 제안들을 거부할 수도 있을 것이다.

여기서 중요한 점 하나는 부부가 상대 배우자가 어떻게 변화해야만 한다는 조언을 얻는 것에 더 관심이 많다는 것이다("남편에게 그가 집에서 뭘 더 분담해야 하는지를 말해 주세요." "아내에게 이제 제발 나를 그만 괴롭히라고 해 주세요."). 반면에, 그들 자신이 변화할 수 있는 것에 대한 조언을 듣는 데는 훨씬 관심이 적다. 이러한 이유로, MC 치료자들이 하는 대부분의 조언은 확인된 관계적 이슈에 근거하고 있으면서 상호적으로 유지되고 있는 패턴을 강조하는 형식을 취한다. 만약 부부들의 마음에 잘못된 것이 있다고 생각한다면, 대부분의 경우 그 잘못된 사항들은 공유되어야만 한다. 그러나 책임져야 할 사항이 있을 때는 그 책임을 부부가 공유하기보다는 각자가 개인의 책임으로 받아들일 때에 최선을 다할 수 있다는 것을 명확히 할 필요가 있다. 저자의 경험에서 볼 때, 공유된 책임감이라는 생각은 너무 쉽게 책임감의 분산으로 이어져서 부부들이 노력과 진전 사항이 없을 때 서로를 너무 쉽게 비난하게 만든다. 그렇기에 MC의 목표는 각 배우자에게 여기서 각자 자신이 할 수 있는 바에 대해서 인식할 수 있도록 안내하면서, 건강한 관계를 유지하는 데 있어 적극적이고 개인적으로 역할을 할 수 있도록 준비시키는 것이다.

장벽을 제거하기

효과적인 단기 개입이란 행동 활성화와 변화의 장애물을 효과적으로 제거하는 것을 의미한다. 부부들이 시도하고자 하는 변화들을 방해하는 어려운 장애물이 종종 있다. 이들 장애물을 반드시 확인해서, 그것을 극복할 수 있는 계획을 만들어야만 한다. 예를 들어, 만약 목표가 부부의 공유 시간을 더 많이 보내고 싶은 것이지만 자녀 돌봄이 걸림돌이 된다면, 회기 중 계획에서 자녀 돌봄을 어떻게 하고 언제 할 것인지에 대해서 다루어야만 한다. 계획이 구체적일수록 부부가 더 쉽게 실행할 수 있다.

치료받기를 원하는 데 발생하는 장애물이 아마도 가장 일반적이고 난제인 방해물일 것이다. 앞서 말한 바와 같이, 부부가 치료를 받기까지는 장애물들이 너무 많은데, 첫 번째 단계는 적절한 의뢰처를 찾는 것이고, 두 번째 단계는 첫 예약을 위해 전화를 거는 것이다. 클라크 대학교 부부 및 가족 연구센터에서 MC를 실시하면서 우리는 피드백 회기에서 이들 장애물을 극복하는 데에 적극적인 역할을 하고 있다. 예를 들어, 우리는 의뢰처의 명단과 지역 부부치료자들에 대한 정보를 확보해서 부부들이 스스로 이런 정보를 찾지 않도록 하고 있다. 만약 부부가 치료자와 만나는 것에 대해서 양가적인 모습을 보인다면, 우리는 이런 양가적인 것과 함께 전화를 하는 것과 안 하는 것의 이익과 손해를 짧게 다루어 준다. 마지막으로, 만약 부부가 치료자와 연락하는 데에 관심을 보이면 우리는 피드백 회기 후 집으로 돌아가기 전에 치료자 사무실에 예약 전화를 하는 것은 어떨지를 물어본다. 만약 부부가 집으로 돌아가기 전에 첫 예약 전화의 장벽을 극복할 수 있다면, 이후에 이보다 더 큰 장벽은 나타나지 않을 것이다. 만약 부부가 당신과 부부치료를 받고 싶어할 경우 역시 그들이 집으로 가기 전에 첫 상담 시간을 예약하도록 한다면 상담이 이후 지속될 가능성을 극적으로 높일 수 있을 것이다.

메뉴를 제공하기

선택할 수 있는 조언들의 메뉴를 제공하는 것도 효과적인 단기 개입에서 필수적이다. 앞서 언급한 것처럼, 선택할 수 있도록 전략들의 메뉴를 주는 것은 부부들에게 자신들의 운명에 대한 숙달감을 유지할 수 있게 만든다. 만약 우리가 딱 하나의 조언만을 했을 때, 내담자가 그것을 거부한다면 우리는 아무런 대안도 없이 진행해야 할 위험성이 있다. 그래서 우리는 오직 하나의 조언만을 제공하기보다 부부들과 논의했던 각 이슈들에 대해서 여러 개의 조언을 제공한다. 일반적으로 여러 개의 해결책 옵션을 준비해서 피드백 회기에 임하고, 관심 영역에 대한 논의가 끝날 때에 일단의 옵션을 부부에게 제안한다. 대부분의 해결책 옵션은 피드백 보고서에도 같이 기술한다. 몇몇 좀 더 예민한 내용의 옵션들은 부부가 그것도 고려해 보겠다는 의사를 표시하기 전까지는 함구하고 있다가 회기 후에 피드백 보고서에 추가로 기입하기도 한다. 그러나 핵심은 피드백 회기에서 중요한 이슈들을 다루는 데 결코 단 하나의 조언만을 하는 것은 아니라는 것이다.

치료자의 해결책 옵션 리스트를 주는 것과 함께, 우리는 각 부부에게 논의해 왔던 관심 영역을 해결하기 위해 부부들이 창조적으로 함께 할 수 있는 아이디어를 제시해 보라고 요청한다. 연구 결과 부부들은 치료자가 제안한 조언들보다는 그들 자신이 제안한 조언들을 더 잘 실천에 옮기는 것으로 나타났다(Cordova et al., 2013). 나는 부부들이 그들 자신의 문제와 삶에 대해서 가장 친숙하고 잘 알고, 그래서 자신들의 삶을 가장 우아하게 맞춰 주는 옵션들을 좀 더 잘 생각해 낼 수 있다는 것이 타당하다고 본다. 다른 한편으로, 부부들은 자주 치료자의 조언을 끝까지 따르려고 하는데 이러한 조언들은 부부들 자신이 이전에는 생각해 보지 않은 것일 수도 있다.

공감을 표현하기

효과적인 단기 개입의 다른 요소는 공감적인 유대감이다. 이전에 언급했던 것처럼, 대체로 개입의 힘은 이 한 요소에 달려 있다고 할 수 있다. 부부를 수용하면 변화를 촉진할 수 있다. 숙달된 반영적 경청하기가 기본이다. 변화에 대한 양가적인 태도는 정상적인 것이기에 예상하고 존중해 주어야 한다. 그러나 핵심은 MC와 같은 단기 개입이든 풀코스 치료이든 간에 당신이 배우자와 형성하는 공감적 관계의 질이 치료적 개입을 만들어 가기도 하고 파괴하기도 할 것이라는 점이다. 공감은 절대로 가장할 수도 없고 형식적으로 보여 줄 수도 없는 것이다. 진정성 있게 부부와 공감적인 관계를 맺기 위해서 부부의 감정들을 함께 느끼고 경험을 우아하게 수용하는 모습을 기꺼이 보여 주겠다는 의지가 필요하다.

언행의 차이점을 알게 하기

효과적인 단기 개입에는 부부들의 문제적 행동과 부부들의 핵심 가치 간의 괴리가 있다는 것을 보여 주는 것도 포함된다. 부부들에게 그들의 불건강한 패턴의 자연스러운 귀결을 좀 더 명확히 이해할 수 있도록 하는 것은 부부들의 변화의 노력을 동기화하고 지속시킬 수 있는 주요한 수단 중의 하나이다. MC 치료자의 중요 도구 중 하나는 부부가 같이 빠져 있는 문제 행동 패턴과 부부의 결혼의 장기적 건강성에 대한 가치 간의 괴리를 발견할 수 있도록 이끌어 가는 것이다. 거의 모든 부부는 그들 결혼의 건강과 행복을 해칠 수 있는 확인 가능한 위협들을 알게 되면 이를 해결하기 위해 어떤 것이라도 해야겠다는 동기화가 생기는 것 같다. 그래서 많은 사례에서, 이런 괴리들을 보여 주면 변화를 위한 동기화가 매우 자연스럽게 나타나고 상호적 덫을 벗어나도록 이끌어 가게 된다.

논쟁을 회피하기

효과적 단기 개입은 어떤 배우자와도 논쟁하지 않는 것이다. 논쟁을 하는 것은 동기화에 역효과를 내는 것이다. 만일 당신이 어느 한 배우자와 의견 충돌을 하고 있거나, 저항을 저항으로 대항하고 있다면, 치료적 개입은 정도에서 벗어났다고 볼 수 있다. 논쟁을 한다는 것은 저항을 하라고 밀고 있는 것이다. 논쟁을 하면, 사람은 승자–패자 프레임에 들어가게 되며, 이것은 자발적 내적 동기화를 저지하는 것이다. 한 배우자와 당신의 관점을 논쟁하는 것은 그 배우자의 저항을 더욱 격화시키거나 정중한 항복을 받아 내는 것일 뿐이며, 이것은 회기가 끝난 후의 지속적인 변화로 이어지지 않게 한다.

내담자와 언쟁에 들어가게 되었을 때, 당신은 그 사람에게 가장 확실한 결과(즉, 당신의 동의 또는 불쾌함)가 되며, 이것은 우리가 실제 변화를 지속시켜 준다고 믿고 있는 자연스럽게 발생하는 수반적 결과보다 더 앞서게 만든다. 당신의 동의나 불쾌함은 내담자의 일상적 생활 안으로까지 내담자를 따라가지 못하기 때문에 이는 매우 취약한 동기화일 수밖에 없다. 반대로 관계의 질적인 면에서 확실한 진보가 있게 되면, 이는 관계 영역으로 널리 스며들어 지속적인 동기화의 더욱 강력한 원천이 될 것이다.

저항과 함께 발맞추기

효과적 단기 개입은 저항과 함께 발맞추면서 함께하는 것을 포함하고 있다. 이것은 좋은 동기강화 면담의 핵심 요소이면서 논쟁적인 상황에서 사용할 수 있는 해결책이기도 하다. 이 아이디어는 현재의 상황은 유지하면서도 저항의 덫에 갇혀 있지 않는 것이다. 만약 부부 중 어느 한 사람이 저항을 보인다면, 저항에 대해 저항하지 말고 저항과 함께 발을 맞추어서 그것을 표현하고 재구성하게 하라. 합기도를 할 때처럼 우리는 저항 안에서 뻣뻣이 서 있지 않고 저항하는 힘의 방향으로 함께 움직이려고 한다. 만약 당신이 저항과 발맞추며 관계의 장기적 건강을 계속해서 높이 평가한다면, 당신은 부부 혹은 배우자와 함께 작업을 해 나가면서 대안적인 해결책을 계속해서 발견해 나갈 수 있을 것이다. 당신의 임무는 부부가 자신들이 했던 결정들의 이익과 손해를 명확하게 이해할 수 있게 만드는 것이다. 새롭게 인식하도록 격려하고, 새로운 조망을 갖도록 유도할 수 있다. 또한 내담자는 문제를 해결할 수 있는 훌륭한 근원이라는 것을 명심하는 것도 중요하다. 당신이 생각해 낸 제안들이 이 특별한 배우자에게 반드시 최상의 조언일 것이라고 가정하지 말라. 배우자의 저항은 이 특별한 해결책이 그 또는 그녀에겐 쓸모없다는 것을 나타내는 것일 수 있다. 만약 당신이 저항에 보조를 맞춘다면, 내담자는 당신이 똑같은 목표를 이룰 수 있는 더 나은 전략이 무엇인지를 생각해 낼 수 있도록 당신을 도와줄 수 있다. "그래서, 이게 당신에겐 좋은 옵션이 아니라면 어떤 것이 이 영역에서 당신에게 도움이 될까요?"라고 묻는 것도 유용할 수 있다.

자기효능감을 지지하기

효과적인 단기 개입의 마지막 요소는 자기효능감을 지지하는 것이다. 각 배우자의 자기효능감, 희망, 낙관성을 강화하는 것이 자기행동화를 동기화시키는 것의 핵심이다. 자기동기화된 행동은 부부가 성공하기 위해 필요한 강점과 자원들을 가지고 있다는 신념에 의거하고 있다. MC에서 행동 동기화 능력의 핵심적 측면은 부부의 관계에 대한 효능감을 증가시키는 것에 있다. 부부들은 건강하고 사랑하는 관계를 지속적으로 만들어 갈 수 있다는 힘을 얻고, 어떻게 하면 자신들의 결혼 건강을 가장 효과적으로 유지할 수 있을지를 교육받은 후에 MC의 회기를 마치게 된다. 부부의 강점을 축하해 주고, 그들이 가진 자원, 탄력성, 서로에 대한 사랑, 기본적인 선한 마음들에 대해서 알려 주는 것은 모두 자기효능감을 지지해 주는 방법들이다. 또한 부부의 강점과 개선할 수 있는 능력에 대한 치료자의 신뢰도 중요한 요소임을 명심해야 한다. 배우자의 성장 잠재력에 대한 신뢰는 강력한 동기를 강화하는 자원이다.

변화의 단계

MC 모델을 구상할 때, 내 생각에 가장 도움이 되었던 이론 중 하나는 Prochaska와 DiClemente(1983)의 변화단계 모델(stage of change model)이었다. MC가 행복하고 건강한 부부부터 중간 정도의 문제가 있는 부부와 심각하게 어려움을 겪으면서 사이가 매우 나빠진 부부까지 다양한 스펙트럼을 가진 부부들에게 어떻게 도움을 줄 수 있을까를 생각할 때, 참가 부부들의 다양한 동기화 유형들을 파악하고 각 부부에게 맞는 가장 현실적인 목표를 고려하는 것이 도움이 되었다. 변화단계에 실제적으로 고려할 사항들이 있다는 것이 동기강화 면담의 핵심이다. 이 모델 안에는 치료자들이 부딪히게 되는 변화의 과정에 대한 매우 유용하고 현실적인 평가들이 들어 있다. 이 모델에서 내게 가장 유용했던 가정은 변화하려는 힘(momentum of change)이 관건(해결의 열쇠)이며, 이 힘은 변화의 한 단계에서 다음 단계로 변화하려는 약간의 노력만 있을 때조차도 치료를 효과적으로 촉진시킬 수 있다는 것이다.

Prochaska와 DiClemente의 변화단계 모델에서, 자기 자신들의 문제(또는 도움)를 변화시키고자 하는 사람들은 별개의 몇 개 단계를 지나간다고 가정한다. ① 사전 숙고 단계, ② 숙고 단계, ③ 결심/준비 단계, ④ 실행 단계, ⑤ 유지 단계 그리고 ⑥ 재발 단계(이 단계에서 사람들은 다시 회귀한다) 또는 ⑦ 영구적 탈출 단계. 예를 들어, 사전 숙고 단계에 있는 사람들은 중점적으로 다룰 필요가 있는(종종 처음에는 다른 누군가에 의해 인지되는) 문제들을 가지고 있지만, 그들 스스로가 문제를 인지하지 못하고 있거나 변화를 통한 이득에 대해서는 깊이 생각하지 않는다. 이 단계에 있는 사람에겐 문제가 있다는 것을 인지시키고 변화를 함으로써 가능한 이득이 무엇인지에 대한 정보를 제공해 주는 피드백을 할 수 있다.

이러한 맥락에서 변화 단계에 대한 기본적인 아이디어는 MC는 단지 내담자를 병적인 상태에서 웰빙으로 또는 스트레스를 받는 것에서 스트레스를 느끼지 않는 것으로 옮겨 가도록 도와주는 것이 아니고, 내담자들이 변화 단계들 사이에서 뚜렷한 진전을 이루도록 돕기 위해 고안되었다. 만약 내담자들이 사전 숙고 단계에 있다면, 이론적으로는 숙고 단계로 진전해 가도록 촉진시켜서, 부부가 스스로 결심, 실행 그리고 유지의 단계로 지속적으로 나아가는 변화 순간을 만들어 낼 수 있을 것이라고 가정한다. 만약 숙고 단계에 있다면, 다음 동기강화 면담은 결심의 단계로 나아가도록 촉진시켜 줄 수 있을 것이다. 다시 말하지만, 목표는 내담자들이 지속적인 건강한 노력을 하는 과정에 있는 동기강화를 할 수 있는 장벽들을 극복하도록 돕는 것이다. 변화단계 모델은 사람들이 노력을 하는 데 있어서 개인차가 있다는 것 그리고 무시, 양가성, 무력감, 적절한 지식의 부족이 건강한 변화의 엄청난 그리고 가장 흔한 장애물이라는 것을 치료자가 인식할 수 있도록 안내해 줄 뿐이다.

사전 숙고 단계

사전 숙고(precontemplation) 단계는 변화의 첫 단계이며, 건강하지 못한 상황을 무시하는 것이 특징이다. 음주자가 음주 검사에서 음주의 유해한 영향을 무시하든 MC에서 정서적으로 철수하면 해로운 영향이 파생한다는 것을 무시하든 간에 목표는 같다. 치료자가 평가적인 시각에서 벗어나서 부부들에게 자신의 건강하지 못한 행동의 영향을 좀 더 명확하게 보도록 정보를 제공하는 것이다. 이 단계에서 MC 치료자는 부부의 평가 결과를 고려하면서 부부와 합류하고, 부부에게 이런 위험에 처하게 되는 방식을 알려 주고, 이런 위험에 기여하는 행동 또는 그렇지 않는 행동도 알려 준다. 치료자는 지시하거나 강의하는 것이 아니다. MC 치료자는 질문을 제기하고 답해 주는 것이다. 이것은 MC 임상가들에게는 중요한 단계인데, 왜냐하면 거의 모든 부부가 경험하고 있는 건강하지 못한 주제와 행동 패턴을 완벽하게 기술해 주기 때문이다. 대부분의 부부는 그들의 가장 만성화된 갈등이 어떻게 패턴화되어 있는지를 전혀 알지 못하기에 그 패턴에서 벗어나기 위한 심사숙고조차도 해 보지 못하고 있다. 가장 흔하게는 각 배우자는 상대 배우자가 자신이 원하는 대로 변화되길 바라면서, 심각한 감정에만 관심을 두고 이런 패턴의 일부만을 보고 있을 뿐이다. 부부의 패턴을 구체화시키고 명명하면서 부부가 패턴에 관심을 갖도록 함으로써 부부를 사전 숙고 단계에서 다음 변화 단계로 전환시킬 수 있게 한다.

숙고 단계

Miller와 Rollnick(2002)은 숙고(contemplation) 단계의 특징을 양가성의 장애물이 있는 것이라고 언급했는데, 양가성은 내담자들이 변화에 대해 숙고하느냐, 거부하느냐를 말한다. 그 외에도 부부와 작업을 해 나갈 때, 숙고 단계는 처음으로 기술되고 구체화된 부부의 패턴과 순전히 부부들이 이해하고 바라보는 패턴 사이의 엄청난 변곡점의 형태로 나타날 수 있다. 이 단계에서 부부들은 패턴을 개념적으로 이해하기는 하지만 아직은 실제적인 경험으로 파악하지는 못한다. 비록 부부들이 이 패턴을 좀 더 빨리 경험적으로 납득할 수도 있지만, MC의 한계 내에서는 패턴을 개념적으로 이해시키는 것이 MC의 가장 성취 가능한 결과물일 수 있다. 본격적인 치료 과정에서도 부부들이 이런 낮은 수준의 이해에서 그들의 일상생활에서도 이런 패턴에 눈을 뜨게 되기까지는 흔히 몇 회기가 걸리기도 한다. 때로는 패턴의 작용이 멈춘 후에 알게 되기도 하고, 때로는 패턴이 작동하기 전에 알게 되기도 하고, 가장 드물게는 작동 중에 알게 되기도 한다. 그러나 숙고 단계에서 패턴을 설명하는 것은 자동변속 운전만을 해 봤던 사람에게 수동 운전하도록 설명하는 것과 비슷하다. 이들에게는 실제와 매우 동떨어진 모호한 언어들로 들릴 수도 있다.

그래서 특히 내담자를 직접적으로 직면하기보다는 내담자의 옆이나 뒤에 서거나 비직면적으로 접근하는 것이 중요하다. 치료자는 부부 중 어느 누구와도 결코 언쟁을 해서는 안 된다. 만약 한 배우자가 변화에 대해서 논박하려고 하거나 직접 드러나 있는 패턴에 대해서 반대한다면, 이 저항에 대해서 일리가 있다고 여겨 수용하고 충분하게 탐색해야만 한다. 임상가는 내담자에게 어떤 결정이나 해석을 억지로 강요하고 있다는 것을 절대로 보여 주어서는 안 된다. 대신에 임상가는 내담자와 합류하고, 내담자의 입장에서 수용 가능한 패턴을 설명하면서 건설적인 협력을 만들어 가거나 또는 문제 행동(예: 철회)이 가치 있는 목표 행동(예: 좀 더 즐거운 파트너십)과 불일치하고 있음을 인식할 수 있도록 해야 한다. 만약 문제 행동이 정말로 불편하게 느껴진다면, 부부들이 이를 깨닫게 될 것이고 그들 자신의 의도(치료자 측의 어떤 압력도 없이)에 따라서 변화하겠다는 결정을 할 것이며, 이러한 변화는 때로 회기 후 며칠 또는 몇 주가 걸리기도 한다.

치료자가 모든 시간에서 두 배우자와 라포를 유지하는 것은 가장 중요하다. 부부들과의 작업에서 가능한 최악의 반칙은 부부 중 어느 한편을 드는 것이다. 이렇게 되면 내담자의 방어와 저항을 건드려서 결국에는 결코 긍정적 변화가 일어나지 않도록 하게 된다. MC 치료자가 부부와 작업하면서 부딪히게 되는 기본적인 형태의 양가성 유형은, 한 배우자의 입장에서 다른 배우자가 어떤 문제가 있다는 것을 인정해야 한다거나, 변화하기 위한 필요성은 다른 배우자에게 항복하는 것이라고 믿고 있는 것과 관계가 있다. 부부들, 특히 고통을 겪고 있는 부부들은 자신들의 문제를 승-패의 프레임으로 설정하는데, 치료자는 이런 방식으로 문제를 바라보는 것을 지혜롭게 피하면서, 이런 이슈들은 부부 두 사람 모두가 포함된 상호적인 문제이고 한 팀으로서의 협력과 서로 간의 측은지심을 필요로 하는 것으로 볼 수 있도록 해야 한다. 당신이 한쪽을 편든다는 것은 이런 목표를 완전히 망가뜨리는 것이며, 변화를 향한 어떤 기회도 무산시키는 것이다. 두 사람이 변화를 향해 함께 작업해 나간다면, 두 배우자가 모두 그들의 조망을 각각 이해하게 되고 두 사람이 모두 이기고 어느 누구도 지지 않는다는 것을 알게 될 것이다.

결심 단계

결심(determination) 단계는 내담자가 문제에 대해서 어떤 것을 실제로 실행하는 것과 숙고 단계로 되돌아가는 지점 사이에서 결심하는 시점을 말한다. 여기서의 핵심적인 경험은 당사자들이 똑같은 오래된 상습적인 절벽에서 포기하든가 또는 뭔가 새로운 것을 찾거나 변화를 향해 노력해야겠다고 느끼는 감정이다. 이 단계에서의 장애물은 성공적으로 변화를 추구하기 위해서 가능하고 유용한 해결책 옵션들이 무엇인가에 대해서 잘 알지 못하는 것이다. 다시 말해서, 부부들이 어떻게 결정해야 할지를 정확하게 알지 못하고, 명확한 방향성이 없이 시작하게 되면, 이는 결심 단계에서의 걸림돌이 된다. 이 시점에서 치료자가 할 일은 부부들이 기꺼이 실행할 수 있는 것들을 생각하고 그에 헌신할 수 있도록 다양한 옵션을 곰곰이 생각해 보도록 돕는 것이다. 이들 전략에는 더 건강한 관계적 행동을 기꺼이 하려는 구체적인 노력들(예: 서로가 상대의 친구 모임을 즐기기 위한 시간을 일부러 만들기) 또는 배우자의 잘못과 약점을 좀 더 측은지심의 마음으로 수용하려는 태도를 갖고자 노력하는 것(예: 배우자의 불안정한 애착 유형을 수용하는 것) 등이 포함될 수 있다.

이 시점에서 만날 수 있는 한 가지 문제는 치료자가 부부가 창의적 능력을 발휘하는 것을 완전히 침해하지 않도록 하는 것이다. 그래서 치료자가 부부에게 그들의 결정을 보증해 줄 수 있는 특별한 전략들과 지침을 어느 정도 제공하는 것이 중요하다는 것을 인식하고 있을지라도 치료자는 부부의 문제 패턴이 발생하고 있다는 것을 알아챘을 때에 부부들이 그것을 창의적으로 다룰 수 있도록 격려해야 한다. 창의적인 것을 허용한다는 것은 어떻게 해야 할지 모르겠다는 경험과 뭔가 새로운 것을 향해 도약하고 싶은 용기를 수용해 줄 필요가 있다는 것을 의미한다. 각 이슈에 대해 다양한 방법으로 접근하려고 결심하는 것이 창의적인 해결을 위한 열쇠이다.

실행 단계

나의 관점에서 보면, 실행(action) 단계는 MC의 주요한 목표 중 하나이다. 내가 가장 관심이 있는 핵심적 효과는 관계에서의 친밀감과 활기를 돕는 방향으로 행동이 활성화되도록 하는 것이다. 장기적으로 건강한 부부 관계를 위해서는 부부 관계가 성장하고 시간이 지나면서 변화할 때 지속적인 관심이 필요하다. 관계가 황폐화되는 주된 이유는 무관심과 측은지심적인 상호 유대감의 부재이다. 중독 모델에서 실행하기는 중독으로부터의 탈출을 향해 한 단계를 나아가는 것일 뿐이다. 하지만 MC의 관계 건강 모델에서는 실행하기는 훨씬 더 궁극적인 목표이다. 좀 더 정확하게는 생생한 친밀감을 유지되도록 하는 계속되는 진행 과정이다.

실행 단계는 특정 문제에 대한 명확한 인식과 함께 더 건강한 실제적인 행동을 지속하도록 하기 위해서 개입하려는 노력이 특징이다. 이 단계에는 부부가 친밀감을 키우고 문제가 되는 영역들을 적극적으로 다루기 위해서 스스로 할 수 있는 많은 것이 포함되어 있다. 피드백 회기에서 부부들에게 어려움을 중점적으로 다룰 수 있는 특별한 대안들을 제안하고, 이와 함께 부부들이 자신들의 아이디어를 생각해 내도록 작업한다. 이런 대안들에는 관계의 문제와 악화 정도에 따라서 공식적인 상담의 권유가 포함될 수도 있고 아닐 수도 있다. 그래서 비록 어떤 부부에게는 치료받을 것을 조언하기도 하지만, 기본 가정은 MC를 하고 나면 자신들의 결혼생활의 질을 변화시키고자 하는 대부분의 부부는 치료 없이도 그들 스스로 그것을 할 수 있게 된다는 것이다. 다른 말로 한다면, 일단 부부들이 하고 있는 것들 중에서 관계를 훼손시키는 것이 무엇인지와 그것을 교정하기 위해서 무엇을 할 수 있는지를 인식하게 된다면, 부부들은 이렇게 하기 위해서 그들 자신의 기술과 강점을 이용할 수 있을 것이다.

유지 단계

비록 MC와 같은 단기 개입에서 유지(maintenance)는 하나의 단계가 될 수 없을 것 같더라도, 어떤 상황에서는 치료자는 유지 단계에 있는 부부들과 작업할 수 있다. 유지하기는 부부들이 그들의 결혼 건강을 개선하고 부부가 만들어 낸 변화를 좋게 느끼도록 하는 현실적인 진보의 단계를 말한다. 때때로 MC에 참여한 부부들은 평가 회기와 피드백 회기 사이에서도 변화를 협상하는데, 피드백 회기 동안에 이런 변화를 지지할 수 있는 기회를 주기도 한다. 때로 부부들은 최근에 그들 스스로 해낸 변화를 보여 주기도 한다. MC 치료자는 이들에게 바로 여기에서 지지를 해 주어야만 한다. 마지막으로, 내가 널리 알리려고 하는 건강 검진 모델은 일 년에 한 번씩 하는 것으로, 이전 해에 이루어졌던 변화들을 다시 평가하고 조언하고 지지해 줄 수 있다.

유지 단계의 주목표는 부부들에게 재발을 방지하는 방법들을 알 수 있도록 돕는 것이다. 효과적인 방법 중 하나는 배우자에게 이전의 낡은 패턴으로 되돌아가게 하는 최초의 경고 징후가 무엇인지를 물어보는 것이다. 나는 종종 '탄광 속의 카나리아' 비유를 사용한다. "옛날 패턴으로 되돌아가고 있다는 것을 어떻게 알 수 있죠? 당신 신체에서 느껴지는 감각은 무엇인가요? 당신 머릿속에서는 어떤 생각들이 떠오르나요? 당신이 무엇을 하고 있나요?"와 같은 질문을 한다. 내 경험상으론 부부들은 탄광 속의 카나리아처럼 초기 징후를 잘 알아차린다. 부부들은 "가슴이 답답하다고 느끼기 시작할 때요." 또는 "복수하고 싶다는 느낌이 들 때요." "내가 나의 동굴로 도망가고 싶다는 것을 알아챘을 때요."와 같이 대답한다. 부부들이 탄광 속의 카나리아를 얼마나 명확하게 알아채고 있는지에 따라서 부부는 이러한 실수에 더 잘 준비하고, 이를 재빠르고 우아하게 다룰 수 있도록 더 잘 준비할 수 있다.

재발: 실패와 변화 단계에 대한 준비

부부가 실패를 대비함에도 불구하고, 실패는 발생하고 만다. 실패란 부부가 실제적인 개선이 일어난 후에 이전의 건강하지 못한 패턴으로 다시금 돌아갔다는 것을 발견하는 순간을 말한다. 변화 단계 모델의 프레임에서 볼 때, 실패는 유지 단계에서 재발(relapse) 단계로 전환된 것으로 볼 수 있다. 달리 말하면, 부부들이 변화를 향해 작업하면서 오래된 패턴에 빠졌을 때, 그들의 진전은 실제가 아니었고 다시 사각의 링에서 시작해야만 한다고 느끼면서 좌절하기 쉽다. 실패에 대비하는 것의 목적은 부부들이 무력감을 느끼면서 긍정적인 진전에서 이탈하는 것을 막기 위한 것이다.

실패로 인해 앞으로 진전하는 것을 멈추지 않게 만드는 가장 간단한 방법은 앞으로 나아가는 길에는 항상 튀어나온 돌들이 있다는 것에 대비시키는 것이다. 통합적 부부치료에서 제시되었던 것처럼, 부부의 패턴은 영구적인 이슈라는 특성을 가지고 있다. MC 치료자는 패턴이 완벽하게 그리고 영구적으로 사라질 것이라고 결코 기대해서는 안 된다. 패턴을 분명하게 보기 시작하면서 진짜 진전이 이루어졌을 때, 부부는 이런 패턴에 덜 빠지고, 갈등에도 깊이 빠지지 않으며, 갈등도 덜 심각하고, 갈등이 발생했어도 더 빨리 해결한다. 부부의 패턴이 시간에 따라서 다시 나타날 수 있다는 것을 알려 주는 것만으로도 부부에게 이런 매우 자연스럽고도 예측 가능한 실패를 미리 준비하도록 할 수 있다(예: 부부의 돈 씀씀이에서 낭비가–저축가 패턴). 각자가 돈을 어떻게 사용할 것에 대해서 실제적인 진전이 있었다고 느끼더라도, 그들 간의 기본적 차이는 계속 남아 있으며, 이따금 마찰(불화)의 순간에 이런 오점은 계속 나타날 것이다. 만약 부부가 실패에 잘 준비된다면, 실패를 비극적인 참패가 아닌 길에 나온 사소한 돌부리로 바라보면서, 마찰의 시간을 좀 더 우아하고 더 유머러스하게 다룰 수 있게 될 것이다.

부부에게 반드시 실패, 후퇴 그리고 미래의 불화의 순간이 있을 거라고 사전 경고를 해야만 한다. 이 모든 것에 대해서 예측하고 준비할 수 있어야 한다. 치료자가 단순히 부부들이 관계의 건강에 관심을 기울이고 있는 중에도 이런 문제들이 다시 생겨 옴짝달싹도 할 수 없게 되는 일이 일어난다고 알려주면 된다. 이런 것들은 정상적으로 기대되는 것이며, 이런 것들이 발생해도 부부들은 결코 공황 상태가 되거나 무력해져서는 안 된다. 대신에 이런 시간을 부부의 관계에 다시금 관심을 주고 건강한 실천들에 헌신하는 기회로 만들 수 있을 것이다. 다시 한 번, 목표는 무력함을 피하고 계속 개선해 나가겠다는 결심, 헌신 그리고 노력을 새롭게 하는 것이다.

변화 단계를 진행하기

MC 치료자는 변화 단계 모델의 한 단계에서 다음 단계로 나아가게 하는 것에 관심이 있다. 치료자의 목표는 궁극적으로는 부부들이 건강한 결혼생활을 하는 데 헌신할 수 있도록 하는 것이며, 많은 부부에게 이 정도의 MC 서비스로도 충분하다. 동시에, MC는 온전한 치료 과정이 아니므로, 좀 더 심각한 수준의 건강하지 못한 부부에게서 있어서는 단지 변화의 단계 사다리의 바로 위 칸으로의 이동만을 가능하게 할 뿐이다. MC의 중요 목표 중 하나는 건강하지 못한 관계를 조기에 탐지하고 전문적 도움을 받도록 하는 것을 포함해서 더 건강한 실제 행동을 하도록 동기화시키는 것이다. 그래서 주요 목표 집단 중 하나는 관계에서의 파괴적 패턴을 인지하지 못하고 있는 부부들이며, 목표는 이들에게 이런 패턴을 명확하게 볼 수 있도록 하고 부부 관계를 훼손시키는 것들을 예방할 수 있는 것들에 대해서 생각해 보도록 하는 것이다. 여기서는 사전 숙고 단계에서 숙고 단계로 나아가는 것이 될 것이다. MC 치료자들은 다루어야 할 문제에 대해서 숙고하는 것에서 이 문제들을 다루기 위한 계획을 세우는 것으로 나아가는 것(숙고에서 결심, 실행 단계로 나아가는 것)에도 관심이 있다. 치료자들은 추수 회기 평가와 이어지는 일 년 주기의 결혼 MC을 통해서 부부들이 실행에 옮긴 행동들이 유지 단계에서도 지속되고 있는지를 보고자 한다. 연구에서는 많은 부부가 일 년에 한 번 하는 MC에서 대부분의 시간 동안 긍정적인 변화를 유지하고 있음을 보고하고 있다(Cordova et al., 2013). 부부를 건강하지 못한 상태에서 좋은 상태로 나아가도록 돕는 것이 궁극적인 목표일지라도, 많은 부부에게 있어서는 변화의 단계를 단지 한 단계만 올리는 것이 좀 더 현실적인 목표라는 점이 중요하다(변화의 단계를 관통하는 추진력이 계속 지속될 것이라는 가정과 함께). 다시 강조하건대, 연구 결과에 의하면 MC를 받은 후 평균적으로 부부들의 관계가 더 좋아졌으며, 부부들이 더 친밀해지고 활발해졌다고 한다.

변화의 각 단계에 따른 치료자의 과제

Miller와 Rollinck(2002)은 각 변화의 단계에서 치료자가 할 역할에 관해서 기술했다(〈표 4-1〉 참조). Miller와 Rollinck은 중독에 관련된 연구를 주로 수행했기에, 이러한 용어는 그러한 맥락에서 아주 적절하다. 그러나 부부 관계의 영역에서도 쉽게 적용 가능하다. 나는 부부에게 적용할 수 있는 정보를 표에 추가했다.

〈표 4-1〉 **변화의 각 단계에서 치료자의 과업**

내담자의 단계	치료자의 동기화를 위한 과업
사전 숙고	의심을 불러일으키기-현재 패턴이 가지고 있는 위험성과 문제점에 대한 인식수준 높이기. 패턴 또는 주제를 찾아내서 부부들이 이 패턴이 부부 관계에서 어떻게 작동하고 있는지를 알려 주기
숙고	균형을 유지하기-변화해야 하는 이유와 변화하지 않았을 때의 위험성을 환기시키고, 현재 패턴의 변화를 위한 부부의 자기효능감을 강화시키기. 최근의 다툼을 패턴의 단계와 연결시키면서 패턴을 기술하고 어떻게 문제가 있는지를 명료화시키기
결심	부부의 걱정거리나 어려움 영역을 다루거나 결혼의 건강성을 지지해 줄 수 있는 최상의 실행 과정을 결정하도록 돕기
실행	부부가 변화를 향한 단계들을 밟아 나가고 일상에서 적극적 관심을 기울이도록 돕기

유지	부부가 재발을 방지하기 위한 전략들을 알아보고 사용하도록 돕기. 부부가 탄광 속의 카나리아를 알아챌 수 있도록 돕기
재발	부부에게 재발하기 전에 사소한 실패를 미리 준비시키기. 사소한 실패 이후에 부부에게 이를 정상화시켜 주기. 유머로 스스로를 용서하기. 정체되거나 사기 저하 없이 숙고, 결심하기, 실행하기의 과정을 새롭게 시작할 수 있도록 재다짐하기

출처: Winters, K. (2010). *Brief interventions with drug abusing adolescents* (Class handout). Minneapolis, MN: University of Minnesota, Department of Psychiatric.

역통제

치료자가 내담자의 역통제(countercontrol)에 맞춰서 무엇을 해야 할지를 이해하는 것이 성공적인 치료에서 중요한 부분이다. 역통제는 저항 또는 반대로 밀기로 불리기도 하며 타인의 통제에 저항하는 것은 인간의 자연스러운 경향성으로 이해할 수 있다. 어떤 사람이 통제당하거나 압박을 받았을 때, 자연스러운 반응은 싸우거나 반대로 밀쳐내는 것일 것이다. 여기서 마음에 새겨야 하는 주요점은 특히 내담자가 변화에 대해 양가적일 때 치료자가 압박한다면, 내담자는 거의 항상 자동적으로 밀쳐내려 한다는 것이다. 여기에는 당신이 인정하고 싶지 않았던 것을 인정하기, 변화를 원하는지 확신하지 못하는 어떤 것을 변화시키기, 당신이 잘못했다는 것을 받아들이지 못하는 데 책임지기 등을 하게 하는 것이 포함된다. 어느 한 배우자가 치료자가 다른 배우자와 편을 들고 있다고 의심했을 때도, 특별한 역통제가 부부에게서 발생할 수 있다. 사실 MC 치료자에게 부부 중 어느 한 사람 편을 들지 말라고 하거나 두 배우자 사이에서 균형을 유지하라고 강조하는 주된 이유 중 하나가 바로 역통제이다. 만약 어느 한 배우자가 당신이 다른 배우자 편을 든다고 생각하면 치료자가 무슨 말을 하든지 간에 반발하고 논쟁하기 시작할 것이며,

당신은 논쟁에 휩싸여서 당신의 관점을 받아들이도록 압박하고 있는 자신을 발견하게 될 것이다. 물론 치료자가 역통제를 가장 흔하게 볼 수 있는 것도 실제로는 부부 사이에서 일어나는 것이며, 두 배우자 중 한 명이 다른 배우자의 변화에 대한 요구에 적극적으로 저항하는 것이다. 마지막으로, 역통제의 한 유형은 당신이 부부 사이의 만성적인 불화를 가장 잘 이해시킬 수 있는 패턴을 말하는 과정에서 나타날 수 있다. 만약 당신이 제시한 패턴이 실제로 잘 맞지 않거나 또는 당신이 선택한 단어들이 판단적이라고 여겨지면, 어느 한 배우자 또는 부부 모두가 이런 해석에 저항할 것이다. 예를 들어, 부부 간의 권력 차이와 관련된 패턴을 부부가 잘 알아듣게 하기가 어려운데, 부부가 저항하지 않은 용어를 찾을 때까지 사용하는 용어를 조심스럽게 적용하려고 노력해야 한다. 나는 어떤 부부와 작업하면서 부부의 패턴이 보스-고용인과 비슷하다고 말하기 시작했는데, 즉 아내는 가정 내에서 남편의 수행을 평가하고 그럼 남편은 명령을 따르다가 반항적으로 일손을 놓게 되는 양상이었다. 이런 언어로는 용어가 잘 먹혀 들어가지 않았는데, 아내가 보스라는 것을 두목처럼 행동하는 것으로 받아들이고 부정적인 반응을 보였기 때문이다. 나는 선생님-학생이라는 것을 우연하게 언급할 때까지 다른 프레임을 계속 찾아 나갔다. 아내는 남편에게 가정과 관련된 중요한 일들을 어떻게 하는지 최선을 다해서 가르쳐 주는 것이 자신의 역할이라고 여겼고, 남편은 휴식과 여름휴가도 계속해서 간절히 바라면서도 아내의 인정을 받으려고 노력하면서 학생의 역할을 해냈다.

Miller와 Rollnick의 동기강화 면담에서 중요한 시사점의 하나는 내담자가 변화에 대한 양가성을 보일 때는 내담자의 역통제를 피할 것을 강조했다. 때론 치료자는 부부보다 변화의 긍정적 가치를 더 많이 확신하며, 부부에게 변화 어젠다를 밀어붙이기 위해서 좋은 의도로 노력한 것이 저항에 부딪혔을 때 좌절할 수 있고 이 좌절에 대한 반응으로 더욱더 강하게 더 직접적으로 밀어붙일 수 있다. 불행히도, 치료자들은 교훈적 지도와 직면이 부부들의 변화를 촉진하는 가장 빠르고 효과적인 방법이라고 여기는 상식의 덫에 종종 걸려든다. 그러나 심리치료 연구들은 치료자가 교훈적이고 직면적일수록 내담자들은 더 많이 저항하며, 내담자가 더 많이 저항할수록 이들은 더 적게 변화한다는 것을 보고하고 있다. 치료자가 변화를 촉진하기 위해 지지적 경청을 사용했을 때에 결과적으로 내담자들은 실제적으로 변화했다는 것을 같은 연구들은 보고하고 있다. 여기서 목표는 치료자가 한 배우자 또는 부부가 가진 이슈와 같은 편에 서야 하고, 왜 변화를 원하는지와 왜 변화를 원하지 않는지 둘 다에서 그들과 같은 입장으로 이슈들을 바라봐야 한다는 것이다. MC 치료자는 부부에게 그들의 결혼생활에서 관계의 건강을 좀 더 지속적으로 유지해 주는 방식으로 생각하고 행동할 수 있도록 변화하고자 하는지를 계속해서 질문한다. 만약 부부가 이런 변화를 향한 압력을 느낀다면 두 배우자 중 적어도 한 명은 저항을 할 것이며, 만약 다른 한 명마저 저항하게 된다면 긍정적 변화는 무산될 것이다. 다른 측면에서, 만약 부부가 치료자가 자신들과 '합류하였음'을 느끼고 좀 더 건강한 결혼을 위해서 해야 하는 행동과 하지 말아야 하는 행동에 대해 듣게 된다면, 여기서는 저항을 일으킬 것이 아무것도 없으며, 변화의 노력이 좀 더 자연스럽게 그리고 강력하게 나오게 될 것이다.

내담자가 변화에 대해 양가적인 어떤 것을 변화시키는 것이 목표일 때, 내담자의 역통제를 자극하기가 쉽다. MC에 온 부부들 중에서 자연스럽게 변화하기 위해 계속 노력하겠다고 동기화될 정도로 관계에서의 어려움이 심하지 않은 부부들이 그러하다. 이들은 부부 관계에서 특별한 문제가 있다는 것 또는 이런 문제들이 관계를 침식시킬 수 있다는 것을 알아 가는 것 자체에도 양가적이다. 또한 이들 부부는 누군가가 자신들의 관계의 어려움을 마주하게

만 해도 자연스럽게 방어적이 된다. MC 치료자들은 비직면적인 방식으로, 부부가 변화의 동기를 높여 주는 요소들을 볼 수 있게 도와주어야 한다.

MC 치료자가 어떻게 해야 할까? 한 가지 방법은 부부들이 역통제를 하고자 하는 자연스러운 경향성을 풀어 주지만, 역통제 경향성이 다른 배우자 또는 치료자에게 향하는 것이 아니고, 변화해야 할 목표 행동으로 유도하는 것이다. 부부가 자신들의 건강하지 못한 패턴에 반대해서 밀어내기를 하도록 유도하기 위해서는, 치료자가 현실과 실제 세계에서 그들의 패턴화된 행동의 결과와 직접적으로 접촉하도록 하는 것이 필요하다. 이슈의 반대쪽에 서서 변화의 요구에 대해서 부부와 언쟁하기보다는, MC 치료자는 이슈의 같은 편에서 부부와 합류하고 현실 세계에 대한 그들의 건강하지 못한 패턴의 영향을 볼 수 있게 도와주는 것이다. 부부는 분명하지만 상호 연민적으로 변화의 필요성에 대한 결론을 스스로 도출할 수 있도록 해 주는 증거를 보여 줄 필요가 있다. Charles Dickens의 『크리스마스 캐롤(A Christmas Carol)』에 나오는 제이콥 말리처럼, MC 치료자의 역할은 부부의 손을 잡고 그들의 결혼생활을 취약하게 하는 것들이 무엇인지를 보여 주는 여행에 부부를 초대하는 것이다. 치료자는 부부들의 곁에서 또는 부부들의 뒤에서 그들의 앞에 전반적인 관점에서 제시된 증거에 관련해서, 자신들이 직접 경험하고 있는 세계에 대한 결론과 변화를 위한 자신의 열망을 스스로 도출할 수 있도록 허용해야 한다. 다른 말로 표현하면, 치료자는 부부들이 자신들이 원하던 방식으로 살아가는 데서 벗어난 삶을 살고 있고, 자신들의 어떤 행동들은 지속적으로 불필요한 고통을 야기한다는 것을 볼 수 있도록 도와준다. 치료자는 부부 자신들의 문제 행동의 자연스러운 결과를 느낄 수 있도록 도와줄 것이다.

그러나 MC 치료자가 부부가 변화하기 위해 동기를 강화하도록 작업을 할 때, 한쪽 배우자는 다른 배우자가 변화를 해야 할 필요성을 자주 쉽게 인식하지만, 자신이 변화해야 하는 필요성은 상대적으로 덜 인식한다. 그렇기에, 치료자는 실제적인 증거를 설명하는 과정에서 실제적으로 변화 기회에 도움이 되는 것은 각 배우자가 상대방의 배우자가 변화하도록 초점을 두는 것보다는 자신들이 변화하는 데 초점을 두는 것임을 두 배우자에게 분명히 하는 것이다. 실제로 이 시점에서 부부들이 상대방의 배우자가 변화할 필요성이 있다는 데 초점을 두는 것은 분명한 걸림돌이 된다는 것을 분명하게 해 주어야 한다. 상대방의 배우자가 변화할 필요성에 초점을 두면 긍정적인 변화는 일어나지 않는다. 그러한 형태의 초점은 필요성이 없다기보다 더 형편없는 것에 해당한다. 그것은 실제로 결혼 건강을 좀먹는 것이다.

나는 또한 MC 치료자는 변화라는 용어를 가볍게 강조할 것을 지적해야 할 것 같다. 변화라는 말은 흔히 오직 한 번에 영구적인 향상을 이루기 위한 목적으로 노력하면서, 무엇인가 아주 나쁜 것에서 전적으로 좋은 것으로 변화한다는 것을 의미할 수 있다. 즉, 나쁜 습관을 좋은 습관으로 바꾸는 것이다. 또 나쁜 태도를 좋은 태도로 바꾸는 것이다. 나는 관여하고 있는 부부들을 동기화시키기 위해서는 건강한 노력 또는 건강한 실천 같은 말을 더 선호한다. 그렇기에 부부들이 한 상태에서 다른 상태로 마술처럼 변화하도록 동기화시키려고 하는 대신에, MC 치료자는 부부들이 결혼 건강을 위해서 지속적으로 실천할 것을 동기화하도록 노력하고 있다. 다각적인 면에서 보면 건강한 노력을 동기화하기 위해서, 이분법적인 변화를 유도하기보다는 건강해지도록 노력하도록 하는 것이 MC 치료자들의 의도를 잘 반영하는 것이다.

또한 MC의 변화 이론적인 면에서 볼 때, 치료자가 언급하는 수용이 변화의 형태를 포함하고 있다는 점을 명확히 하고 싶다. 다른 말로 표현하면, 많은 경우에 변화를 위한 동기화는 어떤 문제를 실제적으로 필히 변화를 추구하기보다는 문제를 다른 관점에서 개념화하는 학습을 배우도록 도와주는 것일 수 있다. 많은 MC 개입은 일반적인 차이점(예: 지출하는 사람과 저축하는 사람), 정상적인 과정(예: 변화를 시도하는 과정에서 파생하는 스트레스) 또는 부부 관계에서 오는 스트레스를 상대방의 입장에서 이해할 만한 이유 등을 수용하도록 격려하기 위해 고안되었다.

일반적인 함정

Miller와 Rollnick은 동기강화 면담에서 치료자가 피해야 할 몇 가지 공통적인 함정을 강조했다. 여기서는 저자가 MC에 맞게 이들 패턴을 수정해서 제시하겠다.

질문과 대답의 함정은 적극적 경청과 개방적 질문을 사용하지 못하는 문제에서 기인한다. 치료자가 특정화된 폐쇄적 질문을 하게 되면, 부부들은 짧고 구체적이지 않은 대답을 하기 쉽다. 광범위하면서 개방적 질문을 하게 되면, 사려 깊고 치료적으로도 유용한 답변을 더 많이 하게 된다. 덧붙여서 답변 후에 다음 질문 목록으로 바로 넘어가는 것보다는 응답에 대한 정확하고 공감적인 반영을 해 준다면 더 도움을 받게 될 것이다.

직면–부정의 함정은 치료자가 부부들의 저항을 불러일으키는 방식으로 부부에게 문제가 있다는 것을 말해 주는 것에서 온다. 이 함정을 피하기 위해서 다시 한 번 적극적으로 경청하고 부부들이 자기 스스로 자기동기화된 진술들을 하도록 이끌어 가야 한다. "당신은 바꿔야 할 문제가 있습니다."보다는 지금의 부부 모습과 부부들이 바라는 모습 간에 간극이 있음을 강조하면서 부부들이 스스로 변화의 필요성을 추구하도록 하는 것이다. 치료자는 정보를 제공해 주는 것에서 벗어나서 부부 관계 속의 문제적 패턴과 형편없는 결혼생활 건강과 부부의 관계를 분명하게 인식하도록 할 수 있다. 예를 들면,

MC 치료자는 함께하는 시간이 충분하지 않는 부부에게 서로의 친목 모임에 함께 가서 즐기라고 말하지 않는다. 이런 프레임은 치료자를 권위적 판단을 선언하는 사람으로 만들어서 저항을 유발하기도 한다. 가장 해가 되는 것은, 부부가 회기 내에서는 직접적으로 표현하지는 않았으나 회기가 끝나고 나서 일반적으로 동의했던 정보조차 무시하는 것이다. 대신에, MC 치료자는 평가 측정치에 따라서 부부가 다른 부부와 비교해서 함께 보내는 시간에 대한 만족도가 낮은 것으로 나타났다고 지적해 준다. 그러고 나서 부부에게 이 점수에 대한 부부 각자의 생각을 나누도록 한다. 이런 방식으로 하게 된다면, 치료자가 저항의 대상이 되지 않을 것이다.

전문가 함정은 단계를 너무 뛰어넘어서 모든 대답을 빨리 제공하려는 것을 말한다. 치료자가 부부의 이슈 모두에 대해서 즉각적인 답변을 내놓는다면 부부는 수동적 입장이 될 수밖에 없으며, 이런 수동성은 결코 치료자가 원하는 모습은 아닐 것이다. 대신에 치료자는 부부가 목표 영역의 향상을 위해서 어떻게 할 수 있는지에 대해 자신들의 아이디어로 기여할 수 있도록 부부를 이끌어야 한다.

시기상조의 함정은 부부는 특별히 중요하다고 여기지 않은 문제를 치료자가 가장 중요한 문제라고 초점을 맞추는 것을 말한다. 피드백에서 부부가 주요 문제라고 여기는 것을 중심에 두는 것이 가장 중요하다. 그렇지 않으면 부부들은 진지하게 받아들이지 않을 것이다. MC의 구성 체계는 이런 시기상조적 초점화를 방지하고 있다. 왜냐하면 치료자는 지필 검사 후에 부부에게 부부 관계의 상위 3개의 걱정거리나 어려움 이슈를 꼽으라는 지시를 하기 때문이다. 시기상조적 초점화가 되더라도 먼저 다뤄야 할 한 가지 영역은 심리적 또는 신체적 공격이 있을 때이다. 치료자가 부부 관계에서 심리적 또는 신체적 공격을 탐지했을 때, 부부들 자신이 그것을 심각한 문제로 인지하든

안 하든 관계없이 치료자는 이 문제를 초점화해야 한다. 다시 한 번 말하지만, 저항을 피하기 위한 열쇠는 공격성을 부부의 가장 상위 순위에 있는 어려움의 맥락 내에서 다루면서 그 자체를 개별적으로도 다루는 것이다.

비난의 함정은 문제로 비난받아야 할 사람이 누구인지를 정하는 것을 말한다. 좋은 치료자는 어느 한쪽의 배우자를 비난하는 것을 피해야 하는데, 비난은 치료적 목적에 전혀 기여하지 못하고 결국 개입도 실패하게 만들기 때문이다. 부부들은 때때로 서로를 비난할 것이다. MC 치료자의 역할은 비난이 포함되지 않으면서 부부들이 이 이슈를 팀원으로서 함께 직면해서 볼 수 있도록 촉진하는 재개념화를 제시하는 것이다.

저항 다루기

Miller와 Rollnick(2002)이 내담자의 저항은 치료자의 문제라고 했던 것은 가장 유용한 통찰 중 하나이다. 그들은 다음과 같은 저항들을 제안했다.

① 논쟁하기: 한 배우자가 치료자의 정확성, 전문성 또는 언행의 일치에 이의를 제기하는 것이다. 여기에는 도전하기, 무시하기, 적대감 드러내기 등이 있다.

② 끼어들기: 한 배우자가 방어적 방식으로 치료자의 말에 끼어드는 것이다. 여기에는 치료자를 설득하기와 치료자를 무시하는 행동이 포함된다.

③ 부인하기: 한 배우자가 문제를 인식하고, 협력하고, 책임을 받아들이고, 조언을 받을 의사가 없음을 표현하는 것이다. 여기에는 다른 사람을 비난하고, 다른 대안을 제시하지도 않고 제안들에 동의하지 않고(예: 예, 그러나), 변병을 하거나 이미 있는 부정적인 결과들도 부인하고, 결과를 최

소화하고, 희망이 없다고 주장하고, 변화하는 것에 대해서는 내키지 않아 하거나 변화할 의사가 없다고 주장하는 것이 포함된다.

④ 무시하기: 치료자를 무시하거나 따르지 않는 것을 분명하게 보여 주는 것이다. 여기에는 부주의, 질문에 대답하지 않기, 치료자에게 반응 보이지 않기, 대화에서 옆길로 새기 등이 포함된다.

때로 MC 치료자는 부부를 도와주고자 하는 열정 속에서 스스로 더 앞서서 나아가는데, 내담자의 저항은 치료자가 자기 자신을 재정립할 필요가 있다는 것을 알려 주는 가장 강력한 신호이다. 동기강화 면담에서는 저항을 치료적 방식으로 다루는 몇 가지 기술을 제시하고 있는데, 여기서는 MC에 참여한 부부들과의 작업에 적합하게 조정된 기술을 제시하겠다.

저항을 다루기 위한 전략들은 반영을 적절하게 사용하는 것들이 포함되어 있다. 합기도에서처럼 치료자는 저항을 저항으로 마주쳐서는 안 되며, 반드시 저항을 수용하고 저항과 함께 움직여야만 한다. 치료자가 결국 원하는 작업은 내담자와의 논쟁을 끝내는 것이다. 내담자가 저항으로 나올 때, 치료자는 내담자가 말하는 것에 대해 연민적 사랑을 바탕으로 하는 이해를 반영해줘야 한다. 예를 들어, 만약 배우자가 "난 문제없어요. 그녀가 문제지."라고 말했을 때, 치료자는 "당신 얘기를 들어보니, 만약 문제가 있다면 그건 아내로 인한 것처럼 들리는데요. 그래서 당신은 만약 아내가 정말 변한다면 당신들 부부 관계에서는 더 이상 아무 문제가 없을 거라고 하는 것 같아요."라고 말할 수 있다. 또는 치료자가 내담자의 양가성에서 다른 한쪽을 끌어내기 위해서 반영을 더 과장해서 말하기도 한다. "그래서 당신은 이 문제가 전적으로 아내의 잘못이고 당신은 그것에 어떤 기여도 하지 않았다는 것처럼 생각하는 것 같아요." 이런 과장된 반영은 그 사람에게 자신의 입장과 다른 측면을 방어해야 한다고 느끼게 만든다.

- 양측면적인 반영은 사람들은 양가적인 두 가지 측면이 있다고 가정하며, 표현되는 것과 표현되지 않는 것 둘 모두를 반영해 주는 것이다. 예를 들어, "당신은 이 문제로 너무 비난받고 있다고 느끼는 것 같아요. 당신도 이 문제에 기여한 바가 있지만 아내도 기여한 바가 있다는 것을 확실히 알게 하고 싶은 거죠?"
- 초점 전환하기는 장애물들을 상세히 다 되짚어 보기보다는 에둘러서 다루는 것을 말한다. 예를 들어, "나는 비난에는 전혀 관심이 없어요. 사실 나는 당신들 중 어느 한 명을 비난해야 한다고 생각하지 않아요. 비난받아야 하는 건 패턴이고 당신들 두 사람이 함께 협력해서 팀으로 이 패턴에 대항할 수 있다고 생각해요."
- 조건부로 동의하기는 저항하는 말들에 동의는 하지만, 치료적 전환점은 덧붙여 주는 것이다. 예를 들어, "당신도 알겠지만, 난 당신 말에 동의해요. 당신이 여기서 비난하지 않았다는 거. 사실은 당신들 중 누구도 실제로 그렇게 하지 않았죠."
- 개인적인 통제와 선택을 강조하기는 부부들이 그들이 하고자 원하는 것을 선택할 수 있으며 치료자는 부부들이 무엇을 할지를 말할 만한 위치가 아님을 재확인시켜 주는 것이다. 예를 들어, "이 정보들은 당신을 위한 거고, 당신이 믿고 있는 것을 실천하는 것이 당신과 당신 가족에겐 최상의 것입니다. 당신의 결혼생활 향상을 향한 작업을 해낼 유일한 사람은 바로 당신이에요. 정말로 당신의 결정입니다."
- 재해석하기는 부부들의 말 속에 들어 있는 프레임을 변화시키는 것을 말한다. 예를 들어, 한 배우자가 서로의 의견 불일치를 그냥 내버려 두어

야 관계에 손상을 입히지 않을 것이라고 믿고 있다고 치자. 치료자로서 당신은 그냥 내버려 두고자 하는 것의 이면에 있는 동기는 긍정적인 것(관계를 보존하고 싶은)임을 강조함으로써 이 신념에 공감해 줄 수 있다. 그러고 나서 그냥 내버려 두는 것이 단기적으로는 갈등을 줄여 주는 것 같아도 장기적으로 봤을 때 실제로는 갈등과 분개함을 더 증가시키며, 그렇게 함으로써 부부 관계에는 더 큰 해를 끼치게 됨을 시사하는 좋은 자료들이 있다는 것을 알려 주라. 다른 한편으로, 갈등 속에서도 계속 거기에 머물러 있는 것이 단기적으로는 힘들게 느껴질 것이지만, 만약 문제들이 잘 해결되거나 친밀감이 지속된다면, 관계는 장기적으로는 더욱 풍성해질 것이다. 원칙은 미래에는 더 많은 것들을 회피하지 말아야만 한다는 것이다.

이 책에서 언급했던 것처럼, 성공적 MC를 위한 핵심은 부부가 그들 자신의 결혼 건강성을 향해 나아가도록 행동화시키는 것이다. 그 목적을 위해 MC 치료자는 부부들이 치료자가 제시하는 문제나 해결책을 수동적으로 받아들이기보다 부부들로 하여금 그들의 걱정거리가 무엇이고 그들이 생각하는 해결책이 무엇인지를 찾아내도록 해야 한다. 즉, 치료자는 자기강화적인 활성화시키는 말을 더 많이 끌어내려고 노력해야 한다. 배우자들이 변화의 어떤 단계에 있는가에 따라 활성화시키는 말은 내용이 달라질 것이다. 만일 배우자가 사전 숙고 단계에 있다면, 활성화시키는 말은 부부간에 문제가 있을 수 있다는 정도의 언급을 하는 것이 될 것이다, "아마도 이 부분에 좀 더 신경을 써야 될 것 같습니다." 만일 배우자가 숙고 단계에 있다면 활성화시키는 말은 양가감정을 해결하기 시작하는 말이어야 할 것이다. "이것은 제가 생각했던 것보다 더 중대한 일인 것 같네요." 배우자가 결심하기 단계를 거쳐 가고 있다면 활성화시키는 말은 어떤 조치를 취하기 시작하는 말이 될 것이다. “이 문제에 대해 뭔가를 해야 할 것 같아요.” 마지막으로, 배우자가 실행 단계에 들어서면 활성화시키는 말은 일종의 자기효능감을 내포하는 말일 것이다. “저는 우리가 그것을 할 수 있다고 확신해요.”

결론

이 장에서는 MC에서 Miller와 Rollnick(2002)의 동기강화 면담을 다양한 수준의 문제를 가지고 있는 부부들에게 어떻게 적용할 수 있을지 살펴보았다. 동기강화 면담은 배우자들이 상대방과 좀 더 장기적으로 행복하고 건강한 관계를 가지기 위해 그들의 사랑과 걱정거리를 다루는 데 강력한 기법과 원리들을 포함하고 있다. MC의 틀은 동기강화에서 목표로 하는 행동 활성화와 건강한 변화에 대한 헌신과 함께 친밀감과 수용을 증진시키는 통합적 부부치료와 수용을 좀 더 강조하는 다른 치료들과 무리 없이 잘 통합하고자 한다. 가장 기본적으로는 부부들을 일으켜서 그들의 관계가 수동적인 무관심 상태에서 적극적인 사랑과 활력 있는 관심 상태로 옮겨 가도록 돕는 것이다. 나는 친밀감과 장기적인 건강한 부부 관계의 핵심에는 바로 이런 서로에 대한 애정에 기반한 관심이 있다고 믿는다.

Chapter 05

커플 체크업 평가를 수행하기

이 장과 다음 몇 장에서는 클라크 대학교 부부 및 가족 연구센터에서 MC를 진행하는 각 단계를 따라가며 살펴볼 것이다. 특별히 이 장에서는 평가 회기를 자세히 살펴보고자 한다. 평가 회기는 두 가지 목적을 가진다. 첫 번째는 부부의 관계가 건강한지 면밀히 평가하는 것이다. 기본적인 신체 건강 검진 모델을 따라서, 평가 회기는 부부들에게 유용한 피드백을 제공하기 위해 필요한 정보들을 수집하려고 시도한다. 그 정보들은, ① 부부 관계의 전반적인 건강 수준, ② 부부 관계가 특정한 관계 영역(정서적 소통, 함께 보내는 시간, 성관계, 육아)에서 얼마나 잘 기능하는지, ③ 부부가 가지는 가장 두드러진 강점, ④ 부부가 현재 가장 압박을 느끼는 걱정거리나 어려움에 대한 것이다. 이러한 방식으로 부부의 관계 건강을 초기 검진이라는 상대적으로 단기적인 틀 내에서 최대한 면밀히 파악하고자 한다.

이러한 포맷은 부부들이 현재의 어려움이 무엇인지 직접적으로 말할 수 있는 기회와 함께 성 문제와 같이 자발적으로 말하기 어려운 영역을 평가하며, 나아가 당연히 여겨오던 부부의 강점에 관심을 가질 수 있는 기회도 제공한다.

평가 회기의 두 번째 목적은 치료적인 것이다. 4장에서 언급한 것처럼, 기능적인 개선을 위한 의도가 전혀 없을지라도 평가 자체가 치료적이라는 연구 결과들이 있다. 더 나아가 치료적 의도를 가진 면담은 더 큰 긍정적인 효과를 가진다(Miller, Sovereign, & Krege, 1988; Worthington et al., 1995). 단순히 부부 관계에 대한 설문지를 작성하는 것만으로도 관계 기능에 작지만 긍정적인 효과를 준다(Bradbury, 1994). MC는 이러한 평가의 가장 기본적인 효과가 주는 이점을 충분히 가질 뿐만 아니라 그것을 기회로 삼아 의도적으로 평가와 해석 회기를 설계함으로써 치료적이고 동기를 강화하는 효과를 가진다(Cordova, Scott, et al., 2005).

MC 평가 회기는 치료적 면담의 기본 원리들 통합적 부부상담에서 채택한 친밀감 증진 기법들, 동기강화 면담에서 가져온 동기강화적 기법들 및 다른 자료들에서 MC를 위해 채택한 특수한 기법들을 따라 강력한 치료적 효과와 건강 촉진 효과를 가지도록 고안되었다. 예를 들어, 평가 회기의 한 부분으로 부부들에게 서로 어떻게 만나게 되었으며 어떤 점에서 매력을 느꼈을지와 같은 관계력에 관련된 질문을 한다. Gottman(1994)의 결혼 관계력 면담(Oral History Interview)에서 채택한 이러한 단순한 질문들은 부부의 경험을—심지어 부부 관계가 어려워 그들의 문제에 좁은 초점을 가진 부부에게도—긍정적으로 바라보고 인정해 주는 놀랍도록 치료적인 효과를 가진다. 또한 이러한 질문들은 부부가 초기의 결혼 관계력을 어떻게 이야기하는지가 이후의 그들의 결혼생활을 예측한다는 연구 결과들에서 볼 수 있듯 중요한 평가의 영역이 된다.

이 장에서는 평가 회기 동안 물어보는 특정한 질문들을 제시하고 대답의 질을 어떻게 평가해야 할지 논의할 것이다. 그러나 우선 MC의 가장 중요한 측면 중 하나인 어떻게 홍보해야 할지에 대하여 시작하고자 한다.

홍보하기

다른 검진들과 마찬가지로 MC의 주요한 목적 중 하나는 심각할 정도로 부부 관계가 어려워지기 전에 부부들을 만나는 것이다. 이러한 예방과 유지 기능을 제공하기 위하여 MC는 행복하고 어려움이 없는 부부에서 다소 어려움이 있는 부부, 심각한 어려움을 겪고 불안정한 부부까지 결혼생활의 기능 측면에서 전체 범위를 아우르는 부부들 모두에게 관심을 끄는 것이어야 한다. 치과의학에서 그러하듯, 결혼생활에서도 부부 관계가 명확할 정도로 악화되어 고통스러울 정도까지 진행되면 부부 관계는 이미 심각한 손상이 이루어져 있음을 의미한다. 치료적 수준에서 부부상담을 제공하는 상담자는 너무 많은 사람이 부부상담을 처음 찾을 때 관계의 악화가 상당히 많이 진행된 뒤 너무 늦게 도움을 요청했기에, 부부 간의 친밀한 유대감을 회복시키기가 어렵다는 것을 경험적으로 알 것이다. 즉, 안타깝게도 부부 관계에서의 도움을 찾는 주요한 동기는 고통스러운 감정(Eubanks Fleming & Cordova, 2012)이기에, 대다수의 부부에게 MC를 받도록 동기부여하기에는 충분한 여건이 되지 않음을 의미한다. 검진을 제공하는 것은 건강한 결혼생활을 유지하고 미래의 문제를 피하고자 하는 열망에 의존해야 하는 것이다. 불행히도, 이러한 동기는 명백한 고통에 의해 제공되는 동기보다 훨씬 약하다. 그러나 MC의 입장에서 다행인 것은 많은 사람이 자신의 부부 관계에 대해 생각해 보는 것을 홍미롭게 여긴다는 사실이다. 따라서 관계의 어려움을 다소 혹은 드러내 놓고 인정하지 않는 사람들이 무언가를 걱정하고 있음을 그들 자신이나 누군가에게 인정하지 않고도 검진을 받을 수 있다는 것이다.

Morrill 등(2011)은 사람들이 MC를 받는 가장 흔한 이유를 다음과 같이 설명한다. ① 검진을 받는 것이 재미있어 보여서, ② 아직은 드러내 놓고 인정하거나 상의하기에는 애매모호한 어려움을 가져서(연구에서는 이를 숨겨진 치료 추구라고 함). 또한 이 연구는 참가자 모집을 위한 우리의 방식이 고통의 연속선상에서 다양한 지점에 있는 사람들에게도 성공적이었음을 증명한다.

우리는 주로 지역 신문, 라디오 방송과 함께 지역 사회, 사회복지 단체, 지역 기반 시설의 단체들을 통해 배부된 전단지로 부부들을 모집하였다. 이러한 전략들이 임상 실습에서도 효과가 있을 것이라 생각하지만, 그와 같은 모집을 향한 노력은 오직 임상적 연구 목적 내에서 이루어졌다. 가장 자주 사용한 광고의 버전은 다음과 같다.

> 클라크 대학교 부부 및 가족 연구센터는 결혼생활의 건강 상태와 부부 관계에 어떠한 사소한 문제라도 있는지 알아보고자 하는 부부들에게 무료로 MC를 제공합니다. MC는 치료 프로그램의 한 부분이 아니며, 정보를 제공하는 결혼건강 서비스입니다. 자문은 완전한 비밀을 보장합니다. 결과에 대한 객관적인 해석이 제공됩니다. 해석을 받아들이는 것 또한 부부에게 달려 있습니다.

이 광고는 문제가 있는 범위의 부부들까지 모집하기 위하여 몇 가지 중요하다고 생각하는 요소들을 강조하고 있다. 첫째, 이 서비스는 진행되는 연구의 일환으로서만 제공되므로 MC가 무료로 제공되었다. 물론 이것이 가능했기에 부부들이 도움을 원하는 데 있을 수 있는 비용 면의 장애물을 없앨 수 있었다. 동시에 대부분의 상담자가 검진을 무료로 제공하는 것이 불가능하며, MC를 널리 보급하고 프로젝트를 지속하기 위해서는 개인 상담자에게 수익성이 있는 투자가 될 필요가 있음을 인정한다. 따라서 우리는 참가자들에게 이후에 검진을 위해 얼마를 낼 의향이 있는지를 사전조사하였다. 그 대답은 50~100달러까지의 범위이며, 사람들이 이 서비스를 위해 돈을 낼 의향이 있음을 확인했다. 또한 심리학적 평가로서 이것이 부부 의료보험에도 청구가 가능할 여지가 있다.

둘째, 건강한 결혼과 건강의 유지이다. 이전에도 언급했듯이 나의 추측으로는 심각한 어려움을 겪지 않는 대부분의 부부는 결혼의 갈등보다는, 건강한 부부 관계를 유지하려는 관심에 동기가 부여된다. 더욱이 광고를 통해서 부부 관계의 어려움을 강조하면, 스스로 어려움이 있다고 생각하지 않는 대부분의 부부에게 겁을 주어 쫓아 버리는 격이 될까 우려되었다. 우리는 또한 검진을 받는 것이 『코스모폴리탄』과 같은 유명 잡지에 나오는 부부 관계에 대한 퀴즈처럼 재미있을 것이라는 가능성을 열어 두고 싶었다(실제로 『코스모폴리탄』 2010년 8월호에 MC가 소개됨). 이 특정한 광고는 MC의 '재미있는' 요소를 강조하였고, 특별히 우리가 최근에 발견한 것도 이것이 부부들이 MC를 찾는 주요한 이유라는 것이었다. 그러나 나는 '재미'라는 요소를 광고에 포함시키는 것을 독자들에게 맡기고 싶다.

셋째, 광고에서 MC는 치료가 아니라는 것을 강조한다. 여기서 다시 한 번 나의 가정은 자신의 부부 관계를 '어려움이 있다고' 평가할 정도의 역치를 넘어선 부부들만이 '치료'라는 광고에 이끌린다는 것이었다. MC가 치료가 아니라는 것을 강조함으로써 어려움을 겪는다고 생각하지 않는 부부들이 관심을 가지고 검진을 받게 할 뿐 아니라 MC를 받고 유익을 얻는 데 꼭 어려움이 있을 필요가 없음을 알리고자 했다. 덧붙여 많은 사람, 특히 남성들은 치료를 원하는 태도가 미약하고, 남성에게 치료와 같은 잠재적으로 위협이 되는 단어를 사용하지 않음으로써 부담을 주지 않고 결혼생활의 건강에 관심을 가지게 해야 한다는 문제가 있다. 사실 우리 연구에서도 다수의 남성이 자발적으로 MC에 오게 된 이유 중의 하나로 "치료가 아니라서 왔어요. 우리는 절대로 치료가 필요하지 않거든요."라고 보고했다.

넷째, MC는 완전한 비밀보장을 강조한다. 경험상, 부부들은 자신들의 삶에서 다른 특별한 사적 영역들과 마찬가지로, 자신의 부부 문제와 같은 친밀한 관계에 대해서는 매우 감추고 싶어 한다. 일반적으로 사람들은 그들의 친밀한 관계에 대하여 어려움을 드러내 놓고 상의하고 싶어 하지 않으며, 광고를 통해서 그들의 개인적인 정보를 가장 엄격하게 비밀보장을 지켜 줄 것을 확신시켜 줌으로써 이러한 두려움에 대해서 직접적으로 언급해 주어야 한다고 생각한다.

마지막으로, 광고는 부부들이 객관적인 해석을 제공받을 것이고, 이후에 그 결과를 가지고 어떻게 처리하든 완전히 부부들에게 달려 있다고 강조한다. 이 부분은 많은 부부가 특별한 도움을 찾을 때의 자유를—특히 치료로 이끄는 유인가에 대한 가능성을 피하고자 하는 사람들에게는 더욱—강조하는 것이다. 여기서 다시 부부들에게 자신들이 원치 않는 조언을 강요당하지 않을 것을 확신시켜 줄 필요가 있다. 많은 사람은 부부가 상담자를 만나면 그들과 반대 입장에 설 것이라는 두려움을 갖는다. 평가의 결과가 선택의 자유를 최대한 보장하는 방식으로 제공된다고 강조하면 도움을 찾는 데 있어 장벽을 낮출 것이다.

홍미롭게도, MC에 대한 관심을 높이는 데 가장 유용한 전략은 지역 신문이나 TV 기자들을 만나 MC와 그것의 목적, 즉 매년 건강 검진을 받는 것과 같은 의미를 가지고자 하는 것에 대해 면담하는 것이었다. 기자들은 기사로 활용할 정도로 우리의 아이디어를 흥미로워했으며 더 많은 부부가 광고보다는 신문이나 TV 뉴스의 이야기에 반응하였다. 나의 경험으로는 지역 뉴스에서 MC에 대한 관심을 갖도록 하는 일이 그리 어렵지 않았고, 당신이 지역사회에서 처음으로 MC를 제공하고자 한다면 이 수단들에 접근하기 더욱 쉬울 것이다. MC를 홍보하기 위한 또 다른 방법은 지역 신문에 결혼과 관련된 이야기를 써서 기명으로 오피니언 페이지에 투고하는 것이다.

다시 한 번 이 서비스를 광고하는 것의 핵심은 뚜렷한 어려움으로 인해 동기 부여되지 않거나 전통적인 치료 서비스를 조심스러워하는 부부들이 도움을 찾게 만들도록 장벽을 낮추는 것이다.

커플 체크업에 관한 전화 연락에 응답하기 위한 대본

우리는 연구 과제를 수행하는데, MC에 관심 있는 부부들이 전화를 걸어왔을 때 응답할 대본을 개발해 왔다. 당신이 답신 전화를 하든, 직원이 응답하든 간에 염두에 두어야 할 것은 MC에 관심을 가진 대다수의 부부는 상담을 받아 본 경험이 없으며 특별히 상담을 받을 마음도 없다는 것이다. MC는 부부들이 결혼생활 건강에 도움이 될 수 있는 서비스에 접근하는 것을 막는 장벽들을 제거하기 위해 의도적으로 고안된 것임을 기억해야 한다. 이러한 목적을 고려한다면, 당신은 이 대본이 관계의 어려움으로 상담을 꼭 찾을 필요가 없는 부부들에게 매력적으로 보이도록 MC의 여러 특징이 소개된 내용에 주목하게 될 것이다. 사실 MC에 관심이 있는 부부들 중 대다수가 정말 건강하거나(이런 경우 MC는 예방의 목적으로 사용됨) 그들 스스로 어떤 식으로든 어려움이 없다고 인식한다(비록 어느 정도는 건강하지 않은 결혼생활로 어려움을 겪지만). 이 대본은 다음과 같은 내용을 포함하며 임상 실습 또는 연구소에서의 사용을 위해 약간 수정될 수 있다. 물론 당신의 스타일이나 요구에 따라 더 변경할 수도 있다.

MC에 관심이 있어 전화 온 부부들에게 전화를 걸 때 전문적이되 자연스러워야 한다. 일관적으로 친절하고 따뜻해야 함을 명심하고, 대화하는 상대와 개인적인 라포를 쌓아 나가야 한다. 이것이 당신과의 첫 만남이므로 가능한 한 긍정적이고 환영받는 만남이 되도록 주의하라.

안녕하세요. ○○○ 씨와 통화할 수 있을까요? 저는 클라크 대학교의 ○○○이고, 결혼 체크업에 대해 전화 주셔서 다시 연락드렸습니다. (전화 받은 사람이 부부 중 한 명이 아닌 경우에는 메시지를 남긴다든지 평소대로 대응하라.)

안녕하세요. 결혼 체크업에 대해 전화 주셔서 연락드렸는데, 그것에 대해 간단히 설명해 드리고 이 서비스에 대해 질문이 있으시면 대답해 드리려고 합니다. 지금 통화하기 괜찮으신가요? (그렇다고 하면 계속하라. 아니라고 하면 다시 전화 걸 시간을 잡으라.)

우선, 결혼 체크업은 모든 결혼한 부부들에게 유익이 되도록 고안된 서비스입니다. 이것은 치료가 아니며, 정보를 제공하는 건강 서비스입니다. 이 서비스의 목적은 부부들이 결혼생활과 가족 관계의 건강, 질, 안정성을 성공적으로 유지하기 위하여 부부 자신만의 강점과 능력을 최대한 활용하도록 돕는 것입니다.

결혼 체크업의 일환으로, 당신은 면밀한 관계건강 검사와 결과에 대한 개인적인 해석 상담을 받게 됩니다. 여기에는 몇 가지 설문지를 작성하고 부부 및 가족 연구센터에 방문하여 면담을 하는 것도 포함됩니다. 2주 후 당신은 검사 결과에 대한 해석을 받게 됩니다. 결혼 체크업을 한번 받아보고 싶으세요?

만약 부부들이 계속해서 흥미를 보인다면, 다음 단계는 단순히 회기에 앞서 부부들이 평가 설문지를 받고 작성할 수 있도록 충분한 시간을 두고 검진(평가 회기)을 위한 첫 회기 일정을 잡는 것이다.

평가 설문지

부부들이 당신과 연락하고 평가 회기를 위해 방문할 시간을 잡고 난 후 부부의 결혼 건강을 평가하는 첫 단계는 설문지 세트를 우편으로 보내는 것이다. MC 연구 프로젝트에서는 부부들에게 큰 묶음의 설문지를 보내지만, 실제 임상 장면에서는 설문지 세트를 상대적으로 단순한 검사들로 구성하여 부부들의 부담을 최소화할 것을 권장한다. 또 하나 추천하는 것은 부부들에게 설문지 두 세트를 각각 다른 봉투에 담아 지시 사항도 따로 주어 설문지를 따로 작성하고 서로 조언하지 않도록 하는 것이다. 어떤 부부들은 더 빠른 대안으로 이메일로 설문지를 받고 싶어 한다. 우리는 부부들에게 따로 설문지를 수행한다면 검진이 훨씬 도움이 될 것이라 강조하는데, 그 이유는 부부가 그들의 강점이나 어려움에 대해 서로 다른 시각을 가질 수 있고, 설문지 작성 시 서로 조언하지 않으면 그러한 차이를 보는 것이 더 쉬울 것이기 때문이다.

부부들은 이 설문지를 평가 회기에 가져오도록 안내받는다. 부부들이 이 사실을 잊어버리기 쉬우므로, 평가 회기 전날 밤 안내 전화를 해 주는 것이

유용하다. 그들이 설문지를 가지고 오지 못하면, 평가 직전에 대기실에서 설문지를 작성할 수도 있다. 부부들마다 설문을 완성하는 시간이 차이가 있으므로 약속 시간보다 최소 20분 일찍 오도록 요청하는 것이 좋다.

우리는 부부들에게 그들 자신이 강점과 어려움의 영역뿐 아니라 관계 건강과 관련된 영역에 걸쳐 관계 만족에 대해서 스스로 답할 수 있도록 광범위한 검사를 사용한다. 비록 관계 만족도가 지나치게 단순한 검사로 보일 수 있으나, 수십 년의 경험적인 연구에서 보면 관계 건강의 광범위한 영역을 신속하게 측정하는 데 최선의 대안이 될 수 있다. 열이 나는 것이 광범위하지만 감염을 평가하는 유용한 지표가 되듯, 관계 불만족 역시 광범위하지만 관계가 건강하지 않다는 유용한 지표가 된다. 널리 보급하기 위하여, 나는 부부 관계의 전반적인 건강에 대해 신속하면서 대략적으로 파악할 수 있는 세 개의 간단한 설문을 개발하였다. 이 설문지들은 독자들이 복사하여 사용할 수 있도록 이 장의 끝부분에 제공하였다. 또한 임상 장면에서 사용하고자 한다면 APA 사이트에서도 다운받을 수 있다(http://pubs.apa.org/books/supp/cordova).

첫 번째 설문은 관계 검진 설문: 강점의 영역(Relation Checkup Questionnaire: Areas of Strength)이며, 부부들의 잠재적인 관계 면에서의 강점을 평가할 수 있다(부록 5.1 참조). 각각의 항목은 '강점이 아닌'에서 '확실한 강점'까지 3점 척도로 평정한다. 이는 부부들에게 무엇이 부부로서 그들이 생각하는 가장 좋은 강점인지를 보고하게 한다. 또한 설문은 부부들에게 그들의 관계에 있어 상위 세 개의 강점을 꼽아 보도록 한다. 이 세 항목은 평가 면담의 강점 부분의 기본으로 활용한다.

이 항목들은 단기와 장기 관계 만족도와 관계 건강과 관련한 관계적 자질들에 대한 연구 문헌들을 토대로 한 것이다. 각각의 항목은 결혼 관계의 건강과 연관성 있는 요인 혹은 예측인자에 대한 경험적인 연구 결과를 반영한다. 예를 들어, 첫 번째 항목인 '우리는 서로 떨어져 있는 매일의 일상에서 어떤 일들이 벌어지는지에 대해 순간적으로 또는 정기적으로 수다를 떨고, 대화하고, 확인한다.'는 Gottman(1994)이 안정적인 관계와 연관이 있음을 관찰한 매일의 안부 확인 의식을 평가하는 것이다. Gottman은 연구에서 배우자의 매일의 일상을 확인하는 과정이 그들이 하루 동안 서로 떨어져 지내는 시간 동안에도 서로를 연결시켜 주는 '러브맵'을 구축하고 업데이트하는 것이라 언급하였다.

이 설문은 부부들이 이 항목을 중요한 강점이라 인정한다면, 이것이 '어떻게 그리고 왜 관계에서 강점으로 기능하게 되었는지'에 대해 수립된 경험적인 증거와 연결시켜 부부들에게 이미 그들의 삶에서 자연스러운 건강한 부분을 지속하도록 격려하기 위한 것이다. 그러나 여기에서도 몇 가지 주의할 점이 있다. 첫째, 기존 연구의 몇 가지 근거는 다른 것보다 철저히 반복적으로 연구되었는데, 이러한 유형의 간단한 평가 도구가 미묘하거나 민감한 것들까지 고려하기 어렵다. 그러한 관점에서 연구 문헌들이 계속해서 발전되어야 이 평가 도구들 역시 이 분야의 최신 지견을 유지할 수 있을 것이다.

최근의 공동 연구 중에 Kristi Coop Gordon과 나는 연구(research)라는 단어가 모든 부부에게 안심시키는 말이 아님을 발견했다. 어떤 부부는 자신들의 지역적 · 종교적 · 정치적 가치 체계에 관련해서 연구의 결과를 당연히 의심하기도 한다. 이런 경우에는 일반적으로 부부들에게서 도움이 되었다는 경험에 근거해서 기본적으로 피드백을 하는 것이 효과적이다.

이러한 종류의 설문이 잠재적으로 갖는 유용성은 설문을 작성하는 단순한 과정을 통해서 부부들이 결혼생활의 건강과 관련한 많은 관계적 영역들을 접하게 된다는 것이다. 따라서 이것은 평가 수단으로서뿐 아니라 교육적인 면에서도 가능성을 가진다. 이러한 점에서 설문은 개인이 장기적으로 건강한 관계를 유지하기 위해서 관심을 쏟아야 할 내용들의 목록을 제공해 준다.

또 다른 설문지에서는 관계의 어려움이 있는 영역에 대해 알아보는 것을 목표로 한다(부록 5.2). 그러나 연구 문헌들은 관계에서의 강점보다는 어려움에 대해 더 많은 것을 기술하고 있으므로, 이 결과는 강점 설문이 정확히 부부 관계를 반영해 주는 것은 아니다. 결과적으로 관계 검진 설문: 어려움의 영역(Relation Checkup Questionnaire: Areas of Concern)은 더 많은 항목으로 구성되어 있다. 또한 우리가 이것을 의도적으로 '약점' 설문이라 부르지 않는 것에 주목해 볼 필요가 있다. MC를 최대한 사용자 친화적이며 참여에 어려움을 줄 수 있는 장애물은 최대한 감소시키고자 하는 목적과 같은 맥락에서, 나는 의도적으로 부부들이 그들의 관계에서 어려운 시간을 가지고 있는 상황에 대해 우리가 사용하는 언어를 순화시키고자 했다. MC는 병(ill) 문제보다는 건강(health)에 더욱 초점을 맞추도록 고안되었는데, 이는 부부들이 정기적인 MC를 통해 유익을 얻기 위해서는 꼭 부부 관계가 건강하지 않을 필요가 없음을 확실히 하도록 하기 위함이다.

걱정거리나 어려움의 영역에 대한 설문의 항목은 '전혀 걱정되지 않는'에서 '매우 걱정되는'까지 3점 척도로 평정하게 되어 있다. 각 배우자는 역시 관계에서 가장 고민이 되는 상위 세 가지 어려움을 적어 보는데, 이것은 개인적으로 진행하는 치료적 면담 시 어려움 부분에 대한 근간으로 활용된다. 여기서도 역시 각각의 항목이 경험적 연구 결과에서 관계의 건강과 상관이 있거나 예측인자가 되는 것들을 대표한다. 예를 들어, '우리는 싸운 후에 잘 화해하지 못한다.'는 항목은 관계에서 회복 기능을 평가하고자 하는 것이다. 관계 회복에 대한 연구들은 건강한 부부들이 그렇지 않은 부부들에 비해 갈등 후 회복하는 과정에 있어 더욱 적극적으로 방법을 강구하고 시도함을 제시한다. 다시 한 번, 각각의 항목이 연구 결과에 근간을 두는 것은 부부들이 이 항목이 확실한 자신들의 문제임을 인정할 때, 그들에게 이것이 가지는 잠재적인 영향에 대해 알려 주고 조언을 함에 있어 장기적으로 각각의 영역이 건강한 관계를 위한 필수적인 영역임을 효과적으로 언급할 수 있게 되는 이점이 있다.

마지막으로 내가 여기에 포함시킨 것은 결혼 검진 설문: 관계 영역 평가(Marriage Checkup Questionnaire: Areas of Relationship Domains Assessment)이다(부록 5.3). 이 설문지는 전반석인 결혼 만족도에서부터 의사소통, 함께 보내는 시간, 재정, 성관계, 공동 육아와 같은 보다 더 구체적인 영역에 이르기까지 관계의 여러 가지 영역에 걸쳐 배우자들이 각각 어려움을 겪는 정도를 평가하기 위해 다수의 항목을 제공하고자 하는 의도를 반영한다. 각각의 영역은 몇 가지 관련된 질문들에 의해 평가되며, 부부들은 각각의 항목에 '전혀 걱정되지 않는'에서 '매우 걱정되는'까지 3점 척도로 평정한다. 이 검사는 바로 채점하기 쉽도록 만들어졌으며 각각의 배우자가 가장 심각하게 걱정하는 관계의 영역에 대해 대략적으로 파악할 수 있는 감을 제공한다. MC가 비교적 간략하게 만들어졌으므로 당신은 부부들이 인정하는 문제의 영역에 대해 모두 언급할 시간이 없을 것이다. 그러나 관계 건강과 관련된 여러 가지 영역을 평가함으로써 부부들이 언급하기 어려울 수 있는 영역에 대해 상의할 수 있는 기회가 생긴다. 예를 들어, 부부들이 평가 장면에서 성관계를 이슈로 가져오는 것에 대해 부끄러워할 수 있지만, 설문지에는 이것이 이슈라고 표시할 수 있다. 이것을 주목하면 당신이 먼저 이슈로 꺼낼 수 있으며, 경험에 의하면 일반적으로는 거의 모든 부부가 우리가 그렇게 해 주는 것을 좋게 여긴다. 관계 영역 평가 설문은 임상적으로 유용하도록 의도된 검사이나 아직까지 경험적으로 타당화된 측정 도구는 아니다.

당신이 타당화된 측정 도구를 선호한다면, 관계의 여러 가지 영역을 측정하는 경험적으로 타당화된 검사로서(비록 관계 영역 검사의 모든 영역—친밀감, 수용, 용서, 영성, 우정—과 같은 것은 아님) Snyder(1997)의 결혼 만족도 검사-개정판(Marital Satisfaction Inventory-Revised)을 추천한다. 이것은 웨스턴심리서비스(Western Psychological Services, 우리나라의 경우 학지사) 웹사이트에서 구매할 수 있다. 이 검사는 결혼 건강의 여러 영역을 평가하는 데 탁월하며, 추가적으로 전국적으로 대표적인 샘플을 대상으로 표준화하였다는 이점도 가진다. 절단 점수는 각각의 영역에서 어려움이 없는, 다소 어려움이 있는, 혹은 심각한 어려움이 있는 부부들을 확인하도록 제공된다. 영역들은 전반적 어려움, 성관계, 재정, 정서적 의사소통, 문제 해결적 의사소통, 함께하는 시간, 양육에 대한 갈등을 포함한다. 평가된 각 영역에서 부부가 받은 점수와 일반적인 특징이 표준 문안 단락으로 제공된다. 이 검사의 주된 결점은 임상적으로 유용한 자료를 얻기 위해서는 몇 가지 단계가 요구된다는 것이다. 전산화된 채점 프로그램이 부부의 반응을 해독하기 위해 필요하며 채점은 수기로 입력되어야 하고 이 검사는 부부의 주된 염려의 영역을 시각적으로 빠르게 평가하는 것에는 어려움이 있다.

커플 체크업 평가 회기

다음의 지시 사항 세트는 특별히 연구 목적이 아닌 치료와 관련된 세부 사항을 포함하기 위해 클라크 대학교 부부 및 가족 연구센터에서 사용한 프로토콜을 수정한 것이다. 그러나 몇 가지 연구 장면에만 관련된 세부 사항은 우리의 프로토콜을 재사용할 것을 고려하는 연구자들을 생각하여 남겨 두었다.

소개

부부들이 평가 회기에 도착하면, 대다수 부부에게는 어떤 형태이든 치료적 상황에 처음 접하는 경험일 가능성이 높고, 따라서 적어도 어느 정도는 긴장되고 회기에서 무엇을 기대할지에 대해 막연할 수 있다. MC의 목표 중 하나는 부부들이 그들의 관계에 대하여 개인적인 세부 사항을 편히 나눌 수 있고, 매년 편안하게 재방문할 수 있는 상면을 제공하는 것이다.

당신은 전문적이고, 부드럽고, 검진을 받으러 온 용기에 대해 고마워하는 태도를 가져야 한다. 이러한 것은 당신이 하는 말로는 그리 잘 전달되지 않지만 당신의 태도를 통해 충분히 전달될 수 있다. 당신을 먼저 소개하고, 보조하는 사람이 있다면 소개하는 것으로 회기를 시작한다. 당신의 성명을 말하고, 반드시 부부 각각에게 당신을 소개하고, 그 사람의 이름을 알아내서 즉시 사용하라. 예를 들어, "안녕하세요, 제 이름은 제임스 코도바이고, 제가 오늘 당신의 결혼 체크업을 도와드릴 것입니다. 당신이 애너이겠군요. 반갑습니다. 당신은 밥이고요. 만나서 반갑습니다. 이 분은 캐런이고, 오늘 여러분의 검진에 있어 저를 도와 진행할 연구 보조원입니다. 저를 따라 사무실로 같이 가시면 이제 시작하실 수 있습니다."

부부들을 면접실로 데려가서 그들이 자리에 앉도록 도와주라. 그들이 코트를 무릎에 두거나 의자 뒤에 걸어 놓지 않도록 배려해 주는 것이 도움이 된다. 또한 물이나 커피, 주스와 같은 음료를 탁자 위에 준비해 둔다면 좋다. 진행하는 측의 이러한 세심한 배려가 단순한 것이지만, 이러한 행동들이 결혼 체크업을 받는 상황에 다소 긴장되었을 부부들에게, 따뜻하고 안심되는 환경을 조성하는 데 유용하다는 것은 두말할 필요가 없을 것이다.

자, 들어오셔서 여기 의자에 앉으세요. 오늘 진행할 사항에 대해 간단히 말씀드리겠습니다. 오늘 우리의 목표는 여러분의 결혼 건강을 최대한 자세히 검사해서 장기적인 결혼 건강을 위해 여러분의 강점과 예상되는 어려움의 영역에 대하여 자세하고 정확한 해석을 드리려는 것입니다. 이 검진이 국립 정신건강 연구소 보조금으로 진행되는 연구이므로, 첫 단계는 제가 여러분께 동의서에 서명을 받는 것입니다. 동의서를 드린 후 빠르게 그것에 대해 함께 살펴보겠습니다. 여기에 보시면……

부부들에게 동의서 또는 서비스 동의서 등을 받아 내는 과정에서 주요한 회기를 포괄적으로 소개하고 대화체 언어를 사용하라. 동의서는 다소 공식적이므로, 당신이 소개할 때에는 보다 구어체를 사용하는 것이 좋다. 여기에서 당신의 목적은 라포를 형성하고 부부들을 편안히 하는 것에 있음을 기억하라.

당신의 연구 프로토콜의 일환으로 카메라를 사용하면, 그것을 지적해 주고 부부들이 그들의 회기를 연구 목적으로 비디오 촬영하는 것에 대해 공지해 주라. 카메라는 부담스럽지 않게 설명해 주고, 부부들의 비밀보장은 항상 유지된다고 안심시키라. 예를 들면, 다음과 같다. "여러분께서 눈치챘겠지만, 여기 두 개의 카메라가 책장 속에 잘 숨겨져 있습니다. 우리는 이 회기를 연구 목적으로 촬영할 것이고, 연구 자료에서 비밀보장은 엄격히 지켜질 것입니다." 대부분의 사람은 카메라에 익숙해지고 면담이 시작되면 비교적 빨리 그것을 잊는다고 부부를 안심시켜 주라. 카메라는 연구 목적으로 필수적이고 임상적으로도 해석을 위한 보고서를 작성하면서 그 회기를 재검토할 때 유용하다. 오디오 녹음도 또 다른 유용한 방법이다. 비록 회기 중에 메모를 하겠지만, 이후에 참고하기 위해 녹음을 하는 것도 자주 도움이 된다. 라포를 유지하는 측면에서 주요한 문제는, 부부들에게 녹음한 내용의 비밀이 보장될 것이며 상담 팀 외 누구와도 공유되지 않을 것임을 확신시켜 주는 것이다. 하지만 카메라나 오디오 녹음이 연구 프로토콜을 수행하지 않는 경우에는 MC에서 필수적인 부분은 아니다.

일단, 당신이 부부들에게 동의서에 대해 안내한 후 그들의 서명을 받고 회기를 시작하기 전에 질문이 있는지 물어보고 질문에 대답해 주라. 당황스러운 질문을 받았다면, 그들에게 정확한 답을 주기를 원한다고 밝히고, 필요한 경우에 주 연구자 혹은 슈퍼바이저에게 전화를 걸어 확인해서 회기가 끝나기 전에 대답해 주도록 하라.

소개의 마지막에는 그들에게 시작할 준비가 되었는지 물어보라. 마실 것을 제공하고 다음과 같이 말하라. "좋습니다. 그럼 시작하겠습니다."

회기를 시작하는 구조

이 회기는 부부들에게 회기의 시간이 어느 정도 걸리고, 상담자의 역할과 목적이 무엇이며 부부들의 역할이 무엇인지를 알 수 있도록 안내하는 것으로 시작해야 한다. 예를 들면, 다음과 같다.

> 저희는 이 평가 회기를 위하여 두 시간 정도 시간을 사용할 것이고, 그 시간 동안 저는 여러분의 부부 관계를 정확히 파악하도록 노력할 것입니다. 저는 여러분의 관계에 대하여 몇 가지 질문을 할 것이고, 여러분께 세 가지 간단한 대화를 나누도록 요청할 것입니다. 그러나 저는 여러분께서 부부 관계에 대해 어떻게 생각하고 계시는지, 또 어려움이 있다면 어떤 것이 있는지 이해하고 싶기 때문에 주로 많이 경청하려고 할 것입니다. 또 다른 부분은 제가 여러분을 위해서 전문가들이 건강하고 안정적인 관계를 위해 알고 있는 지식

과 그 지식을 여러분에게 전달하는 다리 역할을 해서 여러분의 관계의 목표를 이루도록 하는 것입니다. 그러면 이제 시작하겠습니다.

여기서 세 개의 간단한 대화는 문제 해결 상호작용, 두 번의 사회적 · 지지적 상호작용에 대한 것이다. 그러나 이전에 언급했듯이 이것들은 해결책 옵션이고, 당신이 공식적인 상호작용 평가를 하지 않는다면 생략할 수 있다. 하지만 여기서 평가에 두 시간 정도가 소요된다는 사실을 주목할 필요가 있다. 즉, 대부분의 시간은 연구 프로토콜의 측면에서 필수적인 것이고, 결혼의 과거 역사, 강점, 어려움에 대해 말하는 것에만 초점을 둔다면 표준적인 정규 상담시간에 마칠 수도 있다.

커플 체크업 면담을 추구하는 이유

부부들이 MC를 받으러 오는 동기를 평가하기 위해서, 우리는 그들에게 MC를 원하는 이유와 그것을 통해 얻고자 하는 것에 관련한 일련의 질문을 한다. 이 부분의 면담은 매우 길어질 가능성이 있으나, 우리는 이 시점에서 그들의 관계에서 어떤 것이 일어나는지 세부적으로 파악하는 데 관심을 두지는 않는다. 대신에 간단명료한 이유를 듣기 원한다. 여기에서 폐쇄형 질문이 유용하게 쓰인다. 간단명료한 대답을 듣고 난 후에 바로 그다음으로 넘어가라.

이러한 질문들은 연구 장면에서 특별히 유용한데 어떠한 이유가 가장 빈번하게 주어지는지뿐만 아니라 사람들이 검진을 찾는 다양한 이유를 결정짓는 데 도움을 주기 때문이다. 임상 장면에서는 이 질문에 대한 대답들이 다음을 결정짓는 데 도움을 줄 것이다. ① 부부가 인식하는 어려움에 대해 도움을 적극적으로 원하는지, ② 도움을 원하되 간접적인 방식으로 하는지, ③ 단순히 관계 건강에 대해 잘 알고 싶은지 파악할 수 있다.

예를 들면, 이 부분을 다음과 같이 소개할 수 있다. "면담의 첫 번째 부분을 위하여 제가 몇 가지 질문을 드리겠습니다. 그리고 두 분은 깊게 생각하지 말고 간단히 답해 주시면 됩니다. 몇 분 후에 이에 대해서 더 자세히 다룰 것입니다." 이 질문들은 다음과 같은 내용을 포함한다. "왜 현 시점에서 결혼 체크업을 받고자 하셨는지에 대해 간단히 이야기해 주십시오." "어떻게 결혼 체크업에 대해 알게 되었는지, 누가 먼저 아이디어를 냈는지, 어떻게 부부가 결혼 체크업을 받겠다고 결정했는지 이야기해 주십시오." "결혼 체크업을 통하여 어떤 유익이 있을 것이라 기대하십니까?"

부부 각각에게 따로 질문을 하고 간단히 대답할 수 있도록 하라. 각각의 대답을 바꾸어 말하면서 이해했음을 확인하고 라포를 쌓아 가라. 관계력에 대한 면담으로 전환하려 할 때 다음과 같이 말할 수 있다. "좋습니다. 이제 두 분이 어떻게 만나게 되었는지에 대해 몇 가지 질문을 드리겠습니다."

결혼 관계력 면담 질문

결혼 관계력 면담의 목적은 부부에게 그들의 관계에서 아마도 가장 긍정적이었던 시절이 어땠는지를 상기시키는 것이다. 당신은 긍정적인 정서를 가진 목소리 톤으로 이야기하면서, 부부가 가벼운 마음으로 서로에게 애정을 가졌던 경험을 연상하도록 안내한다. 여기서 목표는 그들이 애써서 지킬 만한 가치가 있는 결혼의 측면을 접촉하도록 하는 것이다. 대다수의 부부는 처음 서로가 서로에게 이끌렸던 점을 놓쳐 잃어버렸을 것이고, 그것을 당연한 자질로 여기거나 간과할 것이다. 관계력 면담은 그들에게 그들이 서로 좋아하게 된 이유를 상기시키고, 긍정적인 기억의 순간을 나누게 하고, 더 나아가 그것들을 연구소에서 편안하게 풀어 놓을 수 있는 기회를 준다. 상담자의 톤은 가볍고, 장난기도 있으며, 축하해 주는 뉘앙스를 담고 있어야 한다.

그러나 몇몇 부부는 그들 부부 관계의 초기 시절을 긍정적인 측면에서 기억하지 않을 수도 있다. 그러한 시절은 실제로도 문제가 있거나 혹은 그들의 현재의 감정이 너무 부정적이어서 그들의 과거 기억마저 부정적으로 오염되었을 수 있다. 어떤 쪽이든 이것은 주목해야 할 중요한 정보인데, 감정적으로 부정적인 이야기들은 건강하지 않은 관계의 징후가 되고, 더 부정적인 결과를 예측할 수 있도록 해 주기 때문이다. 비록 이러한 경우에 그들 초기 부부 관계에 대한 이야기가 긍정적이지 않고 축하할 만한 순간이 아니더라도, 어떤 긍정적인 면이라도 보이면 강조하면서 그들의 답변에 깊이 경청하고 공감적으로 요약해 주라.

'결혼 체크업을 추구하는 이유' 부분과 같이 이 부분도 길어질 수 있다. 따라서 일단 관계력 면담의 목적에 맞는 대답을 듣게 되면, 요약하고 다음으로 넘어가라. 이 시점에서 당신은 여전히 회기의 매우 초반에 있으므로, 부부들이 여기서 너무 많은 에너지를 쏟지 않도록 하라. 관계력 면담의 질문들은 다음과 같다. "맨 처음부터 시작해 볼까요? 두 분은 어떻게 처음 만나서 사귀게 되었나요? 그리고 서로에 대한 첫인상은 어떠셨나요?" "어떻게 결혼을 결심하게 되셨나요? 이 세상의 많은 사람 중에서 이 사람이 결혼할 사람이라고 어떻게 마음먹게 되었는지 말씀해 주세요."

각각의 배우자들에게서 대답을 이끌어 내고, 당신이 정확하게 이해했음을 확인하기 위해 대답을 적극적으로 요약하는 것을 명심하라. 부부들이 서로 상대방에 대해 긍정적으로 말하는 것에 특별히 더 초점을 맞추고, 가능하면 긍정적인 진술을 유도하라. 때때로 특별히 어려움이 있는 부부의 경우는 이것이 불가능할 수 있지만, 대부분의 경우에는 두 사람이 어떤 점에 서로 이끌렸는지, 그리고 서로가 어떤 점을 좋아했는지 파악하게 된다.

의사소통 상호작용

MC 연구 프로토콜에서 우리는 두 가지 유형의 의사소통 상호작용을 포함하는데 그것은 사회적 지지와 문제 해결에 대한 것이며, 부부의 상호작용의 질을 평가하고 관찰을 통한 연구와 관련하여 사용할 자료를 수집하기 위함이다. 연구소에서 이러한 상호작용을 수행하는 데 약 45분이 소요되고, 대략적인 의사소통의 질을 신속하게 평가할 수 있는 능력이 요구된다. 비록 이 상호작용이 연구소에서는 유용하고 표준 절차이지만, 일반적인 상담 장면에서는 사용되기 어렵다. 그러나 의사소통 상호작용을 포함하지 않고도 효과적인 MC를 수행하는 것이 가능하며 부부의 상호작용을 녹화할 수 없는 상황에서라면 그 부분은 안전하게 넘겨 버릴 수 있다. 그럼에도 불구하고 나는 이 부분의 평가를 포함할 상담자들과 이 프로토콜을 사용하기 원하는 연구자들을 위하여 지시 사항을 포함하고자 한다.

사회적 지지 상호작용

사회적 지지 상호작용의 목표는 부부의 정서적인 의사소통의 질적인 면을 평가하기 위하여 고안된 부부의 상호작용 패러다임을 사용한다. 이 사회적 지지 상호작용은 직접적으로 공감과 협력을 이끌어 내어 부부의 상호작용에서 이러한 과정을 더 잘 관찰할 수 있도록 한다(Pasch, Harris, Sullivan, & Bradbury, 2004). 우리가 사회적 지지 상호작용에서 평가하려는 가장 간단한 질적인 면은 부부들이 서로에게 어느 정도까지 정서적 지지를 제공하는지 혹은 너무나 재빨리 비효율적인 문제 해결로 들어가는지이다. 비록 부부들이 지지를 구하는 메시지에 문제 해결적인 행동으로 반응하는 것이 꽤 흔하지만, 이러한 반응을 보이는 것이 좋게 평가되거나 성공적인 반응인 경우는 거의 드물다. 부부 중 한 사람이나 두 사람 모두 정서적인 지지를 구할 때 문제 해결적인 반응을 보이면, 우리는 평가 회기에서 직접적으로 언급하고 또다시 해석 회기에서도 언급한다. 이에 더하여 우리는 부부 간 의사소통의 편안함, 그들이 정서를 소통하는 능력, 서로에게 제공하는 정서적인 지지의 전반적인 질적인 면에 초점을 둔다.

예컨대, 당신은 다음과 같이 말하며 평가에서 상호작용 단계로 전환시켜야 한다.

> 평가의 다음 단계를 위해서, 우리는 여러분이 세 가지 주제의 짧은 대화를 하셨으면 합니다. 각각의 대화에서 두 분 중 한 분이 다른 한 분에게 삶에서 스트레스의 원천이 되어 온 것, 무언가에 대한 압박감, 혼란스러운 감정, 염려를 느꼈던 것에 대해 이야기를 하시면 됩니다. 주제는 아무것이나 상관이 없으며, 직장 일, 건강, 당신이 가진 현안 문제, 친구 관계, 가족 관계에 대한 것일 수도 있습니다. 중요한 것은 스트레스 받는 일에 대해 당신이 이야기하는 내용이 무엇이든 간에, 이야기 주제가 결혼생활에서 문제가 되는 것이어서는 안 됩니다. 이야기는 보다 당신에게 개인적으로 느끼는 스트레스가 되는 것이어야 합니다. 이해가 되셨나요? 두 분 중 한 분이 이와 같은 내용으로 대화를 시작하시겠습니까?

잠시 후에, 각각의 부부들에게 차례로 이야기할 주제에 대해 물어본다. 이야기는 부부들의 관계와는 상관이 없는 것이어야 한다. "이 주제가 당신의 결혼생활과 관련이 있습니까? 부부의 이슈는 이후에 상의하기 위해서 남겨 두어야 합니다."

부부들에게 두 가지 대화를 서로에게 할 것이라고 알려 주라. 첫째는 한 배우자의 주제에 관한 것이고, 둘째는 다른 배우자의 주제에 관한 것이다. 두 주제에 대해 두 배우자가 모두 같이 참여해야 한다고 분명히 알려 주라. 가끔 부부들은 한 명이 이야기를 하면 다른 한 명은 아무 말 없이 들어야 한다고 생각한다. 우리는 그들이 보여 주는 이 대화가 가능한 한 그들에게 자연스럽게 이루어지기를 원한다. 예를 들면, 다음과 같다.

우리는 여러분이 앞으로 10분 동안 첫 번째 주제에 대하여 서로 이야기를 나누시기를 원합니다. 그 시간 동안, 여러분은 가능한 한 평상시와 같이 대화를 나누셨으면 좋겠습니다. 정말로 여러분이 댁에서 이런 종류의 이야기를 할 때와 같이 말입니다. 10분이 다 되면 제가 돌아오고, 두 분이 역할을 바꾸도록 하겠습니다. 그래서 두 번째 10분 동안은 두 번째 주제에 대해 대화를 나누시면 됩니다. 제가 방을 나가면 장비를 준비하는 동안 잠시 조용히 앉아서 기다려 주십시오. 제가 준비가 다 되면, 노크를 하여 대화를 시작할 수 있음을 알리겠습니다. 질문 있으신가요? 좋습니다. 그럼 제가 잠시 후 노크하여 대화를 시작하실 수 있게 알려 드리겠습니다.

두 번의 사회적 지지 상호작용 대화가 끝나면, 부부들에게 한 가지 더 대화를 관찰하고 싶다고 말하고, 마지막 면담으로 전환시킨다. 그들에게 다음에 이어지는 대화는 결혼생활에서 도전이 되는 문제에 대하여 서로 어떻게 풀어나가는지를 알아보고자 한다고 알려 준다.

문제 해결 상호작용 준비 과정

문제 해결 상호작용은 의견 합치가 되지 않을 때 부부가 얼마나 협력적인가 또는 경쟁적인가를 평가하기 위해 설계되었다. 부부의 상호작용을 관찰한 대부분의 연구는 부부들의 문제 해결 상호작용 관찰을 통해 수행되었으므로, 의사소통의 어떤 질적인 면이 관계 건강을 예측하는지에 대해 우리가 알고 있는 많은 부분이 이 유형의 상호작용을 관찰한 결과에서 유추된 것이다. 또한 우리는 부부들이 대화하는 동안 서로가 적극적으로 참여하는 능력뿐 아니라 관계 악화에 기여하는 Gottman(1994)의 '네 가지 재앙', 즉 비난, 멸시, 방어, 철회를 평가하기 위해 문제 해결 상호작용을 사용한다.

문제 해결 상호작용을 할 때, 부부들은 두 번이 아닌 한 번의 상호작용에만 참여하게 되는데 이는 여러 가지 이유에서 비롯된 것이다. 우선, 연구소에서는 시간을 절약하기 위하여 부부가 참여할 상호작용의 수를 제한적으로 결정했다. 우리는 두 번의 사회적 지지 상호작용을 선택했는데, 이는 남녀 모두가 이러한 대화를 할 때 문제 해결의 방향으로 잘못 가는 것이 흔하고, 두 배우자들 모두가 공감적 경청과 단순한 정서적 지지의 방향으로 갈 수 있도록 안내하는 것이 중요하기 때문이다. 나는 또한 회기 내에서 이러한 사회적 지지 상호작용을 하는 것이, 특히 집에서는 거의 없었다면 친밀감을 촉진시킨다고 믿는다. 이와는 반대로, 문제 해결 상호작용은 더욱 스트레스가 될 수 있고, 특히 어려움이 많은 부부들의 경우에는 더욱 그럴 수 있다. 그래서 임상가나 상담자는 부부들이 회기 중에 많이 경험할 수 있는 부정적인 경험을 최소화하기 위하여, 관계의 어려움에 대해 의논하는 상황에서 적극적으로 부부 사이에 개입해야만 한다. 이에 더하여, 연구 결과는 부부가 하나의 주제를 선택하도록 기회를 주면, 그들이 주제를 선택하고 그것을 해결하려고 하는 과정에서 더 자연스럽게 특징적인 방식을 표출할 것이라는 점을 시사하고 있다.

누가 주제를 선택하고, 누구의 주제가 선택되며, 누가 대화를 시작하고 주도하는지가 모두 부부가 집에서 어려움에 대해 보통 어떻게 상호작용하는지를 보여 주는 예가 될 것이다. 각각의 배우자가 차례대로 상호작용하는 것이 연구소에서는 중요한 결과를 보이겠지만(예: 표준적인 요구-철수의 상호작용 패턴이 부인이나 남편이 상의할 주제를 내놓는가에 따라 달라짐), 우리는 주로 부부가 어떻게 자연스럽게 상호작용하는지에 대한 느낌을 알아차리는 것에 관심이 있다.

우리는 이 과제를 다음과 같은 방식으로 소개한다. "모든 부부가 그들이 서로 동의하지 않을 때는 자기만의 방식으로 문제의 해결을 시도합니다. 저는 어떻게 두 분이 서로 동의하지 않는 문제에 대해 다루어 나가는지 알고 싶습니다."

각각의 배우자가 어려움 영역에 대한 설문지에서 가장 높게 평가한 항목 중 하나를 선택하게 하라. 만약 그들이 둘 다 같은 항목을 지목했다면, 그 주제를 선택하여 이야기할 수 있다. 각각 다른 항목을 지목했다면, 각각 가장 높게 평가한 항목이 무엇인지 알게 하고, 어떤 것으로 대화할 것인지 선택하도록 요청하라. 한 주제에 대해서만 이야기할 것을 알리라. 그들이 주제를 선택한 후에는 다음의 질문을 차례로 하라. ① 그래서 ____에 대한 여러분의 의견이 어떻게 다르신지 설명해 주실 수 있을까요? ② 당신과 당신의 배우자는 이 주제에 대해 어떻게 의견이 다른가요?

적극적인 반영을 통해 각각의 배우자들의 관점에서 타당함을 인정해 주라. 어려움이 명확히 정의될 때까지 그들의 말을 재진술하도록 하고, 각자의 말이 잘 경청되고 이해되었음을 느끼도록 도와주라. 그 문제에 대하여 서로 타협할 만한 해결책을 얻기 위해서 이 주제에 대해 대화해 보라고 알린다.

저는 이제 나가서 여러분의 상호작용을 촬영하기 위한 장비를 준비하겠습니다. 조용히 앉아 주시고 1분 동안은 대화를 하지 말아 주십시오. 그 시간 동안 여러분이 상호작용 가운데 정말로 원하는 것이 무엇인지 생각해 보시기 바랍니다. 방금 전에 상의한 주제에 대하여 뭐라고 말한 것인지 결정하십시오. 그러면 제가 노크를 하여 여러분이 대화를 시작하도록 알려 드리겠습니다. 대화하는 동안 그 주제에 대한 해결책을 내기 위해 서로 노력하십시오. 해결되지 않을 수도 있겠지만, 10분 동안 집중하여 대화하면 해결책을 향한 약간의 진보가 있을 것입니다. 시간이 다 되면 다시 노크를 하겠습니다. 이제 긴장을 푸시고, 1분 후 노크하면 시작하십시오.

부부들이 상호작용을 시작하기 위한 신호를 기다리도록 지시하고 나가라.

이 마지막 상호작용 후에 당신은 부부들에게 신속하게 전 과정에서 대해서 설명을 해 준다. 이때 일반적으로 문제 해결 상호작용에 대한 구체적인 내용을 다루지 않는데, 이는 치료 면담에서 더 상세하게 다룰 것이기 때문이다. 부부들의 노력에 간단히 감사를 표하고 상호작용이 좋았고 도움이 되었다고 안심시키라. 필요한 경우에 그들에게 화장실에 갈 수 있는 휴식 시간을 줄 수 있다. 그들에게 휴식 시간 이후에는 부부 관계의 강점과 어려움을 불러일으키는 관계의 영역에 대해 면담할 것이라고 알려 주라.

치료적 면담

치료적 면담의 목표는 다음과 같다. ① 부부들을 그들의 강점에 다시 접촉시키기, ② 친밀한 과정으로 시동 걸기, ③ 더 나은 상호 수용을 발전시키기, ④ 더 강한 협력 체계를 발전시키기 첫 번째 목표를 위해서 우리는 각각의 배우자들이 강점 영역 설문에서 응답한 것을 검토하고 상위 3개에 랭크된 강점을 언급함으로써 시작한다. 연구 프로토콜을 위하여 우리는 어떤 배우자가 먼저 시작할지 임의적으로 선택한다. 그러나 치료적으로는 스트레스가 더 큰 배우자로 시작하는 것이 유익한데, 그 이유는 그 사람에게 더 복잡한 이야기를 진행해 나갈 수 있는 기회를 주어서 실제 강점이 어려움과 동시에 공존함을 깨닫도록 하는 데 있다. 두 배우자 모두 스트레스를 더 많이 받는 것같이 보이지 않으면, 더 조용한 배우자로 시작하여 그 사람이 정서적으로 덜 복잡한 질문의 맥락에서 이야기를 시작하고 나누도록 할 수 있다.

우리는 부부에게 회기 전에 작성한 설문지가 그들의 강점과 어려움을 규명하는 것임을 상기시키며 면담을 시작한다. 선택한 배우자에게 "당신은 '우리는 좋은 친구이다.' '우리는 일상에 대해 정기적으로 대화한다.' '우리의 결혼생활은 모두 서로에게 높은 우선순위에 있다.'를 꼽으셨네요. 이 중 어떤 것이 부부로서 여러분에게 가장 큰 강점이라 하겠습니까?"라고 말한다.

예를 들어, 만약 배우자가 우정을 상위 강점으로 지목하면, "여러분의 부부관계에서 강점이 되는 우정에 대해 설명해 주십시오. 왜 당신은 이것을 주요한 강점 중에 하나라고 생각하십니까, 그리고 어떻게 이것이 여러분의 관계를 강하고 건강하게 하는 데 작용한다고 보십니까?"라고 말하고, "예를 좀 들어 주시겠습니까?"라고 계속해서 질문할 수 있다.

그다음 다른 배우자에게는 "당신은 어떠세요? 여러분 사이의 우정이 관계를 강하고 건강하게 유지하는 어떤 작용을 한다고 생각하세요?"라고 묻는다.

그 배우자에게 계속해서 물어본다. "이제 당신 차례입니다. '우리는 정기적으로 질 높은 시간을 보낸다.' '우리는 성생활에 있어 만족한다.' '우리는 함께 웃거나 미소 짓는다.'를 관계에서 상위 세 개의 강점으로 꼽으셨는데, 어떤 것이 부부로서 가장 큰 강점이라 생각하세요?"

"왜 당신은 이것을 주요한 강점 중에 하나라고 생각하십니까, 그리고 어떻게 이것이 여러분의 관계를 강하고 건강하게 하는 데 작용한다고 보십니까?"

마지막으로 다시 첫 번째 배우자에게 물어본다. "당신은 어떠세요? 질 높은 시간을 함께 보내는 것이 관계를 강하고 건강하게 유지하는 어떤 작용을 한다고 생각하세요?"

각 강점에 관한 예나 에피소드를 말하도록 하는 것이 그 강점과 더 잘 접촉할 수 있게 하는 기회를 주어 좋은 아이디어가 될 수 있다. MC의 모든 다른 영역에서와 마찬가지로, 우리는 일반적으로 배우자들의 대답을 요약해 주고 명료화해 준다. 또한 우리는 강점에 대한 대화에 그들을 참여시킴으로써 관계 개선에 도움이 되도록 한다. 예를 들어, 만약 한 배우자가 다른 배우자가 말한 것에 긍정적으로 반응하면, 우리는 그 코멘트를 반영하고 둘 다 관계에서 같은 가치를 가지고 있음을 짚어 준다. 여기서 치료적인 목표는 그들에게 강점에 다시 접촉하고 축하할 수 있는 기회를 주어서, 강점이라는 렌즈로 서로를 한동안 바라볼 수 있는 시간을 주는 것이다. MC에서 대다수의 부부가 '위기에 처한' 또는 '실제 어려움에 처한' 우리의 진단 기준에 부합되기에 그들을 자신들의 강점에 주목시키는 것이 사소한 일이 될 수 없을 것이다. 대체로 만족스러운 부부들조차도 그들의 좋은 점을 확인하는 것이 자연스럽지 않기에 이 점은 우리가 회기를 진행할 때 염두에 두어야 한다.

부부의 강점을 존경할 만하고 가치 있는 것으로 재진술하라. 예를 들어, "들어보니 두 분이 처음부터 아주 건강한 기초를 가지고 계셨던 것 같네요. 그 점을 확인하게 되어 기쁩니다." 부부가 심한 스트레스에 처해 있고, 그들의 강점이 다소 사소해 보이며, 시큰둥하게 제시될 때에도 부부에게 전달하는 메시지는 최소한 조심스럽게라도 낙관적으로 들려야 한다. 예를 들면, 다음과 같다.

비록 두 분이 함께하실 때 어떤 점이 가장 좋은지 두 분이 원하는 만큼 명확하지는 않지만, 두 분은 부모로서 함께 양육하고, 가장 중요하다고 여기는 것에 대해 서로 지지해 주고, 재정적 합의가 잘 되는 것 등 서로에 이끌리는 강점들을 가지고 계시네요. 이 평가 회기 후 몇 주 뒤에 해석 회기를 가질 때에는 두 분의 강점이 관계를 더욱 건강하게 하는 데 어떤 이점을 주는지에 대해 더욱 명확하게 말씀드리도록 하겠습니다.

부부 관계에서 주요한 강점이 무엇인지 파악했다면, 부부들에게 어려움의 영역에 대하여 상의할 것을 준비시키라.

이제 방향을 좀 바꾸어 어려움이 있을 수 있는 관계의 영역에 대해 이야기하고자 합니다. 또다시 저는 작성한 설문지를 참고하여 시작하려고 합니다. 준비되셨나요?

어려움 영역

부부가 어려움을 가지는 주요한 영역에 대한 치료적 면담은 이 회기에서 가장 중요한 부분이다. 이 부분은 매 순간 에너지가 필요하다. 따라서 특별히 당신이 의사소통 평가를 했다면 이 시점에서 휴식 시간을 주는 것을 고려하라. 의사소통 평가를 가지지 않았다면 곧바로 어려움에 대한 대화로 들어갈 수 있다.

이 부분의 주요한 목표는 부부의 가장 큰 어려움의 영역을 친밀감, 수용감,

협력감을 발달시키는 방식으로 다시 이야기하는 것이다. 우리는 어떻게 부부가 이 주제들에 대해 자연스럽게 표현하는지 듣고, 어떻게 이러한 표현이 문제를 악화시키는지에 주의를 기울이는 것으로 시작한다. 그러나 이 면담은 순수한 평가이다. 우리는 단순히 가장 큰 두 가지 문제가 무엇이며 그것이 이 부부의 관계에서 어떻게 나타났는지 알고자 한다. 한편, 이 면담은 부부에게 그들의 주제에 대해 더 깊이 파악하고 친밀감을 이끌어 내는 방식으로 이해하도록 고안되었다. 당신의 역할은 그들의 문제를 해결해 주는 전문가가 아니다. 따라서 우리는 평가 회기 동안에 실제적인 해결책을 제시하지 않는다. 대신, 이 면담은 부드러운 정서적인 내용에 대한 더 깊은 이해를 높이고, 배우자 간의 논쟁에서 공감적으로 이해할 만한 점을 찾고, 두 사람이 어떻게 같은 덫에 빠진 느낌을 가지게 되었는지 이해하도록 돕기 위하여 문제가 되는 주제를 다룬다. 이러한 종류의 면담이 치료적인 이유는 그것이 일반적으로 다투면서 방어적인 경험을 했던 것을 대신해서 서로 공감적인 이해의 감정을 촉발시키도록 설계되었기 때문이다.

초기 상황을 파악하기

강점의 영역과 같이 우리는 어려움의 영역 설문을 검토할 때도 각 배우자들이 지목한 상위 세 개의 영역을 파악하는 것으로 시작한다. 강점에 대해 먼저 이야기했던 동일한 배우자에게 다음과 같이 말하면서 시작할 수 있다.

이제 여러분의 관계에서 건강한 영역에 대해 보다 그림이 그려지니, 걱정하고 있는 관계의 영역에 대해 이야기할 때가 된 것 같습니다. 당신은 '우리는 정기적으로 질 높은 시간을 충분히 함께 보내지 않는다.' '우리는 일상에 대해 정기적으로 대화하지 않는다.' '우리는 거의 함께 웃거나 미소 짓지 않는다.'를 고르셨네요. (그것을 선택한 배우자에게) 어떤 것이 가장 큰 어려움이라고 할 수 있을까요?

좋습니다. 그러면 함께 보내는 시간이 두 분의 결혼생활에서 가장 큰 어려움의 영역이라 말씀하시는 거죠. 그 주제에 대해서 조금 더 이야기해 주십시오. 그 주제에 대해 어떻게 설명해 주실 수 있겠습니까?

여기가 이 책의 초반에서 제시한 기법들이 실행될 수 있는 시점이다. 이 배우자가 그 주제에 대하여 설명하면, 우리는 그중에서도 정서적으로 더 부드러운 내용, 연민 어린 이해를 해줄 수 있는 경험 그리고 그 주제에서 가장 진정성 있게 친밀감을 불러일으킬 수 있는 측면을 반영해 주고 인정해 준다. 어떤 의미에서는 동일한 이야기를 우리가 그들에게 더 긍정적인 관점으로 되돌려 주는 것이다. 그들의 어려움을 이해하려고 할 때, 우리는 그 배우자가 그 경험에서 이전에 표현하지 않았던 친밀한 특징적인 면을 드러낸다. 일단, 첫 번째 배우자의 어려움에 대한 보다 나은 상호 공감적인 이해에 도달했다면, 다른 배우자에게 다음과 같이 말한다. "함께 보내는 시간의 질에 대한 주제를 당신은 어떻게 생각하십니까? 당신에게도 이것이 어려움의 영역인가요? 그렇다면 당신의 관점에서는 이것을 어떻게 설명하시겠습니까?" 다시 이 시점의 목표는 당면한 주제를 활용하여 배우자 간의 친밀한 가교를 연결하는 것이다. 이 단계에서 간단한 문제 해결적 시도를 하게 되면 의도치 않게 부부간에 다투는 자세를 영속화해서 서로 대립하게 만들거나 다소 공격적인 자세를 취하게 할 수 있다. 공감적 이해를 촉진시키는 데 중점을 두고 유지하는 것이 유대감과 상호 관심을 향해 상황을 전환시킬 수 있는 잠재적인 방법일 것이다.

또한 두 번째 배우자가 언급한 질문이 그의 관점을 물어본 것이므로 첫 번째 배우자가 그것에 대해 직접적으로 불만이나 비판적인 반응을 표현하지 않도록 해야 한다. 이 단계에서의 핵심은 부부들이 그들의 문제에 대해 둘 다 자기만의 관점에서는 정당한 관점을 가지고 있다고 이해하도록 돕는 것이다. 따라서 목표는 문제를 해결하려고 시도하기 전에 서로가 공감적인 이해를 하도록 돕는 것이다.

이제는 다른 배우자에게 가장 어려움을 겪는 영역이 무엇인지 물어보면서 두 번째 문제에 대한 토론을 시작한다. 만약 처음에 다룬 것과 동일한 영역이 나오면, 목록에 있는 그다음 주제로 넘어간다. 여기에서 우리는 두 번째 주제도 친밀한 유대감을 쌓을 수 있는 수단으로 활용한다. 면담이 끝날 때쯤이면, 당신은 각각의 배우자에게 가장 큰 어려움을 겪는 문제에 대한 충분한 이해와 함께 두 부부에게 보다 부드럽고 친밀감을 일으키는 내용을 파악해야만 한다.

이 두 가지 주제에 대한 작업을 마치고 나면, 부부들은 다소 감정적으로 지치는 경향이 있다. 이 시점에 우리는 방향을 전환하여 회기를 마친다. 그들에게 회기가 끝났음을 알리고, 방문하여 그들의 관계에 대해 함께 작업할 수 있는 기회를 주어 감사함을 표한다. 우리는 그들의 관계의 강점과 회기에서 좋은 작업을 한 것에 대해 표현하고, 기꺼이 검진을 받고 결혼 건강에 대해 헌신해 준 것에 감사함을 전한다.

마지막 단계는 해석 회기를 잡는 것이다. 연구소에서는 해석 보고서를 쓰기 위한 충분한 시간을 가지기 위해 부부들에게 2주 후에 일정을 잡도록 한다. 임상 장면에서도 해석 회기를 준비하는 데 다소 시간이 소요되므로 이 정도의 시간을 잡는 것이 좋을 것이다. 우리는 또한 계속해서 해석 보고서 형식과 해석 보고서를 합리적으로 작성하기 위한 부가적인 도움을 제공할 것이다.

결론

평가 회기에서는 당신이 만난 부부들에 대한 어느 정도의 강점과 약점에 대해 진정한 통찰력을 얻었어야 한다. 당신은 부부가 어떻게 만났고 어떻게 서로에게 끌리게 되었는지 파악해야 한다. 또한 당신은 부부가 서로와 부부 관계에 있어 어떤 가치를 가장 중요하게 가지고 있는지와 지금 이 시점에서 결혼 건강의 질에 대해 어떻게 생각하는지도 알아야 한다. 마지막으로, 당신은 부부의 친밀감을 약화시키는 상호 간의 얽히고설킨 관계와 싸움이 일어나는 방식에 대해 더욱 이해를 가져야 한다. MC의 다음 단계에서는 이 모든 정보를 간략하고 명료하게 해석 보고서로 옮기는 것에 대해 다룰 것이다.

부록 5.1: 관계 검진 설문-강점의 영역

다음의 각 영역에서 당신의 부부 관계의 강점으로 경험되는 것의 정도를 ×로 표시하여 주십시오.

부부 관계의 강점	강점이 아닌	약간 강점인	확실한 강점인
1. 우리는 서로 떨어져 있는 매일의 일상에서 어떤 일들이 벌어지는지에 대해 순간적으로 또는 정기적으로 수다를 떨고, 대화하고, 확인한다.			
2. 우리는 정기적으로 질 높은 시간을 함께 보낸다.			
3. 우리는 둘 다 감정을 건강한 방식으로 표현한다.			
4. 우리는 화가 날 때 서로 솔직하고 존중하는 방식으로 확실하게 표현한다.			
5. 우리는 싸운 뒤 잘 화해한다.			
6. 우리는 서로에 대한 문제를 친절하고 존중하는 방식으로 제기할 수 있다.			
7. 우리는 상처받았을 때에도 서로를 잘 용서해 준다.			
8. 우리는 성생활에 있어 만족한다.			
9. 배우자와 나는 성관계 동안이나 이후 거리감을 더 느끼거나 외로워지는 것이 아니라 정서적으로 가깝게 느낀다.			
10. 배우자는 나의 결점과 약점을 포함하여 나를 있는 그대로 잘 수용해 준다.			
11. 우리는 매일 서로에게 애정 어린 말을 주고받는다.			
12. 우리는 매일 서로에게 신체적으로 애정 표현을 한다.			
13. 우리는 적극적으로 우리의 결혼 건강을 보살핀다.			
14. 우리는 서로 무엇을 원하고 필요로 하는지 확실하고 효과적으로 대화한다.			
15. 우리는 함께 웃거나 미소를 짓는다.			
16. 우리는 좋은 친구이다.			
17. 우리는 서로의 짐을 나눠 진다.			

18. 우리는 정서적인 지지를 받으려고 서로에게 편한 마음으로 의지한다.			
19. 나는 배우자에게 정서적으로 개방적이고 정직하게 말할 때 안전하다고 느낀다.			
20. 우리는 각자가 우리 삶에서 가장 의미 있다고 생각하는 것에 대해 대화한다.			
21. 우리는 각자에게 가장 중요하다고 생각하는 것들에 있어 서로 적극적으로 지지한다.			
22. 모든 부부에게 해결되지 않는 이슈가 있다. 우리는 우리의 문제를 관계 안에서 안전함을 느끼며 다룬다.			
23. 배우자와 나는 보통 서로 바라는 것을 잘 따라 준다.			
24. 우리 관계는 둘 모두에게 높은 우선순위에 있다.			
25. 우리 모두는 '나 자신'보다는 '우리'의 측면에서 생각하는 편이다.			
26. 우리는 서로에 대한 사랑을 적극적으로 표현한다.			
27. 우리는 재정적 이슈에 대해서 의견이 불일치될 때보다 일치될 때가 더 많다.			
28. 우리는 육아를 하는 데 좋은 팀이다.			
29. 서로에 대한 신뢰가 강하고 안정적이다.			
30. 우리는 개인의 일상에 대한 스트레스에 지지적인 방식으로 대화한다.			
31. 우리는 우리의 관계에 매우 헌신적이다.			
32. 우리는 팀으로 함께 문제를 해결해 나간다.			
33. 우리는 서로의 말을 잘 들어준다.			

이제 위의 목록에서 가장 높다고 생각하는 세 개의 강점을 꼽아 보십시오. 예를 들면, 다음과 같습니다.

#1 강점: 28번: 우리는 육아를 하는 데 좋은 팀이다.

#1 강점: 번:
#2 강점: 번:
#3 강점: 번:

부록 5.2: 관계 검진 설문-어려움의 영역

다음의 각 영역에서 당신의 부부 관계의 어려움으로 경험되는 것의 정도를 ×로 표시하여 주십시오.

부부 관계의 어려움	전혀 걱정되지 않는	다소 걱정 되는	매우 걱정 되는
1. 우리는 서로 떨어져 있는 매일의 일상에서 어떤 일들이 벌어지는지에 대해 정기적으로 수다를 떨고, 대화하고, 확인하지 않는다.			
2. 우리는 정기적으로 질 높은 시간을 충분히 함께 보내지 않는다.			
3. 우리는 둘 다 감정을 건강한 방식으로 표현하지 않는다.			
4. 우리는 화가 날 때 서로 솔직하고 존중하는 방식으로 확실하게 표현하지 않는다.			
5. 우리는 서로 화를 적대적이거나 경멸적으로 표현한다.			
6. 우리가 논쟁할 때, 우리는 자주 서로에게 상처를 주려고 하는 편이다.			
7. 우리는 싸운 후에 잘 화해하지 못한다.			
8. 우리는 서로에 대한 문제를 친절하고 존중하는 방식으로 제기하지 못한다.			
9. 우리 중 한 사람이 상처받을 때 서로 쉽게 용서하지 못한다.			
10. 우리는 성생활에 있어 어려움이 있다.			
11. 배우자와 나는 성관계 동안이나 이후 정서적으로 가깝게 느끼지 않는다.			
12. 배우자는 나의 결점과 약점을 포함하여 나라는 사람을 잘 받아들여 주지 않는다.			
13. 배우자는 나라는 사람에 대해 잘 모르는 것 같다.			
14. 우리는 매일 서로에게 애정 어린 말을 하지 않는다.			
15. 우리는 매일 서로에게 신체적으로 애정 표현을 하지 않는다.			
16. 우리는 건강한 결혼생활에 적극적으로 신경을 쓰지 않는다.			

17. 우리는 서로 무엇을 원하고 필요로 하는지 확실하고 효과적으로 대화하지 않는다.			
18. 우리는 거의 함께 웃거나 미소 짓지 않는다.			
19. 우리는 좋은 친구인 것 같지 않다.			
20. 우리는 서로의 짐을 잘 나누려 하지 않는다.			
21. 우리는 정서적인 지지를 받으려고 서로에게 의지하는 것이 편하지 않다.			
22. 나는 배우자에게 정서적으로 솔직하고 정직하게 되는 것이 편하지 않다.			
23. 우리는 각자가 우리 삶에서 가장 의미 있다고 생각하는 것에 대해 별로 대화하지 않는다.			
24. 우리는 각자에게 가장 중요하다고 생각하는 것들에 있어 서로 거의 지지하지 않는다.			
25. 모든 부부에게 해결되지 않는 이슈가 있다. 우리는 우리의 문제를 관계 안에서 다룰 때 안전감을 덜 느낀다.			
26. 우리는 자주 서로의 바람이나 요구를 잘 들어주지 않는다.			
27. 우리의 관계는 둘 모두에게 높은 우선순위에 있는 것 같지 않다.			
28. 우리는 둘 다 '우리'보다는 '나'의 측면에서 생각하는 편이다.			
29. 우리는 서로에 대한 사랑을 좀처럼 잘 표현하지 않는다.			
30. 우리는 재정적 이슈에 대해서 의견이 일치될 때보다 불일치할 때가 더 많다.			
31. 우리는 육아에 있어서 좋은 팀이 아니다.			
32. 술과 약물이 우리 관계에서 문제가 된다.			
33. 신체적 건강 문제가 우리 관계에서 스트레스 요인이 된다.			
34. 정신적/정서적 건강 문제가 우리 관계에서 중요한 스트레스 요인이 된다.			
35. 최근의 중요한 변화가 우리 사이에서 스트레스가 된다.			
36. 우리는 최근에 첫아이를 가졌다.			
37. 우리 중 한 명이 최근에 실직했다.			
38. 직장 스트레스가 우리 관계에서 자주 문제가 된다.			
39. 우리 관계에서 미루거나 쉽게 용서되지 않는 상처가 있다.			

40. 우리 관계는 불륜에 대한 영향이나 여파로 어려움을 겪고 있다.			
41. 우리는 서로를 신뢰하는 데 어려움이 있다.			
42. 나는 배우자가 내 문제를 가만히 듣기보다는 해결하려고 하는 것에 자주 분개한다.			
43. 우리는 최근의 일상에서 매우 큰 스트레스를 겪고 있다.			
44. 우리는 화가 나면 서로를 치거나 물건을 집어던질 때도 있다.			
45. 우리는 한 팀이 되어 문제를 함께 해결하지 않는다.			

이제 위의 목록에서 가장 어려움이 크거나 염려가 되는 세 개를 꼽아 보십시오. 예를 들면 다음과 같습니다.

#1 어려움: 28번: 우리는 둘 다 '우리'보다는 '나'의 측면에서 생각하는 편이다.

#1 어려움:　번:
#2 어려움:　번:
#3 어려움:　번:

부록 5.3: 결혼 검진 설문-관계 영역 평가

부부 관계에서 다음의 영역에 대해 당신이 얼마나 걱정하고 있는지를 가장 잘 표현할 수 있는 점수를 쓰시오. 1= 전혀 걱정되지 않는, 2= 다소 걱정되는, 3= 매우 걱정되는

영역	부부 관계에서 다음의 측면에 대해 얼마나 염려가 되십니까?	염려의 정도
전반적 만족도	1. 대부분의 날에서 관계에 대해 얼마나 만족감을 느끼는가	
	2. 얼마나 자주 관계 안에서 외로움을 느끼는가	
	3. 관계에서 얼마나 행복감을 느끼는가	
	4. 배우자와 얼마나 잘 지내는가	
	5. 우리의 관계에 우리 둘 다 얼마나 헌신하는가	
정서	6. 서로에게 얼마나 자주 화를 내는가	
	7. 서로에게 분개하거나 격렬한 분쟁을 하는 정도	
	8. 얼마나 자주 배우자가 나에게 애정 표현을 하는가	
	9. 우리는 서로에게 얼마나 애정을 가지고 있는가	
	10. 내 생각과 감정을 배우자에게 표현하는 일이 얼마나 쉬운가	
	11. 배우자가 취약한 사고나 감정을 표현하는 것이 얼마나 편안한가	
	12. 우리는 얼마나 잘 서로를 공감하는가	
의사소통	13. 우리는 의견이 불일치하는 것에 대해 얼마나 잘 해결하는가	
	14. 우리는 서로의 시각을 얼마나 잘 이해하는 것 같은가	
	15. 어려운 주제일지라도 우리는 얼마나 잘 대화하는가	
	16. 얼마나 자주 논쟁하는가	
	17. 서로에 대한 불만을 얼마나 잘 수용하는가	
	18. 우리는 얼마나 정기적으로 서로 대화하는가	
	19. 우리는 얼마나 친절하고 존중하는 태도로 서로 대화하는가	

	20. 우리는 서로 얼마나 잘 경청하는가	
	21. 우리는 서로에게 원하고 필요로 하는 것을 얼마나 잘 소통하는가	
	22. 우리는 서로에게 얼마나 방어적인가	
함께하는 시간	23. 우리는 얼마나 질 높은 시간을 함께 보내는가	
	24. 서로의 일상을 공유하는 정도	
	25. 같이 이야기하고 무언가를 하는 데 얼마나 공통점이 있는가	
	26. 서로의 동료들과 얼마나 자주 시간을 보내는가	
	27. 함께 시간을 보내는 것의 우선순위를 높이 두는가	
재정	28. 재정에 있어 얼마나 의견이 불일치하는가	
	29. 재정에 있어 서로를 얼마나 신뢰하는가	
	30. 우리의 재정에 대해 대화하는 게 서로 얼마나 편한가	
	31. 재정 문제에 대해 얼마나 잘 협력하는가	
	32. 재정에 대해 서로에게 얼마나 쉽게 기분이 상하는가	
	33. 우리 재정을 관리하기 위해 얼마나 자주 상의하는가	
	34. 재정에 있어서 같은 의견을 보이는 정도	
	35. 재정 문제를 관리하는 방식	
성관계	36. 성관계 중이나 이후에 서로에게 얼마나 가깝게 느끼는가	
	37. 우리의 성관계에 대해 얼마나 만족하는가	
	38. 서로 성관계를 시작하는 것에 있어 얼마나 편안하게 느끼는가	
	39. 성에 있어 얼마나 소통이 잘되는가	
	40. 성적인 것을 서로 표현하는 것이 얼마나 편안한가	
	41. 성관계 중에 서로 원하고 필요로 하는 것에 대해 얼마나 잘 소통하는가	
공동 육아	42. 육아에 있어 우리가 함께한다는 느낌을 얼마나 받는가	
	43. 우리는 얼마나 함께 잘 양육하는가	
	44. 배우자에게 내가 부모로서 존중받는 느낌을 얼마나 받는가	
	45. 내가 배우자를 부모로서 얼마나 존중하는가	
	46. 우리 둘 다 자녀의 일상에 얼마나 참여하는가	
	47. 우리 둘 다 도덕이나 가치 측면에서 자녀에게 얼마나 잘 지도하는가	
	48. 육아에 있어 우리는 얼마나 서로 협력하는가	

	49. 자녀를 돌봄에 있어 일상적인 과업을 얼마나 잘 분담하는가	
	50. 서로의 양육에 있어 우리는 얼마나 지지적인가	
친밀감	51. 배우자에게 얼마나 편안하고 친밀한 감정을 느끼는가	
	52. 다른 사람에게는 말하지 않는 것들을 배우자에게 말할 때 얼마나 편안한가	
	53. 기분이 상할 때 배우자에게 얼마나 쉽게 말할 수 있는가	
	54. 배우자에게 기분이 상해 있을 때라도 관계에서 얼마만큼 안전감을 느끼는가	
	55. 배우자를 위로해 주는 일이 얼마나 편안하게 느끼는가	
	56. 배우자에 대한 나의 바람이나 두려움을 나누는 일이 얼마나 편안한가	
	57. 배우자와 함께 있을 때 나 있는 그대로가 얼마나 안전하게 느껴지는가	
	58. 배우자의 판단에서 나 자신을 얼마나 잘 보호하는가	
수용	59. 나의 나쁜 점까지도 모두 배우자에게 수용되는 느낌을 얼마나 받는가	
	60. 배우자는 결점과 약점까지 포함하여 나라는 사람을 있는 그대로 얼마나 받아들여 주는가	
	61. 배우자에게 있는 그대로의 내 자신으로 행동하는 것이 얼마나 편안한가	
	62. 배우자가 나를 좋아해 준다고 얼마나 느끼는가	
	63. 배우자가 나에게 얼마나 비판적인가	
	64. 관계에서 일어나는 마찰에 있어 우리는 얼마나 잘 타협하는가	
용서	65. 우리는 얼마나 서로를 쉽게 용서해 주는가	
	66. 우리는 상처받았을 때 서로에게 얼마나 갚아 주려고 하는가	
	67. 기분이 상했을 때 서로가 얼마나 피하려고 하는가	
	68. 서로 얼마나 쉽게 사과하는가	
	69. 관계에서 받은 상처가 남아 있거나 용서되지 않는 정도	
	70. 논쟁 후 얼마나 쉽게 화해하는가	
영성	71. 나의 영적인 생활에서 배우자가 지지적인 역할을 하는 정도	
	72. 내가 배우자의 영적인 생활을 지지하는 정도	
	73. 우리의 관계를 성스러운/종교적인 것으로 경험하는 정도	
	74. 우리의 영적인 생활에 대하여 나누는 정도	
	75. 우리의 영적인 유대감을 나누는 정도	

우정	76. 우리가 좋은 친구라고 생각하는 정도	
	77. 우리는 서로 잘 웃고 미소 짓는가	
	78. 우리는 각자의 친구들과도 얼마나 즐겁게 지내는가	
	79. 우리의 관계는 얼마나 가볍고 재미있는가	
	80. 서로 재미있게 보내는 일은 얼마나 쉬운가	

Chapter 06

피드백 보고서 작성하기

우리 팀과 나는 결혼 체크업(MC) 작업을 시작하면서부터 각 부부들에 대한 공식적인 피드백 보고서를 작성해 왔으며, 우리는 이 보고서를 면대면 피드백 회기 중 일부분으로 포함시켰다. 가장 최근 연구에서 배우자들에게 작성된 피드백 보고서의 효용성에 대해 물어볼 기회가 있었다. 몇몇 부부는 그들의 보고서를 몇 번이고 읽어 봤다고 얘기했다. 어떤 배우자는 이것을 지갑 속에 몇 년 동안 보관했다고 한다. 대부분의 부부는 처음에 이 보고서를 읽은 후 서랍 속에서 넣고 잃어버리기 전까지 한 번 이상은 읽었다고 대답했다. 거의 대부분의 부부는 2회기의 과정 동안 있었던 작업들을 실행에 옮기고 반복하는 데 있어서 작성된 보고서가 도움이 되었다고 언급하였다. 우리는 행동건강 자문을 받을 때와 같이 시간이 제한된 세팅 내에서 이 보고서를 능률적으로 사용하는 방법을 찾기 위해 계속적으로 노력할 것이다.

피드백 보고서는 4개의 큰 부분으로 구성되어 있다. 첫째 부분에서는 부부 관계의 과거력에 대해 긍정적으로 짧게 재구성한 내용을 제공한다. 둘째 부분에서는 부부 강점을 가지고 있는 것에 대해 축하해 주고, 강점이 그들 관계의 기반으로 어떻게 작용하는지 기술해 준다. 셋째 부분에서는 각 배우자의 평가 점수들을 제공한다. 넷째 부분에서는 부부의 드러난 어려움 영역을 따뜻한 이해의 관점에서 작성하며, 배우자들이 이러한 어려움 영역을 다루기 위해 어떻게 함께 작업할 수 있을지에 대한 선택 메뉴로 끝을 맺는다.

이 보고서는 몇 가지 이유에서 부부들에게 유용하다. 첫째, 보고서는 피드백 회기를 구조화시키며, 보고서가 가지는 공식적인 특성이 회기의 내용에 더욱 무게를 실어 준다. 작성된 보고서는 (상대방을) 설득하는 면에서 고유한 힘을 가지기 마련이다. 둘째, 피드백 회기 동안 제시되는 내용들을 확고하게 해 준다. 보고서를 읽는 것은 피드백에 따른 또 다른 기회들을 제공함과 동시에 배우자들이 자신의 속도에 맞춰 새로운 관점들과 선택할 수 있는 사항들을 알아차리게 해 준다. 셋째, 일부 배우자는 서면으로 작성된 형태의 정보를 더 잘 수용한다. 비록 피드백 회기가 좋았던 기억을 상기시키며, 기억에 남고, 영향을 미칠 수는 있지만, 주의 분산이나 방어적인 면을 포함한 수많은 과정들이 이러한 모든 내용들을 듣고 수용하는 데 방해가 될 수 있다. 배우자들이 작성된 형태의 보고서를 읽어 보면, 처음에는 놓쳤던 정보들을 다시 확인하는 도움도 받을 수 있다. 마지막으로 몇몇 배우자는 보고서를 한 번 이상 읽으며, 실제 피드백 회기 이후 참고하는 기준으로 이를 계속 활용할 수 있다.

보고서의 목적

피드백 보고서의 목적은 평가 결과를 통합하고, 부부의 장점을 강조하고,

친밀감을 향상시키도록 그들의 걱정거리나 어려움을 재구성하며, 면대면 피드백 회기에서 조언을 제시하는 것과 더불어 MC 이후 배우자들이 다시 살펴볼 수 있는 문서를 제공하는 데 있다. 보고서는 피드백 회기를 구조화하는 데 사용되며, 제공되는 피드백은 체계적이고 치료적인 어조로 작성된다. 보고서는 부부와 그들의 관계사에 대한 짧은 기술로 시작한다. 이후 부부의 장점들을 묘사하고 그들의 어려움에 대해 치료적으로 재구성한 내용을 기술한다. 각 어려움을 제시한 후 옵션 메뉴가 뒤따르는데, 여기에는 배우자가 그들의 이슈를 어떤 방법으로 다룰지에 대한 아이디어를 포함시킬 여백이 제공된다. 보고서는 관계의 강점 및 향상되어야 할 영역들을 요약하고 이들을 격려하는 최종 한두 문장을 포함하여 테이크-홈-메시지(take-home message)로 마무리된다. 피드백 보고서의 어조는 객관적인 정보 제공과 함께 부부의 주의를 환기시키는 내용으로 이루어져 있다.

부부에 대해 직접적으로 2인칭으로 작성하는 대신, 나와 우리 팀은 피드백 보고서를 3인칭으로 작성하였다. 이러한 접근은 다른 종류의 임상 보고서 양식과 동일한데, 부부가 제공되는 정보를 소화하기 쉬운 형태로 작성하기 위해서였다. MC의 치료적인 목표가 친밀한 과정에 대한 참여를 촉진시킴으로써 건강한 관계를 더욱 증진시키는 데 있기에, 피드백 보고서의 언어는 대부분 정서적으로 긍정적 기분을 고양시키는 형태이다. 우리는 부부들에게 중요하고 유용한 정보를 제공할 뿐만 아니라 친밀성의 가교를 형성할 수 있도록 돕는데, 실제 현장에서의 이러한 작업은 인지적이기보다는 체험적 과제에 가깝다. 그러므로 보고서는 딱딱한 임상적 기술을 넘어서서 정서적으로 환기시키는 구체적인 사실을 포함하게 된다.

보고서는 부부 문제에서 어느 쪽 배우자든 구체적으로 비난하지 않을 것을 강조한다. 대신에 문제들은 납득할 만한 근거들에 기반을 두고서 패턴이나 주제로 표현된다. 보고서는 각 배우자의 행동을 이해할 만하고 공감을 불러일으키는 방식으로 제시한다. 또한 한 배우자가 다른 배우자 내에서 문제의 원인을 찾으려는 경향성을 약화시키고, 부부가 긍정적이기보다는 해를 끼치는 패턴 내에 고착되어 있음을 묘사하는 데 그 초점을 맞춘다. 이러한 방식에서 비난받아 마땅했던 원인은 자연스럽게 발생하는 패턴으로 바뀌고, 각 배우자에게 비난할 만했던 무엇인가는 사라지게 된다. 강조점은 부부의 문제가 개인으로서의 실패나 그들의 이슈들과 관련된 무언가 파괴적인 것에 기원한 것이 아니라, 자신들의 이슈에 대해 상호작용하는 방식과 그들이 고착되는 패턴에 있다는 것이다. 강조점은 부부가 그들의 배우자를 적이 아닌 효능감 있게 협력해야 할 파트너로 보는 방식으로 문제를 개념화하는 데 있다.

양쪽 배우자들이 각자 한가하게 읽을 수 있도록 보고서 사본을 따로 제공해 주기 때문에 당신은 각 배우자가 돌아가며 가장 중요한 청자가 된다는 것을 생각하며 작성해야 한다. 보고서를 읽는 것의 치료적 효과가 배우자 두 사람 모두에게 있어야 함을 기억하라. 이러한 고려는 당신이 균형 잡혀 있고 누구도 비난하지 않으며 친밀감을 불러일으키는 용어로 작성된 보고서를 구성하는 데 도움이 될 것이다. 보고서는 전문가가 아닌 특별한 한 개인이 청중이라는 것을 염두에 두고 톤은 따뜻하고 격려하는 방식이되, 전문용어로 채워져 있지 않고, 기술적·설교적이지 않으며, 메마르지 않아야 함을 기억하라. 작성된 피드백 보고서는 친밀감을 깊이 있게 하고 건강한 결혼 관계를 촉진하는 임상적 도구 그 이상도 그 이하도 아니다.

보고서의 형식

이 장의 나머지에서 나는 피드백 보고서의 형식과 각 부분의 내용에 대해 기술하고자 한다. 나는 MC 프로그램에서 부부에게 피드백 보고서를 작성하는 예시를 개인 정보를 보호하기 위해 일부 내용을 변형시킨 형태로 제공하고자 한다.

피드백 보고서는 개인 정보에 대한 기술로 시작한다. 여기에는 배우자의 이름과 나이, 그들 관계의 특성이 포함된다. 만약 자녀가 함께 집에 거주한다면 자녀 여부 및 자녀의 나이도 포함시킨다. 다음으로는 평가의 목적을 기록하고, 면담 날짜를 제시하며 평가 특성에 대해 언급한다. 예시는 [그림 6-1]과 같다.

개인적인 피드백 보고서

캐시와 대니얼

대니얼(49)과 캐시(41)는 2012년 6월 30일에 결혼 체크업 프로젝트에 참여하면서 결혼 체크업을 받았습니다. 그들은 이 시기에 결혼생활을 건강하고 활력 있게 유지하는 데 도움을 얻고자 여기에 참여하기를 원한다고 했습니다. 캐시와 대니얼은 24년 동안 서로를 알고 지내왔으며, 23년간의 결혼생활을 해 오고 있습니다. 그들은 네 자녀를 두었는데, 8, 10, 19, 22세의 아들이며, 이 중 어린 3명은 현재 함께 거주하고 있습니다. 캐시는 초등학교 교사로 근무하고 있으며, 대니얼은 전기 기술자로 재직 중입니다.

[그림 6-1] **피드백 보고서 소개 예시**

부부 관계력

다음으로 나는 부부의 관계력에 대해 짧게 기술한다. 이 정보는 구두로 이루어진 관계력 면담(Oral History Interview; Carrère, Buehlman, Gottman, Coan, & Ruckstuhl, 2000)으로부터 얻었다. 관계력 부분은 가능하면 부부력에서 가장 긍정적인 측면을 강조해야 한다.

나는 부부가 어떻게 만났는지, 어떤 점에서 서로에게 매력을 느꼈는지, 각자 자신에게와 함께 만들고 싶은 삶에서 어떤 것을 가치 있게 여기는지에 대한 이야기에서 가장 긍정적인 감정을 불러일으키는 측면을 강조하고자 노력했다. 또한 결혼 초기에 겪을 수 있는 우여곡절에 대한 기술도 포함시켰다. 이러한 기술은 부부의 우리성(we-ness), 같이 씨름해 온 삶에 대한 미화, 서로 간의 애정, 그들 관계에 대한 전반적인 긍정성 정도에 특히 관심을 기울인다. 갈등이 심한 부부일수록 그들이 가진 긍정적 측면은 더욱 적기 때문에 나는 내가 본 어떠한 작은 불빛이라도 강조하고자 노력한다. [그림 6-2]의 예시를 참고하라.

베스와 톰은 펜실베이니아 대학에서 만났습니다. 베스는 톰이 매우 매력적이었으며 모든 사람이 그를 알고 좋아하는 것처럼 생각했다고 회상했습니다. 그녀는 그를 적극적으로 설득했으며 그에게 자신을 알리는 데 많은 노력을 기울였다고 말했습니다. 그들은 함께 수업에 가기 시작했습니다. 톰은 그녀가 아름다웠으며 2주 후 마침내 그녀에게 데이트를 요청했다고 회상했습니다. 그들은 교내에서 데이트를 했으며 졸업반 무도회에서 톰은 베스에게 자신과 결혼해 줄지를 물었습니다. 그녀는 그것이 매우 로맨틱하고 놀라웠으며, 즉시 결혼하겠다고 대답했던 것을 떠올렸습니다. 그들은 일 년 후 결혼했습니다. 결혼 후 2년째 되던 해 아들인 트레버를 얻었고, 지금은 4세입니다.

[그림 6-2] **관계력의 예시**

부부 관계의 강점

피드백 보고서의 부부 관계 강점 영역의 목표는 부부에게 그들의 강점에 대해 방향 전환을 시키고, 그들이 당연하게 여길지도 모르는 관계의 측면을 감사하며 이를 칭찬할 수 있도록 도울 뿐 아니라 관계의 긍정적인 토대를 규명하는 데 있다. 인간은 문제나 유해한 자극이 생기면 그 근원을 알아차리고 즉각적으로 이를 조율하려고 하지만, 문제라고 여기지 않거나 잘되고 있는 것 또는 지속적으로 긍정적인 것을 알아차리는 데에는 크게 신경 쓰지 않는다. 다른 말로 하면, 사람들은 자신의 축복을 헤아리기보다는 문제를 확인하는 것이 더 쉽다는 것이다. 또한 부부 관계는 긍정적 측면이 부정적 측면 보다 의미 있게 더 많을 때 잘 발전한다. 긍정적인 측면과 접촉할 때 분명하게 만들어 내는 관계적 이점이 있다는 점을 고려할 때, 나와 우리 팀은 MC의 강점 영역을 사용하여 배우자들에게 그들의 축복을 헤아리고 강점을 칭찬하는 조언을 제공하고자 하였다. 그렇게 하는 것이 단기간, 장기간 모두에서 긍정적인 관계의 건강성에 이점을 줄 수 있다는 가정 때문이었다. 이러한 목표를 위해 우리는 그들의 결혼력 제시 이후에 즉각적으로 부부의 강점을 묘사한다. 부부의 강점은 일차적으로는 치료적 면담과 MC 강점 설문 영역(MC Areas of Strength Questionnaire)을 통해 얻었다.

MC가 건강성을 지향하며, 동기 유발적이고, 친밀성을 촉진시키며, 대개 긍정적 경험과 관련된 것이기에, 우리는 어려움에 대해서 논의하는 것 못지 않게 강점과 관련된 논의를 길게 기술한다. 요점은 배우자 간의 친밀성을 촉진시키고, 부부에게 희망을 제공하며, 그들이 무엇을 작업해야 할지 보여 주고, 그들로 하여금 이를 위한 굳건한 기초를 가지고 있음을 알게 하는 데 있다. 치료자는 부부 각자와 그들의 결혼생활 그리고 함께 건설해 나갈 삶의 가장 깊은 가치가 무엇인지에 대해 접촉할 수 있도록 해줘야 한다.

진정한 의미에서 그들이 함께하는 것이 최선임을 부부에게 상기시키는 것이 동기를 고취하는 필수적인 측면이다. 부부 사이에 더 나은 친밀감을 쌓고 더 많은 것을 실행에 옮기도록 촉진하는 데 필수적인 동기를 느낄 수 있도록 관계의 긍정적인 질적 측면들을 경험하고, 그들이 이를 유지하기 위해 작업해야 하는 것이 무엇인지 또는 적어도 그들이 되고 싶은 부부 유형에 대한 가능성을 볼 수 있어야만 한다. 부부를 그들 관계의 가장 긍정적인 측면과 재연결시키고, 희망을 고취하는 것은 MC의 가장 중요한 측면 중 하나이다. 대부분의 경우 결혼생활에서 가장 좋은 것을 당연하게 여기는 것에서부터 시작할 수 있다. 그들의 강점에 대해 다른 누군가의 칭찬을 듣는 것은 대부분의 부부에서 놀라울 정도로 강력하며, 이러한 경험은 양쪽 배우자에게 모두 그들의 강점을 더욱 증대시킬 수 있다.

나는 MC의 강점 설문 영역과 치료적 면담에서 각 배우자에 대한 가장 높게 평정된 강점을 강조하며, 그 강점을 잘 환기할 수 있도록 이야기를 제시한다. 만약 남아 있는 강점이 문제가 되는 영역을 잘 다루는 데 중요한 것이라면, 나는 이러한 강점들을 좀 더 구체화시킨다. 최종적으로 나는 MC 강점 설문 영역에서 부부가 지목한 강점들을 긍정적인 용어를 사용해서 목록을 만든다. 각각 배우자에 의해 언급된 4개의 추가적인 강점들을 일일히 열거하는 것은 강점 영역 말미에 긍정적인 가속도를 형성하는 효과적인 방식이다.

부부의 강점에 대한 추가적인 정보는 평가 회기 전반을 통해서 확인할 수 있다. 예를 들어, 부부 관계력에서 그들이 이야기한 긍정적인 측면에 초점을 맞출 수도 있다. 또한 이러한 긍정적 관계의 질과 이것들이 결혼의 안전성을 예측해 준다는 기존 연구 결과에 대해 언급할 수도 있다. 예를 들어, 결혼 관련 연구에서 강력한 우리성은 장기간 지속되고 행복한 결혼생활의 예측 요인이다. 초기 부부 관계에 발생한 갈등을 실망스럽다고 회상하기보다 그것을 미화하는 경향이 있는 부부는 유사하게 긍정적인 결과를 보였다. 마찬가지로 그들의 초기 관계가 혼란스럽다기보다 안정적이라고 보고한 부부는 장기적 관점에서 더 나은 결과를 보였다. 남편이 자신의 아내에 대해 사랑스러움과 애정을 담아 정다운 언어로 얘기하는 부부는 가장 건강한 부부 관계를 가진 사람들에게서 보이는 특징이라고 할 수 있다. 자신들의 초기 결혼생활을 더욱 긍정적으로 보고하는 부부는 다소 덜 긍정적으로 기억하는 부분에 비해 그들이 공유하는 삶의 기복에 대해서도 더욱 탄력적으로 반응할 수 있다. 이 모든 결과는 부부 관계력 면담(Oral History Interview)을 가지고 한 John Gottman의 연구(Carrère et al., 2000)에서 비롯되었다. 피드백 보고서의 강점 영역에 대한 예시는 [그림 6-3]과 같다.

관계 강점

우리 모두는 건강한 방식으로 우리 감정을 표현합니다. 마리아와 카를로스는 서로를 지지하고 각자 마음을 여는 데 진정으로 전념해 왔음을 보여 줍니다. 마리아는 어렸을 때 그녀 안의 감정을 담아 두고 표현하지 않았기 때문에 그것이 그녀에게 매우 중요하다고 설명했습니다. 그녀는 "이제 나는 항상 내 감정들을 보여 줄 거예요. 그리고 때때로 이것은 내 관계에서 많은 문제를 야기할 수도 있겠지요. 나는 이러한 방식으로 내 친구들을 많이 잃기도 했어요."라고 말했습니다. 그러나 카를로스는 마리아의 개방성에 대해 감사함을 보였습니다. 그는 "나는 언제나 그녀가 무언가에 대해 어떻게 느끼는지를 알아요. 그것은 우리 관계를 내 관점에서 볼 때 쉽게 만들죠."라고 설명했습니다. 비록 카를로스가 마리아만큼 그의 감정을 드러내는 것은 아니지만, 그녀는 "나는 대개 무엇이 문제인지에 대해 꽤 잘 알아요."라고 말했습니다. 정서적 개방성은 더욱더 큰 친밀감을 촉진시키며, 서로에게 기댈 수 있는 능력은 정서적 안정감을 형성합니다. 건강한 방식에서의 정서적 의사소통

능력은 마리아와 카를로스가 힘든 시간을 보내는 것을 도와주며, 어려운 문제에 대해서도 의사소통할 수 있게 해 줍니다. 연구 결과에서 친밀성과 정서적 안정성은 결혼생활 건강과 행복감의 핵심적인 요소라고 밝혀진 바 있습니다.

우리는 정서적으로 지지하며 서로에게 편안하게 기대고 있습니다. 카를로스는 그의 결혼생활에서 중요한 강점 중 하나로 그들 중 한 명이 힘든 시간을 보낼 때 서로 매우 지지적이라는 것을 언급했습니다. 그는 "그녀는 항상 나를 위해 그곳에 있어요. 제 삶에서 제가 항상 말해 왔던 것은 집으로 돌아가는 것(업무를 마치고)이 나의 도피처이자 안정감이라는 거예요." 마리아도 매우 비슷한 언급을 했습니다. "그는 항상 나를 지지해 줘요. 내가 예쁘지 않다고 느낄 때에도 그는 '당신은 예뻐.'라고 얘기해 줘요. 제가 말한 것을 좋아하지 않을 때에도 그는 그것이 훌륭했다고 얘기해 줄 거예요. 우리는 서로를 정말 잘 지지하는 경향이 있어요." 마리아와 카를로스의 서로에 대한 지지는 매우 분명하며, 그들은 이런 강점이 빛을 발한 몇 가지 영역에 대해 논의했다. 예를 들어, 카를로스는 그가 잠시 동안 실업 상태였을 때 마리아가 눈 한 번 꿈쩍거리지 않았다고 얘기했다. 그녀는 즉시 그가 새로운, 더 나은 직업을 찾을 수 있을 것이라고 안심시켰으며, 각 단계마다, 심지어 직업을 구하기 위해 다른 주로 이사 갈 방법까지 찾아보며 그를 도왔다. 연구는 이러한 정서적 지지의 종류가 친밀한 관계에서의 가장 중요한 기능 중 하나이자, 배우자에게 제공하는 건강한 결혼생활에 대한 긍정적인 신체적·정신적 건강의 기초임을 시사한다.

[그림 6-3] **관계 강점 영역의 예시**

검사 점수

우리는 우리 연구 팀에서 고안한 MC 피드백 보고서에 검사 점수와 해석을 포함시켜 왔다. 동기강화 면담 모델은 이러한 객관적인 피드백이 변화의 필요성을 강조하는 데 강력한 방법일 수 있다고 제안하였다. 배우자는 종종 다른 배우자가 한 번도 언급하지 않았던 불만족의 영역이 드러날 때 놀라곤 한다. 예를 들어, 남성들은 때때로 일상생활이나 평가 면담 동안보다 검사지에서 더 많은 불만족감을 보이곤 한다. 예를 들어, 낸시는 필이 그들이 함께 보내는 시간의 질이나 정서적 의사소통에 대해 불만족한다는 것을 알고 놀랐는데, 일상생활에서 그는 성생활에 대한 것만 불평했기 때문이었다.

부부의 보고서에는 부부 관계 적응척도(Dyadic Adjustment Scale)나 결혼만족도 검사 개정판(Marital Satisfaction Inventory, Revised: MSI-R)과 같은 척도의 실제 점수를 포함한다. 나는 이전 장에 포함되었던 임상 척도에서 점수가 꼭 필요하다고 말하지 않았는데 이는 치료자가 간략하게 할 필요가 있는 경우 검사지 점수 부분을 전적으로 건너뛸 수 있게 하기 위해서였다. 만약 당신이 이 부분을 포함하기로 선택했다면, 점수에 대한 설명이 규준에 맞게 제공되어야 한다. 나와 우리 팀이 작업한 내용에서, 우리는 배우자들에게 MSI-R, 친밀한 안정감 설문지(Intimate Safety Questionnaire: ISQ) 또는 PAIR, 헌신도 검사(Commitment Inventory)의 하위척도 점수와 해석을 제공하였다. 이들 검사지는 결혼생활의 다양한 영역에 대한 만족감과 친밀감 정도, 결혼생활에 대한 헌신 수준을 제공함으로써 부부로 하여금 그들의 전반적인 결혼생활 건강성에 대한 광범위한 관점을 제시해 주었다. 검사지 결과 부분은 이 장의 제일 마지막 예시에서 제시한다.

잠재적 개선이 필요한 영역

잠재적 개선이 필요한 영역들은 의사소통이나 친밀감(예: 안전감 이슈, 함께 시간을 보내는 것, 성적 친밀감, 정서적 친밀감), 양육, 차이점 해결하기, 헌신 또는 부부가 가진 다른 이슈들(예: 성생활, 경제 상태, 집안일)과 같은 구체적인 주제를 바탕으로 구조화되어야 한다. MC 평가 검사지들은 구체적인 주제의 범위에 대한 좋은 가이드가 될 수 있다. 우리는 일반적으로 보고서에 기술하는 이슈의 수를 부부가 부정적 정보에 압도되는 것을 피하게 하고자 2~3개로 제한한다. 우리는 가능한 범위를 확인하고 그들의 강점이 이러한 어려움 영역에 압도되지 않기를 원한다.

비록 어려움 영역이 부부가 가진 이슈에 대한 간략한 기술로 표현되지만, 이 부분이 개입의 핵심임을 기억하라. 이 부분은 친밀감의 가교를 형성하고, 변화에 대한 동기를 증진시키며 정서적 수용성을 촉진시키고자 고안되었다. 부부의 패턴을 묘사하는 치료자의 방식은 배우자가 그들의 관계를 어떻게 보고, 생각하고 있는지에 대해 강력한 효과를 발휘할 수 있다. 치료자는 부부를 객관적으로 묘사하기보다, 더욱 건강하며, 친밀감을 촉진시키는 방식으로 부부 관계를 언급하게 된다.

예외 없이 대개의 경우, 걱정거리나 어려움 영역에서 당신이 다루는 두 가지 이슈가 부부에게 가장 힘든 이슈가 될 것이다(MC의 어려움 설문 영역에서 지목되거나 치료적 면담 동안 부부와 논의했던 문제들). 때때로 세 번째 이슈가 다뤄질 수 있는데, 평가 회기 동안 중요한 문제로 떠오르거나 부부 검사지의 검토 중 부각될 수 있다. 그러나 실제로 세 번째 이슈를 포함하는 것은 거의 불필요하다. 어려움 표현 영역의 예시는 [그림 6-4]에서 볼 수 있다.

친밀한 의사소통능력

지난 결혼 체크업 동안 새뮤얼은 그와 레베카가 '다른 사람들을 아는 것보다 서로를 더 잘 알았으면' 좋겠다는 진실한 소망을 표현하였습니다. 그들은 더 자주 의사소통을 시도하고 있지만, 깊이 있는 대화는 오히려 부족한 것으로 더 두드러지게 나타났습니다. 이에 대해 질문했을 때 레베카는 "그는 중요한 내용들에 대해서는 말하지 않아요. 저도 마찬가지고

요."라고 말했습니다. 레베카는 그녀에게 중요한 이슈들에 대해 논의하고자 시도할 때 거절감과 상대방이 자신이 이야기한 것을 인정해 주고 받아주는 면에서 부족함을 표현했고, 그 결과 그녀는 새뮤얼이 관심이 없다고 느끼는 주제에 대해 논의하는 것을 피하고자 하였습니다. 새뮤얼 역시 그 자신에 대해 너무 많이 이야기 하는 것을 꺼리고, 그가 잘난 체하거나 불평하거나 지루하게 보일까 봐 걱정된다고 언급하였습니다. 새뮤얼과 레베카 모두 감정을 느끼는 데 얼마나 취약한지 알게 되면서 서로를 더 잘 알아 가기 위해 계속 전념함으로써 관계를 다시 시작하는 것이 이들 부부에게 중요한 과제가 되었음을 알게 되었습니다. 당신 스스로를 개방해서 취약하게 만드는 것은 단기적인 관점에서는 매우 도전적인 일이며, 새뮤얼과 레베카는 그들이 대화를 통해서 스스로를 개방해도 자신들이 기대하는 만큼 상대방이 부드럽게 대해 주지 않을 때가 불가피하게 있다는 것을 깨달아야만 합니다. 정서적으로 잘 알아차리지 못하는 일은 일상적이기에 관계에서 걱정해야 할 만한 정도로 심각하다고 반드시 여길 필요는 없습니다. 핵심은 상대방에게 상처받은 감정을 알아차리고, 후퇴하기보다는 어떤 역경에도 꿋꿋이 버텨 내는 것입니다. 상대방과 창조적으로 연결되기 위한 새롭고 더욱 친밀한 방식을 찾아내는 일은 상당한 인내와 연습, 시간이 요구될 수도 있습니다.

친밀감을 소망하고 표현하는 새뮤얼과 레베카의 방식에서의 근본적인 차이가 있다는 점은 그 자체로 문제라거나 그들이 난관에 봉착했다는 의미가 아닙니다. 그러나 그들이 경험하고 있는 다른 문제들과 함께 이러한 차이를 이해하는 것은 배우자들 모두에게 익숙하지 않고 잠재적으로 불편한 공간에 놓이게 할 수 있습니다. 새뮤얼에게 이것은 그에게 특별히 흥미가 없지만 레베카에게는 중요한 일들에 대해 이해하고 대화하려는 의지를 의미합니다. 그는 자신에게 의미 있는 대화를 자발적으로 시작하고, 심지어 대화가 다소 불편하더라도 그 대화에 머물며 자신의 의견을 나눌 필요가 있습니다. 이러한 의지는 친밀감을 형성하는 데 필수적인 상호 진솔성의 형태를 형성하기 위해 보다 더 깊이 있고 더욱 큰 정서적인 수준을 레베카와 공유하는 것을 의미합니다. 레베카에게는 이러한 차이점을 언급하는 것이 서로를 더욱 친밀하게 알아 가는 것을 촉진시키는 주제에 대해 이야기할 때 느낄 수 있는 거절감에 대한 두려움을 수용함을 의미합니다.

해결책 옵션 1: 관계 내에서 무엇인가 발생할 때 그 패턴을 기록하십시오. 패턴을 알아차리고 그것을 명명해 보십시오("우리는 또다시 과민한 춤을 추고 있네."). 이렇게 할 때, 당신과

이 패턴 사이에 거리를 두고, 후퇴하기보다는 더욱 앞으로 나아갈 수 있게 될 것입니다. 목표는 자연스럽게 발생하는 당신의 차이점들을 인식하는 것이고, 당신이 필요로 하는 친밀한 대화의 종류에 참여하고, 다른 사람에게는 그렇게 할 수 있도록 적절한 공간을 필히 줄 수 있도록 하는 것을 의미합니다.

해결책 옵션 2: 자격증을 갖춘 결혼건강 전문가를 찾는 것을 시작하십시오. 저는 대개 부부가 가족, 친구 혹은 성직자에게 조언을 구하거나 양쪽 배우자와 모두 잘 작업할 수 있는 사람을 찾기 위해 2~3명의 치료자와 간단한 면담을 해 보라고 권합니다. 치료자를 선택할 때는 아래의 특성들을 찾아보십시오. 좋은 부부치료자는 배우자 사이에 서로 힘겨루기를 하지 않도록 하고, 한쪽 배우자의 편을 들지 않고 각 배우자가 상대방의 관점에서 이해할 수 있도록 도우며, 상담 중 양쪽 배우자가 그 상담자를 정직하고 개방할 수 있다고 느끼는 사람입니다.

해결책 옵션 3: 수용하기를 연습하십시오. 만약 당신이 배우자나 배우자의 대화 방식이 당신이 기대한 것과는 다르거나 이를 변화시키고 싶다고 생각하는 것을 알아차리게 되었다면, 당신 자신이 어떻게 반응할 것인가에 대한 관점을 변화시키고, 그것을 '내가 배우자를 있는 그대로 수용하지 못하는 것'으로 명명한 후, 당신의 배우자와 나쁜 점들까지 모두 수용하도록 연습하십시오.

[그림 6-4] **걱정 부분 영역의 예시**

보고서의 예시

부록 6.1은 부부의 두 번째 연례 MC의 전체 보고서 예시이다. 첫 MC 이후 다음 해에 나가는 보고서에서 부부 관계력 부분은 이전 해의 긍정적인 측면에 대한 강조로 대체되었다. 이는 보고서의 나머지 부분을 긍정적인 톤으로 맞출 수 있게 해 준다. 부부는 거의 항상 그해에 그들이 함께 했던 가장 좋았던 일로 휴가에 대해 이야기한다. 우리 모두는 더 많은 휴가를 갈 필요가 있다.

결론

나와 우리 팀은 피드백 보고서를 더 쉽고 더욱더 시간 효율적으로 구성할 수 있도록 여러 방법을 시도해 보고 있다. 8장과 9장에 포함된 목록들을 개발하는 것에 더해, 우리는 간단히 찾을 수 있는 보고서 매뉴얼과 온라인을 통한 자료들을 만드는 작업을 하고 있다. 동시에 피드백 보고서를 구성하는 노력의 결과 더욱더 동기 및 건강한 변화를 촉진시키도록 돕도록 개인에게 특화된 보고서 양식을 만들고자 노력해 왔다. 다른 평가 보고서와 마찬가지로 당신이 보고서의 기본적인 틀에 대해 더 많이 연습할수록 당신은 그것을 더욱 효율적으로 작성할 수 있게 될 것이다. 피드백 보고서의 기본적인 양식은 거의 없으며 매우 간단하다. 보고서의 부부 관계력은 개인의 필요성에 맞게 조정하고, 긍정적인 정서적 톤을 조율한다. 강점 영역은 부부의 구체적인 강점을 공고히 해 주며 관계의 유능감을 형성해 주도록 한다. 검사지 점수는 보고서가 보다 객관적으로 보이게 해 준다. 마지막으로, 어려움 영역은 각 배우자의 어려움을 더욱 수용에 기반을 두고 연민을 일으키는 관점에서 재구성하며, 수용과 행동적 활성화를 일으키도록 옵션들을 제공한다. 만약 이러한 원칙들을 마음에 새기고 이 책에 포함된 메뉴 장을 참고한다면, 간략하면서도 유용한 피드백 보고서의 구성이 자연스럽게 이루어질 것이다.

부록 6.1: 연례 피드백 보고서의 예시

개인적인 피드백 보고서

제시카와 프랭크

프랭크와 제시카는 그들의 첫 번째 결혼 체크업 후 약 일 년 만인 2008년 6월 2일에 연례 결혼 체크업을 받았다. 그들은 서로를 15년간 알고 지내왔으며 결혼생활은 13년째이다. 그들은 세 자녀와 함께 살고 있다. 8세, 10세가 되는 두 아들과 12세인 딸이다. 평가 시기에 제시카는 간호사로 근무하고 있었으며, 프랭크는 건강 정보 시스템에서 일하고 있었다.

지난 일 년간의 긍정적인 이력

지난 일 년간 그들이 같이 했던 가장 좋았던 일에 대해 묻자 제시카와 프랭크는 그들이 바빴음에도 불구하고 서로 함께 보낼 특별한 시간을 만들려고 노력해서 얻게 된 순간들에 대해 일관되게 언급하였다. 예를 들어, 그들 둘 다 해변에서 멋있는 시간을 보냈다. 이렇게 함께 한 휴식은 재충전할 수 있는 시간을 제공하였다("마치 수혈받는 것 같았어요."). 그들의 관계 저변에 깔려 있는 우정은 이들 관계의 주요 특징이 되고, 우정에 다가갈 수 있는 시간뒤에는 언제든지 재충전되었다.

관계 강점

이 관계는 굳건한 기초를 가지고 지속되고 있다. 이것은 배우자 둘 모두에게 강점과 사랑, 만족감을 주는 자원이며 그들의 자녀에 대한 사랑이 풍성하고 안정적인 가족을 제공해 준다. 일 년 전 그들의 검진 때 수많은 구체적인 관계 강점들을 분명히 확인하였고, 이들의 강점은 계속 유지되고 있었다.

제시카는 자신들의 최고 강점을, ① 둘 다 결혼생활을 우선순위로 두며, ② 프랭크는 그녀를 한 개인으로 이해하고 수용하고 있으며, ③ 그들 각자의 일상 내에서 어떤 일이 일어나고 있는지 얘기하고, 접촉하며, 정기적으로 확인하는 것을 꼽았다. 제시카에 따르면 "프랭크는 나를 수용해 주어요. 당신은 세상의 모두가 당신 편이 아닌 때에도 누군가 내 편이 있다고 느끼죠." 프랭크는 비록 그녀가 장난스럽게 "프랭크가 최근에 고의로 쿠키를 가지고 나에게 장난치려고 했거든요."라고 덧붙이는 이야기를 했지만, 변함없이 제시카는 자신에게 매력적이라고 얘기한다. 프랭크는 "서로에게 개방적일 수 있기에 당신은 걱정을 숨기려는 걱정을 할 필요가 없어요."라고 말했고, 그들은 "서로와 함께 있을 때 그냥 편안해요."라고 하였다. 프랭크는 그들의 가장 큰 강점으로, ① 좋은 친구인 것, ② 그들의 성생활에 만족하는 것, ③ 양육에 관해 좋은 팀인 것을 꼽았다. 제시카와 프랭크는 '다른 모든 일에서 함께 살아남은 좋은 친구'이다. 서로가 같이 있는 것을 즐거워하는 것이 그들 우정의 핵심이다. 제시카가 말했다. "나에게 정말 중요한 것은 정신없이 바쁜 순간으로부터 조용한 시간이었어요. 나는 웃었고, 주의가 분산된다고 말했어요. 그렇지만 지나고 보니 그게 정말로 필요했더군요." 정신없이 바쁘고 할 일이 많은 세상에서 제시카와 프랭크는 '적어도 서로를 소유하고 있다'는 것에 동의한다. 프랭크는 그들의 우정이 그에게 동기화시켜 준 것을 깨닫게 되었다.

"우정을 배반하고 싶지 않아요. 그래서 문제들을 해결하려고 더욱 열심히 노력해요. 그러려면 서로에 대해 솔직해야 돼요. 있는 그 자리에 계속 있을 수 있도록 차이점들을 해소하려고 노력해요. 서로에 대해 가깝게 느끼고 있어요. 그래서 서로가 잘 알 수 있도록 개방적이고, 다른 사람들이 알 수 있도록 서로 이야기를 해요. 그러자면 당신은 솔직해야 되지요." 프랭크와 제시카는 협력적 관계를 가지고 있다. 이러한 관계 내에서 제시카는 "나는 길을 잃었다고 생각하지 않아요. 대부분의 시간 동안 나는 무언가와 단둘이만 있다는 느낌을 받은 적도 없어요."라고 말했다.

검사지 평가 결과

하위척도	제시카	프랭크	범위
결혼만족도 검사, 개정판			
전반적 불만족	59	56	보통
전반적 불만족	**56**	**51**	**보통**
정서적 의사소통	56	54	보통
정서적 의사소통	**49**	**38**	**낮음**
문제 해결	66	61	높음
문제 해결	**61**	**52**	**높음/보통**
공유시간 갈등	58	60	보통
공유시간 갈등	**43**	**47**	**낮음**
경제적 갈등	62	67	높음
경제적 갈등	**60**	**61**	**높음**
성적 불만족	61	40	높음/낮음
성적 불만족	**46**	**34**	**낮음**
자녀양육 갈등	59	53	보통
자녀양육 갈등	**59**	**41**	**보통/낮음**
친밀감 안정성 척도			
친밀감 안정성	2.79	3.61	보통
친밀감 안정성	**3.00**	**3.04**	**보통**

헌신 설문지			
헌신성	5.75	5.89	보통
헌신성	**5.58**	**5.42**	**보통**

주: 굵은 글씨가 현재 결과임.

작년도 개선이 필요했던 영역

문제 해결/갈등

그들의 첫 번째 결혼 체크업에서 제시카와 프랭크는 비생산적이라고 느껴지는 특별히 곤란한 이슈에 대한 갈등 속에서 한 가지 패턴을 확인하였다. 부부들은 그 패턴이 발생하기 전에 말다툼을 할 수 있는 잠재 요소를 인식하려는 노력하는 연습을 해 왔다. 프랭크의 말에 따르면 그들은 '잠시 멈출 수' 있었다. 제시카는 그들이 항상 갈등 회피에 성공적인 것은 아니지만, 그들이 알아챘을 때 그들 사이의 많은 것이 훨씬 쉬워졌다고 얘기했다. 제시카 역시 그녀의 감정에 대해 더욱 잘 알아차림으로써 갈등에서 변화를 가져올 수 있었다고 언급했다. 그녀가 신경이 곤두서거나 불안할 때에, 이 상태를 알아차리면서 그녀는 '정말로 참을성 없는 것'이 그녀가 프랭크와 논쟁할 때 미치는 영향력에 대해 더욱 잘 알게 되었다고 하였다. 예를 들어, 그녀는 최근의 의학적 절차에 대해 정말로 겁이 났다. 쉽게 화를 폭발하는 자신의 성향을 알게 되면서, 제시카는 '쉽게 화내는 대신에 언어적으로 이 감정을 설명할 수 있게' 되었다. 이들은 작년 결혼 체크업에 참여했기에 '자신들을 좀 더 잘 알아차리게 되었다'고 하였다. 제시카와 프랭크가 현재 실천하고 있는 행동에 대한 놀라운 은유적 표현은 "때때로 우리는 절벽에서 뛰어내리지 않는다. 우리는 그냥 내려다본다."이다.

정서적 의사소통/성생활

지난해 가능한 개선해야 할 영역으로 부상한 두 번째 이슈는 관계 내 정서적 의사소통 또는 정서적 친밀감이었다. 이 이슈는 함께 시간과 즐거움을 공유하는 것과 융합되었다. 면담과 설문지 응답에서 명백하게 제시카와 프랭크는 함께 보내는 시간의 질적인 면에서 유의한 향상을 보였으며, 이것은 연이어 성적인 친밀감 증진으로 이어졌다. 그들 관계의 향상을 위한 헌신이 성공적이었음을 강조하면서 프랭크와 제시카의 정서적 의사소통 및 성생활 모두에서의 점수는 낮은 불편감 수준으로 감소되었다. 중요한 예로 최근 제시카의 컨퍼런스 동안에 일대일로 시간을 보낸 것을 들 수 있다. 프랭크는 "아이들 없이 둘이 함께 시간을 보내게 되면서, 우리는 여전히 유대감을 즐길 수 있었어요."라고 요약했다.

올해 개선이 필요한 영역

팀으로서 더욱 효과적으로 양육하기

프랭크와 제시카는 둘 다 자녀를 훈육하는 관점이 다르기에 이로 인해 때때로 갈등도 유발된다고 언급했다. 제시카는 아이들과의 갈등을 다룰 때 좀 더 높은 수준의 팀워크와 일관성에 대한 소망을 표현했다. 그들은 자녀에 대한 이슈가 중요한지 혹은 중요하지 않은지에 대해 의견 대립이 있다고 인정했다. 제시카의 관점에서는 프랭크는 자녀들이 그를 필히 존경하도록 하기 위해 명령을 하지 않는다. "저는 프랭크가 더욱 조직적이었으면 좋겠어요. 소리 지르지 않고도 자녀들이 더욱 효과적으로 남편을 경청할 수 있기를 원해요." 프랭크는 "그것은 회사 분위기와는 달라요. 당신은 그 사람들에게 그냥 지시할 수 있어요. 그러나 특히 아이들의 경우, 그들은 그냥 '싫어.'라고 할 거예요. 내가 아이들에게 물어보면 그들은 '알겠어요.'라고 하죠. 그리고 5분 후에 그들은 내가 요구한 적이 없다고 말할 거예요." 제시카는 좌절의 수준이 증가한다고 설명했다. "우리는 우리에게 도움이 된다고 생각한 해결책이 더 많은 문제를 유발시키는 것에 대해 매우 화가 나 있어요."

양육 차이를 둘러싼 갈등과 양극화는 드문 일이 아니다. 이러한 이슈들은 특히 갈등에 민감한데, 그 이유는 양육에 대한 접근 방식은 우리 모두가 깊이 습득해 온 것이기 때문이다. 사람들은 그들의 양육 방식을, ① 그들의 부모가 어떻게 그들을 양육했는지에 대한 모델링, ② 당신의 어린 형제자매들을 돌보았던 초기 경험, ③ 구체적인 양육 기술을 의도적으로 배우고 연습하는 개인적 노력의 혼합을 통해 습득하는 경향이 있다. 양육에 대한 우리 본능의 대부분은 우리 부모들로부터 학습하기 때문에 우리는 그들 고유의 양육 방식을 뼛속 깊은 수준까지 내재화하는 경향이 있다. 양육 방식은 매우 깊이 뿌리처럼 자리 잡고 있기 때문에, 배우자가 상당히 서로 다른 양육 방식을 보이는 경우에 이러한 차이는 충돌로 이어질 수 있다. 다른 양육 방식을 '잘못된 것'이라고 아주 쉽게 보는 경향이 있는데, 이는 우리 자신에게 깊이 자리 잡고 있는 관점에서 볼 때 아주 분명히 잘못되었다고 느끼기 때문이다. 요점은 배우자들이 깊이 받아들이고 있는 서로 다른 양육 방식은 아주 보편적이며, 이러한 차이점들이 거의 대부분 배우자들 간의 갈등을 유발시키는 진원지로 작용한다는 것이다.

이 이슈를 둘러싼 솔직한 친밀감을 개발하는 데 있어 필요한 핵심은, 프랭크와 제시카가 서로서로와 아이들을 깊이 있게 이해하려고 노력하는 데 있다. 예를 들어, 제시카는 프랭크가 자녀들이 저녁 시간에 '집에서 긴장을 풀고 머물기'를 원한다는 욕구를 이해하는 것이 중요할 수 있다. 마찬가지로 프랭크도 제시카가 작성한 목록들과 구조에 대한 제시카의 요구 사항들을 인식하는 것도 중요하다. 이 이슈를 훌륭하게 다룰 수 있는 핵심은, ① 도전되는 점들은 아이들이 성장하면서 그 특성이 변하거나 이동하며 지속될 것이고, ② 협력적인 공동 양육을 향해 앞이 확실해 보이지는 않아도 목표와 가치에 대한 개방적인 의사소통, 서로의 차이에 대한 존중, 협력과 팀워크 정신이 필요하며, ③ 서로 말다툼하는 상황에 처하게 되는 경우를 알아차려서 의도적으로 공감적이고 협력적인 사고방식으로 전환하는 것을 인식하는 데 있다.

커플 체크업의 요점은 한 가지 구체적인 제안을 제시하는 것이 아니다. 왜냐하면 하나의 사이즈가 모든 것에 맞는 경우는 거의 없기 때문이다. 대신에 이 접근은 당신 부부에게 더 잘 맞는다고 여겨지는 여러 해결책들에 대해 이야기하고 가능한 해결책의 메뉴를 당신에게 제공한다. 치료자는 제시카와 프랭크가 생각할 수 있는 해결책 옵션의 메뉴들을 다음과 같이 제공하였다.

해결책 옵션 1: 실생활에서 어떠한 패턴이 나타났다고 보기 시작하는 순간, 그 패턴을 기록하십시오. 패턴에 대해 알아차리고 이름으로 그것을 부르십시오("우리는 비협력적인 양육 방식을 또 하고 있네."). 이것은 당신들이 빠져 있는 깊이 파인 홈과 당신들 사이에 충분한 거리를 만들어 주고, 새로운 단계들을 시도할 수 있도록 도와줄 것입니다.

해결책 옵션 2: James P. McHale(2007)의 책, 『공동 양육의 험난한 길

을 안내하기: 가족 삶의 도전을 이해하기(Charting the Bumpy Road of Coparenthood: Understanding the Challenges of Family Life)』나 Adel Faber와 Elaine Mazlish(1999)가 쓴 『당신의 자녀(청소년)가 경청하도록 대화하고, 자녀가 대화하도록 하는 대화하는 방법(How to Talk So Your Kids(Teens) Will Listen and Listen So Kids(Teens) Will Talk)』을 읽는 것을 당신의 양육 특성을 강화시키는 지속적인 대화의 시작 수단으로 고려해 보십시오.

해결책 옵션 3: 양육에 대한 당신의 목표와 가치를 비롯해 각자의 양육 노력과 자녀의 안녕에 대한 감사를 나누는 만남을 정기적으로 하십시오. 만약 당신이 새로운 규칙적인 일과를 도입하는 것과 같은 새로운 접근법을 시도하기로 결정했다면, 무엇이 잘 되었고 무엇이 잘 되지 않았는지 평가하기 위해 그 다음 주에 15분가량을 할애하십시오. 비록 당신이 다른 양육 방식을 가지고 있더라도 당신들은 둘 다 자녀에게 최선이 되는 것을 원한다는 데에서 궁극적으로는 합심하고 있음을 알아차리십시오.

재정 관리하기

제시카와 프랭크는 돈에 대한 접근 방식에서도 중요한 차이점을 보이고 있다. 제시카는 현재 가족 경제를 관리하고 있지만 이 부분에서 답답해하고, 혼자라는 느낌을 받고 있다. 그녀는 "저는 프랭크가 우리 계좌에 돈이 얼마 있는지 안다고 생각하지 않아요."라고 말한다. 그녀는 프랭크가 자신과 같은 상황에 있지 않다고 여겨질 때 분노가 쌓이며 자신과 프랭크 사이에 쌓인 벽이 있다고 느낀다. 제시카는 그들 관계에서 이 영역이 하나가 아닌 지점이라고 믿는다. 그들은 이 이슈로부터 스스로가 피하고 있음을 알게 되었고, 이는 분노로 이어지며 관계의 다른 측면까지 영향을 미치게 하였다. 프랭크는 제시카가 그들의 재정을 유지하기 위해 얼마나 힘든지 알고 있었다. "저는 제시카가 모든 공과금을 처리한다는 것을 알아요. 그렇지만 우리가 이것에 대해 진지하게 이야기하는 시간은 늦은 밤이고 우린 모두 지쳐 있죠. 일을 할 땐 8시 전까지 집에 올 수 없어요. 내가 어느 정도 접근할 수 있는 시간은 9시 이후이죠."

재정은 몇 가지 이유에서 부부간의 갈등을 유발하는 상위 4개 영역 중 하나이다. 그러나 이 경우에도 당신들은 같은 편에서 합심하고 있음을 알아차리는 것이 필수적이다. 둘 모두 당신 가족을 위한 적절한 자원이 제공되고, 미래를 위해 저축하며, 여가를 위한 추가적인 자금을 가지기를 원한다. 추가적으로 당신은 일하지 않을 때 시간을 서로 함께 보내기를 원한다. 여기 몇 가지 해결책 옵션이 있다.

해결책 옵션 1: 결혼생활에서 재정 관리 부분에 대해 당신의 배우자와 상의하십시오. 부부가 함께 재정을 관리하는 많은 효과적인 방법이 있지만, 당신 둘 다 노동 분담에 동의하는 것이 중요합니다. 다음과 같이 대화하십시오. 당신이 변화 혹은 현재 상황이 최선이라고 결정하든 아니든, 당신은 상대방의 걱정에 대해 더욱 이해하고 인정해야 할 것입니다.

해결책 옵션 2: 당신이 공과금을 납부하는 곳에서 정기적인 만남을 계획하거나 함께 재정 계획을 세우십시오. 둘 다 생기 있는 시간에 만나, 그날의 짜증이 당신의 인내 위에 덮이지 않게 하십시오. 처음에는 재정적 만남의 특성상 정서적으로 도전적일 수 있습니다. 그러나 시간이 지나면서 의사소통을 연습하고 상대방의 말을 공감적으로 경청할 수 있게 된다면 당신은 서로에 대해 더욱 잘 이해하게 되고 배우자와의 더 큰 유대감과 재정적 관점에 대한 공유된 관점을 가지게 될 것입니다. 관계에서 특히 당신이 스트레스를 받는 영역을 알아차리고 이해하십시오. 만약 당신이 이러한 도전에 맞서 서로를 정서적으로 지지할 수 있는 것을 연습한다면, 친구이자 동료로 함께 어려운 시간을 맞이했기 때문에 전반적인 결혼생활의 건강함에는 이득이 될 것입니다.

해결책 옵션 3: 당신들의 차이에 대해 탐색할 수 있도록 돕는 재정 전문가의 책을 함께 읽어 보십시오. 『재정적 자유로 가는 아홉 단계와 걱정을 멈추게 만드는 영적 단계(The Nine Steps to Financial Freedom: Practical and Spiritual Steps So You Can Stop Worrying)』와 같은 Suze Orman(2006)의 책이 몇 가지 있습니다. 이들 책을 얻기 위한 재정적으로 상식적인 한 가지 방법은 이 책들을 도서관에서 빌려 오는 것입니다.

결혼 체크업의 목표 중 하나는 부부가 그들의 결혼생활의 건강에 대한 더 나은 돌봄을 시작하는 방식을 규명하기 위해 그들의 강점과 관계에 대한 자신들의 지식을 이용하도록 돕는 데 있다. 다른 말로 하자면, 양치질과 치실 사용이 우리가 치아와 잇몸을 건강하게 지킬 수 있도록 하는 정기적인 것이라면, 제시카와 프랭크가 그들의 결혼생활을 건강하게 유지할 수 있는 정기적인 것은 무엇이라고 할 수 있겠는가? 앞으로의 몇 주나 몇 달 동안 결혼생활을 건강하게 유지하는 데 당신이 적극적으로 행할 수 있는 세 가지 옵션에는 무엇이 있겠는가?

스스로 만들어 낸 해결책 옵션:

해결책 옵션 1:

해결책 옵션 2:

해결책 옵션 3:

요약

프랭크와 제시카의 결혼은 강력한 뿌리를 가지고 있다. 그들이 서로를 깊이 사랑하며, 함께 공유하는 삶에 깊이 헌신하고 있다는 것은 분명하다. 지난해 동안 제시카와 프랭크는 지난해의 검진에서 언급한 어려움의 두 가지 영역에 대해 성공적으로 다루었다. 이를 감안할 때, 그들은 양육과 재정에 대한 수용과 변화에서 훌륭한 조화를 향해 그들의 방식으로 작업할 수 있을 것이라고 여겨진다. 프랭크와 제시카의 결혼은 분명히 애정을 담고 있으며 존중과 헌신을 기반으로 하고 있다. 지속적이고 활발한 관심이 지속된다면 이 결혼생활은 그들이 함께 살아갈 날들 동안 강하고 충만하게 유지될 수 있을 것이다.

Chapter 07

피드백 회기 수행하기

평가 회기 동안, 부부들은 결혼 체크업(MC) 컨설턴트와 함께 장기간의 관계적 건강을 이끌어 갈 친밀감을 더욱 촉진하는 이해를 하게 해 주는 작업을 하게 된다. 이러한 새롭고 친밀감을 촉진시키는 구체적인 이야기에는 강점, 열정을 동반한 이해, 관계를 위한 활성화시키는 행동이 포함되어 있다. 그러나 부부의 규칙과 심지어 더욱 양극화된 인지적 · 지각적 · 행동적 습관들은 많은 추진력을 가지며, 그들이 새롭게 개발한 친밀성을 연결해 주는 가교는 미약할 수 있다. 피드백 회기의 이론적 배경은 부분적으로는 컨설턴트가 부부와 함께 작업할 수 있고, 새로운 친밀감을 촉진하기 위한 이야기를 구체화시키고, 훈련하는 맥락을 제공하는 데 있다. 목표는 부부가 그들에게 떠오른 서로에 대한 열정을 동반한 이해와 패턴, 강점을 더욱 완전히 통합하도록 돕는 데 있다. 덧붙여 피드백 회기의 이론적 근거는 부부를 그들의 관계적 건강을 도모하도록 더 활성화시키고, 가능한 생산적인 방식으로 그들을 동기화하도록 돕는 피드백과 조언을 제공하는 데 있다. 요약하자면, 두 가지 목표는 친밀감과 활성화인 것이다.

MC의 피드백 회기는 우선적으로는 통합적 부부치료 모델과 동기강화 면담에서 고안되었다. 회기는 부부 관계력에 관한 간략한 리뷰로 시작하며, 그들의 강점과 어려움 영역을 통해 진행되고, 각 어려움 영역에 대해 컨설턴트가 만든 옵션 메뉴와 부부가 만든 옵션 메뉴를 가지고 결론을 내린다. 이 장에서 나는 당신이 작성한 피드백 보고서를 바탕으로 하여 실제적인 피드백 회기를 어떻게 이끌어 가는지 보여 주고자 한다.

수용, 친밀성 및 협력을 촉진시키는 일반적인 고려사항

팀 오리엔테이션을 촉진시키기

구조화되고 세부적인 피드백 제공의 기능 중 하나는, 배우자들과 치료자가 한 팀으로서 모든 것을 해낼 수 있다는 방향성을 제공한다는 데 있다. 치료자는 객관적으로 정보를 제시하고, 이해와 행동 모두를 건강하게 변화시키는 방향과 스스로의 동기를 촉진시키는 방식으로 배우자들의 반응을 반영해 준다. 부부들은 자신들의 친밀감을 증진시키는 이해와 수용을 더욱 통합하도록 허용해 주는 정보를 제공받는다. 이와 같은 이해를 발달시키는 과정에서 그들은 활성화시킬 필요성과 더욱 의도적으로 관심을 기울이거나 관계 내에서 현재 하고 있는 방식을 변화시킬 필요성에 대해서 자신들이 스스로 결론을 이끌어 낼 수도 있다.

컨설턴트의 태도를 취하기

MC 컨설턴트는 단지 그들의 관계에 대한 서비스에서 배우자에 대한 컨설턴트일 뿐이다. 부부는 항상 그들 관계 내에서 절대적인 자율성을 가진다. 우리 팀과 나는 배우자들에게 우리가 제공하는 정보를 어떻게 해석하고, 그것으로 무엇을 할지는 전적으로 그들에게 달려 있다는 것을 분명히 하길 원한다. 예를 들어, 나는 종종 "내 역할은 우리가 가진 최선의 정보를 제공하는 것이고, 두 분은 결혼생활의 건강함을 조절하기 위해 어떻게 하는 것이 최선인지를 결정할 수 있어요."라고 언급한다.

회기를 협력적이고 대화가 이루어지는 방식으로 유지하기

특히 경험이 부족한 컨설턴트는 피드백 회기 동안 일방적인 대화로 빠지기 매우 쉽다. 당신에게는 앞에 놓인 작성된 피드백 보고서가 있고, 피드백 회기에 대한 프로토콜이 있으며, 이 피드백 보고서를 부부에게 읽어 주고 상대적으로 폐쇄형 질문을 몇 가지 하는 방식으로 전락하기 쉽다는 얘기이다. 이렇게 하면 안되는 몇 가지 이유가 있다. 첫째, 인간의 귀는 작성된 서류를 타인이 읽는 것을 잘 경청하지 못한다. 둘째, 심지어 자연스럽게 전달되더라도 독백은 배우자들에게 참여할 기회를 제공하지 않으며, 그들에게서 새롭게 자신을 진술하는 이야기 방식을 연습하고 이를 위해 시간을 보낼 중요한 기회를 앗아 간다. 당신은 각 부분을 반영하고, 그들의 용어를 통해 그 부분을 통합할 기회를 제공하며, 만약 잘 맞지 않을 경우 당신과 함께 수정할 수 있도록 배우자들을 대화에 초청해야만 한다. 당신이 독백으로 빠진다면 회기는 매우 빨리 끝나 버릴 것이고, 부부는 개입을 통한 충분한 효과를 얻지 못하게 될 것이다.

여기서의 핵심은 회기를 협력적이며 대화적인 방식이 되도록 하는 데 있다. 피드백 보고서의 각 부분에서 제시한 것같이, 그들이 당신이 말한 내용을 반영하고, 그 부분에 대해 그들의 이해를 표현할 수 있도록 배우자를 차례로 대화에 초대하라. 예를 들어, 부부의 핵심적인 강점 중 하나가 그들의 우정이라면 당신은 배우자들에게 그들이 그동안 어떻게 우정을 형성해 왔고, 이에 대한 그들의 생각이 어떤지에 대해 조금 더 얘기해 달라고 요청할 수 있다. 나는 다음과 같이 말할 것이다.

> 우리가 보는 모든 부부가 전부 좋은 친구들이라고 할 수는 없어요. 당신들 역시 다른 부부들이 서로에게 특별히 좋은 친구가 아니라는 점을 이미 알고 있다고 생각해요. 그렇지만 당신들 관계에서는 무엇이 이러한 차이점을 만들었지요? 어떻게 당신들은 그렇게 강력한 우정을 형성할 수 있게 되었나요? 좋은 친구가 되는 중요성에 대해 특별한 강점을 가지지 못한 다른 부부들에게 당신들은 뭐라고 얘기해 줄 것 같으세요?

이러한 질문의 종류는 배우자들을 그들의 우정이란 주제에 참여시키고, 이러한 강점이 칭찬받아 마땅하며 당연한 것이 아니라는 데 초점을 지속적으로 맞출 수 있게 해 준다. 이러한 질문은 그들에게 친밀한 관계 내에서 좋은 친구가 되는 것의 중요성이 다른 부부와 공유할 만한 가치가 있는 것임을 알게 해 준다.

변화에 대한 동기 증진시키기

관계 내에서 부부가 걱정하는 어려움이 장기간의 결혼 결과에 어떤 영향을 미친다고 알려져 있는지 설명함으로써 변화에 대한 동기가 피드백 회기의 시기 동안 증진될 수 있다. 불일치를 부각하기 위해 치료자는 관계의 건강함에 대한 부부의 가치와 문제 행동 및 패턴이 미칠 잠재적이고 장기적인 부정적 영향을 병렬로 놓는다. 예를 들면, 다음과 같다.

당신의 결혼생활에서 걱정되는 이슈라고 규정한 것 중 하나는 두 분 다 긍정적인 의사소통의 부재라고 묘사한 것입니다. 실제로 평가 결과 역시 두 분 모두 갈등 회피와 상호 철수의 전반적인 패턴으로 힘들어하고 있다는 것을 제시하고 있습니다. 가정 내에서 이러한 방식은 상대방에게 만성적으로 까치걸음을 걸으며 조심스럽게 갈등을 회피하면서, 어쩌면 동시에 아무것도 아닌 일이나 모든 일에 있어 매우 잦은 분노 폭발을 간간이 보이는 양상으로 나타날지 모릅니다. 이러한 얘기가 당신에게 맞다고 여겨지시나요?

만약 부부가 이것이 그들 관계에서 일어나는 일처럼 여겨진다고 동의한다면, 부부가 바라는 모습과 실제 모습 사이의 불일치를 이끌어 낼 수 있다. 당신이 부부가 평가 회기 동안 당신에게 묘사한 패턴을 제시할 수 있다면, 부부는 당신의 요약에 기꺼이 동의할 것이다.

자, 이러한 패턴이 드물지는 않지만 이러한 문제는 부부 연구 및 치료 문헌들에 기초해 볼 때 장기적인 관점에서 심각하게 부부 관계의 질을 저하시킬 수 있습니다. 이러한 패턴은 문제를 더 심각하게 만들고, 분노를 유발하고,

심지어 당신이 동의하지 않을 때라 하더라도 서로가 함께 팀을 이루어 작업해 나가고, 협력적이고 친밀한 배우자로서 서로를 바라보는 기반을 약화시킵니다. 당신은 이미 이러한 부정적인 부작용을 일부 느끼고 있을지도 모릅니다. 이러한 내용이 당신에게 모두 맞는 것 같다고 여겨지세요?

연구를 통해 얻어진 피드백 제공하기

MC의 근간이 되는 것 중 하나는 피드백 회기 동안 제시되는 주장의 근거가 근거 중심의 연구와 치료 문헌에 근거한다는 것이다. 연구 결과의 맥락 속에서 이슈를 고려하는 것은, 배우자들에게 이슈 및 관계 증진을 위해 무엇을 해야 하는지에 필요한 정보를 제공하는 데 초점을 맞춘다. 덧붙여 연구 문헌은 피드백의 정당성도 제공해 준다. 내 목표 중 하나는 MC가 최근 몇 십 년간 축적된 유용한 부부 관계 연구의 광대한 실적물들과 이러한 지식으로부터 가장 이득을 얻을 수 있는 부부 사이에서 유용한 전달자의 역할을 하는 것이다. 최종적으로 가능한 범위 내에서 연구 문헌에 의존하게 되면, 당신은 임상가로서 기존에 하던 방식에서 벗어나게 될 것이다. 당신은 배우자들에게 그들이 쉽게 묵살할 수 있는 당신의 경험에 기초한 의견을 제공하지 않는 대신, 그들에게 보다 신뢰 있는 정보를 제공함으로써 그들이 결혼생활의 건강을 위해 잘 교육된 의사결정을 할 수 있도록 만들 수 있다. 이러한 이슈들과 그것의 영향에 대한 솔직한 표현은 부부가 피드백의 세부 사항을 고려하고, 그들의 결혼생활의 건강을 유지하기 위한 계획을 개발하기 위해 당신과 협력적 관계를 수립하도록 동기를 유발할 수 있다.

Kristi Coop Gordon 박사와 나는 몇몇 부부에게 연구 결과가 안심을 주기보다는 더 많은 의심을 유발시키는 곤란한 단어일 수 있다는 것을 알게 되었다. 이는 우리가 보는 부부들을 잘 알고 그들에게 맞춰 최선을 다해 정보를 전달하고 가능한 한 쉽게 이해하고 소화시킬 수 있도록 맞춤형 피드백을 제공할 때 가장 우수한 형태의 서비스를 제공받을 수 있음을 분명하게 확인시켜 주는 것이다. 이러한 사례에서 우리는 연구 참고문헌을 제시하기보다 실제로 많은 부부에게 사실이라고 밝혀졌다고 대체해서 설명할 수 있다. 이 점이 동기강화 면담 기술을 이해하는 지점에서 가장 손쉽게 사용할 수 있는 부분이다. 배우자들과 그들의 관계 중 가장 어려운 측면에 대해 이야기하는 것은 정서적으로 그들을 곤란한 상황에 처하게 할 수 있다. 이러한 이슈들과 관련해서 당신이 그들에게 어떻게 접근할 것인가는 당신이 회기 내에서 그들을 더욱 활성화시키느냐, 더욱 좌절시키느냐에 따라 결정될 것이다.

주제와 패턴 제시하기

평가 회기에서 수용성을 더욱 촉진시키는 모든 기술은 피드백 회기에서도 통합될 수 있다. 예를 들어, 부부의 걱정거리나 어려움에 대해 당신이 논의하는 방법은 부부의 상호작용을 특징짓는 패턴과 주제 형태를 알려주면서 이 패턴 내에서 왜 그렇게 행동하는지 공감하고 납득할 만한 이유를 설명해 줄 수 있다. 이러한 패턴은 평가 회기 동안 협력적으로 이끌어 낼 수 있으며, 피드백을 받으러 왔을 때 부부에게 여전히 잘 흡수되게 할 수 있다. 피드백 회기의 목표는 부부가 또다시 그 패턴을 검토해서, 이를 통해 그들이 패턴에 대한 더 나은 이해를 지속하고, 관계 내에서 패턴이 작동하고 있는 것을 더 명확히 잘 알아차리도록 하는 데 있다. 예를 들어, 그들의 주요 이슈 중 하나가 돈이라면 당신은 이 관계 내에서 누가 돈을 쓰는 사람이고, 누가 절약하는 사람인지를 확인하기 위해 돈을 쓰는 사람-절약하는 사람의 주제를 비롯하여

이 패턴에서 각각 그러한 역할을 맡은 것에 대한 납득할 만한 이유들, 부부 사이에서 패턴이 나타나는 전형적인 방식, 수용, 친밀성, 협력을 위협하는 극단적인 상호적인 덫이 생기는 방식에 대해 또다시 얘기할 수 있다. 주제와 문제들을 말할 때는 비난하지 않고 열정적인 마음과 이해를 증진시키는 방식으로 제시해야 한다. 부부의 특징적 측면으로 이슈를 제시하는 것 역시 협력적 태도를 증진시킬 수 있다.

부드러운 정서적 경험들을 강조하기

피드백 회기에서 공감적인 참여를 하게 되면, 특정한 이슈나 주제에서 각 배우자의 역할에 기저하고 있는 더욱 부드러운 감정들을 강조하여 또다시 부부 관계가 촉진될 수 있다. 평가 회기에서의 치료적 면담 동안만큼은 아니더라도 가능한 한 당신은 피드백 회기 동안 이러한 부드러운 정서 표현들에 부부가 몰두할 수 있도록 시간을 사용할 필요가 있다. 이러한 점에 대한 강조는 어떤 면에서는 MC 사이에 스스로 지탱할 수 있는 친밀감 과정을 촉진시킬 수 있다.

단합된 거리두기를 이끌어내기

단합된 거리두기는 피드백 회기 동안 어느 쪽의 배우자도 비난하지 않고, 부부들과 협력적으로 연합을 이루는 방식을 통해 부부의 문제를 설명할 때 증진된다. 모든 주제와 패턴은 배우자들이 주도권 싸움에서 경쟁적으로 승자–패자 관계로 얼굴을 마주하기보다는, 이 패턴에 대한 관계 내에서 어깨를 나란히 함께하는 방식으로 묘사된다. 예를 들어, 일반적인 내향성–외향성 차이에 대한 부부의 갈등 주제에 대한 묘사는 배우자가 서로를 비난하지 않거나 그들 중 누구도 잘못되지 않았음을 이해하고, 사소한 차이도 훌륭하고 협력적으로 다룰 수 있음을 알게 할 수 있다.

인내심을 증가시키기

부부들 사이에 자연스럽게 발생하는 차이점에 대해서 인내심을 증진시키는 것은 부정적인 행동의 긍정적인 면을 강조할 때 촉진된다. 예를 들면, 한 배우자가 좀 더 자극을 추구하고, 다른 배우자는 좀 더 보수적이고 조심성이 많을 때 차이점을 상보적이라고 재정의한다. 만일 두 부부가 자극을 추구하는 사람들이라면, 아마도 그들은 자신들의 삶에서 동일한 정도로 안정성과 신뢰성을 소유하지 못할 수 있다. 다른 한편으로, 두 부부가 자연스럽게 더 조심스럽다면, 그들은 많은 모험적인 일이나 흥미가 있을 순간들을 즐기지 못할 것이다. 각 배우자는 독특한 장점을 부부 관계에 제공하고, 그러한 장점들은 자연스럽게 마찰을 가져올 수 있다. 부부들이 오랫동안 갈등을 경험해 왔던 부부 관계에서 긍정적인 면을 알아차리게 도와주는 것은 부부들이 서로를 수용하고 협력적인 방향으로 의미 있게 움직일 수 있도록 해 준다.

피드백 회기 과정

피드백 회기 준비하기

피드백 회기를 준비하기에 앞서 당신은 6장에서 제안한 형태의 피드백 보고서를 작성하고, 각 배우자를 위한 사본을 준비해야 한다. 나는 피드백 회기 하루 전에 전화를 걸어 회기를 상기시켜 주는 것이 매우 유용하다는 것을 알게 되었다. 이러한 전화는 회기에 나타나지 않거나 몇 분 전에 전화로 취소하는 일을 유의할 정도로 감소시켰다. 만약 당신이 부부의 과정을 오랜 기간 추적하길 원한다면, 사후 회기 질문지를 준비하는 것이 좋을 수 있다. 피드백 보고서는 회기에서 유용한 가이드 역할을 한다. 그러나 부부들에게 단순히 이를 읽는 방식으로 전락하는 보고서를 사용하지 않기 위해서는 몇 가지 연습이 필요할 수 있다. 나는 보고서를 펼쳐 놓고, 작성한 요점들에 대해서 언급을 마치기 전 부부들에게 친절하게 적극적으로 대화를 해 볼 때 도움이 된다는 것을 발견했다.

나는 또한 회기가 끝나기 전까지 배우자들에게 피드백 보고서의 사본을 주지 않는 것도 도움이 된다는 것을 알아차렸다. 나는 배우자들이 사본을 가지고 있을 때 피드백 보고서와 나 사이에서 주의를 배분하려는 경향이 있으며, 이는 회기 중의 정서적인 분위기에 영향을 덜 받을 수 있다는 것을 경험을 통해 어렵게 인식할 수 있었다. 당신은 그들에게 회기가 끝날 때 집으로 가져갈 수 있는 보고서 사본을 제공한다고 알려 주라.

재방문을 환영하고 회기에 대한 오리엔테이션 제공하기

부부가 피드백 회기에 재방문을 하면, 첫 번째 단계는 그들이 다시 돌아왔음을 환영하고 각각의 배우자의 안부를 물으면서 라포를 형성하고 따뜻하고 친밀한 톤을 맞추는 데 몇 분가량을 할애하는 것이다. 다음은 그들에게 회기에 대한 간략한 오리엔테이션을 제공한다. 그들에게 만남은 한 시간가량 진행되며, 목표는 그들과 함께 피드백 보고서를 검토하고 포함된 정보를 가장 효과적으로 사용할 수 있는 방안에 대해 함께 작업하는 것이라고 알려 준다. 당신은 부부에게 이러한 작업을 위해 목표하는 것이 강의가 아니라 당신을 포함한 셋이 대화를 하는 방식을 취하며, 그들에게 제공한 피드백에 대해 자세한 내용의 질문을 하게 될 것이라고 알려 줄 수 있다. 만약 궁금한 점이 있다면 떠오르는 어떠한 질문이나 걱정이라도 이야기해 줄 것을 요구하라.

부부 관계력에 관한 피드백

회기에 대한 오리엔테이션 후, 직접적으로 관계력에 대한 리뷰로 진행하라. 평가 회기에서 이 부분에 대한 중요성의 근거는 긍정적인 정서의 중요성에 대한 피드백을 제공함으로써 시작된다. 당신은 배우자들에게 그들이 함께 한 과거 경험 중 가장 흥미로웠던 순간을 상기시켜 줄 수 있다. 서로에게 무엇이 매력적이었는지 강조하거나 그들이 함께 처음에 이끌어 낸 사랑, 애정, 공존 가능성의 질에 대해 언급할 수 있다. 당신은 부부에게 그들이 함께 공유한 과거사에 나타난 긍정적 정서가 건강하고 잘 기능하는 결혼생활을 시사하고 있음을 알게 할 수 있다. 피드백을 할 때, 당신은 그들의 관계력을 검토하는 대략적인 이유를 먼저 말해야 하며, 그 후에는 관계력 자체를 함께 검토해야 한다. 예를 들면, 다음과 같다.

저는 두 분의 결혼생활의 초기 기반에 대한 정확한 이해를 얻기 위해 두 분과 함께 결혼의 초기 경험에 대해 빠르게 검토하고자 합니다. 두 분은 저에게 당신들이 대학교에서 처음 만났으며, 서로를 매우 매력적이라고 느꼈다고 말했지요. 베스, 당신은 톰이 당신에게 관심을 갖게 하기 위해 매우 노력했다고 기억했어요. 그리고 톰, 당신은 관심이 있었던 것 같고요. 실제로 당신이 제게 말한 첫 번째 생각은 그녀가 얼마나 아름다웠는가 하는 거였어요. 여기까지 모두 맞나요?

부부의 강점에 대한 피드백

다음 단계는 부부 관계의 강점에 대해 검토하고 강점에 대한 그들의 피드백을 제공하는 것이다. 불행하게도 사람들은 자신들의 장점에 감사하며 이를 이미 알거나 경험하는 것보다 그들의 단점이나 그들이 바라는 것이 서로 다른 것에 초점을 맞추는 것이 더 쉽다. 나는 종종 부부들에게 인간의 마음은 위협에 대한 탐지라는 긍정적인 생존 가치로 인해 일차적으로 감사 탐지자라기보다는 문제 탐지자로 진화되어 왔다는 말을 한다. 이 말의 뜻은 행복하기 위한 것이 필수적이 아니라 살아남기 위해 진화했다는 것이다. 이러한 주의 편향을 고려할 때, 사람들이 그들의 강점보다 관계 내에서의 어려움에 더 많은 주의를 기울인다는 것은 놀랍지 않다. MC의 가장 중요한 기능들 중 하나는 배우자의 장점에 대해 의도적으로 더 많이 숙고하고, 알아차리며, 감사하는 시간을 가지게 하는 데 있다.

나는 강점 부분에 포함시킬 몇 가지 내용을 찾는다. 첫 번째로, 나는 지명된 강점 중 가장 상위 세 가지를 언급하고, 상위에 랭크된 문항에 특히 주의를 기울인다. 예를 들어, 나는 다음과 같이 말할 것이다.

평가 회기 동안, 두 분은 부부로서 최고 강점이 일상생활에서 서로를 확인하고, 정기적으로 양호한 시간을 함께 보내려고 한다는 점을 언급했어요. 두 분은 서로의 우정을 첫 번째로 꼽았어요. 연구 결과는 부부의 우정의 질이 그들의 결혼생활의 건강에 대한 가장 우수한 지표 중 하나이며, 그들의 관계가 시간이 지나면서도 얼마나 좋을지에 대한 가장 좋은 예측인자 중 하나라고 제안했어요. 그렇기 때문에 두 분의 우정은 사소한 것이 아니며 매우 자랑스러워하고 감사하게 느껴야 할 요소예요. 불행하게도, 우리가 모든 결혼 관계에서 볼 수 있는 특성은 아니죠. 저는 두 분도 모든 부부들이 서로에게 특별히 좋은 친구인 것만은 아니라는 사실에 대해 안다고 생각해요. 당신들이 생각하는 비결은 무엇인가요? 당신의 배우자와 좋은 우정을 유지하는 것에 대해 다른 부부에게 어떠한 조언을 해 줄 수 있을까요?

이 예를 제시한 몇 가지 이유가 있다. 첫 번째로, 나는 그들의 최고 강점과 존재하는 연구 문헌으로부터 알게 된 구체적인 내용 간에 연결고리를 만들려는 나 자신의 방식으로 진행했다. 여기에서의 목표는 부부를 관계 과학의 영역에서 발견된 내용과 연결시키고, 삶의 단순한 사실이라고 여겼던 것을 중요한 강점과 특별한 관심을 기울일 만한 관계의 특성으로 정당화하는 데 있다. 다음으로 나는 종종 관계의 측면이 보편적이지 않으며, 관계에 따라 다양하고, 그들이 함께하는 이 부분에 대해 축하해야 할 이유가 있음을 언급한다. 이러한 강점에 대해 모든 부부가 그들만큼 축복받은 것이 아니라는 사실을 알려 줌으로써, 나는 그들이 감사한 마음으로 고조되고, 그들이 함께하는 그 사람이 관계의 긍정적인 특성 면에서 특별하다는 것을 그들이 진심으로 알도록 돕고자 하는 바람이 있다. 마지막으로, 그들이 이러한 강점을 정교화하고 감사할 수 있도록 초청하는 질문을 함으로써 그들에게 관계 내에서 이러한 부분과 접촉하며 이를 기념하고, 알고, 인정하는 시간을 늘릴 기회를 제공하고자 한다. 궁극적인 목표는 그들이 당연한 것으로 여겨왔던 강점을 감사의 근원이 되는 것으로 재건하는 것이다.

다음 부분으로 넘어가기 전에 나는 일반적으로 부부에게 그들의 강점을 칭찬하고 긍정적인 틀을 제공한다. 예를 들면, 다음과 같다.

> 전반적으로 두 분은 자랑스러워할 만하며, 함께할 남은 생애 동안 좋은 것들을 제공해 줄 수 있는 부부로서의 많은 강점을 가지고 있음이 분명합니다. 이것이 두 분의 결혼에서의 긍정적인 토대이며, 저는 이것이 얼마나 굳건한지를 보게 되어 기쁩니다. 두 분의 생각은 어떤가요?

검사지 점수 검토하기

만약 당신이 배우자들에게 해석할 점수를 필요로 하는 결혼만족도 검사 개정판(Marital Satisfaction Inventory, Revised), 부부만족 지표(Couples Satisfaction Index) 또는 결혼 체크업 관계 영역 설문지(Marriage Checkup Relationship Domains Questionnaire)와 같은 검사지를 완성하라고 요청했다면, 당신은 이 영역에서 부부와 그들의 점수에 대해 검토할 수 있다. 다시 한 번 그들의 장점에 대해 강조하고, 걱정의 잠재적인 영역을 언급하며, 걱정의 구체적인 영역으로 그들이 지목한 영역을 확인하고, 평가 회기 동안 미처 언급하지 못한 어려움의 다른 영역들에 대해 언급하라. 나는 따로따로 각 관계 영역의 개별 점수를 검토하는 것은, 너무 많은 시간을 사용하여 부부를 무관심하거나 피곤하도록 하기에 추천하지 않는다. 대신에 이전 평가와 일치하는 강점과 어려움, 추가적으로 드러난 강점과 어려움에 대해 언급하면서 그들 점수에 대한 전반적인 요약을 제공한다. 예를 들어, 만약 그들이 평가 회기 때는 언급하지 않았던 성생활과 같은 영역에서 어려움을 제시하는 점수를 얻었다면, 그들에게 이것이 정말 어려움의 영역인지 물어보고, 피드백 회기가 끝나기 전에 어려움 영역의 일부로 이것을 다루기를 원하는지 확인한다. 만약 그렇다면 당신은 이 이슈에 대해 확인하기 위해 몇 분을 아끼고 일부 피드백을 제공할 수 있다. 시간이 종종 제한되어 있기 때문에 이러한 이슈들은 평가 회기에서 강조되었던 것들과 동일한 수준의 관심을 얻을 수는 없다. 그러나 당신이 이 문제에 대해 인식하고 있고, 부부가 그것을 어떻게 해결해 나가야 할지에 대한 대략적인 요점을 제공하는 데 몇 분간을 사용할 수 있다.

어려움 영역에 대한 피드백 주기

MC는 부부의 어려움 영역에 대한 피드백을 제공할 때 두 가지 목표를 가지는데, 이들은 처음에는 양립할 수 없는 것처럼 보이지만 실제로는 서로를 잘 보완하는 것들이다. 첫 번째 목표는 배우자 간의 친밀함과 수용에 대한 깊이 있는 경험을 증대시키는 것이다. 두 번째 목표는 배우자들을 그들의 관계적 건강성의 일상적 유지에서 더욱 적극적이 되도록 동기화시키는 것이다. MC 치료자들이 일관성 있게 다루는 주제는 부부들이 서로에게와 관계에 기댈 수 있게 하는 것이다. 수용은 배우자에게 계속적으로 기댈 수 있게 하고, 서로 접촉하면서 엮어진 친밀감 내에 머물게 하는 것을 지속시킴으로써 해결될 수 없는 갈등이나 마찰을 다룰 때에도 친밀감을 증진시킨다.

실제로 대부분의 건강 영역에서와 같이 기본적인 가정은 질병과 건강 악화의 주요 범인이 무시라는 것이다. 특히 친밀한 관계에서 해결되지 않는 갈등의 요점들은 배우자들이 서로에게서 멀어지게 몸을 돌리거나, 철수하거나, 관계의 가장 도전적인 측면과 맞붙어 싸우지 않으려고 회피의 수단으로 서로와 그 관계에 대해 회피하도록 이끌 수 있다. 동기화된 회피는 건강을 당연한 것으로 여기는 인간의 자연스러운 성향에 더해져, 일상에서의 거듭되는 요구 사항들을 신속하게 다루어야 하는 건강한 습관을 무시하는 것을 가중시킨다. 궁극적인 목표는 배우자들이 친밀감 과정을 유지시키는 방식으로 그들의 삶에 함께 적극적으로 참여하고, 매일의 관계에 대한 애정과 돌봄을 무시하지 않는 건강한 관계를 증진시키는 것이다.

피드백 회기 부분 중 어려움 영역에 대한 기본적인 틀은 각 배우자가 상위 어려움 영역에 대해 검토하고, 친밀성과 수용성을 증진시키는 용어로 그들의 걱정거리를 재구성하며, 각 어려움 영역을 적극적으로 다루고 지속적인 기초 위에 관계의 건강함을 유지하려고 하는 의도적인 연습에 참여하도록 배우자들을 동기화시키는 것이다. 이러한 패턴과 좌절에서 각 배우자가 경험하는 납득할 만한 이유와, 그 문제가 서로에게 덫이 되는 고유한 측면에 관해 배우자나 부부가 같은 편에 서서 그들의 관점에서 이를 명료하게 보는 것이 목표라고 할 수 있다. 치료자가 그들을 지지하는 경우에, 배우자들은 자신들 스스로가 앞으로 진행해 나아가길 원한다는 것을 더 쉽게 알아차리는 경향이 있다. 배우자들이 그들의 건강하지 못한 행동에 대해 거리를 두게 하기 위해서는, 치료자가 패턴을 명료화하고 배우자들이 그 패턴에 참여할 때 실생활에서의 결과에 직접적으로 접촉하게 하도록 해 준다. 문답식이나 부부의 이야기에서 그들이 변화하길 원하는 패턴을 단순히 제시하는 것보다, MC 치료자는 양쪽 배우자들을 패턴 및 그 결과와 관련된 대화에 초대하고, 그 패턴으로부터 자유로워지는 것을 그들이 선호한다는 사실을 깨닫게 해 줄 수 있다.

배우자 모두에게 관계의 건강함을 증진시키는 기회를 주는 유일한 방법은, 각 배우자가 변화하려고 개인적으로 동기화되어 노력해야지, 상대방이 변해야 한다고 생각하지 않도록 분명히 해야 한다. 고착된 상황에 빠지는 가장 공통적인 요소는 피드백을 다른 배우자에게 더 많이 적용하려는 성향이다. 배우자들은 자신에 대한 피드백보다는 상대방에 대한 피드백을 보다 명료하게 듣는 편향성을 보이는 경향이 있다. 상대방이 변화해야 할 필요성에 초점을 맞추는 것은, 변화를 감소시키는 가장 분명한 방식임을 명확하게 짚어 주어야 한다. 배우자들이 그들의 구체적인 이슈를 적극적으로 다룰 수 있는 방법에 대한 다양한 옵션에 대해 논의할 경우, 변화라는 단어는 반드시 가볍게 사용되어야 한다. 건강한 노력 혹은 건강한 연습과 같은 단어는 MC가 참여하는 부부에게 동기화시키고자 하는 요점을 더 전달한다. 때문에 마술적으로 한 모습에서 다른 모습으로 그들 자신을 변화시키는 배우자들의 노력을 동기화시키고자 고군분투하는 대신, 나와 우리 팀은 결혼생활에서 건강한 연습들에 지속적으로 참여할 수 있도록 배우자들을 동기화시키는 데 힘썼다. 비록 배우자들이 변화할 것이고 그러한 변화는 장기간 친밀한 관계에서 일어나는 현상임이 분명하지만, 나의 가정은 MC에서 초점을 맞춘 어려움 영역의 대부분이 어느 정도는 영속적이며, 이로 인해 어떤 배우자의 레퍼토리에서도 완전히 사라질 수 없다는 것이다. 이러한 이슈들은 특정 배우자와 함께할 때 나타나는 자연스러운 부분이기 때문에 우리는 변화에 대해 이야기하는 것을 지나치게 강조함으로써 부부에게 실패감을 유발하지 않도록 주의를 기울이고자 하였다. 현존하는 연구 문헌에도 암시되어 있듯이(Gottman & Levenson, 1999), 결혼생활의 건강과 질병 간의 차이를 만드는 것이 부부가 그들의 영속적 문제에 지속적으로 참여하는지 여부가 아니라 그들이 이러한 이슈에 참여할 때의 마음이라는 것이다. MC의 이러한 관점에서 영속적인 이슈에 대한 가장 건강한 사람의 접근에는 문제에 대한 명료하고 연민 어린 이해와 더욱더 협력적인 관점에서 문제를 바라볼 수 있는 더 큰 능력, 패턴을 가볍게 다루는 더욱 우수한 능력과 유머 감각이 해당된다. 그러므로 내향적–외향적 패턴을 가진 부부는 그들의 성격 양식 간의 갈등을 절대 다시는 경험하지 않을 것이라는 극적인 변화를 이룰 수 없다. 그러나 이들의 기본적인 차이에 대한 더욱 명료하고 연민 어린 이해가 동반될 때 그들은 자신들을 좌절시키는 패턴에 덜 빈번하게 참여하게 될 것이라는 연구 결과가 있다. 유머 감각을 가지고 패턴에 대해 이해하는 것은 사람들이 자동적으로 그 패턴에 빠지는 것으로부터 자유롭게 해 준다. 그러므로 비록 배우자들이 자신들의 특별한 이슈와 싸우고 있다고 하더라도 나의 희망은 그들을 활발하고 서로를 배려하는 관계에 대한 지속적인 연습으로 나아가게 하는 것이며, 이것은 영속적 이슈들을 둘러싸고 일반적으로 경험되는 철수나 속박감으로부터의 피해를 막아 줄 것이다.

당신이 부부의 어려움 영역에 대해 피드백을 제공할 때, 공통적인 차이(예: 돈을 쓰는 사람과 버는 사람), 정상적인 과정(예: 과도기에서의 스트레스) 그리고/또는 부부가 경험하는 갈등에 대한 다른 납득할 만한 이유에 대한 수용을 촉진시키는 것이 중요하다. 예를 들어, 만약 당신이 패턴으로 인한 이슈들에 대해 논의할 때, 그 이슈와 관련해 부부가 같이 노력하게 하는 것이 더욱 쉬울 수 있다. 예를 들면, 다음과 같다.

두 분은 둘 다 관계의 어려움 영역으로 친밀감의 부족을 꼽았습니다. 면담에서 저희가 이야기한 것에 비춰 볼 때 관계에서 작동되는 이러한 패턴의 하나는 추구-회피 패턴의 유형으로 여겨집니다. 많은 부부는 이러한 패턴으로 인해 혼란을 겪으며, 이것은 종종 친밀감의 이슈를 둘러싸고 일종의 댄스에서 배우자들이 함께 묶여 있는 형태와 같습니다. 만약 한 배우자가 철수하려는 것처럼 보이면, 다른 배우자를 추구하려는 모드로 끌어들여서 재연결을 시도하려고, 상대방이 감당하기 부담스러울 정도로 당기는 느낌을 유발합니다. 반면에, 한 배우자가 추구하려고 하면, 이는 편안한 거리를 유지하고자 노력하기 위해 다른 배우자를 뒤로 물러서도록 밀 수도 있습니다. 대체로 이러한 이슈를 둘러싸고 각자가 관계를 맺는 개인적인 차이는, 이러한 관계 이전의 개인 이력에서부터 두 분을 따라다녔으며, 이러한 패턴의 종류는 자연적으로 차이가 발생하는 부작용을 유발합니다. 이러한 패턴의 종류에 적절히 대처하는 한 가지 방법은 부부로서 당신이 그것들을 민감하게 알아차리고 특별히 누군가를 비난하지 않는 것입니다. 이것은 두 분 사이의 관계의 구조 내에서 자연스럽게 발생하는 특징이며, 두 분을 흥미롭고 복잡한 부부로 살아가게 하는 일부분입니다. 요지는, 친밀한 관계에서 두 사람이 함께하는 과정에서 발생하는 반응 때문에 당신들의 관계를 깨뜨려서는 안 된다는 것입니다. 동시에 이 패턴이 무엇인지를 인식하게 되면, 당신이 더욱 큰 상호 간의 애정과 염려하는 마음으로 전체 이슈를 다룰 수 있도록 해 줄 것입니다. "오늘, 우리의 결혼생활을 튼튼히 하고 사랑을 살찌워 온 방식 안에서 우리의 이러한 차이를 서로 어떻게 존중해 줄 수 있을까?"와 같은 질문은 두 분을 앞으로 나아가게 해 줄 것입니다.

공감적 이해나 유대감은 특정 이슈나 주제에서 각 배우자가 하는 역할에 깔려 있는 더욱 부드러운 정서들을 강조함으로써 증진될 수 있다. 여기서 가장 중요한 것은, 힘든 감정 표현은 절대 전체 진실이 될 수 없다는 것이다. 부드러운 감정적 내용은 언제나 존재한다. 피드백 회기 동안 배우자의 고통스러운 행동에 대해 논의하는 경우, 더욱 부드럽고 더욱 이해할 만한 행동적 배경과 연결고리를 만드는 것은 친밀한 과정이 유지되도록 돕는다. 예를 들어, 앞의 예에서 아내의 철수에 대해 얘기하는 경우, 당신은 다음과 같이 말할 수 있다.

그래요, 제인. 로버트가 당신과의 유대감을 복구하기 위해 필사적으로 움직인다고 느낄 때, 당신은 압도되고 당신의 경험에 대한 공간이 필요하다는 것 때문에 공포심을 느끼고, 심지어 두려워지거나 매우 취약하고, 연약하다고 여겨지는 감정들로부터 보호받고 싶다는 것을 알게 될 거예요. 이러한 것들은 당신이 누구로부터도 판단되거나, 언급되거나 혹은 어떤 의견을 가지는 것조차도 원하지 않는 당신의 경험에 대한 것들이죠. 그래서 이 지점에서 당신은 거의 본능적으로 주춤거리거나 후퇴하죠. 이것은 당신이 로버트를 사랑하지 않거나 그를 믿지 못하기 때문이 아니에요. 때때로 지나치게 가까운 것은, 단순히 지나칠 정도로 가깝다는 거죠. 이 지점이 너무 위협적으로 느껴지죠. 스스로를 방어하거나 스위치를 켜야 할 필요가 없는 안전한 공간을 원하는 느낌이 들 때 당신은 친밀감에 대한 그의 욕구와 만날 수가 없게 됩니다. 주춤거리고 철수하는 것이 로버트를 거절하는 것은 아니에요. 이것은 자연스럽게 당신이 가지는 변덕스러움의 종류일 뿐이고, 전적으로 당신의 통제하에 있는 것이 아니며, 당신들 둘이 상호적인 연민에 기반을 두고 함께 작업한다면 좀 더 편안하고 깊은 친밀감에 더욱 가까워지는 연습을 할 수 있게 될 거예요. 맞나요?

활동 계획을 세우고 촉진시키기

나는 피드백 회기에서 사용하기 위해 어려움 영역에 대해 각 배우자가 상위에 체크한 것들에 대한 해결책 옵션 메뉴를 개발하였다. 메뉴에 있는 각 해결책 옵션들은 부부가 건강함과 친밀성을 증진시킬 수 있는 방법으로 그 문제에 대해 가까이 접근할 수 있는 방법에 대한 다른 생각이다. 나는 적어도 세 가지 해결책 옵션을 제공하는데, 부부가 선택하고 그들에게 최선이라고 여겨지는 것에 기초해 특정 해결책 옵션 혹은 모든 해결책 옵션을 받아들이거나 폐기하는 것에 대한 자유를 가지게 하고 싶기 때문이다. 내가 제시하는 해결책 옵션들은 함께 제시되며, 부부는 그중에서 자신이 원하는 것을 취사선택할 수 있다는 것을 즉각적으로 알 수 있다. 만약 해결책 옵션들이 한 번에 하나씩만 제시된다면, 부부는 제시된 각 해결책 옵션을 거절하거나 받아들이는 데 자유롭다는 기분을 얻기 어려울 수 있다. 만약 모든 해결책 옵션을 함께 제시하면, 당신은 배우자들에게 그들의 상황에서 가장 적합한 것이 무엇인지를 물어볼 수 있다. 또한 당신은 그들 두 사람을 더 좋게 향상시키기 위해서 그 해결책 옵션들을 어떻게 변경하거나 수정할지 물어볼 수 있다.

다음으로, 나는 배우자들이 이 문제를 다루거나 대처하는 최선의 방법에 대한 그들의 생각을 공유하도록 격려한다. 배우자들은 스스로 만들어 낸 해결책 옵션들을 따르려고 하는 경향이 있기 때문에, 이슈에 더욱 적절하게 접근할 수 있는 방법에 대한 그들의 생각을 이끌어 내는 것이 필수적이다. 나와 우리 팀이 개발한 많은 해결책 옵션은 8장의 구체적인 어려움 영역 부분에서 다루고 있다.

만약 부부가 해결책 옵션들 중 한 가지를 흥미롭게 여긴다면, 치료자는 그 해결책 옵션을 어떻게 실현할지, 그 해결책 옵션에 참여하는 것이 무엇을 의미하는지, 그들이 상상한 그 해결책 옵션에 대한 장애물은 무엇인지, 어떻게 이러한 장애물들을 극복할 수 있을지에 대해 그들과 대화를 나눌 수 있다. 예를 들어, 배우자들이 관계 패턴이 발생할 때 알아차린다는 해결책 옵션의 경우, 나는 그들이 각자 이 패턴이 작동 중임을 어떻게 알게 되었는지 물어볼 것이다. 나는 종종 배우자들에게 그들의 패턴 속으로 들어가거나 거기에 고착되거나 혹은 단지 패턴을 통과할 뿐인 경우에라도, 그들의 신체 느낌이나 그들의 마음에 전형적으로 스치는 생각의 종류가 무엇인지에 대해 물어본다. 몇몇 배우자는 가슴이 조이거나 불안이나 초조감이 느껴지는 것과 같이 패턴이 영향을 미치고 있음을 분명하게 알려 주는 신체적 감각을 꽤 쉽게 확인한다. 다른 배우자들은 패턴을 강력하게 특징적으로 보여 주는 전형적인 생각의 종류(예: '그녀는 또다시 거기로 갈 거야.' 혹은 '왜 그는 그렇게 행동해야만 하지?')가 일어나는 것을 알아차린다. 그러면 나는 그들이 이러한 '탄광에서의 카나리아' 경험들 중 하나를 알아차리게 되었을 때 그 패턴이 나타나지 않게 하는 해결책 옵션을 개봉할 수 있도록 그들이 해야 할 일이 무엇인지에 대해 각자에게 묻는다. 그런 후 나는 그렇게 하는 방식을 통해 무엇을 얻을 수 있으며, 장애물을 알아차리고 그것을 통과하기 위해서는 어떻게 해야 하는지에 대해서 질문한다. 마지막으로, 우리는 이 해결책 옵션에 참여하려는 각 배우자의 동기가 무엇이고 행동의 동기로서 서로에게 다시금 헌신하며 배우자들과 연결되는 것을 방해하는 장벽들을 통과하는 것에 대해 간략하게 이야기를 나눈다.

MC 치료자들은 피드백 회기 동안 각 배우자들이 활발하게 제안하는 진술에 대해 경청한다. 이러한 활성화된 진술들은 배우자의 변화 시기에 따라 다른 형태를 가져올 수 있다. 사전 숙고 단계에서 활성화된 진술들은 가능성 있는 문제적 이슈의 존재에 대해 알아차리는 형태로 나타날 것이다(예: "아마 이것은 우리가 계속 주의를 기울여야 하는 것일지도 모르겠어."). 숙고 단계에서는 활성화된 진술이 양가성을 해결하려는 시도를 시작할 수 있다(예: "나는 더 이상 이 일을 숨기고 싶지 않아."). 결심 단계를 지나는 배우자들에게 활성화된 진술은 행동에 적용하기 시작한다는 것이다(예: "우리는 이것에 대해 아마도 무엇인가를 해야만 할 거야."). 실행 단계에 들어선 배우자들이라면 활성화된 진술은 자기효능감을 이야기할 것이다(예: "나는 우리가 할 수 있다고 확신해."). 배우자가 자기동기적인 진술을 어느 시기에서 만드는지에 관계없이 치료자는 비언어적으로 고개를 끄덕이거나, 반영적이거나 지지적인 문장을 통해 언어적으로 이를 강화해야만 한다.

부부가 성취하고 싶어 하는 변화에 대해 어려운 장애물이 존재하는 경우, 그들은 그들이 극복해야 할 것이 무엇인지 분명히 알고 계획을 세워야만 한다. 만약 목표가 더 많은 시간을 보내는 것이지만 자녀를 돌보는 것이 걸림돌이 된다면, 자녀를 돌보는 방법과 시기에 대해 회기 내에서 몇 가지 계획을 세울 수 있다. 계획이 보다 더 구체적일수록 그들은 더 많이 실천 가능하게 될 것이다. 이슈가 그들이 서로 즐기면서 함께 보낼 수 있는 충분한 시간을 갖지 못하는 경우라면, 나는 때때로 그들에게 달력에서 날짜를 정하고 함께 데이트를 하는 시간을 만들기를 추천한다. 만약 그들이 동의하는 선에서 내가 그들이 집에 가서 해야 할 무엇을 하도록 일정을 정하라고 미룬다면, 통상적인 강력한 습관 때문에 그들이 구체적인 일정을 잡지 못할 수도 있다. 그들이 사무실에서 바로 휴대전화를 꺼내서, 일정을 알려 주는 장치를 포함해서 적어도 잠정적인 날짜를 입력해 놓는 것이 훨씬 더 효과적이다. 당신이 단순히 날짜를 확정하기 위한 것이 아니라 아직 약속이 잡히지 않았지만 다른 일이 잡히지 않는 경우 서로를 즐기며 함께 시간을 보낸다는 동의를 얻고자 그들이 스케줄을 거듭 확인할 수 있다. 당신은 그들에게 한 달에 한 번(혹은 일주일에 한 번) 이러한 약속을 정하려는 마음이 있는지 물어볼 수 있다. 부부들이 데이트 일정을 정하는 것에 대한 양가적인 태도를 보면 매우 놀랍다. 한편으로, 부부들은 더 많은 시간을 보내기를 원한다. 다른 한편으로, 그들은 습관적인 행동이나 규칙적인 행동에 놀라울 정도로 전념하고 있다.

장애물을 제거하기 위해 집중해야 할 가장 중요한 영역 중 하나는, 부부들이 부부치료를 고려하려는 의지가 있는지의 여부이다. 비록 나는 MC에 오는 모든 부부에게 치료를 권하지는 않지만, 심각한 고통을 겪거나 관계를 망가지게 하는 패턴에 갇혀 있는 부부들에게는 보다 심각한 부부치료를 제안한다. 어떤 부부라도 그들에게 심각한 부부치료가 필요하다는 얘기를 듣고 싶어 하지 않는다는 것을 기억하라. 실제로 MC에 오는 많은 부부는 외현적으로는 제3의 치료를 원하지 않기 때문에 그렇게 오는 것이다. 예를 들어, 그들은 치료가 이혼으로 이어질 수 있다는 두려움을 가지고 있다. 결혼했다가 치료를 받게 되면서 이혼한 친구들의 얘기를 들었다고 이야기하는 부부가 드물지 않다. 사람들은 일반적으로 치료를 이혼 전에 마지막으로 의지할 곳으로 여기며, MC에서도 그들이 치료를 마치 암에 대한 화학 요법과 동등한 것으로 생각한다는 얘기를 듣게 된다. 이러한 이유로 나는 치료를 세 가지 선택지 중의 하나로만 제공하며, 이 선택을 단순하고 일상적인 언어로 설명한다. 피드백 보고서에 적힌 예시는 이전 장에 포함되어 있다.

부부가 치료를 받기 위한 장애물을 극복하도록 돕는 데 있어 치료자가 적극적인 역할을 하는 것은 중요한데, 이는 치료 받는 데 장애물이 매우 많으며, 불필요하게 주눅들게 만들기 때문이다. 만약 치료를 고려하는 해결책 옵션이 제시될 때 부부가 이 생각에 대해 개방적이라면 그들에게 치료의 잠재적인 긍정적 측면과 부정적 측면에 대해 이야기하도록 요청함으로써 이와 관련된 생각을 좀 더 탐색해 보도록 할 수 있다. 부정적인 측면부터 시작하고, 모호하거나 뚜렷한 그들의 걱정 모두를 분명히 표현할 수 있도록 돕는 것이 도움이 될 것이다. 이러한 걱정들이 표현된 경우, 도움을 추구하는 데 방해가 되는 상당한 어려움이 사라질 수 있다. 이러한 걱정들에 대해 논의하는 것은 또한 치료가 이혼의 원인이라거나, 시간 낭비라거나, 한쪽 배우자의 편만 들 것이라거나, 혹은 과도하게 많은 돈을 소비할 것이라는 것과 같은 오해들을 바로잡을 기회를 제공해 준다. 치료의 잠재적인 이점에 대한 논의로 끝맺는 것은 가속도를 생성할 수 있다. 그러나 MC 치료자는 동기강화 면담의 모든 조언들을 마음에 새기고 있어야 하는데, 치료를 고려하는 것은 대부분의 부부에게 엄청난 양가감정을 불러일으키기 때문이다.

마지막으로, 만약 부부가 치료에 참여하는 것에 관심이 있다고 얘기한다면, 그들이 먼저 전화를 할 것인지 그리고/혹은 피드백 회기가 종결되기 전에 초기 면담 약속을 잡을 것인지에 대해 물어보라. 그렇게 하는 것은 부부가 추진력을 가지면서 일상의 습관들로 인해 첫 번째 전화를 하는 것이 방해받는 매우 실제적인 가능성을 줄이는 일이다.

결론

피드백 회기의 결론에서는 이상적으로 부부는 서로를 더 가깝게 느끼고, 그들의 관계를 더욱 잘 돌보기 위한 자신감 넘치는 동기를 가지게 되어야 한다. 나는 배우자들이 서로를 더 잘 알게 되고 관계를 더 잘 이해하며 앞으로 나아가야 할 좋은 계획들을 가지게 되었다는 느낌을 받으며 피드백 회기를 떠나기를 원한다. 나는 그들의 앞날에 좋은 일이 있기를 소망하며, 이상적으로는 그들이 떠나기 전 그들의 다음 연례 MC 일정을 조율한다.

Chapter 08

부부의 공통 어려움 영역을 다루는 방법 메뉴

이 장에서는 부부들의 공통 걱정거리 영역들에 대해 우리 팀이 제시하는 전반적인 피드백들을 모아 보았다. 다음의 문단들은 우리가 제시하는 표준적인 피드백에서 시작해서 각 부부의 특성에 맞는 제안 내용까지 다루게 된다. 각 섹션에서는 전반적으로 걱정거리의 주제들과 그 주제에서 파생한 우리가 자주 맞닥뜨리는 다양한 주제도 함께 기술한다. 우리가 그러한 주제를 어떻게 다루는지, 어떻게 현존하는 연구 문헌의 틀 안에서 해석하는지, 그리고 어떻게 피드백 보고서에 기술하는지 설명할 것이다.

다음에서 다룰 내용들은 결혼 체크업(MC) 설문에서 걱정거리 영역의 문항들과 같은 순서로 진행된다. 이 장은 구조적 특성상 어쩔 수 없이 반복적인 부분이 있는데, 이를 최소화하기 위해 이미 다룬 내용을 다시 언급할 때는 참고할 부분의 제목과 페이지만 적어 놓았다. 이 장을 읽으면서, 당신은 우리가 제시하는 해결책 옵션들이 반복적인 패턴을 가진다는 점과 비슷한 주제로 해석된다는 점을 눈치챌 것이다. 이 장과 9장은 읽는 것보다는 실제적으로 사용하는 데 목적을 두지만, 전체적으로 읽어 보는 것은 독자가 그들만의 효과적인 피드백 스타일을 찾는 데 도움이 될 것이다.

걱정거리 1. 우리는 사소한 이야기/잡담을 하지 않고, 잘 있는지 물어보는 안부 체크도 잘 하지 않고, 떨어져 있을 때 각자의 삶에 무슨 일이 있는지 알아보려고 하지 않는다.

첫째, 그들의 걱정거리를 그들이 보는 그대로 기술한다

수잔은 앤디와 자주 연락하지 않아서 서로 서운하다고 느낀다. 그녀는 그들이 아침마다 함께 침대에 누워 그날 일정에 대해 대화를 나누던 때가 그립다고 한다. 앤디도 동의하지만, 아침에 챙겨야 할 아이들이 있기 때문에 그런 시간을 다시 갖기는 어렵다고 생각한다. 그들은 모두 그들이 나누던 강한 유대감을 그리워하며 되찾고 싶어 한다.

둘째, 그 문제를 건강 증진적인 방향으로 해석하되, 연구 문헌에서는 그러한 주제에 대해 어떻게 다루는지에 대한 설명을 포함한다

- 부부들을 대상으로 한 연구에 따르면 주기적으로 대화하고, 서로 안부 체크를 하고, 서로의 일과에 대해 알아보는 것은 건강한 부부들이 가지는 특성이자, 오랫동안 지속되는 건강한 결혼생활과 높은 상관을 보인다. 정기적으로 안부 체크를 하는 것은 우정, 우리감과 상대방과 더 품위 있는 관계를 향해 나아갈 수 있게 만들어 준다. 매일매일 삶에서 해야 할 일이 매우 많기에 하루 일 분이 촉박한 상황에서, 이렇게 형성된 상호 유대감

은 관계를 활기 있게 하고 친밀함을 지속시켜 주는 데 아주 중요하다.

■ 건강한 시간을 함께 보내는 데 필요한 세 가지 요소

건강한 부부가 되기 위해서는 집 안에서든 밖에서든 대화하고 서로의 생활에 대해 이야기를 나누는 여유로운 시간을 정기적으로 갖는 것이 좋다. 이러한 여유로운 시간은 매주, 격주 또는 월간이 되든지 미리 계획할 수 있다. 함께 시간을 보내는 방법에는 여러 가지가 있을 수 있는데, 건강한 결혼생활에 가장 유익한 시간은 다음의 세 가지 요소를 포함한다.

첫째, 시간 그 자체이다. 서로에게 온전히 쏟을 수 있는 촉박하지 않은 시간 말이다.

둘째, 진정성 있고 애정 어린 관심이다. 진정한 관심은 반짝이는 눈으로 서로를 깊게 바라보고 열린 마음으로 주의 깊게 들어주는 것이다. 이는 진정으로 서로를 바라보고, 진심으로 서로를 궁금해하고, 계속해서 서로를 알아 가는 시간이다.

셋째, 평가하지 않고 다정하게 함께 있는 시간이다. 이 시간은 문제를 찾고 해결하기 위한 시간이 아니다. 서로를 바꾸려고 노력하는 시간도 아니다. 오로지 서로가 함께 있음을 즐기는 시간이어야 한다.

■ 사랑지도 그려 가기

당신의 일과에 어떤 일이 있었는지 안부 체크를 하는 것은 John Gottman이 제시한 살아 있는 생동감 있는 사랑지도를 유지하는 데 도움을 주는데, 이러한 사랑지도는 당신이 하루를 보내는 동안 서로를 계속 생각하도록 해 준다. 말하자면 이는 서로 떨어져 있는 동안에도 함께할 수 있는 방법이다. 당신은 서로의 기쁨과 스트레스를 나눌 수 있고, 팀 동료이자 부부로서 더 효율적으로 일할 수 있다. Gottman에 따르면 이렇게 친밀함을 유지하지 위한 시간은 하루 중 아무 때나, 짧게는 5분 정

도면 된다. 그는 하루를 시작할 때 그날의 일과에 대해 서로 대화하는 시간을 5분 정도 가지기를 권한다. 이는 부부들이 서로의 생활에 관여하도록 하여, 하루를 보내는 동안 서로를 생각하도록 한다. 그리고 하루를 마무리할 때 다시 한 번 서로의 하루가 어땠는지 궁금해하는 짧은 시간을 가진다. 이렇게 공유하는 시간들이 길어야 할 필요는 없지만, 반드시 판단 없이 온 마음을 다해 쏟는 관심이 포함되어야 한다.

셋째, 배우자들이 이 걱정하는 영역을 어떻게 다뤄야 할지 해결책 옵션들을 제공해 준다

안부 체크하는 해결책 옵션

■ 사랑지도

매일 사랑지도를 채워 가는 걸 연습한다. 만약 당신이 하루 중 대부분의 시간을 서로 떨어져 지낼 것이라면, 하루를 시작할 때 대략 5분에서 10분 동안 당신의 부부가 어떤 하루를 보내게 될지, 하루를 보내는 동안 어떻게 배우자를 안아 줄지 생각해 본다. 그리고 하루를 마무리할 때 다시 한 번 비슷한 시간 동안 배우자의 하루가 어땠는지 주의 깊게 들으며, 평가하지 않고 지지해 주는 친구 같은 존재가 되어 준다.

■ 일정을 조정하기

많은 부부는 그들의 결혼생활을 보살피는 데 필요한 시간이 바쁜 일과들 사이에서 마법처럼 생겨날 것이라고 생각한다. 안타깝게도, 이렇게 시간이 나는 경우는 거의 없고, 미리 함께 보낼 수 있는 시간을 조정하는 것이야말로 결혼생활을 보호하는 진정한 방법이다. 달력을 꺼내 한 주 혹은 한 달의 시간 중에 일부를 온전히 서로와 함께 보낼 수 있도록 빼어 두는 것을 고려해 보아야 한다. 나와 우리 팀은 함께 보내는 시간이 예측 가능해서 매주 혹은 격주 그 시간을 기대할 수 있을 때 부부들에게 가장 도움이 된다는 것을 발견했다(이 경우, 달력이 도움이 된다). 다시 강조하자면, 이 시간은 문제들을 해결하기 위한 시간이 아니라 단순히 서로 함께하는 것을 즐기는 시간이어야 한다. 이 시간은 무언가를 함께 하며 보내는 시간이어야 하는데, 같이 즐길 수 있는 활동이라면 집에서 같이 술을 마시든 스카이다이빙을 하든 그 어떤 것이라도 상관없다. 중요한 것은 부부로서의 즐거움과 재미를 주기적으로 느끼는 것이다.

■ 안부 체크하기

우리와 함께한 많은 부부는 하루에 몇 번씩 서로 전화, 이메일 또는 문자로 잠깐 접촉하기를 실천한다. 부부들이 하루 동안 서로 짧게 잠시 접촉하면서 서로의 생활에 연결되고 관여한다는 면에서, 이러한 행동은 사랑지도의 연장선상에 있다. 이는 확실히 당신이 고려해 볼 만한 좋은 해결책 옵션으로, 이 방법이 가장 효과적이려면 서로를 대하는 태도가 지지적이고, 친근하고, 흥미가 있어야 한다는 점을 명심해야 한다. 잠깐 접촉하는 시도는 중요한 문제들을 끄집어내고 논쟁을 끌어가는 시간은 아니다.

걱정거리 2: 우리는 양질의 시간을 함께 보내지 않는다.

첫째, 그들의 걱정거리를 그들이 보는 그대로 기술한다

욜란다는 “우리에게는 온전히 우리에게만 집중할 시간이 없어요. 우리는 항상 우선순위에서 두 번째로 밀려요. 우리는 예전처럼 가깝지 않은 것 같아요.”라고 말했다. 폴도 동의하며, “우리에게는 아이들을 돌봐 줄 사람이 필요해요. 우리끼리 나가서 보내는 시간이 정말 필요해요."라고 말한다.

둘째, 문제를 재정의한다

■ 삶에서 해야 할 일

폴과 욜란다처럼, 많은 부부는 온전히 그들의 관계를 보살피기 위한 시간이 점점 줄어드는 것을 깨닫는다. 직장, 가족, 공동체 그리고 가정에서 요구하는 것들이 시간을 다 차지하고, 부부들은 종종 시간이 촉박한 일들을 해결하기 위해 그들의 관계를 뒤로 미루게 된다. 그러나 함께 보내는 시간은 건강하고 친밀한 관계의 가장 기본적인 요소이며 그 중요성은 충분히 강조되어도 모자라다.

■ 시간의 종류에 관한 설명: (p. 265를 보라.)

■ 사랑지도 그려 가기: (pp. 265-266을 보라.)

일반적인 함께 시간 보내기 해결책 옵션

■ 일정을 조정하기: (pp. 266-267을 보라.)

■ 함께 여행을 떠나기

함께 시간을 보내는 방법들 중에 부부들이 가장 가치 있게 여겼던 방법 중 하나는 예측 가능한 일정에 함께 떠나는 것이다. 이 방법은 당신이 6개월에 한 번 또는 일 년에 한 번 시도할 수 있는 것으로, 일상에서 벗어나 새로운 환경을 경험하는 것이다. 많은 결혼 체크업 부부들은 이런 휴가나 작은 휴가들 중 일 년에 그들이 함께 보내는 시간 중에 최고였다고 말한다. 또한 이렇게 함께 떠나는 시간을 기대하는 것도 그들이 고단한 일상을 대처하는 데 도움을 준다고 한다. 이런 방법을 실행할 때, 달력은 또 다시 중요한 조력자이며, 이렇게 함께 떠나는 시간을 계획하는 시간 역시 즐거움을 줄 수 있다.

■ 사랑지도: (p. 266을 보라.)

함께 시간 보내기: 친밀성–독립성 맥락

■ 친밀성–독립성 주제

함께 시간을 보내는 것에 대해 많은 부부가 고민하는 부분은 기본적인 성격 차이에 기인하는데, 사람마다 친밀성과 독립성에 대한 욕구가 다르기 때문이다. 누구나 친밀성과 독립성에 대한 욕구를 둘 다 가지고 있지만, 누군가에게는 조금 더 친밀한 관계가 편할 수도 있고 다른 누군가에게는 조금 더 독립적인 관계가 편할 것이다. 부부들이 친밀성과 독립성에 대해 서로 다른 정도의 욕구를 갖는 것은 아주 드문 일이 아니다. 우리는 이것을 친밀성–독립성 주제라고 한다. 이런 패턴을 가진 부부들은 종종 누구 한 사람이 독립성을 추구할 때 다른 한 사람은 더 가까워지기 위해 노력하고, 그로 인해 전자는 더욱더 독립성을 추구하게 되는 결과를 낳게 된다. 이는 부부 모두에게 불만스러운 패턴이다. 이런 패턴을 해결하기 위해 중요한 것은 이런 패턴이 발생하고 있다는 사실을 인식하는 것이다.

친밀성–독립성 해결책 옵션

■ 패턴 인식

관계 속에서 어떤 패턴이 발생할 때 그것을 적어 둔다. 패턴들을 인식하고 그것에 이름을 붙인다("우리는 친밀성–독립성 패턴을 또 보이고 있어."). 이는 당신이 이런 패턴에서 한 발짝 떨어져서 서로의 목표에 대해 확실히 협상할 수 있게 한다. 이것의 목표는 이런 자연스럽게 나타나는 차이점들에 대해서 제대로 인식하고 당신이 원하는 종류의 시간을 충분히 가지면서 당신의 부부가 원하는 종류의 시간을 갖게 해 주는 것이다. 중요한 점은 각자가 원하는 시간을 가지면서도 서로 함께하는 가치 있는 시간을 가지기 위해서 서로 협동해야 한다는 것이다.

■ 브레인스토밍

각자 친밀성을 추구하는 사람과 독립성을 추구하는 사람이 원하는 것이 무엇일지에 대해 생각해 보고 서로 얘기를 나눈다.

■ 수용

서로의 근본적인 차이점을 수용하는 것을 연습한다. 이런 차이를 경험했던 것을 인식하고, 자기 자신이나 상대방을 바꾸고 싶어 하는 욕구를 참는다. 이런 성격 차이는 거의 변하지 않으며, 바꾸려고 할수록 관계에서 충돌만 더 생길 뿐이다. 서로를 바꾸려는 노력을 포기하게 되면 서로의 차이점에서 가치를 찾고 서로의 관계에서 소중하게 느끼는 것들을 찾는 시간을 갖게 될 것이다. 그러므로 당신의 부부가 당신과 다르다는 것이 얼마나 좋은지 느낄 수 있는 방법을 찾고, 당신이 부부에게 줄 수 있는 가장 애정 어린 태도는 다름을 진심으로 인정하는 것임을 깨닫고 연습해야 한다.

함께 시간 보내기: 내향성-외향성 맥락

■ 내향성-외향성 패턴

함께 시간을 보내는 것에 대해 많은 부부가 고민하는 부분은 내향적인 사람과 외향적인 사람의 기본적인 성격 차이에 기인한다. 성격에 대한 학술 문헌들은 사회적 외향성과 내향성의 연속선상이 사람들의 기본적인 차이를 만든다고 한다. 외향적인 사람들은 내향적인 사람들보다 재충전하고 활기찬 기분을 느끼기 위해 더 많은 사회적 교류를 원한다. 내향적인 사람들은 재충전하고 활기찬 기분을 느끼기 위해 혼자 있는 시간을 가지고 혼자 자신의 일을 하길 원한다. 같은 집에 살면서, 외향적인 사람들은 자신이 원하는 것보다 사회적인 교류를 적게 한다고 느끼고, 내향적인 사람들은 자신이 원하는 것보다 많이 한다고 느낀다. 이러한 자연적으로 발생하는 차이를 다루기 위해 외향적인 사람들과 내향적인 사람들이 서로 교류하는 시간과 혼자 보내는 시간 사이에 균형을 맞추는 주제를 가지고 서로 노력하게 한다. 만약 부부들이 이런 주제에 대해 잘 모르고 있다면 불필요한 마찰이 생겨난다. 이런 주제를 더 잘 알게 될수록 각자에게 충분히 재충전할 만큼 서로에게 필요한 시간을 가질 수 있도록 현명한 선택을 할 수 있다. 이런 것은 내향적-외향적 부부에게는 지속적인 문제가 될 수 있지만, 이는 그들이 우아하고 애정 있는 태도로 협상할 수 있는 것이다.

내향성-외향성 해결책 옵션

■ 패턴 인식: (p. 270을 보라.)

■ 브레인스토밍: (p. 270을 보라.)

■ 자신의 신호를 알아채기

내향성-외향성 연속선상에서 균형을 잃었다고 느낄 때 이것을 인식하는 연습을 한다. 재충전할 시간이 부족할 때, 몸에서는 어떤 것이 느껴지고, 어떤 감정이 생겨나고, 어떤 생각이 드는가? 당신의 신호를 알아차리는 면에서 전문가가 되라. 이런 신호들을 알아차리기 시작할 때 부부에게 조금 더 재충전할 시간이 필요하다고 말하고, 이런 현상이 발생할수록 같이 협력하라.

■ 수용: (p. 270을 보라.)

걱정거리 3: 우리는 우리의 감정을 건강한 방식으로 표현하지 않는다.

부부들에 있어서 대화하는 것과 감정을 건강한 방식으로 드러내는 것은 조금 어려운 부분이다. 마틴과 애비는 서로를 진심으로 위하고 정서적으로 지지적인 방식으로 대화하고 싶어 하지만, 이런 관계를 가지기 위해서는 아직 그들에게 개선이 더 필요하다.

철회가 주요 쟁점일 때:

첫째, 그들의 걱정거리를 그들이 보는 그대로 기술한다

짐은 어린 시절에 그가 싸우면 절대로 이길 수 없다는 것을 배웠기 때문에 현재도 아예 싸우지 않는 것을 선호한다. 메리는 갈등을 다루고 문제를 터놓고 얘기하는 것에 익숙하다.

둘째, 문제를 재정의한다

- 부부들은 종종 갈등의 주제를 아예 회피하거나 분위기가 안 좋아지기 시작하는 순간 배우자를 피하는 등 갈등을 최소화하려는 철회 패턴을 보인다. 부부들은 관계 속에서 중요한 문제들을 해결하는 것이 어렵다는 것을 알게 된다. 어떤 사람들은 흔히 말다툼하기보다는 아예 회피해 버린다. 하지만 이런 철회 패턴은 부부들을 더 혼자인 것처럼 느껴지게 하고 더 짜증나게 한다.
- Gottman의 네 가지 재앙 행동

  연구 결과에 따르면 부부들이 할 수 있는 가장 파괴적인 일들은 비난하기, 경멸하는 대화, 과도하게 방어적인 태도, 화가 나서 대화를 끊어내는 것이다. 일종의 상대방과 벽 쌓기이다. 철회는 단순히 떠나는 것을 의미하는 것은 아니다. 이는 갈등이 시작될 것이라는 생각을 하거나 상호작용 자체가 너무 불편해지거나 감정적으로 압도되기 때문에 정서적으로 한 발짝 멀어지는 것이다.
- 철회는 대부분 그냥 나타나지 않는다. 자주 다른 배우자가 철회하든지 아니면 쫓아다니는 행동에서 온다. 이런 추적–철회 패턴에 빠지기는 쉽고, 부부들은 종종 거기에 갇힌다. 건강한 정서적 의사소통은 이런 패턴에서 벗어나서 두 명의 부부 모두가 안전하고 지지적이고 각자의 감정에 대해 진정성 있고 존중하는 방식으로 표현하도록 하는 것이다.

분노가 주요 쟁점일 때:

첫째, 그들의 걱정거리를 그들이 보는 그대로 기술한다

메리와 짐은 쉽게 화를 낸다. 화가 났을 때, 그들은 서로에게 욕을 하며 물건들을 던진다. 그들은 둘 다 상대방이 자신을 불필요하게 도발한다고 생각하며 그들의 화를 정당화하지만, 이러한 분노 폭발이 그들의 관계를 망치고 있다는 데에는 둘 다 동의한다.

둘째, 문제를 재정의한다

- 부부들이 개방적이고 건설적인 의사소통 기술을 사용할 때, 각자는 ① 자신의 생각이나 감정을 표현하는 것이 안전하다고 느끼고, ② 의사소통할 때 이해받고 있다는 느낌을 받고, ③ 자신이 필요한 것에 대해 얘기하는 것이 안전하다고 느끼고, ④ 정서적으로 친밀하고 통하는 느낌을 받는다. 이상적으로, 부부가 서로의 최상의 수준으로 상호작용할 때, 부부는 서로의 개성, 부부 관계에 대한 나름대로 독특하게 기여하는 점에 대해서 지지받고, 인정받고, 수용받고, 존중받는다고 느낀다.
- 연구 결과에 따르면 부부들이 서로 분노를 표현할 수 있는 방법에는 여러 가지가 있다고 한다. 어떤 방식은 친밀감을 상승시키고, 어떤 방식은 관계의 건강을 해친다. 일부러 상처를 주기 위해 적대감과 함께 표현되는 분노는 장기적 결혼생활 건강에 제일 파괴적이다. 또한 분노를 상대방에게 적대적이고 상처를 주려는 의도로 표현하기도 한다. 서로 상대방에게 직접적으로 상처를 주는 것과 상대방과 멀리하면서 상처를 주는 것은 둘 다 장기적인 결혼생활과 행복에 파괴적이다. 문제를 대상으로

분노를 구체적으로 표현하는 것이 아니고 상대방 배우자를 대상으로 표현할 때, 부부들은 고통받고 두렵고 철회하게 된다.

- 연구에 따르면 분노를 건강하게 표현하는 방법이 있다. 하지만 이런 방법을 배우는 것은 어렵고 진정한 헌신과 의도적인 노력이 필요하다. 연구에서는 분노를 다룰 때 조금 더 건설적인 방법을 향상시키는 것이 가능하다고 한다. 분노는 슬픈 감정, 행복한 감정과 동일하게 우리의 행동에 영향을 준다. 우리가 소리 지르고 싶을 만큼 실망스러운 소식을 들었을 때, 특히 공공장소에서는 우리는 종종 이런 분노를 사회적으로 적절한 방식으로 표현하려고 노력한다. 이와 같이 기뻐서 길거리에 나가 소리 지르고 날뛰고 싶을 때, 우리는 그 대신 친구에게 전화를 걸어 이 소식을 나누려 한다. 이처럼 화가 나는 상황에서도 우리는 어떻게 표현할지에 대한 방법을 선택할 수 있다.
- 부부 관계에서 대화의 역동은 왈츠를 추는 것과 같다. 부부들은 때로 각자의 발을 밟기도 할 것이고, 만약 어떤 때에 어떤 스텝을 밟을지 소통하지 않으면 계속해서 발을 밟게 될 것이다. 이런 사이클은 발가락을 아프게 만들고 조금이라도 스텝을 잘못 밟으면 화가 폭발하게 만들기 쉽다. 조금 더 우아하게 춤을 추는 것의 핵심은 우아한 순간들과 종종 있을 실수들에 대해 정기적으로 소통하는 것이다. "당신이 내 기분을 상하게 했어."라고 말하는 것은 단기적으로는 도전이 되겠지만, 6개월마다 분노를 폭발하는 것으로 표현하는 것은 피할 수 있다.

'우리는 우리의 감정을 건강한 방식으로 표현하지 않는다.'에 대한 해결책 옵션

■ 패턴 인식

건강하지 않은 대화 패턴이 발생할 때 알아차린다. 패턴을 알아차리고 그것을 지적하라("우리 또 감정을 상승시키는 댄스를 추고 있네."). 그렇게 함으로써 이런 패턴으로부터 거리를 두고, 그 패턴을 벗어나 서로에게 접근하는 다른 방법을 찾을 수 있다(혹은 감정적으로 욱하는 느낌을 가질 때 가라앉힐 수 있다). 이 목표는, ① 부정적인 상호작용에 완전히 휩쓸리기 전에 그 신호를 알아차리고, ② 당신이 그 패턴에서 벗어나기 위해 상황을 주도해야 한다는 신호를 보내는 것이다.

■ 스트레스 신호 알아차리기

감정적으로 압도되었을 때 몸이 어떻게 느끼는지 또는 어떤 생각이 드는지 등 각자에게 최초의 신호가 무엇인지에 대해 얘기를 나눈다. 둘 다 편안하고 균형 잡힌 상태일 때, 함께 브레인스토밍 회기를 갖고, 어려운 감정이 다가올 때 혹은 이미 나타나기 시작할 때 어떻게 해야 할지 방법을 생각해 본다. 이런 방법들로는 당신이 감정적으로 압도되어서 몸과 마음을 가라앉힐 시간과 거리가 필요하다는 신호를 서로가 합의한 신호로 미리 설정해 두는 것과 같은 구체적인 것들이 포함되어야 한다. 또한 당신은 당신 자신을 고정하고, 당신의 감정을 더 친근한 관계로 다룰 수 있는데 도움이 되는 방법들에 대해 얘기해 볼 수 있다. 이런 방법들은 산책하기, 글쓰기, 다른 것에 집중하기, 명상하기, 기도하기, 친구에게 얘기하기 등이 있다.

■ 대화 방법 서적들 소개하기

James Cordova(2009)가 쓴 『결혼 체크업: 결혼 건강을 유지하고 강화하기 위한 프로그램(The Marriage Checkup: A Scientific Program for Sustaining and Strengthening Marital Health)』 또는 Howard Markman,

Scott Stanley와 Susan Blumberg(2001)가 쓴『행복한 결혼을 위한 세 가지 열쇠(Fighting for Your Marriage: Positive Steps for Preventing Divorce and Preserving a Lasting Love)』에서 소통 방법에 대해 더 학습해 본다. 이 책들의 소통에 대한 장(chapter)들은 가장 까다로운 주제들에 대해서도 더 생산적이고 만족스러운 대화를 나눌 수 있는 기술들을 단계별로 제시한다. 둘 다 그 장들을 읽고 나서 어떤 점들이 좋았고 별로였는지, 어떤 장이 그런 생각을 하게 했는지에 대해 독서 클럽 방식으로 대화해 보는 것을 추천한다. 이 책들은 온라인으로 구매할 수 있다.

■ 부부 관계 코칭/치료 권장하기

문제를 해결하려는 노력에 진척이 없을 때는, 자격이 있는 부부치료자를 방문하는 것도 좋다. 연구에 따르면 부부치료에 대해 교육을 받은 전문가에게 상담을 받는 것은 문제를 극적으로 개선시켜서 부부들이 결혼에 대해 만족스럽게 느끼는 상태로 돌아가서 그런 개선된 상태를 오래 지속한다는 결과가 일관되게 나와 있다. 물론, 모두에게 확실히 효과가 있는 치료법은 없다. 불쾌한 패턴에 자주 빠지지만 아직까지는 극심한 고통을 받을 만큼 심각한 상태는 아닌 부부들은 짧은 결혼치료 코스에서도 크게 도움을 받는다는 증거들이 있다. 너무 많은 부부가 결혼생활이 복구가 불가능할 정도로 망가지고 나서야 경험 있는 전문 결혼건강 전문가들의 도움을 찾는다. 그러나 연구 결과들은 부부들이 아직 완전히 심각한 상태가 되기 전에 약한 증상들을 경험할 때 치료를 받는 것이 가장 유익하다고 계속해서 시사하고 있다. 우리는 다음과 같은 해결책 옵션을 제시한다.

–해당 지역의 부부와 성 치료자들의 목록을 제시한다.

–자기관리하기: 부부가 같이 긴장을 완화하는 자원을 개발하라. 고려해

볼 만한 한 가지 방법은 건강하지 않은 감정들이 특히나 고통스러울 때 자기관리에 집중하는 것이다. 조용히 산책하기, 뜨거운 물로 목욕하기, TV 보기, 차분한 음악 듣기와 같은 가장 간단한 행동들도 흥분했을 때의 강한 감정들을 가라앉힐 수 있다.

–자조서: George H. Eifert, Matthew Mckay와 John Forsyth(2006)의 『분노가 아닌 삶을 위한 ACT: 문제가 되는 분노를 위한 새로운 수용전념 치료가이드(ACT on Life Not on Anger: The New Acceptance and Commitment Therapy Guide to Problem Anger)』를 부부가 같이 읽어 본다. 이는 분노를 효과적으로 다루는 방법들에 대한 논의의 시작점이 될 수 있다.

걱정거리 4: 우리는 분노에 대해서 서로 솔직하고, 상대방을 존중하고, 적극적인 방식으로 대화하지 않는다.

첫째, 그들의 걱정거리를 그들이 보는 그대로 기술한다

건강한 부부에게, 분노는 기본적인 성격 차이, 정상적인 불쾌한 감정, 흔한 오해 등의 일상적인 마찰에 발생하는 정상적이고 자연스러운 감정이다. 그러나 마이클과 리디아 같은 일부 부부는 분노에 대해 얘기하면 건강한 관계에 득이 되기보다는 실이 더 큰 매우 부정적인 경험을 하고 있다. 마이클과 리디아가 다투는 주제는 특이하거나 유난히 문제가 있는 것은 아니지만, 그들이 분노에 대해 대화하는 방식은 그들의 관계에 해로울 수 있다. 예를 들어, 마이클은 종종 문제가 해결되기도 전에 그의 감정이 너무 불편하기 때문에 분노에 차서 대화 도중에 철회해 버리고, 리디아는 다 털어놓길 원한다.

둘째, 문제를 재정의한다

- 분노와 짜증에 대해 표현하는 방법에는 건강한 방법과 건강하지 않은 방법이 있다. 연구에 따르면 건강하지 않은 방식으로 분노를 표출하는 것은 관계의 건강을 심각하게 악화시키며, 극심한 고통, 별거 그리고 이혼을 예측한다고 한다.
- 건강하지 않게 분노를 표출하는 방법은, 상대방의 구체적인 행동에 대해서 불만족을 표현하는 것(예: "나는 당신이 늦을 경우에 나에게 전화로 알려주지 않아서 화가 났어.")이 아니고, 저속한 별명을 부르고, 소리 지르고, 비난하기(예: "당신은 염치없는 돼지 같아!") 같은 적대적 행동들을 포함하고 있다.
- 분노를 다루는 건강하지 않은 방식은 벽 쌓기 행동(상대방이 그냥 입을 다물기만을 기다리는 것 같은 차갑고 분노에 찬 대화 거부), 문을 꽝 닫고 나가는 행동, 어깨와 고개를 젖히는 차가운 비언어적 행동 같은 적대적 행동이 이에 해당될 수 있다.
- 반면, 분노와 짜증나는 감정이라도 상대방을 존중하고, 건설적이고, 적극적이고, 애정을 가지고 표현하면 장기적으로 관계의 건강을 증진시킨다고 밝혀졌다.
- 감정 선택

  연구에서는 우리가 화를 느낄 때 건설적인 선택을 하는 빈도를 높일 수 있다고 한다. 감정으로서 분노는 쉽게 불이 붙고, 종종 우리가 선택해서 경험하는 것은 아니다. 우리는 분노를 선택적으로 느끼는 것이 아니며, 분노라는 감정은 주어진다. 우리는 갑작스럽게 화를 느끼고, 원치 않은 손님을 대처하는 것과 같다. 하지만 우리가 분노를 느낄 때 어떻게 행동

할지는 전적으로 우리가 통제할 수 있다는 사실을 염두에 두어야 한다. 예를 들어, 우리는 종종 화가 나는 대상이 상사인지, 엄마인지, 자녀인지, 배우자인지, 낯선 사람인지에 따라 분노와 짜증을 다르게 표출한다. 화가 났을 때 점잖고 예의 있게 행동하면서 분명하고 확실하게 소통하는 것은 확실히 가능한 일이다.

■ 분노에 대해 학습해 온 경험

대체로 우리는 원가족에서 화가 날 때 어떻게 행동해야 건설적인지에 대한 좋은 모델을 보지 못하고 성장했을 수 있다. 우리는 주변의 어른들이 화가 났을 때 무례하고, 파괴적이고, 유치하게 행동하는 것을 보면서 그게 화를 표현하는 정상적인 방식이라고 배웠을 수도 있다. 그러나 부부관계 내에서 성인으로서 우리는 화를 건강하고 예의 바르게 표현하는 방법을 배우고 후세에 전달하는 것이 어떤 것으로도 값을 매길 수 없을 만큼 가치 있는 기회를 가지고 있다는 것을 알아야 한다.

■ 분노 스타일

부부들은 때로 서로 다르지만, 상대방에게나 스스로에게나 파괴적이지 않게 분노를 표현하는 스타일을 가지고 있다. 감정을 소통하는 방식은 어릴 때부터 배워 온 것이다. 따라서 부부가 표면적으로 보이는 상대방의 분노 표현 스타일은, 우리가 깊이 간직한 관점에서는 잘못된 것처럼 느껴지기 때문에 그것을 '틀렸다'고 평가하기 쉽다. 어떤 사람들은 분노를 표현할 때 공격적이거나 파괴적이지는 않지만 시끄럽고 힘이 넘치는, 개방적이고 열정적인 방식으로 표현한다. 다른 사람들은 분노를 더 조용하고 절제된 태도로 표현한다. 분노에 대한 열정적인 표현이나 조용한 표현 모두 건강한 태도로 표현될 수 있지만, 부부 사이에서 그 차이는 때로 마찰의 주요 원인이 되기도 한다.

■ 리디아와 마이클은 가끔 그들의 자녀들 앞에서 말다툼을 한다. 말다툼은 가족들이 피할 수 없는 것이며 반드시 나쁜 것도 아니지만, 연구에 따르면 부모들 사이의 적대적인 갈등에 자주 노출된 아이들은 불안, 우울, 약물 남용, 역기능적 관계의 위험성이 높아지는 등 장기적으로 부정적인 영향을 받는다. 마이클과 리디아가 의견 충돌을 빚는 것은 정상적이다. 하지만 자녀들에게 어떻게 사랑하는 사람과 건강하고 예의 바른 방법으로 의견 차이를 가질 수 있는지 보여 주는 것은 중요하다.

'우리는 분노에 대해서 서로 솔직하고, 상대방을 존중하고, 적극적인 방식으로 대화하지 않는다.'에 대한 해결책 옵션

■ 분노를 건강하게 표현하는 것을 연습하기

짜증과 화를 건강하게 표출하는 데 가장 중요한 점은 존중하는 태도와, 성격보다는 구체적인 상대방의 행동에 집중하는 것이다. 당신이 행동에 초점을 맞춘다면, 상대방이 고칠 수 있는 것에 대해 확실히 알 수 있다. 예를 들면, "당신이 내게 알리지 않고 집에 늦게 오면 정말 화가 나." 또는 "당신이 애들한테 숙제에 대해 소리 지르는 행동에 정말 화나." 같은 것이다. 만약 당신이 배우자의 성격에 초점을 둔다면, 그건 고칠 수 있는 것이 아니기 때문에 상대방은 자신을 방어하게 된다. 예를 들면, "당신은 이기적이고 내 감정은 생각하지 않아." 또는 "왜 그렇게 사람이 짜증스럽고 화를 내?" 등과 같다.

■ 자신의 분노 버튼을 인식하고 관리하기

우리의 배우자가 당신의 분노 버튼을 눌렀다면, 그게 우리의 버튼임을 알아차리는 것이 도움이 된다. 우리를 화나게 하고 짜증나게 하는 것들은 결국은 우리가 인식하고, 관리하고, 안정시키고, 배워야 하는 것이다. 짜증이나 분노가 치밀어 오르면, 머릿속에 떠오르는 생각들과 몸으로 느껴지는 신체 감각들을 인식하고, 그와 같은 불쾌한 경험들을 평가하지 말고 잠시 알아차리고 머무르라. 당신이 좀 더 중심을 잡고, 상대방에 대해 연민 어리고, 존중하는 태도로 돌아갈 수 있도록 당신의 분노를 현명하고 친절하게 다루어야 한다. 당신이 짜증과 분노를 현명하게 다루는 것은 당신과 당신의 관계와 가정의 건강에 유익하다. 당신의 분노 버튼이 당신을 비이성적으로 만드는 힘을 감소시킬 수 있도록 노력하라. 분노와 짜증의 경험들은 모두 당신이 자기 자신과 어떤 점이 당신을 자극하는지, 어떻게 하면 당신이 소중히 여기는 가치와 현명한 자아에 일치하는 방향으로 반응할 수 있는지를 알아차릴 수 있는 좋은 기회를 제공한다.

- **대화 방법 서적들 소개하기:** (pp. 276-277을 보라.)
- **관계 코칭/치료 권장하기:** (pp. 277-278을 보라.)
- **자조서:** George H. Eifert, Matthew Mckay와 John Forsyth(2006)의 『분노가 아닌 삶을 위한 ACT: 문제가 되는 분노를 위한 새로운 수용전념 치료가이드(ACT on Life Not on Anger: The New Acceptance and Commitment Therapy Guide to Problem Anger)』를 부부가 같이 읽어 본다.

걱정거리 5: 우리는 분노를 서로에게 적대적이고 무례한 방식으로 표현한다.

첫째, 그들의 걱정거리를 그들이 보는 그대로 기술한다

짐에게 화가 나면, 메리는 남편에게 자신이 화났다고 간단히 말하지 않는다. 그녀는 상대방을 모독하는 말을 하고 그의 행동이 아닌 그의 성격을 공격하기 시작한다. 짐은 그가 그녀를 화나게 했다는 걸 알지만, 그녀가 그것에 대해 좀 더 존중하는 방식으로 대화하길 원한다. 그는 철회하고, 사과를 기다린다. 그들은 이런 냉전 상태를 여러 날, 때로는 수 주 동안 지속한다.

둘째, 문제를 재정의한다

- 짐과 메리는 짐이 상처받고 화나게 만드는 갈등 패턴에 빠져 있다. 메리는 문제가 만성적으로 해결되지 않은 상태에 놓일 때 무시당한 기분을 느끼고, 악의적인 비판을 시도하는 경향이 있다. 매번 이런 일이 발생할 때마다 그들의 감정적인 유대감은 상처를 입고 복구되지 않은 채 남아 있게 된다.
- 감정 선택: (pp. 279-280을 보라.)
- 분노에 대해 학습해 온 경험: (p. 280을 보라.)
- 분노 스타일: (p. 280을 보라.)
- Gottman의 네 가지 재앙 행동(pp. 289-290을 참조하라.)

  연구 결과에 따르면 부부들이 할 수 있는 가장 파괴적인 일들은, ① 서로의 성격에 대한 비판(당신이 어떠한 인간인지에 대한 비판), ② 경멸적으로 대화하기, ③ 민감한 방어적인 태도, ④ 화가 나서 대화에서 철회하기(예: 벽 쌓기)이다. 이런 행동들은 장기적인 관계 악화를 잘 예측한다.
- 건설적으로 의사소통하기

  부부들이 개방적이고 건설적인 소통 기술을 사용할 때 각 배우자는, ① 자신의 생각과 기분을 표현하면서 안전하게 느끼고, ② 의견들이 경청되고 이해받는 느낌이 들고, ③ 문제를 해결하기 위해 뭘 원하는지와 그 소망을 어떻게 하면 건강한 방식으로 해결할지에 대해 얘기하면서 안전하게 느끼고, ④ 친밀하고 정서적으로 연결되어 있다고 느낀다.

■ 분노와 부드러운 감정 이해하기

임상 문헌들에 따르면 분노는 항상 상처, 두려움, 외로움, 실망 등과 같은 좀 더 부드러운 다른 감정들과 깊이 관련되어 있다. 안타깝게도, 우리가 분노만 표현할 때는, 상대방이 우리의 말을 공감하고 걱정하며 듣는 건 거의 불가능하다. 분노의 표출에 분노로 맞받아치거나, 철회 또는 방어로 대응하는 것은 자연스럽게 느껴진다. 하지만 우리가 좀 더 부드러운 다른 감정들도 얘기하게 되면, 상대방은 우리의 말을 좀 더 잘 듣게 될 수 있고, 우리가 모든 진실을 말함으로써(비록 초반에는 방어적인 태도를 보일지라도) 좀 더 공감적인 반응을 받을 가능성이 높아진다. 만약 내가, "당신 늦었잖아! 전화를 했어야지!"라고 말한 때보다, "당신이 늦을 때 전화를 하지 않으면 나는 당신에게 무슨 일이 생겼을까 봐 겁이 나기 때문에 화가 나."라고 말할 때에는 상당히 다른 반응을 받을 것이다.

■ 건강한 분노 표현하기

연구에 따르면 부부들이 서로에게 화가 났을 때 그것에 대해 소통하는 것은 중요하다. 서로에게 화가 났을 때 그것을 숨기는 부부는 시간이 지날수록 관계가 악화된다. 누군가와 가까이 붙어서 춤을 출 때처럼, 부부가 당신의 발을 밟았을 때 그것을 알리지 않는다면, 발가락이 매우 아플 것이다. 부부의 어떤 행동이 당신을 화나게 하는지 당신이 개방적이고 존중하는 태도로 부부에게 얘기하고, 부부의 얘기 또한 개방적이고 존중하는 태도로 들어준다면, 시간이 지날수록 당신은 함께 더 우아하게 춤추는 방법을 배우게 될 것이다. 연구에 의하면 불만을 들어주는 것은 단기적으로는 정서적으로 어렵지만, 장기적으로는 결혼생활 건강에 유익하다. 중요한 것은 상대방 성격에 대해서가 아니라 행동에 대해서 불만을 구체적으로 표현하는 것이고, 부부에 대해 애정을 가지고 존중하는 태도로 얘기하는 것이다. 또한 서로가 가끔씩은 어쩔 수 없이 서로의 발을 밟을 것이라는 것을 인정하는 것 역시 중요하다. 이는 정서적으로 가까운 장기적인 관계에서 정상적인 부분이다.

'우리는 분노를 서로에게 적대적이고 무례한 방식으로 표현한다.'에 대한 해결책 옵션

■ 자조서

James Cordova(2009)가 쓴 『결혼 체크업: 결혼 건강을 유지하고 강화하기 위한 프로그램(The Marriage Checkup: A Scientific Program for Sustaining and Strengthening Marital Health)』을 정서 기술과 소통, 용서에 대한 장에 초점을 두고 읽는다. 이런 생각들이 각자에게 말이 된다고 생각하는지 아닌지, 그리고 각자가 생각하는 분노를 건강하게 표출하는 방법들은 무엇인지에 대해 독서 클럽 형태로 얘기해 본다.

■ 자조서

George H. Eifert, Matthew Mckay와 John Forsyth(2006)의 『분노가 아닌 삶을 위한 ACT: 문제가 되는 분노를 위한 새로운 수용전념 치료가이드(ACT on Life Not on Anger: The New Acceptance and Commitment Therapy Guide to Problem Anger)』를 부부가 같이 읽어 본다.

■ 관계 코칭/치료 권장하기: (pp. 277-278을 보라.)

■ 패턴 인식: 서로에게 상처가 되는 분노 패턴이 발생할 때 알아차린다. 패턴을 인지하고 확실히 지적해 준다("우리는 또 분노 패턴을 보이고 있어.").

■ 이해받고 싶은 경향

우리가 서로에게 화가 났을 때, 종종 우리는 배우자가 얘기를 들어 주고, 완전히 이해하고 공감해 주길 바라는 강한 욕구를 느낀다. 만약 배우자로부터 이해를 받을 수 없다고 느끼면 이는 매우 불편한 감정이 되고, 이런 감정을 빨리 해소하기 위해 우리는 우리의 논점을 배우자에게 전달하기 위해 안달하게 될 것이다. 이는 사람을 다소 전전긍긍하게 만드는 감정으로, 우리는 이런 좌절감과 불편에서 벗어나기 위해 무례한 분노를 표출하게 된다. 당신이 이런 좌절된 불편을 느끼는 상태에 있다고 스스로 인식하게 되면, 그것을 말로 표현하고("나는 지금 스스로의 좌절에 완전히 빠져 있어."), 마음을 가라앉히고, 스스로를 가다듬고, 당신의 이성과 연민을 되찾아오기 위한 시간을 갖는 것이 도움이 된다. 이런 종류의 많은 다툼은 스스로를 쉬게 하면서 안정되고 애정 어린 상태를 되찾게 되면 해결된다.

■ 냉각기를 갖기

연구에 따르면 감정을 가라앉히는 시간(냉각기)과 같은 단순한 방법이, 감정이 너무 고조되었을 때 의사소통의 질을 바꿔 주는 극적인 효과를 준다. 효과적인 냉각기는 두 가지 중요한 요소를 지닌다. 첫째, 당신이 건설적인 대화를 이어 가기 어려울 정도로 지나치게 감정에 압도되었을 때 감정을 가라앉히는 시간을 갖자고 말하는 것이다. 화가 났을 때, 우리는 덜 명확하게 생각하고, 덜 협조적이고 타협적으로 대하는 경향이 있다. 이런 때에 냉각기를 갖자고 말하는 것은 당신의 관계를 보살피는 데 최선의 방법이다. 이런 시간은 최소 30분에서 45분 동안 지속되어야 하는데, 사람들이 마음을 완전히 진정시키는 데 그 정도의 시간이 걸린다고 밝혀졌기 때문이다. 둘째, 냉각기가 끝난 후에 대화를 이어 가기 위해 다시 노력하는 것이다. 냉각기가 논의되어야 할 문제들을 피하기 위한 변명이 되어 버린다면, 그런 문제들은 곪아 결혼생활의 장기적인 건강을 손상시키게 된다.

걱정거리 6: 다툴 때 우리는 서로에게 상처를 준다.

첫째, 그들의 걱정거리를 그들이 보는 그대로 기술한다

존은 로리에게 화가 났을 때 그녀를 못생겼다고 빈정대고, 그녀의 성격을 공격한다. 자연히 로리는 부당하게 공격받았다고 느끼고 대화에서 철회한다. 존은 비록 로리의 행동들이 '사소한' 것일지라도, 이러한 행동들이 해결되지 않고 수년 동안 지속되었기에 문제라고 주장하고, 그가 그녀를 대할 수 있는 유일한 방법은 소리를 지르는 것이라고 느낀다.

둘째, 문제를 재정의한다

- 건설적으로 의사소통하기: (p. 281을 보라.)
- 막가파식 논쟁하기

  때때로 부부가 다투는 동안에, 자신들에게 서로 친하고 편안하기 때문에 아무 말이나 행동을 다 하는 막가는 논쟁으로 빠져들기 쉽다. 친밀함에 대한 이런 오해들은 관계에 악영향을 준다. 이런 의사소통의 곤란은 친밀함을 손상시킬 뿐만 아니라 부부들이 서로에게 듣고 반응할 기회를 주지 않는다는 것을 의미한다. 막가파식 논쟁은 결코 긍정적인 결과를 불러오지 않는다. 다른 방면에서의 관계가 얼마나 건강하든 간에, 이런 종류의 소통 패턴은 시간이 지날수록 해로울 것이다.
- Gottman의 네 가지 재앙 행동: (p. 283을 보라.)

■ 서툴고 무식한 분노

사람들의 분노 기술은 종종 목소리를 높이거나, 소리 지르거나, 위협하거나, 물건을 던지거나, 우는 등의 행동들로 도배된다. 이런 행동들은 당신이 인생에서 습득해 온 것들이지만, 부부에게 분노를 표현하기 위해 이런 행동들을 보이는 것은 분개, 방어, 역비판을 이끌어 내는 경향이 있다.

■ 감정 선택: (pp. 279-280을 보라.)

■ 분노와 부드러운 감정 이해하기: (p. 284를 보라.)

■ 부드러운 감정들 이해하기

부부 중 한 명이 인지한 것이 항상 상대방이 느끼는 것과 일치하지는 않는다는 사실을 인식하는 것이 중요하다. 예를 들어, 가슴을 찌르는 말을 하는 것 같은 행동의 기저에는 유약함과 상처를 느끼는 것에 대한 공포와 같은 부드러운 감정들이 있을 수 있다. 때로 부부들은 상처받고, 슬프고, 외롭고, 유약하게 느낄 것이고, 상대방에게서 위로를 찾는 대신 분노, 분개, 씁쓸함과 같은 감정들로 벽을 세우고 스스로를 보호하려고 한다.

'다툴 때 우리는 서로에게 상처를 준다.'에 대한 해결책 옵션

■ 패턴 인식: (p. 270을 보라.)

■ 탄광 속의 카나리아

당신이 분노를 파괴적인 방식으로 표출하기 전에 가장 처음 나타나는 신호가 무엇인지 스스로 생각해 보는 시간을 갖는다. 위험에 대한 가장 처음의 신호는 당신의 '탄광 속의 카나리아'이다. 그 신호를 인식하게 되면, 당신은 태도를 바꿔서, 마음을 가라앉힐 시간을 가질 것인지 또는 당신의 부부에게 조금 더 애정을 드러내고 이해하는 방식으로 접근할 것인지 선택할 수 있는 기회를 가지게 된다. '카나리아'는 주로 가슴이 답답함 같은 육체적인 감각이거나, 왜 그는 항상 내 탓을 하지? 같은 반복해서 드는 생각 같은 것이다. 이런 것들이 단지 당신이 감정적으로 압도되기 전이라는 신호일 뿐이라는 걸 인식하는 것은 당신이 현명하고 건강한 선택을 할 수 있는 관점을 준다.

■ 스트레스 신호 알아차리기

둘 다 편안하고 안정적인 상태일 때, 함께 브레인스토밍 시간을 갖고, 불쾌한 다툼이 발생할 때 혹은 이미 나타나기 시작할 때, 어떻게 해야 할지 방법을 생각해 본다. 이런 방법들로는 당신이 감정적으로 압도되었음을 알리고 평정을 찾기 위해 시간과 거리두기가 필요하다는 수신호를 만드는 것과 같은 것이 있다. 다른 방법으로는, 서로에게 진정 효과를 줄 수 있거나 최소한 거슬리지는 않는 말들을 생각해 보는 것이다.

■ 관계 코칭/치료 권장하기: (p. 277-278을 보라.)

■ 대화 방법 서적들 소개하기: (p. 276-277을 보라.)

■ Gottman의 네 가지 재앙 행동

연구 결과에 따르면 부부들이 할 수 있는 가장 파괴적인 행동들은, ① 서로의 성격에 대한 비난(당신이 어떤 사람인지에 대한 비난), ② 경멸적으로 대화하기, ③ 민감한 방어적인 태도, ④ 화가 나서 대화에서 철회하기(예: 담쌓는 행동)이다. 이런 행동들은 장기적으로 관계가 악화될 것을 잘 예측해 준다. 다른 사람의 태도를 지적하는 것(예: "나는 당신이 빨래를 바닥에 두는 걸 싫어해.") 같은 적절한 불평에 비해 비판은 상대방의 성격에 대해 지적하는 것(예: "넌 게으름뱅이야.")이다. 이런 행동은 부부들에게 관계 속에서 안전하지 않다고 느끼게 해, 그들이 느끼는 감정들과 생각들에 대해 개방적으로 말하지 못하게 한다. 당신이 이런 행동을 보이는 경향이 있다는 것을 인식한다면, 친절하게 대화하고 능동적으로 경청하기로 노력하겠다고 스스로에게 결심을 해야 한다. 이렇게 보다 건강한 의사소통 패턴으로 옮겨가지 못한다면 냉각기를 갖고, 45분 정도 후에 당신이 신체적으로 진정되면 다시 시도해 본다. 만일 이 네 가지 재앙적인 말들을 길들이지 못한다면 숙련된 부부치료자의 지도를 받는 것도 좋은 방법이다.

걱정거리 7: 우리는 싸운 후에 화해하는 데 미숙하다.

싸운 뒤에 화해하는 것은, 특히 그 주제가 당신이 반복해서 다퉈 왔던 것이라면 어려운 일이다. 누구도 화난 상태를 유지하길 원하지는 않지만, 화해하는 것은 때로 비난을 받아들이거나 싸움에서 지는 것처럼 느껴진다. 마음 한구석에 당신이 이기고 싶어 하는 생각을 누르고 당신의 부부에게 애정과 협동의 정신으로 다가서는 것은 어렵다. 다툼이 격해진 후에 마음을 가라앉히는 것 역시 어렵다.

첫째, 그들의 걱정거리를 그들이 보는 그대로 기술한다

샘이 어렸을 적에, 그녀는 엄마가 항상 불행하다고 느꼈는데, 엄마가 결정을 할 때마다 아빠가 화를 냈고, 엄마는 사과해야 했기 때문이다. 그러므로 샘에게 사과는 그녀가 원하는 것을 포기하는 것이고, 샘은 그러길 원치 않는다. 짐은 다툼의 결과가 어찌되었든 간에 화해를 하고 싶어 하고, 둘 다 서로에게 불친절했던 것을 사과해야 한다고 생각한다. 샘이 사과하고 싶어 하지 않는다고 생각할 때 그 역시 멀어지고 샘과 화해하려고 노력하지 않는다. 샘과 짐은 자주 이런 상태에 갇혀 있음을 깨닫는다.

둘째, 문제를 재정의한다

■ 회복 과정

연구에 따르면 건강한 부부 관계는 건강하게 다툰 후에 건강하게 회복하는 과정이 필요하다. 장기적으로 친밀한 관계로 살다 보면, 가끔씩 서로 상처를 주고 때로는 큰 상처를 주는 것은 어쩔 수 없는 일이다. 이런 상처가 능동적이고 의도적으로 회복되지 않는다면, 돌보지 않은 상처처럼 그것은 감염되고, 잘못 치료되고, 다시 다칠 수도 있다. 제대로 작동하는 회복 과정은 제대로 작용하는 면역 체계만큼 중요하며, 그들의 장기적인 관계를 진심으로 걱정하는 사람들은 상처를 받은 직후에 회복하는 방법을 찾기 위해 노력한다.

■ 용서하기

심리학에는 용서의 과정에 대한 연구가 많다. 친밀한 관계에서 용서는 두개의 다소 독립적인 과정으로 구성되어 있다. 첫 번째는 복수의 마음을 내려놓는 것이다. 복수심은 누군가에게 상처를 받았을 때 남는 악감정을 계속 가지고 있으려는 경향이다. 우리는 우리에게 상처 준 사람을 처벌하길 원하거나 그 사람에게서 철회하고 피하려고 노력한다. 용서의 첫 번째 단계는, 우리에게 상처 준 사람에게 피해를 입히거나 피하려는 동기를 없애는 것이다. 두 번째 단계는, 화해를 구하고 관계를 고치기 위한 회복 과정이 이루어지도록 허용하는 것이다. 작은 상처에 대해서는 이런 2단계의 과정이 빠르고 손쉽게 이루어진다. 더 깊고 심각한 상처에 대해서는 이 과정이 오랜 시간을 필요로 한다. 스위치를 누르면 쉽게 용서가 되는 것이 아니고, 용서로 도달하기 위한 긴 여정을 떠나야 한다. 이런 경우에는 용서의 진정한 첫 단계는 복수심을 내려놓기 위해 뭘 해야 할지 모르는 상태일지라도 일단 내려놓는 마음을 먹는 것이다.

■ 남은 불평의 감정을 내려놓기

부부들은 때로 갈등 후에 해결책에 도달하거나 문제를 내려놓지 않고, 상대방에 대한 불평의 감정을 남겨 두는 경향이 있다. 상처받는 느낌이 회복되지 않는다면, 부부들 모두 무시당하고 좌절당한 기분을 느낄 것이다. 부부들은 또한 미래에 자신을 보호하기 위해 분노의 감정을 붙들고 있게 된다. 하지만 회복의 과정이 없고 만성적으로 분노하면, 친밀함이 저해되고 장기적으로 부부 관계 건강에도 해가 된다.

■ 분노와 부드러운 감정 이해하기: (p. 284를 보라.)

■ 부드러운 감정들 이해하기: (p. 288을 보라.)

■ 부부 싸움 하는 방법이 중요하다

부부 연구에 따르면 결혼한 부부가 싸우는 방식은 그들의 장기적인 결혼생활 만족도에 큰 영향을 준다. 친밀한 부부들은 모두 다투며 산다. 가장 건강한 부부들은 서로를 이기고 지는 경쟁의 적수가 아니라, 동일하게 느껴지는 불편함 때문에 서로 노력하는 친구들처럼 대한다.

■ 사람들은 다툼이 고조되었을 때 종종 제대로 소통하지 않는다. 화가 나 있지 않을 때 예민한 주제에 대해 얘기하는 것은 서로에게 존중과 공감과 애정을 가지고 대화하는 연습이 된다. 이런 대화들은 부부가 화가 난 상태에서도 서로 존중할 수 있게끔 도와준다.

'우리는 싸운 후에 화해하는 데 미숙하다.'에 대한 해결책 옵션

■ 빠르게 자주 회복하기

장기적인 관계의 건강에 있어서 회복의 중요성을 인식하고, 부부 중 한 명이라도 (의도적이든 아니든) 상처를 받았을 때 유대감을 회복하는 연습을 해야 한다. 어떻게 하는 것이 서로 회복하는 가장 좋은 방법인지 찾기 위해서는 많은 시도와 실패가 있겠지만, 쉽게 회복되는 가장 좋은 방법을 찾기 위해 계속 노력해야 한다. 때로는 별로 복구하고 싶은 마음이 들지 않을 수 있다는 것을 인식하라. 이런 감정을 인정하되 그것이 당신의 가정의 건강을 위한 가장 현명한 선택에 영향을 미치지 않도록 해야 한다. 또한 회복이 더 이상 불화가 없음을 의미하는 것이 아니라는 것을 명심하라. 그러나 서로 동의하지 않은 상태에서도 서로 친밀하게 연결되어 있고 상처를 복구할 수 있다. 복구를 미루는 것은 상처가 곪게 내버려 두는 것과 같다는 것을 기억하라. 당신의 관계의 건강은 당신의 책임이다. 잘 다루어야 한다.

■ 알아차리고, 심호흡하고, 대처하기

다툼 후에 당신의 마음 한구석에 당신의 부부에게 다가가길 거부하는 마음이 있다는 걸 알아차리는 것에서부터 시작하라. 당신의 몸의 긴장과 불쑥 튀어 나오는 화난 생각들을 인식한다. 심호흡을 한다. 관계에 사랑, 친절, 애정, 장난기, 유머, 즐거움을 심으려 했던 의도를 반추하고 현 상태에서 벗어나 상대방에게 다가간다. 상처와 분노에 애정과 확신으로 대처한다. 당신의 관계의 용량은 불화의 부피보다 더 크다.

■ 용서하기

복수심을 내려놓기가 어렵다면 James Cordova(2009)가 쓴 『결혼 체크업: 결혼 건강을 유지하고 강화하기 위한 프로그램(The Marriage Checkup: A Scientific Program for Sustaining and Strengthening Marital Health)』에서 용서에 대한 장을 읽고 용서의 과정과 팁에 대해 배운다. 당신이 복수심에 묶여서 용서로 향하는 과정에서 전혀 진전을 보이지 못한다고 느낀다면, 부부치료전문가와 상담한다. 관계 속에서 복수심이 곪아 가도록 두지 않는 것이 중요하다.

- **열정적인 애정을 가지고 경청하기**

소통이 교착 상태에 빠졌다고 느낀다면, 당신이 애정을 가지고 (배우자의 감정에 공감하며) 경청하고 있는지 확인해야 한다. 만약 그렇지 않다면, 다시 연민을 가지고 들어야 하며, 배우자에게 당신이 경청하고 있고 공감하고 있음을 알려 주어야 한다. 그렇게 된다면 이후의 대화들은 더 매끄럽게 진행될 것이다. 연민을 가지고 경청하는 것은 당신 스스로와 배우자를 존중하는 방식으로 대하는 방법을 좀 더 직관적으로 깨닫게 해 준다.

- **대화 방법 서적들 소개하기:** (pp. 276-277을 보라.)

- **수용에 대한 자조서**

James Cordova(2009)가 쓴 『당신의 결혼을 위한 싸움: 이혼 예방을 위한 긍정적 단계와 영구적인 사랑을 지속하기(The Marriage Checkup: A Scientific Program for Sustaining and Strengthening Marital Health)』에서 차이를 수용하는 방법을 배운다. 이 책의 수용에 관한 장은 비수용의 근간과 어떻게 하면 스스로와 배우자로부터 수용을 얻을 수 있을지에 대한 유용한 정보들을 제공한다.

걱정거리 8: 우리는 성생활에 걱정거리가 있다.

첫째, 그들의 걱정거리를 그들이 보는 그대로 기술한다

- **의사소통 문제 사례**

폴과 스텔라에게 성적인 문제들은 소통의 어려움과 밀접한 관련이 있다.

폴은 스텔라가 자신의 성적인 소망과 요구들을 분명하고 효과적으로 소통하길 원하고, 그렇지 않으면 둘 다 손해를 본다고 생각한다. 하지만 그는 스스로도 성관계 도중에는 말을 하지 않는다고 했다. 따라서 성관계 중의 대화는 두 부부 모두에게 흥미로운 도전이다.

■ 시간 확보 걱정거리 사례

니콜과 스티븐은 둘 다 그들의 성적 관계가 의견의 불일치와 좌절감의 원인이 될 수 있다는 데 동의했다. 제일 큰 문제는 그들이 충분히 서로 같이 있을 시간이 없다는 것이었다. 그들은 집안일을 하거나, TV를 보거나, 다른 사람들과 이야기를 하거나, 잠을 자느라 성생활을 즐길 시간이 없었다.

■ 성적 욕구 차이 사례

데미언과 프리실라의 가장 큰 문제는 그들 각자가 얼마나 자주 성관계를 가지기를 원하는지에 대한 욕구가 달랐다는 것이다. 데미언이 프리실라보다 성관계를 가지는 것에 대해 더 자주 생각하고 원했다. 다른 말로는, 그의 본능적인 성적 욕구 수준이 더 높았다. 이러한 차이는 부부들 간에 흔히 보이는 차이이다. 이러한 차이를 부부의 탓으로 돌리지 않고 자연스럽게 일어나는 차이라고 받아들이기만 한다면, 품위와 유머로 잘 다룰 수 있는 문제이다.

둘째, 문제를 재정의한다

■ 서로가 느끼는 만족도의 기복은 정상적이다

부부 관계에 대한 연구에 의하면 성관계 만족의 저하는 결혼에서 흔히 발생하는 일이다. 성관계의 빈도나 생동감은 시간이 지나며 서로 익숙해질수록 저하될 수 있으나, 이는 관계가 잘못되어 가고 있다는 걸 뜻하지는 않는다. 많은 부부는 성관계의 만족도나 생동감이 자연적으로 변한다고 한다. 가끔은 황홀하기도 하고, 가끔은 그저 그렇기도 하며, 가끔은 실망스럽기도 한다. 성관계에서 자연적인 변화의 흐름을 받아들이는 것이 성 만족의 핵심이다. 어떤 영화들, 음식들, 휴가들 같은 당신 인생에서의 다른 부분들처럼, 어떤 것들은 훌륭하고, 어떤 것들은 그저 그렇고, 어떤 것들은 실망스럽기도 하다. 그렇다고 해서 우리가 영화를 더 이상 보러 가지 않거나, 먹으러 가지 않거나, 휴가를 떠나지 않는 것은 아니다. 금요일에 봤던 영화가 별로였다고 해서 우리에게 문제가 있다고 생각하거나 자책하지도 않는다. 모든 범위의 성적 경험을 허용하고, 부부로서 계속 같이 협력하며 두 사람이 공유하는 행복한 부분으로서 성적 관계의 핵심을 잘 보살펴야 한다.

■ 원인은 다양하다

성관계의 빈도나 활기가 시간이 지나고 서로를 잘 알게 될수록 자연스럽게 저하될 수 있다. 때때로 당신이 원하는 성생활과 당신이 경험하는 성생활의 불일치는 바쁜 스케줄, 피곤한 날들, 삶의 변화에 따른 스트레스 때문일 때도 있다. 또 다른 가능성은 애착, 안정감, 관계에서의 안전성에 대한 느낌이 부재하기 때문일 수도 있다. 또 다른 가능성은 부부의 신체적 건강과 안녕감 때문일 수도 있다. 의학적 상태, 건강, 영양 문제가 성욕 변화를 초래하기 때문이다.

■ 오래된 부부도 활기찬 성생활을 증진시킬 수 있다

성치료자들의 연구에 의하면, 수년 동안 함께한 부부들도 그들의 성적 관계를 잘 마음에 두고 탐색하면, 정서적 연결감과 친밀감을 실질적 면에서 활기차게 성장시킬 수 있다. 일반적으로 오래된 관계들은 성적으로 감퇴

한다고 알려져 있으나, 이러한 감퇴가 보편적이지 않고 불가피하지도 않다고 의심해야 할 필요성이 있다. 임상가들은 이러한 감퇴가 많은 경우에, 우리의 취약성과 제한된 친밀감으로 인하여 시간이 지나면서 고착된 인지적 · 감정적 · 행동적 습관으로 인한 것이라고 의심하기도 한다.

■ 말 앞에 수레를 매달기

성은 어떤 면으로는 정서적으로 복잡해서, '하고 싶은 느낌을' 우리가 기다리는 것처럼 느끼게 만드는 것 같지만, 성 자체는 더 정서적인 친밀감으로 연결시켜 준다. 다른 말로 표현하면, 많은 부부들은 성관계를 증진시켜 주는 무드를 기다리는 면에서, 마치 말 앞에 수레를 매다는 행동을 하고 있다. 이것은 마치 성관계를 할 시간이 발견되기를 기다리는 것과 아주 흡사하다. 연구 결과에 의하면, 많은 경우에 행동을 해야 무드가 생긴다고 제시했다. 그렇기에 같이 성관계를 가질 수 있는 시간을 약속하는 것이 생동감 있고 친밀감과 연결되는 성취감을 유지할 수 있는 가장 효과적인 방법인데, 부부들은 흔히 이렇게 하기를 꺼린다.

■ 목표보다는 과정이 중요하다

어떤 부부들은 성관계에 대해 수행 불안을 유발하는 것으로 생각하기도 한다. 많은 부부는 성관계가 수행과 결과에 대한 것이라고 생각하고, 따라서 과정은 간과한다. 결과에 상관없이, 순간을 질적으로 경험하는 일을 부부 관계로 다시 가져오는 것이 중요하다. 어떤 한 순간이라도 당신들의 성적이고 신체적인 연결은 그 자체만으로도 이미 완벽하다. 활기찬 성적 관계는 마음속의 목표이기보다는 과정이 어디로 당신을 데려가든 그 과정에 관한 것이다. 이러한 성관계는 부부가 따뜻함과 행복감을 가지고 서로와 관계를 가질 때 가능하다. 기대, 목적지, 목표를 가지는 것은 순간 성을 즐기는 것에 방해가 된다.

■ 원하는 것, 필요한 것 그리고 욕망에 대해서 의사소통하기

당신이 무엇을 원하는지, 필요로 하는지, 욕망하는지에 대해서 숨김없이 이야기하는 것은 중요하다. 솔직함은 건강한 관계, 특히나 성적으로 건강한 관계에서의 중요한 핵심이다. 당신의 원하는 것, 필요로 하는 것, 그리고 욕망들을 서로에게 나누는 정서적인 위험을 무릅쓰지 않는다면, 당신 부부는 당신에게 그러한 방식으로 절대 나누지 못할 것이다. 이는 감정적 위험을 무릅써야 할 필요는 있지만, 원하는 것, 필요한 것, 욕망들을 따뜻하고 초대하는 방식으로 표현한다면 관계는 더 활기차고 친밀해질 것이다.

■ 성관계를 문제로 삼지 않기

어떤 부부들은 불만족스러운 순간들을 경험하면 계속 진화해 가면서 지속되는 성적인 관계를 일종의 해결해야 할 문제로 인식한다. 우리는 이것을 당신의 성적 관계를 문제화시키는 구조라고 말한다. 이러한 문제로 구조화하면 본질적으로 편협하고 제한되며, 성적 관계를 통해 얻을 수 있는 즐거움과 친밀감을 감소시킨다. 모든 성적인 활동이 필히 해결되어야 하는 문제가 되면, 성적으로 관련된 모든 것은 문제 해결이라는 연속선상에서 평가받게 되고, 평가라는 편협한 통로는 정서적인 유대감과 친밀감에 도움이 안 된다.

■ 불륜의 성적 부작용

불륜 이후의 감정적 해결의 부재로 인하여 부부의 성적 관계가 어려워질 수도 있다. 문제에 대해 더 깊은 이해를 하며 감정적 해결을 위해 함께 협력하는 것은 어렵고 감정적으로 도전적일 수 있다. 이 분야의 연구 문헌에 따르면 부부들은 과거의 불륜을 받아들일 수 있는 건강한 방법을 찾을 수 있고, 이는 새로운 성장, 더 나은 결혼 건강, 더 큰 친밀감 그리고

공유되는 평온함을 가능하게 한다고 한다. 이는 부부가 단독적으로 하기에는 힘들지만 자격이 갖춰진 부부상담자의 도움으로 가능하다고 한다.

■ 성적으로 긍정적인 관계를 조성하기

많은 사람은 성적으로 부정적인 태도를 가진 가정이나 문화에서 성장하고 있다. 많은 사람은 성관계가 '나쁘고' '더럽고' '비도덕적'이거나 부끄럽거나 수치스러운 것이라고 배우게 된다. 또한 안타깝게도, 많은 사람은 성이나 성적 감정에 대해서 불안이나 상처를 유발하는 성적 학대나 성적으로 부끄러운 경험들을 가지고 있다. 모든 관계에서, 의도적이고, 능동적으로 서로에 대해 서로의 성과 성적 기분에 대해 건강하고, 개방적이고, 즐겁고, 유머 있고, 그리고 친절한 성적으로 긍정적인 태도를 조성하는 것이 중요하다. 당신을 포함한 많은 사람이 자신의 성에 대한 경험에 관련해서 부정적인 경험들이 있을 수도 있다는 점을 고려하고 염두에 두며, 가볍고 재밌고 즐거운 성적 관계를 조성하려 노력하라.

'우리는 성생활에 걱정거리가 있다.'에 대한 해결책 옵션

■ 자조서

- Barry McCarthy와 Emily McCarthy(2002)의 『성격 알아차리기: 21세기 부부성치료(Sexual Awareness: Couple Sexuality for the Twenty-First Century)』
- Barry McCarthy와 Emily McCarthy(2003)의 『성적 욕구 저하와 성관계가 없는 결혼을 돕기 위한 체계적 프로그램(Rekindling Desire: A Step-by-Step program to Help Low-sex and No-sex Marriage)』
- Barry W. McCarthy와 Michael E. Metz(2004)의 『발기장애 대처하기

(Coping with Erectile Dysfunction: How to Regain Confidence and Enjoy Great Sex)』

■ 성관계하는 데이트 날짜를 잡기

성관계를 가질 날짜를 정하라. 날짜를 정해서 성관계를 갖는다는 것이 로맨틱하지 않아 보일 수 있으나, 이러한 편견이 많은 건강한 관계에게 해를 끼쳐 왔다. 연구/임상 문헌들은 성관계를 위한 스케줄을 정하는 것, 행동이 기분을 앞서는 것이 건강하고 활기찬 성적 친밀감을 만들어 내며 유지시킨다는 것에 동의한다.

■ 같이 보낼 수 있는 시간 갖기

많은 부부가 의식적/적극적으로 정서적/육체적으로 함께 보낼 수 있는 시간을 가지는 것은 큰 도움이 되는 것을 알고 있다. 이러한 시간은 두 배우자 모두가 남은 일주일 동안 기댈 수 있는 정서적 안식처가 되고는 한다. 이러한 시간은 반드시 지켜야 하는 약속처럼 대해야 한다. 이러한 시간에 부부들이 서로에게 관심을 가져주고 애정을 느끼면 꼭 성관계를 해야만 필요는 없다.

■ 지평의 한계를 넓히라

성적 관계를 조금 더 확대시켜 성교만이 아닌 다른 스킨십 활동들도 포함시키라. 많은 부부는 부부로서의 계속되는 그들의 성장을 무시하고 너무 범위가 좁은 성적 기대치를 가지고 그 기대치를 못 채움에 실망감과 실패감을 느낀다. 또한 성교 행위 자체에만 집중하게 되면 행위와는 다른 것들에서 오는 즐거움을 겪을 기회를 놓치게 될 수도 있다. 결과보다는 과정에 집중하라. 만약 에로틱하며 육감적인 시간을 잘 보낼 수 있기만 하다면, 결과는 상관없게 된다.

■ 평가하지 말라

당신이나 당신의 부부나 둘 사이에서 경험하는 성적인 순간들을 평가하지 말라. 당신이 원하는 방향으로 진행되지 않는다고 해서 자신을 평가하게 되면 더 큰 압박감을 느끼게 되고, 상대방과 같이 있는 것에 집중하기 어렵게 된다. 공유되는 성적인 에로틱한 면과 즐거움에 집중하라. 별다른 목적은 없이 이러한 순간순간이 여정 자체가 될 수 있다.

■ 관계 코칭/치료 권장하기: (pp. 277-278을 보라)

■ 불륜 이후에 대한 자조서

현재 이 분야에서 제일 좋은 책은 Douglas Snyder, Donald Baucom과 Kristina Coop Gordon(2007)의 『다시 행복할 수 있을까(Getting past the Affair: A Program to Help You Cope, Heal, and Move On-Together or Apart)』(2010, 학지사)이다.

걱정거리 9: 나와 나의 배우자는 성관계 중 혹은 이후에 서로 정서적으로 친밀하게 느껴지지 않는다.

첫째, 그들의 걱정거리를 그들이 보는 그대로 기술한다

메리와 알렉스는 예전에는 활기찬 성생활을 하고 있었다고 보고한다. 하지만 현재 그들의 삶은 바빠졌다. 메리는 직장과 아이들 등을 생각하느라 지금은 성관계에 관심이 없다고 말한다. 알렉스도 직장 때문에 바쁘지만 그는 메리와 더 자주 성관계를 가졌을 때, 그리고 성관계를 가지면서 서로에게 더 귀를 기울였을 때 공유했던 정서적 친밀감과 활기가 그립다.

둘째, 문제를 재정의한다

■ 성관계에는 많은 의미가 있다

임상적 문헌은 성관계가 하나의 의미를 가진 단순한 것이 아닌 친밀한 관계에서 각자의 부부에게 여러 의미를 가질 수 있는 여러 측면을 가진 활동이라고 제안한다. 이러한 여러 의미들 중 몇몇 의미는 친밀감, 몇몇은 즐거움, 몇몇은 에로티시즘에 대한 것이라고 말한다. 이는 모두 건강한 성적 관계의 일부이다. 이러한 경우, 필리스와 코너는 성관계의 정서적인 측면에 제일 신경을 쓰는 것으로 보인다.

■ 성관계 도중 부부가 정서적으로 친밀하게 느끼지 못할 만한 이유

어떠한 부부가 성관계를 통해서 정서적으로 친밀감을 느끼지 못하는 것은 다른 관계 영역들에서도 친밀감이 결핍되었음을 반영하는 것일 수도 있다. 혹은 부부의 바쁜 삶이 친밀감에 필요한 시간과 정서적 에너지를 빼앗기고 있는 것일 수도 있다. 어떠한 부부들에게는 해결되지 않은 의견 차이에 대한 긴장감 혹은 짜증이 자기방어적 장벽을 쌓게 하고, 이러한 장벽이 성관계 중에도 유지되는 것일 수도 있다. 또 어떠한 부부들은 불안, 수치심, 수줍음을 조절하는 방법으로 성관계 도중 정서적으로 혹은 정신적으로 거리를 두거나 '멀어지게' 하는 것일 수도 있다. 마지막으로, 성관계를 문제로 인식함으로써 문제에 초점을 두는 것이 성관계 도중 '현재에 머무르기'나 정서적으로 개방할 수 있는 능력을 약화시키는 것일 수도 있다.

'나와 나의 배우자는 성관계 중 혹은 이후에 서로 정서적으로 친밀하게 느껴지지 않는다.'에 대한 해결책 옵션

■ 일정을 조정하기: (pp. 266-267을 보라.)

■ 자조서

성적 관계가 전체적인 부부 관계 건강에 미치는 영향에 대한 대화를 계속해서 할 목표를 가지고 성적 표현에 대한 책을 같이 읽으라. 목표는 긍정적이며 협력적인 분위기 안에서 공유되는 성에 대하여 탐구하고 배우는 것이어야 한다. 이러한 논의가 그저 문제의 해결책을 찾으려고만 하는 것이 되지 않게 조심해야 한다. 이때 논의는 지지적이고, 안전하고, 즐겁고, 에로틱하며, 비난적이거나 방어적이지 않아야 하고, 문제에 초점을 두지 말아야 한다. 우리가 제안하는 책들은 다음을 포함한다.

–David Schnarch(2009)의 『열정적 결혼: 책임있는 관계에서 사랑, 생동감있는 친밀감을 유지하기(Passionate Marriage: Keeping Love and Intimacy Alive in Committed Relationships)』

–Michele Weinero Davis(2003)의 『당신의 결혼 리비도를 증가시키기(The Sex-Starved Marriage: Boosting Your Marriage Libido: A Couple's Guide)』

–Barry McCarthy and Emily McCarthy 『성적 욕구 저하와 성관계가 없는 결혼을 돕기 위한 체계적 프로그램(Rekindling Desire: A Step-by-Step program to Help Low-sex and No-sex Marriage)』

■ 서로의 눈을 쳐다보고 이야기하라

많은 부부는 성관계를 가질 때 일부러 서로의 눈을 쳐다보지 않고 아무 말도 하지 않으며 거리를 둔다. 연구 결과에 의하면 성관계 도중 서로의 눈을 쳐다보고 서로에게 서로가 무엇을 좋아하고 즐기는지 말을 하는 부부들이 성생활에 더 만족하며, 더 친밀하고, 통하며, 이해받고, 수용받는다고 느낀다는 결과가 있었다.

■ 실제적인 문제에 대해 의논하라

사생활 혹은 의학적인 문제들 같은 성생활의 실용적인 문제들도 다루라. 특히나 아이들이 점점 자라면서 사생활은 종종 부부들이 걱정하는 부분이다. 음악이나 백색소음을 사용해 소리를 숨기거나 아이들이 집에 없는 시간을 사용한다든지의 간단한 방법들이 있다. 의학적인 문제들은 병원에 방문을 함으로써 해결될 수 있다. 단순한 실용적인 방해물이 아닌 정서적으로 복잡한 문제로 되돌아갈 가능성도 있다. 이럴 때에는, 부부치료자에게 상담을 받는 것이 도움이 될 수 있다.

■ 지평의 한계를 넓히라: (p. 300을 보라.)

걱정거리 10: 내 배우자는 나의 결점과 약점을 수용하지 않는다.

첫째, 그들의 걱정거리를 그들이 보는 그대로 기술한다

윌리엄과 티나는 서로를 깊이 신경 써주며 서로를 잘 이해하고 싶어 한다. 그들의 관계에서 자연스럽게 보이는 차이점을 수용하는 것이 관계에서의 걱정거리라고 하였다. 모든 부부에게 자연적으로 발생하는 차이점이 있고 모든 부부는 상대 배우자가 받아들이기 힘든 결점들이 있다는 것을 기억하는 것이 중요하다.

둘째, 문제를 재정의한다

■ 친밀감은 수용을 필요로 한다

장기적인 관계 안에서 살아가는 두 명의 복잡한 개인들은 서로 부딪치면서 마찰을 일으키는 문제점들을 피하기 어렵다. 가장 수정하기 쉬운 문제들, 배우자에게 이득이 되도록 바꾸기 쉬웠던 문제들은, 당신이 이미 그 문제를 찾자마자 해결해 놓는다. 좀 더 사소한 문제들은 노력과 시간을 요했겠지만, 의지와 인내심으로 그것들 또한 해결해 놓았다. 이제 남은 것들은 쉽게 바뀌지 않는 몇 가지 문제이다. 이러한 문제들에 대한 당신의 결정은, 만성적인 문제가 부부 관계에 부정적인 영향을 끼치도록 할 것인가 또는 이 문제들을 수용하는 법을 배울 것인가 둘 중의 하나일 것이다.

■ 얼굴에 난 사마귀 같은 모든 결점

결점들까지 포함에서 배우자를 받아들일 수 있는 부부는 단기적으로 행복하며, 장기적으로는 회복력이 높다고 한다. 우리는 모두 우리 모습이 있는 그대로 받아들여지기를 원한다. 특별히 우리가 보기에도 우리의 그 모습과 같이 살아 가는 것이 도전적일 때 더욱 그러하다. 정말 사랑하는 관계의 특성 중 하나는 받아들이기 어려운 배우자의 부분들까지 용인하고, 더 나아가서 자발적으로 수용하는 것이다. 우리 모두 우리의 고유한 방식으로 살기 위한 도전을 하고 있는 것이다.

■ 변화를 강요하면서 진퇴양난에 봉착하기

가장 건강한 부부들은 자연적으로 발생하는 그들의 차이점들을 잘 대처하는 방식들을 알고 있으며, 서로의 결함을 포함한 모습까지도 받아들인다. 변화를 강요할수록 오히려 진퇴양난의 정체에 빠질 수 있다. 압박감은 저항을 유발하고, 저항은 압박감을 만들어 내는 악순환이 반복된다. 부부가 서로의 근본적인 모습을 변화시키고 강하게 밀어붙일수록, ① 분노는 커지고, ② 문제로 인해 서로 대립하게 되고(극단적인 입장에서), ③ 그들 둘이 만들어 낸 덫에 빠져 꼼짝 못하게 된다.

수용에 대한 해결책 옵션

■ 관심을 가지고 인내하기

배우자나 부부 관계에서 계속해서 당신이 거부하고 반응하지 않는 것들을 알아차리고, 이러한 거부 반응이 일어날 때의 생각, 감정 그리고 감각들을 알아차리리라. 이제 당신의 임무는 그러한 경험—당신의 생각, 감정 그리고 감각들—과 조금 더 친근하고 허용적인 관계를 맺는 것이다. 당신이 계속해서 거부하려고 했던 경험들을 조금 더 열정을 가지고 인내할 수 있게 되면 더 큰 행복과 친밀감 또한 성장할 것이다.

■ 솔직하기와 유머 사용하기

당신의 변화하는 데 어려운 점을 공개적으로 솔직히 인정하고, 그러한 점들에 관해 대화하라. 당신 자신과 배우자에 대해 유머 감각을 가질 수 있게 노력하라. 유머는 당신이 이미 수용받고, 수용되고 있다고 느껴질 때 더 쉽게 사용할 수 있다. 각자의 까다로운 점들과 어려운 점들을 인정하고 받아들이면 그에 대해 대처하기와 조절하는 것이 더 쉬워진다. "천사들은 자신들이 가볍다고 여기기에 하늘을 날 수 있다."라는 속담을 기억하라.

■ 수용에 대한 자조서: (p. 294를 보라.)

■ 차이점과 화해에 대한 자조서

Andrew Christensen과 Neil Jacobson(2002)의 『차이점을 극복하기(Reconcilable Difference)』라는 책을 사서 읽어 보는 것을 고려해 보라. 이 책은 부부들이 수용과 변화를 어떻게 구분지어야 할지에 대하여 큰 도움을 준다.

■ 만성적인 문제를 협동적으로 다루기

만성적인 문제를 수용하는 것의 핵심은 문제를 완전히 해결하는 것이 아니고(문제가 해결될 수 있었으면, 이미 만성적인 문제가 아닐 것이다) 그 문제

자체에 대해 의사소통하는 것이다. 이렇게 하면 당신 자신을 만성적인 문제에 대해 서로 이해를 공유할 수 있는 공간을 제공할 수 있도록, 헌신하는 마음을 가지고 인식할 수 있도록 강화해 준다.

■ 관계 코칭/치료 권장하기: (pp. 277-278을 보라.)

걱정거리 11: 나의 배우자는 나를 한 인간으로 정말 이해하지 못한다.

첫째, 그들의 걱정거리를 그들이 보는 그대로 기술한다

폴의 걱정 중 하나는 아내가 자신이 어떤 사람인지를 잘 모른다고 느끼는 것이었다. 아내가 대부분의 시간을 아이들과 그녀의 직장에 쏟기 때문에 폴과 그의 인생 그리고 그가 흥미 있어 하는 것들에 진지한 관심을 갖지 않는다고 불평했다. 대부분 아내의 걱정이나, 아내의 삶에서 발생하는 사건들에 관해서만 두 사람이 얘기한다고 불평했다. 남편과는 달리 로리는 그녀가 폴과 그에 인생에 관심은 있지만, 둘 다 바쁜 편이고 폴이 평소 감정이나 생각들을 그녀와 잘 공유하지 않는 과묵한 성격을 가지고 있다고 이야기했다. 아내는 일과 양육 때문에 너무 지친다고 불평하며, 그렇기 때문에 폴과 그녀가 하루를 끝마칠 때쯤이면 둘 다 TV 앞에서 쉬기를 원한다고 말했다. 마지막으로, 아내는 폴을 사랑하고 그의 일을 존경하나, 남편이 관심 있어 하는 것들에는 그다지 관심이 안 간다고 이야기했다. 아내는 남편이 너무 민감하며, 아내가 관심 없어 하는 일들에 몰두하기를 바라는 것 같다고 이야기 했다.

둘째, 문제를 재정의한다

■ 삶에서 해야 할 일: (p.268을 보라.)

■ 공감하며 들어주기

연구 문헌에 의하면, 결혼 건강에는 부부들이 문제에 대해 서로 동의하지 않거나, 그 문제에 별로 관심 없어도 서로를 공감하면서 경청해 주는 것이 중요하다고 제시해 주고 있다. 그것이 왜 당신의 배우자에게 큰 문제가 되는지를 이해하는 것보다는, 이것이 당신의 배우자에게 큰 문제가 되고 있다는 것 자체를 이해하는 것이 더 중요하다. 많은 경우 배우자가 어떤 문제에 대해서 당신만큼 관심이 없다고 해도, 그 문제가 중요하다는 것을 이해해 주는 것이 더 중요하다. 만약 당신이 흥미 있어 하는 분야가 당신의 배우자가 관심 있어 하는 분야와 동일하지 않아도, 우선은 배우자에 대해 호기심을 보이는 태도를 지니는 것이 도움이 될 수 있다.

■ 관심은 사랑의 가장 기본적인 형태이다

상대편 배우자가 자신을 모르거나 제대로 봐주지 않는다고 말하는 불평은 다른 의미로 "당신이 나에게 별로 관심을 두고 있는 것 같지 않아요."라는 말과 같을 수 있다. 우리는 관심이야말로 사랑의 가장 기본적인 형태이며, 사랑하는 것과 사랑받는 것의 가장 중요한 기본 요소는 관심이라고 강조한다. 단순한 비판단적인 관심이다. 아이들이나 직업은 실수 없는 관심을 요구하는 것들과는 달리, 부부와 결혼생활은 실수 없는 완벽한 관심을 요구하지는 않는다. 부부의 관심은 그들의 인생에서 가장 할 일이 많은 상황, 즉 가장 두드러진 것들에 주의를 뺏기기 쉽다. 만약 이러한 유형의 주의 관련 불평이 당신의 부부 관계에서 발생하면, 당신은 운이 좋은 것이다. 당신의 부부 관계는 무엇이 가장 필요한가를 실수 없이 알려 주고 있고, 그러기에 당신은 단순하게 애정 어린 관심을 가지고 귀중하게 생각하는 부부 관계를 적극적으로 성숙하게 만들 수 있는 황금의 기회를 가지고 있는 것이다.

■ 친밀감 조성하기

연구 결과들은 부부가 드물지만 약한 모습을 있는 그대로 보이고 그러한 모습이 다른 배우자에게 잘 수용될 때 가장 깊은 형태의 친밀감이 발전한다고 한다. 많은 경우, 한 배우자가 자신이 부족하거나 약하다고 느끼는 것들을 상대방과 공유했을 때 상대방이 긍정적이고, 적극적이며, 이해하며 수용하는 태도를 보이면, 이러한 친밀감이 조성된다. 또한 당신이 당신의 진정한 모습으로 함께하며 결점을 포함한 진정한 모습 그대로 서로를 받아들일 때 이러한 친밀감이 조성될 수 있다. 이러한 따뜻한 수용은 관계에게 매우 강력한 힘을 가진다. 안정감은 친밀감의 더 깊은 경험을 가능하게 하고, 이렇게 하면 더 나누며 더 친밀한 관계로 나아가게 한다. 이러한 애착을 유지하려면, 부부는 서로에게 스스럼없이 나눌 수 있는 능력을 계속해서 유지해야 한다. 피아노를 치는 것처럼, 친밀감 또한 연습으로 더 정교해질 수 있다. 부부가 조금 더 솔직하고 무방비적인 모습으로 서로에게 더 열려 있고 서로 평가하지 않는 방식으로 대한다면, 약간은 빈정거리는 태도도 그들에게 장점이 되는 방식으로 작용할 수 있다. 그리고 상호 간의 긍정적 표현들도 자연스럽게 시작될 것이다. 최종적인 결과로는 서로가 서로에게서 깊고 따뜻한 이해받는 느낌을 경험하는 것이다.

■ 고통의 기간에서 회복하기

고통받은 기간 이후 취약성에서 나온 두려움이 계속되는 것은 매우 흔한 일이다. 문제가 되는 것은 부부가 그것을 대처하는 방법이나 두려움에 대해 의사소통하는 방식으로 인해 그들 자신을 의심하게 만들 때이다. 이는 부부를 서로 침묵하게 하며 그들이 원하는 만큼 이해받지 못하게 하거나 외롭게 느껴지게 만들 수 있다. 만약 관계의 거친 길에서 회복하는 중이라면, 다시 친밀감을 되찾기 위해서 수용하고 열려 있는 태도를 연습하고, 서로에게 의구심을 가지는 것의 이점을 활용하고, 친밀하고 따뜻하게 서로를 대하는 태도를 조성하는 등 의식적으로 노력해야 한다.

'나의 배우자는 나를 한 인간으로 정말 이해하지 못한다.'에 대한 해결책 옵션

■ 자조서

결혼생활을 하며 서로를 조금 더 깊게 알아가려는 목적을 가지고 관계 건강 서적을 같이 읽으라. 다음 책들은 현재 결혼 건강 연구 분야에서 저명한 인사들의 책들을 포함하였다.

–John Gottman과 Joan DeClaire(2002)의 『관계치료: 당신의 결혼, 가족과 우정을 강화하기 위한 5단계(The Relationship Cure: A Five-Step Guide to Strengthening Your Marriage, Family and Friendships)』

–Howard Markman, Scott Stanely와 Susan Blumberg(2001)의 『당신의 결혼을 위한 싸움: 이혼을 예방하고 영구적인 사랑을 유지하기 위한 긍정적인 단계(Fighting for your Marriage: Positive Steps for Preventing Divorce and Preserving a Lasting Love)』

–James Cordova(2009)의 『결혼 체크업: 결혼 건강을 유지하고 강화하기 위한 프로그램(The Marriage Checkup: A Scientific Program for Sustaining and Strengthening Marital Health)』

■ 친밀감 연습하기

당신이 당신의 배우자에게 따뜻함, 사랑, 감사함 그리고 존경심을 느낄 때, 그러한 감정들을 알아차리는 것을 연습하고 그 감정들을 표현할 수 있게 조금 더 표현의 강도를 높이라. 만약 감정들을 알아차리고 확대하는 것이 어렵다면, 당신 배우자의 태도에 상관없이 감사하는 마음을 가지고 서로에게 애정 있게 말하는 연습에 매진하라. 애정 있는 의사소통을 연습하면 당신의 배우자도 똑같이 답례하도록 할 것이고, 이는 결국 더 규칙적이고 정기적인 긍정적 표현들을 이끌어 내며 친밀감을 증진시킬 것이다.

■ 친밀감의 가교 만들기

당신의 관계를 배우자가 본인의 모습 원래대로 있어도 안심할 수 있는 안전한 곳으로 만드는 것을 연습하라. 당신의 배우자가 자기비판적이거나 상처받기 쉽게 느끼게 하는 것들이나 불편하게 느끼는 장소들에 주목하고, 그러한 장소에서 지지하고 안심하도록 연습하라. 당신의 배우자가 사마귀 같은 결점들을 보이고, 솔직한 모습으로 있어도 안전하게 느낄 수 있도록 관계를 형성해 가도록 실습에 옮기라. 또한 용기 있게 배우자에게 당신의 진정한 모습, 약한 모습들을 보이고, 배우자가 당신에게 지지적이고 너그러울 수 있는 기회를 주라. 때때로 서로 상처를 줄 수도 있겠지만 이러한 시간들을 당신이 건강하고 친밀한 동반자적 관계를 만드는 것에서 멀어지게 하지 말라.

걱정거리 12: 우리는 일상생활에서 서로에게 애정 있는 말들을 해 주지 않는다.

첫째, 그들의 걱정거리를 그들이 보는 그대로 기술한다

켈리와 데이비드는 그들의 결혼생활에서 애정 있는 언어 표현이 부족하다는 것을 알아차렸다. 그들은 그들의 인생에서 중요한 변화를 겪고 있다고 설명하였다. 둘 다 이번 가을에 새로운 직장을 시작하며, 그들의 어린 딸아이를 양육하느라 가정에서는 항상 정신이 없다고 말했다. 둘 다 이러한 책임들을 중요하게 생각하지만 너무 피곤하고 바쁘기 때문에 서로에게 사랑을 말로 표현하는 습관에서 조금 멀어졌다고 얘기하였다.

둘째, 문제를 재정의한다

■ 공통적인 문제

부부들에게 종종 나타나는 문제는 언어로 애정을 표현하지 않거나 시간이 갈수록 애정 표현이 적어지는 것이다. 일상생활에서 늘어나는 책임감과 일과들 때문에 서로에게 사랑과 애정이 담긴 말들을 할 수 있는 기회가 줄어든다. 혹은 당신이나 배우자가 말로 애정을 표현하지 않는 집안 환경에서 성장했기에 쉽게 말로 표현을 못하는 것일 수도 있다. 어떠한 것이든, 부부들이 서로 사랑과 애정이 담긴 말들을 갈망하는 것은 흔한 일이다.

■ 애정과 관계 건강

문헌 연구는 구체적인 애정 행동, 결혼 건강과 결혼 만족도는 서로 높은 상관이 있다고 계속해서 지적해 준다. 친밀한 동반관계는 사랑과 애정을 표현할 때 성장하며, 이러한 표현들은 장기적인 관계 안에서 생겨날 수 밖에 없는 상처, 짜증 그리고 논쟁들을 상쇄시키는 역할을 한다. 애정 어린 행동들은 관계를 경험할 때 관계가 가치 있으며, 애정이 깊으며, 재미있다고 여기는 것을 강화해 준다.

■ 애정을 표현하는 것도 학습할 수 있다

다른 기술들과 비슷하게, 사랑과 애정을 표현하는 것도 학습과 연습이 가능하다. 부부에게 사랑한다고 말하고 칭찬과 좋은 말들을 해 주는 것들이 저절로 안 되더라도, 노력해서 실천하면 이런 행동은 당신의 관계에 즉각적이고 장기적인 혜택을 줄 것이다. 처음에는 어색하더라도, 의지를 가지고 계속 연습하면 말로 애정을 표현하는 것이 점점 더 쉬워지고 정기적인 일상이 될 것이다.

■ 다른 애정 표현 방식

감정을 표현하는 스타일은 깊이 내재화되어 있다. 당신이 배우자와 확연히 다른 애정 표현 방식을 가지고 있다면, 당신의 관점 때문에 상대방의 방식이 틀렸다고 생각하기 쉽다. 때로는 한 배우자는 애정 표현을 잘하는데 다른 배우자는 애정 표현을 자제하고 너무 많은 애정 표현을 불편해할 수도 있다. 이러한 방식의 차이는 서로를 속상하게 할 수 있으며 한 명은 애정을 갈구하는 동시에, 다른 사람은 기대감을 충족시키지 못한다는 것에 힘들어할 수 있다. 모든 부부가 선천적으로 다른 애정 표현 방식을 가지고 있다는 것과 서로 받아들이기 힘든 측면들이 있다는 것을 명심하는 것이 중요하다. 가끔은 서로가 '그저 다르다는 것'을 받아들이는 것이 갈등을 완화하고 서로가 다르지 않았다는 것을 깨닫게 해 준다. 당신은 자연스럽게 발생하는 차이점을 대처하고 있는 것이다. 부부들이 서로의 기본적인 성격을 바꾸려고 시도하는 것을 그만한다면 협력, 성장, 우호적 수용 등이 더 가능해질 것이다.

■ 시간 같이 보내기

어떤 부부들에게 애정 표현이 부족한 현상은, 그들이 충분한 시간을 같이 안 보내는 것과 연관되어 있을 수도 있다. 많은 부부는 그들이 관계를 보살필 수 있는 시간이 점점 더 부족하다는 것을 알게 된다. 부부들을 애정 표현을 하고 싶어 하지만, 직장, 가족, 사회, 가정에서의 일들로 인해 너무 바쁘거나 피곤해서 관계를 뒷전에 두게 된다.

'우리는 일상생활에서 서로에게 애정 있는 말들을 해 주지 않는다.'에 대한 해결책 옵션

■ 소리 내어서 말하기

당신의 부부에게 따뜻함, 사랑, 감사, 존경을 느낄 때 이러한 감정들을 알아차리고 소리를 높이고 이러한 말들을 큰 소리로 말하는 것을 연습하라. 만약 이러한 감정들을 알아차리고 큰 소리로 말하는 것이 어렵다면, 우선은 감사함과 서로에게 애정을 깃들여 표현하는 것부터 연습하라. 애정 있는 대화 방식을 계속해서 연습하다 보면 시간이 지날수록 좀 더 애정 표현을 하는 것이 편해질 것이고, 이는 결국 더 정기적인 긍정적 표현들로 이어질 것이다.

■ 애정 어린 대화 연습하기

부부들은 애정 어린 행동에 대한 개인력이 다르고, 따라서 그들에게 자연스럽게 애정이라고 느끼는 행동도 다를 때가 많다. 하지만 애정은 결혼 관계에 있어 자연스럽게 서로를 배려하는 역할을 한다. 식물에 물을 주는 것을 기억하는 것은 저절로 되지 않지만, 만약 당신이 식물을 가꾸기 원한다면 당신은 물주기를 기억하는 방법을 찾아야 한다. 똑같은 이유로 자연스럽게 애정이 표현되지 않을 때 애정을 표현하도록 상기시킬 수 있는 방법을 찾는다면, 당신에게 가장 중요하고 소중한 것을 잘 대처할 수 있도록 도와줄 것이다.

■ 관계 코칭/치료 권장하기: (pp. 277-278을 보라.)

첫째, 그들의 걱정거리를 그들이 보는 그대로 기술한다

일레인은 사랑이 넘치는 가정환경에서 자랐고, 그녀는 크리스가 어떤 장소에서나 애정 있는 스킨십을 하는 것을 좋아한다. 크리스는 애정을 잘 표현하시 않는 가정환경에서 자랐고 (특히나 공공장소에서는 더욱) 따라서 그는 일레인과의 애정 행각을 사적으로 여기고, 특별히 친밀하게 느껴지는 시간에만 표현하기를 원한다.

둘째, 문제를 재정의한다

■ 스킨십이 부족한 이유

많은 부부는 신체적으로 애정을 표현하고 싶어 하지만 자라온 환경, 원하는 친밀감, 충분히 같이 보내지 않는 시간 등의 이유로 그들이 원하는 만큼의 스킨십을 하지 못한다.

■ 스킨십과 시간 같이 보내기

스킨십에 대한 문제는 같이 보내는 시간과 즐거움과도 어느 정도 관련되어 있다. 스킨십은 서로가 함께 있는 것을 즐기며 시간을 같이 보내면, 자연스럽게 흘러나오며 만약 이러한 시간들이 없다면 스킨십은 상당히 줄어들 수 있다.

■ 삶에서 해야 할 일: (p. 268을 보라.)

■ 스킨십 그리고 원가족

부부가 자란 가정환경에서의 스킨십 차이가 있는 것은 흔한 일이다. 신체적으로 애정을 표현하는 것에 대한 부부의 각각 다른 기대치는 부부간의 마찰로 이어질 수 있다.

'우리는 일상생활에서 애정 있는 스킨십을 하지 않는다.'에 대한 해결책 옵션

■ 애정 표현을 연습하라

만약 당신과 당신의 부부가 조금 더 많은 스킨십을 하고 싶다면, 키스하기, 손잡기, 포옹하기 등의 행동들을 애정을 느낄 때나 자리를 뜨거나 돌아올 때(예: 집을 나갈 때 그리고 돌아왔을 때, 일어났을 때, 잠에 들 때)에 표현하는 것을 연습하라. 연구 결과에서는 때로는 감정보다는 행동이 먼저라고 한다. 따라서 어떤 방법으로 키스할까 기다리지 말고, 우선은 키스를 시도해 보라. 애정 감정은 그 이후에 따라올 것이다.

■ 일정을 조정하기: (pp. 266-267을 보라.)

■ 서로의 차이점을 수용하고 당신의 화초에 물을 주라

스킨십에 있어서 부부들은 각자 다른 개인력을 가지고 있는 것이 흔하기에 무엇이 자연스러운지 이에 대해서도 다른 시각이 있다. 하지만 부부관계에 있어서 애정은 서로를 자연스럽게 서로를 돌보게 해 준다. 화초에 물을 주는 것은 저절로 되지 않지만, 만약 화초를 가꾸고 싶다면 당신은 화초에 물을 주는 것을 상기시킬 방법을 찾아야 한다. 똑같은 이유로 자연스럽게 애정이 표현되지 않을 때, 애정 표현을 할 수 있도록 상기시킬 수 있는 방법을 찾는 것은 관계 안에서의 목표를 이루는 데 도움을 줄 것이다.

■ 관계 코칭/치료 권장하기: (pp. 277-278을 보라.)

첫째, 그들의 걱정거리를 그들이 보는 그대로 기술한다

빌과 세라는 세 자녀가 있고 항상 자녀들을 연습장으로 데려다 주느라 바쁘다. 그들은 여유 있게 앉아서 이야기할 시간이 없다고 느낀다. 빌은 자녀들이 대학에 가게 되면 세라와 어떤 주제에 대해 대화를 해야 할지 모를 것 같아서 걱정이 된다고 한다. 그래서 그들은 자녀들에만 집중하는 것보다 자신들의 결혼생활에도 조금 더 적극적으로 관심을 갖길 원한다고 한다.

둘째, 문제를 재정의한다

■ 시간을 함께 보내라

많은 부부가 더 가깝고 의미 있는 관계를 유지하기 위해 더 많은 시간과 에너지를 쏟고 싶다고 한다. 이러한 행동들은 부부 자신들이 만들어 낼 수 있는 긍정적이고 건강한 정서적 환경에서 나타난다. 이러한 환경을 만들 수 있는 하나의 방법은 긍정적인 시간을 함께 보내는 것이다.

■ 삶에서 해야 할 일: (p.268을 보라.)

■ 건강한 시간을 함께 보내는 데 필요한 세 가지 요소: (p. 265를 보라.)

■ 사랑지도 그려 가기: (pp. 265-266을 보라.)

'우리는 우리 결혼생활의 건강을 적극적으로 돌보지 않는다.'에 대한 해결책 옵션

■ 일정을 조정하기: (pp. 266-267을 보라.)

■ 사랑지도: (p. 266을 보라.)

■ 자조서

결혼생활을 하며 서로를 조금 더 깊게 알아 가려는 목적을 가지고 관계 건강 책들을 같이 읽으라. 다음은 현재 결혼 건강 연구에서 저명한 인사들의 책을 포함하였다.

– James Cordova(2009)의 『결혼 체크업: 결혼 건강을 유지하고 강화하기 위한 프로그램(The Marriage Checkup: A Scientific Program for Sustaining and Strengthening Marital Health)』

– John Gottman과 Nan Silver(2000)의 『효과적인 결혼을 위한 7가지 원칙: 실제적인 가이드(The Seven Principles for Making Marriage Work: A Practical Guide From the Country's For Most Relationship Expert)』

– John Gottman과 Joan DeClaire(2002)의 『관계치료: 당신의 결혼, 가족과 우정을 강화하기 위한 5단계(The Relationship Cure: A Five-Step Guide to Strengthening Your Marriage, Family and Friendships)』

걱정거리 15: 우리는 서로에게 무엇을 원하고 필요로 하는지 명확하고 효과적으로 소통하지 않는다.

첫째, 그들의 걱정거리를 그들이 보는 그대로 기술한다

앤과 앤디는 둘 다 내성적이고 말하는 것보다는 듣는 것을 편하게 느낀다. 둘은 서로에게 공감적이나 서로 필요로 하는 것을 말하지 않고 그들은 피상적으로만 대화하고 끝나는 경우가 많다. 앤과 앤디는 실제로 서로를 많이 배려하기에 조금만 더 연습한다면 이야기를 잘 들어주고 동시에 잘 말하는 사람들이 될 가능성이 있다.

둘째, 문제를 재정의한다

■ 자기개방의 중요성

건강한 친밀관계에서 자기개방은 매우 핵심적인 부분이라고 연구 결과들은 말한다. 자신에 대해 표현하는 것이 불편할 수도 있지만, 효과적으로 원하는 것과 필요로 하는 것들을 전달하는 것은 부부들을 친밀하게 만드는 중요한 연습이다. 연구 결과는 자기개방 등과 같이 자신의 약한 모습을 보일 때 상대방으로부터 비난과 성급한 문제 해결보다는 공감과 인정해 주는 말을 들을 경우 친밀감이 강화된다고 한다. 당신의 배우자가 필요한 것과 원하는 것들을 표현할 때 긍정적으로 답하는 것이 당신의 배우자로 하여금 당신이 배우자를 신경 쓰고 있으며 미래에도 배우자 자신을 표현할 수 있도록 격려한다.

■ 소망과 필요한 욕구를 인정하는 것은 이기적이지 않다

어떤 부부들은 자신이 원하는 것과 필요한 욕구들을 표현하는 것이 이기적이라고 생각한다. 하지만 부부간에 서로 뭘 원하고 필요로 하는지에 대해 솔직히 말하는 것은, 비록 그것이 항상 실현되지는 않더라도 친밀감을 향상하는 데 도움이 된다.

■ 공감적인 이해

의사소통에서 최상은 두 배우자가 어떤 사안에 대해 동의하지 않는다고 해도, 상대방이 자신이 왜 그런 말을 하는지 이해했다고 생각할 때이다. 문헌은 둘의 의견이 불일치할 때에도 결혼생활 건강을 위해 서로에게 공감적으로 이야기를 들어주는 것이 중요하다고 한다. 당신이 어떤 사안에 대해 왜 그러한 의견을 가졌는지 완전히 이해하지 못해도, 그것이 당신의 배우자에게 중요하다는 것만 이해해 준다면 큰 변화를 만들어 낼 수 있다.

'우리는 서로에게 무엇을 원하고 필요로 하는지 명확하고 효과적으로 의사소통하지 않는다.'에 대한 해결책 옵션

■ 패턴 인식

무엇을 원하고 필요로 하는지에 대해 나누지 않았기 때문에 마찰이 있었던 때가 언제인지를 알아차리라. 말하지 않는 패턴에 함께하는 감정들(아마 더 커지는 짜증 등의 유형)에 대해 자각하려 하고 이러한 감정들을 초대받지 않은 손님이 왔을 때 알아차릴 수 있는 알람으로 사용하라. 이런 사실을 알아차릴 수 있다면 지금까지 표현되지 못한 원하는 것들과 필요로 하는 것들을 인식하고 서로의 이야기를 공감적으로 들어주며 고치는 과정을 시작할 수 있다. 당신이 무엇을 원하고 필요로 하는지 인정하지 않고 속으로만 가지고 있을 때 이런 알람소리를 듣는다면 그것을 이름 붙여 부르고 점점 더 이러한 필요를 알아차리는 방향으로 나아가 보라. 다른 말로는, 이러한 상호작용이 일어날 때 그것을 인지하고, 주저함이 기대지 말라고 하는 곳들에 기대라.

■ 건강한 의사불통에 대한 장

James Cordova(2009)의 『결혼 체크업: 결혼 건강을 유지하고 강화하기 위한 프로그램(The Marriage Checkup: A Scientific Program for Sustaining and Strengthening Marital Health)』이라는 책에서 건강한 의사불통에 대한 장을 읽으라. 그 장에서의 조언들을 사용하여 취약한 모습을 보이는 것이 어려울 때 의사소통의 질을 고양시키라.

■ 자신의 마음을 드러내는 기술의 연습

부부가 비교적 밝히기 어려운 문제들을 밝힐 때 그것에 따뜻하게 대할 수 있는 기술을 연습하는 것이 좋다. 이는 내가 감정적으로 안정적이지 않을 때 상대 배우자가 나를 감정적으로 더 잘 이해할 수 있도록 도와줄 것이다. 만약 상대방이 이러한 훈련이 잘 되지 않는다 하더라도, 당신에게 감정적으로 공감하거나 이해하려는 노력을 하지 않는 것은 아니라는 사실을 기억하라.

걱정거리 16: 우리는 그리 좋은 친구가 아닌 것 같다.

첫째, 그들의 걱정거리를 그들이 보는 그대로 기술한다

줄리와 제이미는 결혼한 후에 사이가 멀어지게 되었다. 제이미는 종종 야근을 하고 집에 늦게 돌아오고, 자녀들이 잠든 후에 집에 오는 경우도 있다. 줄리는 전업주부이고 제이미가 없는 동안 아이들의 활동을 돕는 데 전념하고 있다. 어느 순간부터 그들은 예전처럼 같이 시간을 보내지 않는다는 것을 깨달았고, 서로 같이 있는 것을 즐기지 않는다는 사실을 깨달았다. 그들이 함께 했던 시간을 그리워하고, 보다 화합하는 가정을 가지기를 원한다.

둘째, 문제를 재정의한다

■ 우정의 중요성

부부 사이에도 서로 간의 우정은 장기적인 관계에서 중요한 요소이다. 연인에 있어 그들 사이의 우정이 그 연인 관계의 건강성을 가장 잘 예측할 수 있는 요소라고 주장하는 연구도 있다. 지속적으로 서로의 우정을 발전시켜 가는 부부들이 그들 사이의 관계도 더 즐길 수 있다.

■ 우정과 시간

결혼생활에 있어 필요한 서로 간의 우정은 조금만 소홀히 하면 무너질 수 있다. 결혼한 부부가 직장, 가정 등 다양한 일 때문에 바쁠 수 있지만, 배우자와 함께 보내는 시간은 중요하고, 시간과 에너지가 요구되는 활동이다. 부부 관계에서는 서로 함께 보내는 시간이 무엇보다 중요한 요소이다.

■ 건강한 시간을 함께 보내는 데 필요한 세 가지 요소: (p. 265를 보라.)

■ 문제 해결과 정서적 지지

많은 부부는 배우자를 사회적 그리고 감정적 지지자로 생각한다. 부부 중 한 사람이 상대방에게 비판적이거나, 무관심하거나, 혹은 서로의 문제를 너무 급하게 해결하려고 할 경우 앞서 말한 관계가 손상될 수 있다. 대다수의 부부는 배우자에게 자신의 문제를 털어놓고 이해받고 싶어 하는데, 이런 관계의 손상은 부부를 외롭고 스트레스를 주는 상황으로 만들 수 있다. 어떤 대화는 각자의 짐과 걱정을 친구들에게 털어놓기 위한 것일 수도 있다. 또 다른 대화는 서로 간의 긴밀한 관계를 유지하기 위한 도구로 이용되기도 한다. 마지막으로, 대화가 문제를 해결하기 위한 수단으로 이용되기도 하는데, 이는 상대방이 특정 문제를 해결하는 데 도움이 될 것을 기대하는 경우이다. 부부와의 대화가 앞서 말한 다양한 종류의 대화 중에 어떤 것에 속하는지 파악하는 것이 중요하고, 상대방이 필요로 하는 것을 충족시켜 주는 것이 중요하다.

'우리는 그리 좋은 친구가 아닌 것 같다.'에 대한 해결책 옵션

■ 일정을 조정하기: (pp. 266-267을 보라.)

■ 당신 세계를 탐색하기

새로운 일을 지속적으로 시도하는 부부가 보다 강하고 깊이 있는 우정을 만들어 준다는 연구가 있다. 부부는 그들이 해 왔던 일만 그냥 지속적으로 반복하며 살기 쉽다. 이런 반복적인 일상을 빠져나가는 것은 어렵지만, 이런 반복을 깨고 나서 얻을 수 있는 이익이 깨는 데 드는 노력을 충분히 보상한다고 연구들은 이야기한다. 새로운 장소에 가기, 새로운 사람 만나기, 새로운 것들을 배우는 과정에서 함께 문제를 해결해 가는 것이 핵심이다. 나는 새로운 것을 끊임없이 시도할 것을 추천한다. 쉽게는 새로운 식당 가기, 새로운 수업 듣기, 가 보지 않은 장소를 여행으로 함께 가 보기도 추천한다. 새로운 경험을 좋다 안 좋다 판단하는 것보다 새로운 경험을 사랑하는 사람과 함께 했다는 것 자체에서 의미를 찾는다.

걱정거리 17: 감정 지지를 위해 서로에게 의지하는 것이 불편하다.

첫째, 그들의 걱정거리를 그들이 보는 그대로 기술한다

클라크와 캐리는 각자가 안 좋은 일이 있을 때 감정 지지를 위해 서로에게 의지하는 것이 불편하다고 느낀다. 각자 상대방을 지지하고 싶지만, 둘 다 도움을 받기 위해 상대방에게 다가가는 것을 불편해한다. 어떤 때는 서로에게 짐이 되는 것이 싫고, 밖에서 안 좋은 일을 집까지 들고 오는 것을 꺼린다.

둘째, 문제를 재정의한다

■ 이해할 만한 이유

배우자들이 서로에게 적절한 지지를 해 주지 못하는 데는 몇 가지 이유가 있다. 한 가지 가능성은 한 배우자가 너무 강하거나 자급자족하려고 하는 스타일일 경우, 다른 배우자의 입장에서는 어떤 때 도움을 줄 수 있을지 모를 수 있고, 혹은 상대방에게 도움이 주는 것이 실제로 도움이 되는지 의구심을 가질 수도 있다. 반대로, 한 배우자가 너무 큰 도움을 받아야 하는 경우면, 혼돈되고 당황되어 상대방을 어떻게 도와줄지 모를 수 있다. 비슷하게는, 부부들이 동시에 도움이 필요한 경우가 있을 때, 상대방에게 전적으로 집중하지 못하는 경우도 있다.

■ 정서적 지지의 밀고 당기기

만약 두 배우자가 서로 정서적 지지를 원하는 상황이 되면, 서로 더 도움을 받으려고 할 수도 있다. 부부는 서로의 감정적 지원 자원을 받으려고 할 수도 있다. 그래서 서로 필요한 것을 못 받고, 도움이 못 되는 경우가 있다.

■ 삶에서 해야 할 일: (p. 268을 보라.)

'감정 지지를 위해 서로에 의지하는 것이 불편하다.'에 대한 해결책 옵션

■ 지지 기술 습득하기

부부가 힘들 때 각자가 도움을 줄 수 있는 간단한 두 가지 방법을 생각해 놓자. 중요한 요점은 단순해야 하는데, 그래야만 쉽게 할 수 있고 스스로 피곤한 상황에서 스트레스를 받지 않을 수 있기 때문이다. 서로 안아 주기, 차 끓여 주기 등을 통해 상대방에게 편안함을 줄 수 있는 간단한 방법을 생각해 놓자.

■ 사랑지도: (p. 266을 보라.)

■ 의사소통 기술에 대해 의논하기

대화를 하면서 감정을 털어놓는 것과 상대방을 지지하고 속에 있는 감정을 해소하기 위한 것 간의 차이를 구분해야 한다. 그리고 대화에 따라 앞서 말한 두 요소 중 어떤 것인지 파악하며 대화를 진행해 가는 것이 중요하다. 감정을 해소하기 위해 털어놓는 것이 도움이 될 수는 있지만, 이것이 지속되면 그 둘의 관계에 있어 안 좋은 영향을 줄 수 있다. 털어놓기가 필요하다고 느낄 때면 다양한 사람에게 하는 것이 도움이 될 수 있다.

■ 관계 코칭/치료 권장하기: (pp. 277-278을 보라.)

걱정거리 18: 배우자에게 나 자신을 정서적으로 솔직히 개방하는 것이 불편하다.

첫째, 그들의 걱정거리를 그들이 보는 그대로 기술한다

리즈와 댄은 서로의 일 등과 같은 다양한 분야에 대해 이야기하는 것은 괜찮지만, 리즈의 경우 댄에게 자신의 감정을 털어놓는 것이 불편하다. 댄은 리즈를 위해서 무언가를 해 주고 싶지만 거절당하는 느낌을 받는데, 이때 댄은 그들의 관계가 그리 친밀하지 않다는 느낌을 받는다. 리즈의 경우, 이전 남자 친구에게 정서적으로 접근했을 때 남자 친구가 화를 낸 경험이 있어서, 지금 관계에서는 댄에게 과거의 실수를 반복하지 않으려고 댄에게 정서적으로 솔직하기를 꺼린다. 댄은 도움을 주기 위해서 노력하나 리즈는 그것이 불편하다.

둘째, 문제를 재정의한다

■ 친밀감 과정 이해하기

연구에서는 가장 깊은 친밀감은 한 배우자가 불편한 주제에 대해서 이야기하고 상대방이 그에 적절히 응해 줄 때 좋은 관계로 발전할 수 있다고 한다. 그러한 따뜻하게 받아들여진다는 느낌이 관계에 있어 큰 도움을 줄 수 있다. 이러한 믿음이 상대방에게 더 친밀하게 느낄 수 있게 하고, 이를 통해 더 좋은 관계를 발전시킬 수 있다. 부부 관계 내에서 앞서 말한 위험을 감수하지 않는 현상은 오히려 관계가 위험하다는 사인일 수 있다. 서로 깊은 관계를 가지려면 서로 간에 친밀감을 지속시킬 수 있어야 한다. 마치 피아노 치는 것처럼 친밀감 또한 연습이 가능하다. 부부간에 친밀감은 순환 구조를 가지는데, 솔직하게 털어놓음으로써 서로 간에 더 친밀해지며 선순환을 가질 수 있다.

■ 가능한 이유

상대방에게 감정적인 것을 솔직히 털어놓지 못하는 데는 많은 이유가 있을 수 있다. 그 이유는 상대방의 성장 배경이 될 수도 있다. 가령, 어릴 적 너무 솔직했다가 불편한 일을 겪을 수 있는데, 이런 기억이 이후 관계에 영향을 주는 것일 수도 있다. 이전 관계에서 상처받은 경험이 있어 자신을 털어놓는 것을 주저할 수도 있다. 혹은 배우자 혹은 스스로가 지금 관계에 있어 상처를 받은 경험이 있어서 솔직히 개방하기를 주저할 수도 있다. 많은 경우, 내가 더 조심스러워진 이유를 알게 되면 미래에 더 솔직히 털어놓는 데 도움을 받을 수 있다.

■ 각자 다른 스타일의 감정 다루기

감정을 다루는 방식이 서로 너무 다를 수 있기에 오해의 소지가 될 수 있다. 원래 자신의 감정을 털어놓는 것이 불편한 사람은 상대방이 감정적으로 개방하는 경우 상대방을 이해하는 데 불편감을 가질 수도 있다. 반대로 감정을 털어놓는 것을 잘해 왔던 사람이 원래 자신이 해 오던 방식이랑 차이로 인해 불편함을 느끼는 경우도 있을 수 있다. 이러한 차이를 알고, 서로 이해를 하며 같이 노력하는 것이 중요하다.

■ Gottman의 네 가지 재앙 행동: (pp. 289-290을 보라.)

- 고통의 기간에서 회복하기: (pp. 309-310을 보라.)
- 자신의 감정을 털어놓고 솔직해지는 것의 중요성

  부부들이 자신의 감정에 솔직하고 서로에게 털어놓지 않으면 서로의 사이에 감정의 골이 생길 수 있다. 솔직하게 털어놓는 것이 힘들 수 있으나, 이러한 단계를 넘어서면 서로 간의 관계가 더욱 긍정적인 방향으로 발전할 수 있다.

'배우자에게 나 자신을 정서적으로 솔직히 개방하는 것이 불편하다.'에 대한 해결책 옵션

- 부드럽게 시작하기

  어려운 주제에 접근하려 할 때 시작을 부드럽게 하는 것이 중요하다. 대화에서 언쟁으로 발전하는 경우는 한 배우자가 부부 관계의 걱정거리를 상대방의 탓으로 돌리려고 할 때 발생한다. 고민을 부드럽고 상대방을 비난하지 않는 방식으로 이야기하면, 어려운 주제를 더 편안하게 발전적으로 이야기할 수 있고, 이를 통해 서로의 의견을 수렴하여 보다 좋은 해답을 제시할 수도 있다. 이 방법이 서로에게 마음을 털어놓으며 관계를 더 발전적으로 지속시키는 데 도움을 줄 수 있다.
- 건강한 의사불통에 대한 장: (p. 320을 보라.)
- 자신의 마음을 드러내는 기술의 연습: (pp. 320-321을 보라.)
- 관계 코칭/치료 권장하기: (pp. 277-278을 보라.)

첫째, 그들의 걱정거리를 그들이 보는 그대로 기술한다

존과 아만다는 서로 중요하다고 느끼는 주제에 대해 이야기할 시간을 만들기 어렵다. 아만다는 이 문제에 대해 존에게 이야기해 보았지만, 존은 그 시간에 차라리 보다 실질적인 문제들(집 꾸미기, 각종 청구서 해결)에 대해서 이야기를 나누어야 한다고 생각한다. 아만다는 예전에 느꼈던 친밀감을 못 느끼는 것 같고, 존이 이 문제에 대해서 이야기하지 않으려고 하는 것이 더 큰 문제가 있기 때문이라고 생각한다.

둘째, 문제를 재정의한다

■ 추적/요구–철회 패턴

존과 아만다는 추적/요구–철회 패턴에, 즉 한 부부는 특정 주제에 관한 대화를 원하는데 상대방은 원하지 않는 상황에 빠진 것 같다고 생각한다. 추적하려는 동기는 한 부부가 관계로부터 이득을 위해 중요한 문제들을 해결함과 동시에 깊은 친밀한 대화를 하기 위함이다. 철회하려는 동기는 상대방에게 특정 주제에 대해 이야기하는 것에 압박감을 느끼는 상황이나 그 대화 주제 자체가 너무 힘든 것일 때 발생할 수 있다. 이런 상황에서 대화를 거부하게 되면 상대방은 주제에 대해서 더 거부하게 되어 악순환 구조를 가지게 된다. 부부들은 이런 지속적인 상황에 빠져 상처받고 실망할 수 있다.

■ 공통의 걱정거리

부부들이 삶에 있어서 의미 있는 일들을 상대방에게 이야기하지 않는다고 느끼는 현상은 아주 흔한 일이다. 부부들은 배우자에게 의미 있는 주제들에 대해서 진심으로 알고 싶어 하는 욕망을 가지는 경우가 자주 있다. 하지만 이와 반대로 대화가 피상적이고 일상적인 잡담으로 치우쳐 이어 가는 상황이 발생한다고 한다. 이러한 상황이 발생하면 배우자를 깊이 알고 서로 친밀해지고자 하는 욕구를 만족시키지 못하게 한다. 일상적인 대화가 대부분이지만, 부부가 서로 노력해서 보다 의미 있는 주제들에 대해서 이야기하는 것이 친밀감과 함께한다는 느낌을 더 강하게 만들 수 있다.

■ 삶에서 해야 할 일: (p. 268을 보라.)

'우리는 우리 삶에서 가장 의미 있는 일들을 발견한 것에 대해서 거의 말하지 않는다.'에 대한 해결책 옵션

■ 패턴 인식: (p. 270을 보라.)

■ 일정을 조정하기: (pp. 266-267을 보라.)

■ 관계 코칭/치료 권장하기: (pp. 277-278을 보라.)

걱정거리 20: 우리는 각자가 중요하다고 여기는 부분들에 대해서 서로 지지하지 않는다.

첫째, 그들의 걱정거리를 그들이 보는 그대로 기술한다

주디는 막 미용실을 개업했고 이에 대해서 흥분해 있지만, 스트레스도 같이 받고 있다. 존은 처음에 주디가 미용실을 여는 데 지지하는 입장이었지만,

미용실에 너무 많이 신경을 쓰는 바람에 가사를 돌보는 데 소홀히 해서 우려하고 있다. 주디는 자신이 바쁘다는 것을 알고 존이 자신이 하는 일을 지지해 주기를 원하지만, 존은 주디가 미용실에 신경을 쓰면서도 가사에 조금은 더 충실하기를 원한다.

둘째, 문제를 재정의한다

■ 자율성 지지에 대한 중요성

친근함과 상호의존성이 장기적으로 친밀한 관계에 중요하기에, 자율성과 아울러 개인의 창조성, 성취, 유능성을 위한 공간도 중요하다. 장기적인 관계에서 보면 부부가 지속적으로 성장하며, 창조적으로 사고하며 삶을 개척해 간다. 건강한 관계는 개개인의 삶의 질을 높여 주는 방식으로 가야지, 서로를 구속하고 얽매는 관계로 발전하면 곤란하다. 배우자의 시간과 관심을 위해서 경쟁하는 일들을 지지하는 것은 도전적인 행동이 될 수 있기에, 그러한 지지들은 당신의 부부 관계를 더 진전시키는 데 아주 건강한 방법이 된다. 동시에 상호 의존성을 존중해 주는 것은 건강하게 삶을 균형 잡히게 영위하는 데 도움이 된다.

■ 이해할 만한 이유

개개인이 중요하다고 생각하는 것들을 지지하지 못하는 데는 몇 가지 이유가 있다. 한 가지 이유는 각자에서 무엇이 중요한지 모르거나 이해하지 못하는 것일 수 있다. 그리고 어떤 경우에는 배우자에게 중요한 것이 무엇인지 인지하고 있지만, 자기 스스로 더 지지가 필요하다고 느끼거나, 자신의 삶이 너무 바빠서 도움을 못 주는 경우도 있다. 서로 대화하고, 마음을 열고, 서로 지지하면 좋을 것이다.

■ 삶에서 해야 할 일: (p. 268을 보라.)

'우리는 각자가 중요하다고 여기는 부분들에 대해서 서로 지지하지 않는다.' 에 대한 해결책 옵션

■ 자율성의 지지

상대방이 중요하다고 생각하는 것을 지지할 수 있는 두 가지 정도의 간단한 것을 생각해 보자. 이런 것들은 창조적, 종교적, 교육적, 여가 선용, 가족에 관한 것 혹은 일에 관련된 것일 수도 있다. 중요한 것은 서로가 도움이 되는 방식으로 도움을 줄 수 있어야 한다는 것이다.

■ 사랑지도: (p. 266을 보라.)

■ 관계 코칭/치료 권장하기: (pp. 277-278을 보라.)

걱정거리 21: 모든 부부는 해결할 수 없는 문제를 가지고 있다. 그런데 우리는 이를 보다 서로에게 덜 안정적인 방식으로 해결하고 있다.

첫째, 그들의 걱정거리를 그들이 보는 그대로 기술한다

■ 여러 문제를 서로 비난하지 않고, 해결할 수 없는 문제의 바탕에 깔린 것을 이해할 수 있는 이유를 도출하는 방식으로 문제를 기술한다.

■ 미셸과 마이크는 다른 가정환경에서 성장하였고, 이 차이점의 가장 큰 부분은 분노를 어떻게 표현하는가에 있다. 미셸의 가족에서는 화를 내는 것은 정상적이고 그리 위협적이지 않은 것처럼 인식되었고 표현하는 방식도 그리 과격하지 않았다. 반면, 마이크의 가족에서는 분노라는 것

이 심각한 것이고 종종 서로의 마음에 상처를 주는 경우도 있었다. 그래서 미셸은 마이크에게 화를 내는 것이 자연적이고 친밀함을 표현하는 수단이기도 했는데, 마이크는 이런 것을 보다 심각하게 받아들이고 심지어 그것이 관계를 손상시킬 수도 있다고 느꼈다. 분노를 표현하는 방식이 마이크과 미셸 간에 이해할 만한 문제이고, 그들의 관계에서 항상 이것이 어려운 문제였다.

둘째, 문제를 재정의한다

■ 해결할 수 없는 문제는 피할 수 없이 존재한다

여러 연구에서 모든 부부, 심지어 건강해 보이는 부부 사이에도 해결할 수 없는 문제가 여러 개 있을 수 있다고 한다. 장기적으로 친밀한 부부 관계를 유지하면서 갈등을 느끼는 부부들은, 필연적으로 둘 사이에 있는 차이점이 단순한 해결책이 있는 것이 아니고, 그들이 함께 살아가는 한 마찰을 일으키기 쉽다는 것을 발견하게 될 것이다. 실제로 지난 50년간의 결혼 관계에 대한 연구 결과에서는 모든 결혼생활의 초기부터 갈등이 자리 잡고 있었다고 밝히고 있다. 건강한 결혼을 구분 지을 수 있는 것은 이런 갈등을 상호 존중하면서 부부가 같이 해결했는지 혹은 비판적이고 멸시적인 태도로 해결했는지에 따라 구분할 수 있다.

■ 파괴적인 전술

여러 연구들에서 말하는 부부들이 하는 가장 파괴적인 행동들은, ① 비난, ② 경멸, ③ 지나치게 민감한 방어적인 태도, ④ 대화 도중 화가 나서 철회하는 것이다. 마치 피아노를 치는 것처럼 소통도 훈련이 필요하다. 해결할 수 없는 문제에 대한 소통이 앞서 언급한 문제들 때문에 해결되지 않는다면, 부부들의 소통하는 방식이 서로 상대방을 상처 줄 수 있다는 것을 명심해야 한다.

■ 건설적으로 의사소통하기: (pp. 283-284를 보라.)

'모든 부부는 누구나 해결할 수 없는 문제를 가지고 있다. 그런데 우리는 이를 보다 서로에게 덜 안정적인 방식으로 해결하고 있다.'에 대한 해결책 옵션

■ 패턴 인식

해결할 수 없는 문제의 특징을 가지고 있다고 알아차리고 그것을 명명한다("우리는 또다시 만성적으로 발생되는 문제로 다투고 있어요."). 패턴을 명명하면 상대방이 이런 문제를 야기할 때 어떻게 유연하게 반응할 수 있는지 생각할 수 있고, 이에 대해서 더 현명하게 대처할 수 있다. 이렇게 하는 것은 당신과 상대방이 싸울 때보다 객관적인 입장에서 문제를 바라볼 수 있고, 이를 통해 문제를 해결할 수 있는 실마리를 얻을 수 있다. 연구들에서는 부부들이 이런 패턴들에 대해 대화를 하면서 이런 패턴에 보다 진지하게 다가갈 수 있고 더 나아가 관계가 더 발전한다고 한다.

■ 수용: (p. 270을 보라.)

■ 만성적인 문제를 협동적으로 다루기: (pp. 306-307을 보라.)

■ 브레인스토밍

당신과 상대방의 근본적인 차이점은 바뀌지 않을 것을 전제하고 이 상황에서 어떻게 문제를 해결할지 머리를 맞대어야 한다. 예를 들어, 두 사람이 화를 내는 방식이 다르다면, 어떻게 각자 자신이 이성을 잃지 않는지, 또 다른 면을 어떻게 이해할 수 있는지 대화해야 한다.

• 관계 코칭/치료 권장하기: (pp. 277-278을 보라.)

걱정거리 22: 우리가 금전적인 문제에 대해서 이야기할 때 서로 동의하는 것보다 동의하지 못하는 경우가 더 많다.

첫째, 그들의 걱정거리를 그들이 보는 그대로 기술한다

폴은 넉넉하지 않은 가정에서 성장하였고, 자신의 주위 사람들 및 친구들보다 상대적인 박탈감을 느끼면서 자랐다. 폴이 기억하는 것은 자신이 입고 있던 옷이 물려받은 것이라서 놀림을 받은 기억이 있고, 생일 등 선물을 받을 때도 자신이 원하는 선물을 받은 기억이 거의 없다는 것이다. 이제 폴은 안정적인 직업을 가지고 있고, 경제적으로 뒷받침되니 자신이 성장 환경에서 하지 못했던 것을 이제 해 보고 싶어 한다. 쉴라는 반대로 유년기에는 경제적으로 안정적인 가정에서 성장하였으나, 아버지의 사업 실패로 인해, 부모님이 이혼하셨고, 그리 넉넉지 않은 환경에서 성장하였다. 쉴라는 10대 때 갑자기 가난해진 것을 주변 사람들에게 말하지 못하고, 주변 사람들과 경제적인 제약 때문에 함께 하지 못한 것들에 대해 변명했던 것이 기억한다. 그리고 이 기간에 자신의 어머니가 얼마나 스트레스를 받았는지 기억한다. 그래서 쉴라는 유사시에 대비해 돈을 아껴 쓰며 저축하는 것이 중요하다고 생각한다.

둘째, 문제를 재정의한다

■ 돈을 쓰는 사람-저축하는 사람 패턴

부부는 종종 돈에 대한 정서적인 차이를 보인다. 이런 것들은 바뀔 수 없는 근원적인 문제이고, 이 문제를 서로 받아들이기 위해서는 각자에게 이것은 현실이고, 서로 다르다는 점을 인정하고 받아들여야 한다. 돈을 쓰는 사람–저축하는 사람 패턴은 이런 문제 중 대표적인 패턴이다. 한 배우자는 돈을 쓰는 데 제약을 받게 되면 인생을 즐기면서 살지 못한다고 생각하고, 다른 배우자는 어느 정도 모아 놓은 돈이 없으면 스트레스를 받을 수 있다고 생각한다. 이런 문제를 해결할 수 있는 한 방법은 서로의 돈에 대한 감정적인 반응 인정하면서도 서로 이야기하고, 돈에 대해 가지는 상대방의 관점을 이해하는 것이다.

■ 금전적인 문제에 대해 이야기하기

금전적인 문제는 다루기 힘든 문제일 수 있고, 어떤 부부들은 갈등을 없애기 위해서 아예 이 문제를 회피하기도 한다. 하지만 가정 안에서 돈 문제를 다루는 것은 한 사업을 다루는 것과 비슷하다고 보아야 한다. 서로 간에 사업하는 부부라고 생각하고 서로 협조적이고 감정적이지 않게 대응해야 한다. 아무리 작은 사업이라도 회의 없이는 회사가 굴러가지 않듯이, 가정에서도 금전적인 가치, 목표, 중요성, 수입, 지출 문제 등에 대해서 이야기해야 한다. 서로의 금전적인 것에 대해서 대화를 하면 서로 간에 오해나 감정의 골이 생기는 것을 최소화할 수 있다.

■ 돈에 관한 이슈는 감정적인 문제이다

많은 부부는 금전적인 문제를 이야기할 때 그것을 객관적으로 대화해야 하는 주제라고 생각하고 이야기한다. 하지만 금전적인 것에 대한 대화가 효과적으로 진행되려면 각자가 돈에 대해서 어떠한 가치관을 가지고 있는지 파악하는 것이 중요하다. 한 배우자는 돈을 안정감을 확보해 주는 수단으로 받아들이고, 다른 배우자는 자유를 획득할 수 있는 수단으로 생각한다면, 이런 차이에서 오는 갈등이나 행동 방식은 서로 다르다는 것을 인식하고 상대방과 대화를 나누어야 한다.

■ 나의 배우자가 중요하게 여기는 것을 나 또한 중요하게 여기기

한 연구에서 부부들이 공감하면서 들어주고, 문제가 가지는 중요성에 대해서 동의하지 않더라도 같이 대화하는 것이 결혼생활에서 중요하다고 한다. 가령, 당신이 그 문제에 대해서 신경을 많이 안 쓰더라도 상대방이 그것에 대해서 신경을 쓴다면 중요하게 생각하는 것이 필요하다. 이런 것은 금전적인 문제에서 특히 중요하다. 돈은 당신과 상대방에게 서로 다른 감정적인 반응을 일으킬 수 있으니 서로 더 잘 이해해 주고, 서로 한 발짝 양보하는 것이 중요하다.

'우리가 금전적인 문제에 대해서 이야기할 때 서로 동의하는 것보다 동의하지 못하는 경우가 더 많다.'에 대한 해결책 옵션

■ 자조적인 대화에 관한 책

James Cordova(2009)의 『결혼 체크업: 결혼 건강을 유지하고 강화하기 위한 프로그램(The Marriage Checkup: A Scientific Program for Sustaining and Strengthening Marital Health)』에서 금전적인 문제에 대해 대화하는 방식을 담고 있는 장들을 읽는 것이 도움이 될 것이다. 이 장들에서는 부부들 사이에 있는 금전적인 문제의 근원을 해결하는 것과 이 문제에 대해서 효율적으로 대화하는 데 필요한 기술들에 대해 다루고 있다.

■ 자조적 자원들

가정의 기본적인 금전 문제를 다루고 있는 책을 읽는 것도 도움이 된다. 부부끼리 이런 기본적인 문제를 다루다 보면, 이런 문제에 대해서 이야기할 수 있고, 그것이 서로에 관해서 더 잘 이해할 수 있는 기회를 제공할 것이다. 금전적인 문제를 다루고 있는 책은 시중에 많이 나와 있고, 그중

에서 아주 기본적인 문제들, 즉 저축하기, 간단한 투자, 빚 갚기 등과 같은 문제를 다루고 있는 책을 읽어 볼 것을 추천한다. 그리고 나는 '쉽게 돈 벌기, 부자 되기 방법' 등과 같은 것에 대한 책은 현실적이지 않은 경우가 많아 추천하지 않는다.

■ 정기적인 가족 회의 계획 잡기

돈을 내거나 경제적인 계획을 세울 수 있는 정기적인 가족 회의를 계획하면 좋다. 처음에는 감정적으로 힘들 수 있지만, 시간이 지날수록 대화하는 방법을 익히고, 상대방의 감정을 이해하면, 이해를 할 수 있는 능력도 발전할 수 있다는 것을 느끼게 될 것이다. 또한 금전적 문제 전반에 대해 서로 잘 이해할 수 있게 될 것이다. 이 주제는 관계에서 특별히 복잡한 문제라는 점을 인지하고, 상대방과 함께할 수 있다는 것에 감사해야 한다. 이 문제에 대해 서로 감정적으로 이해해 주는 방식을 익히면 앞으로 발생할 수 있는 다른 문제에 대해서도 건강하게 대처할 수 있다. 이렇게 정기적으로 시간을 정해서 대화하면 이런 중요한 문제를 회피하기보다는 서로 의지하면서 해결해 나갈 수 있을 것이다.

■ 패턴 인식

둘 사이 관계에서 어떤 패턴이 보이면 실시간으로 알아차리라. 이런 패턴을 인지하고 있고, 그것을 명명해 보라("우리는 또 돈을 쓰는 사람-아끼는 사람 패턴에 대해서 이야기하고 있군요.")

걱정거리 23: 우리는 자녀 양육에 있어서 그리 좋은 팀은 아닌 것 같다.

첫째, 그들의 걱정거리를 그들이 보는 그대로 기술한다

잭과 테리는 결혼생활의 전반적인 문제에 대해서는 잘 맞으나 자녀 양육 문제에 대해서는 견해 차이를 보이는 경우가 종종 있다. 잭은 딸이 보다 엄격한 훈육이 필요하다고 생각한다. 반대로 테리는 딸이 잘하고 있기에 통제를 할 필요가 없다고 생각한다. 잭과 테리는 딸과의 관계에서 선한 역-악역을 하는 식으로 발전할까 걱정하고, 좀 더 통일된 부모 역할을 하고 싶어 한다. 문제에 합의하지 못하는 걱정거리가 부부의 다른 관계에서 좀 더 불화를 경험하는 원인이 되고 있다.

둘째, 문제를 재정의한다

■ 차이는 흔하다

부부끼리 자녀 양육 과정에 있어 관점의 차이를 보이는 것은 흔하다. 연구 결과들에서는 두 부모가 훈육할 때, 두 사람이 서로 달라도 차이를 잘 극복하면 자녀 양육에 더 좋은 영향을 끼칠 수 있다고 한다. 두 사람의 자녀 양육 방식의 차이점에 대해 서로 대화하고 동의할 수 있는 부분을 찾는 것이 중요하다.

■ 차이에 대해 잘 대처하기

연구 결과에서는 이런 차이점이 존재하느냐에 대한 것보다 이런 문제를 어떻게 다루느냐가 더 중요하다고 제시한다. 부부들끼리 서로의 차이에 대해서 가치 평가를 하기보다 이해하고 서로의 장점을 극대화시키려 노력하는 부부가 훈육을 더 잘할 수 있다고 한다. 상대방의 스타일에 대해서 서로 판단을 하고 누가 옳은가 경쟁하는 부부는 공동 양육에 더 불만족하고 공동 양육도 덜 효과적으로 실행한다.

■ 상사-부하 직원 패턴

자녀 양육에서 부부 중 한 명이 CEO 역할을 하고, 다른 배우자는 보조적인 매니저 역할을 하는 패턴은 매우 흔하다. 이런 패턴에서 마찰이 생기면, 한 배우자는 자주 자신이 필요한 도움을 받지 못하거나 항상 상대 배우자를 감독해야 하는 느낌을 받고, 상대 배우자는 자신이 상관을 모시고 있고 자신의 의견이 전혀 반영되지 않은 직원 같은 느낌을 받는다.

■ 자녀 양육 방식의 차이는 골이 깊은 문제이다

자녀 양육 방식의 차이는 흔하다. 이런 차이가 갈등을 쉽게 일으키는 이유는 자녀 양육에 대한 접근 방법을 각자 자신의 부모로부터 물려받기 때문이다. 우리는 이런 양육 방식은, ① 부모를 모델로 삼거나, ② 동생 등을 돌보면서 초기에 배웠거나, ③ 내가 적극적으로 배우고 익히려는 적극적인 노력 등을 통해서 학습하는 것 같다. 자녀 양육에 대한 대부분의 본능적인 면은 주로 부모로부터 배우고 이런 것은 아주 깊이 내재화되어 있다. 이렇게 깊이 내재되어 있는 것은 상대방과의 갈등을 보다 증폭시킬 수 있다. 다른 방식이 잘못되었다고 가치 판단을 하는 경우가 종종 있는데, 우리의 관점이 너무 깊이 내재화되어 있기 때문이다. 중요한 것은 부부들 간 자녀 양육 방식에서의 차이가 흔하고, 이것이 갈등의 이유가 되는 것은 피할 수 없다는 것이다.

■ 양극화된 대립 대 협동

이러한 양육 방식의 차이로 인해 생기는 갈등은 쉽게 해결될 수 없지만, 해결할 수 있는 열쇠는 같이 이러한 차이를 없애려고 시도하기보다 차이점을 극복해 나가려는 노력이다. 중요한 점은 부부들이 이 문제 때문에 대립이 생길 수 있다는 것을 인식하고 있어야 한다는 것이다. 다르게 말하면, 이런 문제들은 부부 간에 문제가 되기 쉽다. 그렇기에 부부들끼리 상대방의 관점을 이해하려고 노력하는 것이 중요하고 상대방의 관점에서 바라볼 수 있어야 한다. 상호 협조적인 이해는 공동으로 자녀 양육을 실행해 나가는 것이 첫걸음이다.

■ 차이점을 받아들이기

이런 차이를 해결하는 데 가장 효율적이고 첫 번째로 해 볼 것은 차이점이 궁극적으로는 갈등을 초래할 수 있다는 것을 인지하는 것이다. 이런 부분을 인지하는 것은, 서로 관점의 차이가 잘못되었다고 바라보지 않고, 상호 협력해서 해결하는 것이 도움이 된다. 부부들 간에 한 배우자가 비판을 하고 나머지 배우자가 이에 대해서 해명하는 패턴에 빠지지 않는 것이 중요하다. 이런 문제에 관련해서 친밀감을 형성하는 열쇠는 서로 부부가 진심으로 상대방과 아이를 이해하려고 노력하는 것이다.

'우리는 자녀 양육에 있어서 그리 좋은 팀은 아닌 것 같다.'에 대한 해결책 옵션

■ 패턴 인식

관계에서 발생할 수 있는 패턴, 즉 상사–부하 직원 같은 것을 인식하라. 연구 결과에서는 이러한 패턴을 인지하고 명명하는 것은 역설적으로 이러한 패턴에 덜 빠져들게 한다고 한다. 이 패턴을 명명할 수 있으면 그 문제를 다른 방식으로 접근할 수 있는 시발점이 될 수 있다. 이러한 시행착오라는 새로운 패턴은 당신들이 좀 더 너그럽고 효과적으로 공동으로 작업을 할 수 있도록 해 준다. 이러한 패턴이 사라지지는 않을 수 있지만, 이러한 패턴을 더 잘 다루고 이러한 패턴에서 빨리 벗어나 회복할 할 수 있다.

■ 자조서

상호 협력적으로 훈육하기 위해 이러한 주제를 다루고 있는 책을 읽어 볼 것을 고려해 보자. 독서 클럽 등을 통해 자신 혹은 상대방이 가치 중립적으로 파악하고 어떻게 하면 더 좋을지 생각해 보는 것이다. 여기에 몇 가지 책을 추천한다.

–Wendy Grolnick과 Kathy Seal(2008)의 『압박받는 부모, 스트레스로 지친 자녀: 성공적인 자녀를 양육하면서 경쟁심을 다루기(Pressured Parents, Stressed-Out Kids: Dealing With Competition While Raising a Successful Child)』

–James P. McHale(2007)의 『평탄치 않은 공동 부모 역할의 길에 대한 좌표 만들기: 가족생활의 도전을 이해하기(Charting the Bumpy Road of Coparenthood: Understanding the Challenges of Family Life)』

–Alan Kazdin(2008, 2009)의 『부모관리훈련: 아동 및 청소년기의 반항적 · 공격적 및 반사회적 행동치료(Parent Management Training: Treatment for Oppositional, Aggressive, and Antisocial Behavior in Children and Adolescents and/or The Kazdin Method for Parenting the Defiant Child)』

■ 워크숍 참여하기

이 분야에 대해 전문가들이 여는 워크숍에 같이 참여하는 것을 고려해 보라. 이 워크숍은 상대방의 차이를 이해하고 함께 보다 잘 훈육해 가는 방식을 익히는 데 도움을 줄 것이다.

■ 토론하기

진행하고 있는 자녀 양육에 대한 관점의 차이에 대해 서로 만나서 보다 실질적이고 진취적으로 토론하는 시간을 규칙적으로 실행하라. 이 시간은 그날 혹은 그주에 일어났던, 양육에 관련된 문제를 명확히 하고 더 나은 방식을 추구할 수 있는 시간이 되어야 한다. 이런 토의는 부부 관계에서도 상대방이 같은 편이라는 소속감을 줄 수 있고, 서로 다른 문제를 해결할 수 있는 힘을 줄 수 있다. 열쇠는 자녀 양육에는 정답은 없다는 것을 인지하는 것이고, 부부가 함께 최선을 다해 가는 것이라고 깨닫는 것이 중요하다.

걱정거리 24: 약물 및 음주가 우리 부부 관계에 문제가 된다.

첫째, 그들의 걱정거리를 그들이 보는 그대로 기술한다

빌이 술을 마지막으로 마신지 3년이라는 시간이 지났지만 여전히 이전의 음주 문제와 관련된 문제가 갈등의 원천이 되고 있다. 캐리는 빌이 술을 마시던 당시 그의 행동에 대해서 큰 상처를 받았고, 술이 근처에 있으면 긴장하기 때문이다. 빌은 캐리의 이런 공포를 이해하지만, 이제는 절대로 단주할 것이라고 자신하고, '정상적인 삶'으로 돌아가고 싶어 한다.

둘째, 문제를 재정의한다

■ 약물 남용이 관계에 미치는 영향

약물 남용은 부부 관계에 있어 중요한 문제일 수 있는데, 약물 남용은 나 자신의 인생도 크게 망가뜨리지만 상대방의 인생도 망가뜨리기 때문이다. 약물을 남용하는 순간에만 관계에 영향을 미치는 것이 아니라 약물을 직접적으로 하지 않은 상태의 관계에서도 상대방에게 이 사실을 숨기거나 거짓말을 해야 하는 상황이 발생하므로 근본적으로 신뢰에 영향을 미칠 수 있다. 더 나아가 약물 남용으로 인한 경제적인 문제도 발생할 수 있는데, 그렇게 되면 상대 배우자는 자녀 양육과 가사 등을 혼자서 부담해야 하는 책임이 가중된다.

■ 약물 남용과 신뢰 관계

약물 남용은 감정, 신뢰, 안정감을 손상시킬 수 있다. 한 배우자가 약물을 남용하면, 그로 인한 행동이 변하기에 상대방에게 하는 행동이 달라질 수 있다. 이로 인해 상대방은 외로워질 수도 있고 심지어는 공포에 질릴 수도 있다. 만약 관계가 이런 패턴에 놓이게 된다면 정상적인 배우자는 관계에 있어 신뢰를 하지 못하고, 사소한 문제들, 가령 자신 혹은 상대방을 잘 챙기지 못한다거나 가사에 소홀해지는 문제들에 대해 항상 걱정하게 될 것이다.

■ 간접 영향

약물 남용은 결혼생활의 질을 저하시킨다. 만약 약물 남용을 하는 측이 약물을 끊더라도 상대방은 크게 받은 상처 때문에 여전히 정서적으로 취약해진다. 그리고 이러한 상대방의 행동 때문에 소외감도 느낄 수 있다.

■ 관계에 대한 최소한의 영향

음주 혹은 약물 남용은 부부 관계에서 한 배우자를 없애 버리는 영향이 있고, 둘 사이의 신뢰를 손상시킨다. 이런 관계에 있는 부부는 감정적으로 고립되는 '제3자'의 삶을 살게 될 가능성이 크다. 그리고 만약 한 배우자가 약물 남용에서 벗어나더라도 이미 신뢰 관계는 회복할 수 없고, 더 나아가 깊은 신뢰를 쌓아 가기도 힘들 것이다.

'약물 및 음주가 우리 부부 관계에 문제가 된다.'에 대한 해결책 옵션

■ 금주하는 부부

연구 결과에서는 이런 약물적인 문제에 있어 부부가 같이 단주하는 것에 한 팀이 되어서 노력한다면, 결과는 부부 관계 건강과 그 문제가 있는 개인의 단주도 향상된다고 제시한다. 선택적으로 할 수 있는 한 사항은 지속적인 단주를 해 나가는 과정에서 상대방을 지지하고, 감사하는 팀원이 되는 방법을 제시하고 있다. Timothy O'Farrell 박사가 고안한 간단한 방법은, 부부들은 금주생활을 하는 데 좋은 배우자가 될 것을 매일같이 다른 배우자에게 맹세하는 것이다. 한 배우자가 상대방의 사랑과 지지에 대해서 감사하고, 다음 24시간 동안 단주할 것을 맹세한다. 그렇게 하면, 다른 배우자 역시 상대방이 단주하려고 노력하는 것에 대해서 사랑하는 마음과 고마움을 표현하고, 단주하는 삶에서 충실하고 지지적인 친구와 배우자가 될 것을 맹세한다.

■ 신뢰 쌓기

음주 혹은 약물 남용이 관계에 미치는 부정적인 영향이 큰 만큼, 서로의 관계를 회복시키는 데 있어서 장기적인 관점이 중요하다. 다시 말하면, 이제 단주하려는 배우자는 상대방이 자신이 신뢰스럽게 행동한다는 것을 확인시켜 주기 위해서 상대방에게 자신의 행동을 많이 염탐하도록 허용하는 것이다. 그 과정은 또한 많은 인내심이 필요할 것이다. 신뢰를 회복하는 데는 오랜 시간이 걸리고, 신뢰를 회복하기까지 걸리는 고통스러운 시간은 부부가 감내해 내야 하는 것이다.

■ 개인적 그리고 관계적인 보살핌

만약 자신 혹은 상대방이 약물 혹은 음주로 문제를 겪고 있는 상태라면, 주변에 있는 전문가의 도움을 받는 것을 추천한다. 혼자 힘으로 남용으로부터 벗어나는 것은 거의 불가능하기 때문이다. 이런 회복은 집중적인 치료와 사회적으로 지지하는 그룹 그리고 인간관계에 있어서 지지가 있을 경우 회복이 더 쉽다.

■ 관계 코칭/치료 권장하기: (pp. 277-278을 보라.)

걱정거리 25: 건강에 관련된 문제가 우리 부부 관계에 있어서 문제이다.

첫째, 그들의 걱정거리를 그들이 보는 그대로 기술한다

6개월 전 에이미가 건강 문제가 발생하던 시기부터 존은 이 문제에 대해서 항상 지지적이었다. 에이미는 이런 존의 노력을 고맙게 생각하지만, 이제 가사 노동 및 일을 할 수 없는 에이미 때문에 둘의 관계가 삐걱거리기 시작했다. 에이미가 일을 할 수 없기에 존은 추가적으로 일을 해서 수입을 얻어야 하고, 집 밖에서 얻는 스트레스와 더불어 집 안에서 맡아야 하는 가사 노동 때문에 존은 힘들어한다.

둘째, 문제를 재정의한다

■ 부부의 건강 문제가 관계에 미치는 영향

많은 연구에 의하면, 한 부부의 건강 문제는 부부 관계에 있어서 심각한 긴장감의 원천이 된다. 만약 이런 건강에 관한 문제가 갑자기 발생한다면 관계의 장기적인 관점으로 보면 악영향을 미치고, 이런 상황에 적응해야 하는 스트레스를 야기한다. 건강에 문제가 있는 쪽은 일을 하는 데 제약이 생기고, 이런 제약으로 인해 발생하는 문제를 나머지 배우자가 채워야 한다. 병에 걸리면 새로운 역할에 적응해야 하고 책임감과 해야 할 일들이 증가하기에 그 자체로 스트레스가 된다. 더 나아가 부부 관계에서 한 사람이 아프면 나머지 한 사람도 아프게 되는데, 그 이유는 부부는 일심동체이고 서로가 같이 호흡을 하기 때문이다.

■ 육체적 질병과 성관계의 만족도

육체적인 질병은 친밀한 관계 및 성적 만족감을 떨어뜨릴 수 있다. 이런 문제는 육제적인 질병에서 기인할 수도 있고, 치료 과정에서 생기는 부작용 등으로 인해서 발생할 수 있다.

'건강에 관련된 문제가 우리 부부 관계에 있어서 문제다.'에 대한 해결책 옵션

■ 터놓고 이야기하기

건강에 관한 문제는 터놓고 이야기하기 힘든 주제이다. 하지만 다른 사소한 문제들이 다 그렇듯이 터놓고 이야기하는 것이 건강한 관계를 유지시키는 데 중요하다. 상대방에게 나의 문제들에 대해서 솔직히 이야기하고 상대방을 얼마나 사랑하고 신경 쓰는지 이야기해 주자. 그리고 아픈 것 때문에 할 수 있고 할 수 없는 일을 솔직히 이야기해 주자. 건강 문제로 인해 발생하는 짐을 어떻게 나누고 받을지 솔직하게 이야기하는 것이 좋다.

■ 상대방에게 의지하기

질병으로 고통받을 때 사회적으로 얻는 지지는 큰 도움이 된다. 혼자서 질병으로부터 오는 스트레스 및 중압감을 다 해결할 수 있을 것이라 생각하지 말자. 가족, 친구 그리고 교회 등에 도움을 요청하자. 종종 사람들이 자신의 문제를 밝히는 것을 부끄러워하는 경우가 있는데, 상대방을 도울 수 있는 것에 감사하고 이런 일을 기꺼이 할 수 있는 사람들이 사회에는 많다는 것을 인지하자.

■ 독서를 통해 답을 얻기

이런 문제에 관한 책을 부부와 함께 읽고 이런 문제들에 대해서 대회를 하는 것은 도움이 될 수 있다. Rosalynn Carter 는 이러한 주제에 대해서 많은 책을 썼는데, 그중 추천할 만한 책은 『더 좋은 간병인이 되는 법: 병든 사람을 돌봐 주기(Helping Yourself Help Others: A Book for Caregivers)』(1995)이다. 이 책은 질병의 영향에 대해서 주로 초첨을 맞추고 있지만, 질병이 있는 사람을 보살핌의 관점에서도 좋은 혜안을 제시할 것이다.

■ 늙어 가는 문제에 대한 답을 독서를 통해 얻기

늙어 가는 것은 생각보다 큰 스트레스를 줄 수 있는데, 이 문제에 대해서 깊이 있고 지속적으로 대화를 나누는 것은 앞으로 다가올 문제를 대비하는 데 큰 도움을 줄 수 있다. 이런 문제들에 있어 추천할 만한 책은 Barbara Silverstone와 Helen Hyman(1993)의 『함께 더 성숙하기: 노년기 삶의 도전을 이해하고 대처하기 가이드(Growing Older Together: A Couple's Guide to Understanding and Coping With the Challenges of Later Life)』이다.

■ 돌보는 사람에게도 개인적인 시간이 필요하다

건강하지 않은 사람을 도울 때 개인적인 시간을 희생하면서 보내는 경우가 있는데, 이는 바람직하지 않다. 시간이 흐를수록, 작은 희생이라도 쌓이면 감당할 수 없는 결과가 발생하기도 한다. 이런 현상을 보살피는 사람의 에너지 소진이라고 한다. 이런 일을 막기 위해서 보살피는 사람도 개인적인 시간이 필요하다. 매일 적어도 10분 동안이라도 스스로를 위한 활동을 하자. 요가, 좋아하는 음악 듣기, 신문 읽기, 산책 등 사소한 활동도 좋다. 상대방이 건강을 회복하도록 도울 때 스스로의 건강을 지키는 것도 중요하다.

Chapter 09

부부 강점에 대한 목록

이 장에서는 부부들이 가장 많이 묘사하는 강점들을 제시하고, 여러 연구와 임상적 문헌에서 이러한 강점들을 소개하는 내용들을 요약해 보고, 우리 팀에서 이러한 강점들을 MC 피드백 보고서에 어떻게 기술하여 제공하는지 예시를 들어 보고자 한다. 이 장의 목표는 현장에서 부부를 만나고 피드백 보고서를 작성할 때 사용할 수 있는 변경 가능한 표준 문안 단락을 제공하는 것이다. 내가 재차 추천하는 것은 표준 문안을 활용하여 시작하고, 특정 부부들에 따라 단락을 수정하고 변경하며 사용하는 것이다.

강점에 대한 평가와 피드백을 주는 목적은 상대방의 가장 긍정적인 부분에 주목할 수 있도록 하고, 실시간으로 그들이 자신들의 강점에 접촉하고 축하할 수 있도록 돕는 데 있다. 추측건대, 우리는 긍정적이고 안정적인 특성보다는 우리의 신경을 거스르는 요인에 더 주목하려는 성향을 발달시켜 왔다. 이와 같이 부부 관계에서 축복은 당연시하고 신경을 거스르는 것들에 과도하게 주의를 기울이는 것은 인간의 본성이다. 강점을 적는 부분들은 무시하기 쉬울 수 있음에도 불구하고, 이 부분이 계획적이고 의도적으로 부부의 관계적인 긍정적인 측면에 대하여 주목하도록 설계되어 있다. 부부 사이에 이미 가지고 있던 긍정적인 측면에 주목하는 것은 관계에 관해서 보고하는 질적인 내용에 긍정적으로 영향을 주어 관계 건강이 개선될 것이라고 가정할 수 있다.

MC 치료자들은 보고서에서 어려움 영역만큼 강점 부분을 작성하는 데에도 최선을 다한다. 그렇게 함으로써, 우리는 어려움 영역이 지나치게 강조되는 것을 방지하고 최소한 어느 정도는 강점에 더욱 기반을 둔 피드백을 제공하게 된다. 하지만 강점 부분이 주로 어려움 영역보다 더 짧은 경우가 많은데, 여러 어려움에 대해 피드백해 주는 것은 더 깊은 수준으로 치료적인 역할을 해낼 수 있기 때문에 자연스럽게 예상되면서도 동시에 필요한 부분이기도 하다. 예를 들어, 어려움에 대하여 피드백을 제공한다는 것은 문제의 근원을 이해하도록 도울 뿐 아니라, 특정한 어려움들에 대하여 효과적으로 주의를 기울이도록 여러 가지 해결책도 제공해 준다. 강점들은 흔히 덜 다차원적이어서 간단한 형태로 기술된다.

이 장에서는 우리팀에서 가장 흔히 경험했던 강점들을 다루도록 하겠다. 그리고 강점들을 기술하기 위하여 이미 개발한 표준 문안들도 같이 살펴보겠다. 비록 다음부터 이어질 내용들은 결혼 체크업 강점 영역 설문지(Marriage Checkup Areas of Strength Questionnaire)의 순서를 따르고 있으나, 일부 문항은 제공되어 있지 않다. 우리는 최근 연구에서 거의 300여 쌍의 부부를 만나왔고, 여기 제시된 강점들은 우리가 최근까지 만난 부부들이 제공한 내용들이다.

강점 1: 우리는 각자 떨어져서 경험하는 일상생활에서 무슨 일이 일어나고 있는지 정기적으로 이야기를 나누고, 연락을 주고받거나 확인을 한다.

먼저, 부부가 발견한 그들의 강점을 기술해 보자

짐이 미리와의 관계에서 중요한 강점으로 주목한 점은 바로 서로가 떨어져서 각자 경험하는 매일매일의 삶에 대해 잠시 접촉하는 수준에서 자주 나누고 확인한다는 점이다. 그들의 관계와 가족이 성장할 때, 짐과 미리는 온종일 서로 간에 교류하는 것을 빠짐없이 지속해 왔다. 짐과 미리에게 아이가 생기기 전까지는 서로가 함께 보낼 수 있는 시간이 더 많았지만, 그들은 여전히 그들 각자의 삶에 대한 상세한 내용들까지 공유하는 일에 계속 전념해 오고 있다.

다음으로, 이 강점의 가치에 대하여 문헌에서는 어떻게 이야기하고 있는지 논의해 보자

- 부부를 대상으로 한 연구를 보면 정기적으로 이야기를 나누고, 연락을 주고받으며, 서로 간에 연락을 유지하는 것은 일반적으로 가장 건강한 부부들의 특성이며, 장기적으로 관계 건강과 강한 상관관계를 보인다. 이처럼 정기적으로 연락하는 것은 상대방과의 연결을 유지시켜 주며, 우정과 우리감(we-ness) 그리고 서로에 관하여 더욱 자비스러운 마음으로 역량을 키울 수 있도록 해 준다.
- 이러한 상호작용으로부터 형성된 상호 간 연결된 느낌은, 하루하루 삶에서의 다양하게 해야 할 일들이 과중한 것을 고려하면 관계에서 행동과 친밀감을 지속시켜 주고 이를 유지하는 데 중요하기에 매일 매 순간 자

주 요청할 수 있다.

- 당신 개인의 삶에서 발생한 일들에 관해 서로 연락을 주고받으면서, John Gottman 박사가 말한 것처럼 하루 종일 상대방을 당신의 마음속에 품을 수 있게 해 주는 활기찬 '사랑지도(love maps)'를 유지시켜 준다. 그것은 본질적으로, 서로가 떨어져 있음에도 불구하고 함께할 수 있게 해 주는 방법이다. 당신은 서로에게 즐거움과 스트레스뿐만 아니라 팀, 동료와 배우자에게처럼 업무를 좀 더 효율적으로 수행하는 부분까지 서로 공유할 수 있다.

강점 2: 우리는 서로 오붓한 시간을 보낸다.

먼저, 부부가 발견한 그들의 강점을 기술해 보자

피터는 그들의 가장 주된 강점으로 정기적으로 시간을 같이 보낸다는 점을 꼽았다. 그는 "나에게 중요한 일이 일어났을 때, 내가 새롭거나 고조된 경험을 할 때, 무엇인가 중요한 변화가 생겼을 때, 나는 즉각적으로 이걸 어떻게 캐런에게 설명해 줄지에 대하여 생각합니다."라고 말하였다. 이 점에 대하여 논할 때, 그들은 어려운 일이나 행복한 일을 함께 경험하던 시절을 기억하며 추억에 잠겼다. "이보다 더 좋을 순 없어요. 더 이상 바랄 게 있을까요?"

다음으로, 이 강점의 가치에 대하여 문헌에서는 어떻게 이야기하고 있는지 논의해 보자

- 서로 오붓한 시간을 함께 보낸다는 것은 건강한 부부의 특성이라고 연구 문헌들은 제시하고 있다. 이 점과 관련하여, 주목할 점은 배우자와 함

께 보내는 시간의 양이 아니라 서로가 함께 있을 때 서로에 대한 관심의 질에 대한 부분이라는 것이다. 상당수의 부부는 같은 방에 있더라도 본질적으로 상대방에게 관심을 적게 두거나 거의 두지 않은 채 자신만의 활동에 열중하는 평행 놀이에 빠져 있다. 오붓한 시간을 함께 보내는 것은, 다른 측면에서 본다면 솔직한 관심이라는 요소를 포함하고 있다. 오붓한 시간을 함께 보내는 것은 얼굴과 얼굴을 그리고 어깨와 어깨를 맞대는 활동들을 의미한다. 예를 들자면, 저녁 식사를 함께 하거나 하이킹을 함께 가는 것과 같은 활동들이다. 이러한 강점이 있는 부부들은 연결되어 있다는 더욱 생생한 느낌과 양질의 우정을 유지하는 것으로 나타난다. 부부간 우정의 질적인 면은 장기적으로 결혼 건강과 매우 즐거운 관계를 이어 가는 것에 대한 강력한 예측 요인이 된다는 사실은 연구를 통해 밝혀지고 있다.

강점 3: 감정을 서로 건강한 방식으로 표현한다.

먼저, 부부가 발견한 그들의 강점을 기술해 보자

파울라는 제프와의 관계에서 중요한 강점 중 하나로, 감정을 건강한 방식으로 표현하는 것을 꼽았다. 감정적으로 개방되어 있으며 서로 긍정적 감정, 부정적 감정을 모두 공유한다. 그녀가 말했다. "우리가 서로에 대해 화가 났을 때, 상대방이 그걸 알아차리도록 해요. 무슨 말이냐면, 우리가 화가 났을 때 그걸 서로에게 비밀로 하지 않는다는 것이에요. 그리고 우리는 서로에게 절대로 야박하게 대하지 않아요." 제프도 역시 서로가 얼마나 다정한지에 대하여 이야기하였다. "우리는 항상 스킨십을 하고, 포옹을 하고 손을 잡아요." 그는 "우린 서로에게 아주 애정이 많아요."라고 말했다.

다음으로, 이 강점의 가치에 대하여 문헌에서는 어떻게 이야기하고 있는지 논의해 보자

연구들은 감정적 의사소통 기술이 전반적인 결혼 건강과 필수적으로 연결되어 있음을 보여 주기 시작한다. 특히 자신의 감정을 알아차릴 수 있으며, 이를 효과적으로 의사소통할 수 있는 사람일수록 장·단기적으로 건강한 관계를 갖게 된다고 한다. 또한 분노의 경험에 대하여 솔직하게 다루며 적대적이지 않은 배우자의 경우, 더 높은 친밀감 정도를 유지하는 것으로 나타난다. 끝으로, 서로에 대하여 공감적인 부부일수록 결혼생활이 더욱 행복하다는 증거가 있다. 요약하자면, 당신의 감정을 건강한 방식으로 표현할 줄 아는 것은 결혼생활에서 매우 중요한 강점이 된다.

강점 4: 서로에 대하여 화가 났을 때 진솔하고, 존중하며, 적극적으로 의사소통한다.

먼저, 부부가 발견한 그들의 강점을 기술해 보자

샌디와 리처드는 서로 공유하는 좋은 관계에 대하여 고마워하고 있다. 그들은 서로 안전하고 충분히 개방적이기에, 좋지 않은 영향을 받을 것이라는 두려움 없이 서로의 단점을 인정하고 있다. 샌디는 "어떤 좋은 일이나 나쁜 일이 생기든지 리처드에게 말하고 싶어 기다릴 수가 없어요."라고 말하였는데, 리처드가 차분하고 침착하게 그녀의 이야기를 들어줄 것이라고 신뢰하고 있기 때문이다. 리처드는 샌디와 의견이 일치하지 않을 때 샌디처럼 목소리를 높여 말하지 않는다. 그녀는 그의 의사소통 기술을 보며 상당히 많은 부분을 배웠다. 리처드는 감정적으로 개방되어 있다는 점이 그들 관계에서의 강점이라는 사실에 동의하였으며, 부부로서 어려운 이슈들을 잘 해결해 온 점을 자랑으로 여기고 있다. 이처럼 진솔하고 정직하며 안전한 의사소통은 샌디와 리처드가 만족스러운 긍정적인 관계를 유지하는 데 기여하였으며, 이러한 관계는 서로 간에 그리고 그들의 가족 모두에게 효과적이다.

다음으로, 이 강점의 가치에 대하여 문헌에서는 어떻게 이야기하고 있는지 논의해 보자

- 능숙한 문제 해결 능력이 장기적인 결혼 건강에 중요한 역할을 한다는 점은 상당한 연구들을 통해 증명되어 왔다. 그 결과들은 놀랄 만큼 일관적이다. 서로가 갈등 영역에 대하여 진솔한 공감을 경험하여, 상호 존중하며 진실하고 개방적으로 의사소통하는 부부는 전반적으로 더 건강하며 행복하다. 그들은 관계적인 측면뿐만 아니라 정신적으로 그리고 신체적으로도 더 건강하다. 리처드와 샌디가 지속적으로 따뜻하고 열정적으로 의사소통을 이어 나가는 한, 그들의 결혼생활에서 문제 해결 능력은 강점으로 남을 것이다.
- 감정적인 개방성은 친밀감을 증진시켜 주고, 서로에게 불평을 할 수 있게 되면 서로에게 감정적으로 안전감을 형성해 준다. 친밀감과 감정적인 안전감은 모두 관계 건강과 행복에 핵심적인 요소라는 점이 밝혀져 있으며, 적대감 없이 복잡한 이슈들을 대할 때 친밀감과 감정적 안전감은 더욱 강화된다. 이때 특별히 유용한 도구는 어려운 대화를 부드럽게 시작하는 것과 당신의 배우자가 관계의 매우 친밀한 측면 때문에 감정적으로 특히 취약해질 수 있음을 깨닫는 것이다.

강점 5: 우리는 다투고 난 후 화해를 잘한다.

먼저, 부부가 발견한 그들의 강점을 기술해 보자

로라는 그들 관계에서 가장 중요한 강점으로 다툼이 있어도 평화롭게 화해하며 서로 용서를 잘한다는 점을 꼽았다. 항상 서로 상처를 주지 않기 위해 최선을 다하고 있으며, 또한 싸움이 있었더라도 그녀는 스스로에게 '저 남자는 따뜻한 마음을 지녔어. 저 사람은 좋은 사람이야.'라고 자신 있게 말할 수 있다고 이야기하였다. 로라는 이를 진심으로 믿고 있기 때문에 에릭과 싸우더라도 그를 용서하는 것이 훨씬 더 수월하다고 하였다.

다음으로, 이 강점의 가치에 대하여 문헌에서는 어떻게 이야기하고 있는지 논의해 보자

부부에 관한 연구에서 밝혀진바 가장 회복력 있는(또는 탄력성이 있는) 부부는 바로 크든 작든 어떠한 다툼이 있은 후 정서적인 유대감을 회복할 수 있는 부부라고 한다. 게다가 결혼 건강에서 용서의 역할에 관하여 수행된 여러 연구의 결과를 보면 용서할 수 있는 능력이 곧 장기적 건강과 탄력성의 핵심요소로 나타나고 있다. 우리가 살면서 배우자와 의견 불일치를 경험하거나 서로에게 실망하여 상대방의 감정에 상처를 주는 일은 그야말로 피할 수 없는 사실에 해당한다. 서운함이나 갈등은 피할 수 없기 때문에, 그들의 유대감에 긴장과 압박이 가해진다면 상대방에게 용서를 구하고 적극적으로 회복하기 위해 반드시 노력해야 한다. 어떤 의미에서 용서와 회복이라는 것은 건강한 결혼생활에 있어서 면역 체계와 동등하다고 볼 수 있다. 용서와 회복은 어려운 순간들로부터 재빠르게 회복할 수 있도록 돕는다. 이건 정말 사소한 강점이 아니다. 분명히 모든 부부가 서로를 용서하고 관계 회복을 잘하는 것은 아니기 때문이다. 만약 당신의 관계에서 용서와 회복이란 강점을 지니고 있다면, 당신은 축하받아야 하며 이러한 선물을 주변에 전하길 장려한다.

강점 6: 우리는 성생활에 만족한다.

먼저, 부부가 발견한 그들의 강점을 기술해 보자

톰은 성적으로 친밀하게 지낼 수 있다는 것이 가장 큰 강점이라 느끼고 있다. 그는 서로의 관계가 건강하게 유지되는 데 이러한 강점이 크게 기여하고 있다고 느끼고 있다. 특히 자신과 그의 아내가 힘든 시기에 있더라도 감정적으로 가깝게 있을 수 있게 해 준다. 성관계는 말하지 않아도 서로가 하나가 될 수 있게 해 주며, 관계를 더 견고하게 해 준다. 성관계는 안전한 안식처를 제공하며, 서로 힘든 시기를 겪고 있어도 기본적인 유대감을 유지하며 그를 안심시켜 준다.

다음으로, 이 강점의 가치에 대하여 문헌에서는 어떻게 이야기하고 있는지 논의해 보자

성관계 만족도와 전반적인 관계 건강 간에 분명한 상호 연관성이 있다고 연구 결과들이 제시하고 있다. 성적인 관계를 만족스럽게 하는 구성 요소는 각 부부마다 다르며, 발달적으로 생애 전반에 걸쳐 있는 관계들에서도 다르다. 건강한 성적 관계는 지속적으로 발전하고 변화한다. 상대와 접촉이 유지되어 있어야 하며, 침실뿐 아니라 어디서든지 의사소통이 잘 이루어져야 하며, 결과에 초점을 맞추기보다는 과정에 머무를 수 있어야 한다. 건강한 성적 유대는 친밀감, 우정, 즐거움 그리고 진정한 인생 축제로서의 신비함의 활력소가 되어 준다. 이는 관계의 중요한 강점이며 인정받고 축하받아 마땅하다.

먼저, 부부가 발견한 그들의 강점을 기술해 보자

래리는 이렇게 설명했다. "무언가 나를 성가시게 하는 게 있다면, 로라는 금방 알아차립니다. 그리고 내가 마음을 열고 이야기할 때 그녀는 항상 관심을 가져 주고 비판적이지 않습니다. 그녀에게 뭐든지 다 이야기할 수 있을 것 같은 느낌입니다. 왜냐하면 내가 어떻게 느끼는지에 관해 그녀는 평가하지 않을 것이라는 걸 알고 있기 때문입니다." 래리는 서로에 대한 수용이 관계를 더 돈독하게 해 준다고 말했다. 로라도 "그는 항상 거기 있습니다. 항상 내 모습 그대로 받아들여 줍니다."라고 동의하였다.

다음으로, 이 강점의 가치에 대하여 문헌에서는 어떻게 이야기하고 있는지 논의해 보자

로라와 래리가 소중히 여기는 이러한 뼛속 깊은 수용의 형태는 그들의 결혼생활 항로에 아주 중요한 역할을 할 것이다. 부부에 관한 최신 연구들에서 '수용'이 부부의 건강한 관계 기능에 결정적인 역할을 한다는 점을 밝혀냈다. 모든 사람은 자신과 가장 가까운 사람이 자신을 있는 그대로 수용해 주길 바란다. 그리고 서로 간에 수용받고 있다고 느낄 때 더 큰 안정감, 친밀감, 개방성을 경험하게 된다. 서로가 이상적으로 여기는 부분이 다르거나 일치하는데 실패하는 것은 불가피한 영역이다. 이러한 영역에서 계속 발버둥치기보다는 행운으로 받아들이는 부부들이 훨씬 더 만족스럽고 안정된 관계를 유지한다.

강점 8: 우리는 매일 서로에게 애정을 표현한다.

먼저, 부부가 발견한 그들의 강점을 기술해 보자

부부로서 최대의 강점이 무엇인지 질문을 받았을 때, 다라는 매일 서로 하는 다정한 신체적 스킨십을 떠올렸다. 로버트는 '얼마나 다라가 사랑받고 감사한 존재인지 의미 있는 방식으로 전달해 주는 것'이 아주 중요하다고 이야기했다. 다라도 이 점을 굉장히 가치 있게 여기고 있다고 말했다. "서로 보살피며, 표현하는 것입니다." 로버트와 다라는 서로의 사랑에 대하여 의구심을 품지 않으며, 변함없는 애정에 대한 확신은 안전감의 토대가 되어 준다.

다음으로, 이 강점의 가치에 대하여 문헌에서는 어떻게 이야기하고 있는지 논의해 보자

부부 간 애정의 질은 건강한 부부생활을 예측하는 가장 강력한 요소라고 연구 결과는 이야기한다. 상대방에게 꾸준하게 다정한 배우자는 일상생활에서 우여곡절을 겪을 때 더욱 회복력이 있다. 애정은 스트레스의 해독제이며 면역 체계 기능을 강화시키기 때문에 배우자와 다정한 관계를 유지하는 사람은 신체적으로도 더 건강하게 지낼 수 있다.

강점 9: 우리는 각자의 필요와 원하는 바를 명확하고 효과적으로 의사소통한다.

먼저, 부부가 발견한 그들의 강점을 기술해 보자

톰은 부부로서 가장 중요한 강점으로 각자의 욕구와 필요한 사항에 대하여 명확하고 효과적으로 의사소통하는 것을 꼽았다. "당신이 필요한 것과 원하는 것을 이야기할 수 있고, 그것을 당신의 배우자가 들어 준다는 것은 정말로 강점입니다." 그들은 '이야기하기 더 좋은 시간이 올 때까지 논쟁을 보류할 수 있다.'고 말하였다. 제미가 톰의 이야기를 되풀이하여 말했다. "톰은 나의 반석입니다. 우리를 둘로 보지 않습니다. 하나로 봅니다. 서로를 충분히 존중합니다. 단지 이야기만 하는 것이 아니라 서로의 대화에 귀 기울일 수 있습니다."

다음으로, 이 강점의 가치에 대하여 문헌에서는 어떻게 이야기하고 있는지 논의해 보자

갈등 때문에 상담을 원하는 대부분의 부부는 공통적으로 의사소통이 가장 큰 문제라고 지적한다. 대부분의 연구에서 의사소통이 관계 기능의 가장 핵심부에 있다고 이야기한다. 효과적인 의사소통은 중요한 강점이며, 소중히 여기며 정성 들여서 유지시켜 나가야 할 부분이다. 효과적인 의사소통은 지속적이고 전체적인 면에서 보면 몇 가지의 요소로 구성되어 있다. 첫째, 효과적인 말하기인데, 의견이 불일치하거나 서로에 대해 속상한 상황에서도 존중하는 태도로 말하는 것이다. 둘째, 적극적인 경청이다. 단지 완벽한 주의를 기울이며 듣는 것뿐만 아니라, 당신이 배우자의 이야기를 전적으로 집중하며 듣고, 상대방을 완벽하게 이해했다고 가정하지 않으면서 호기심을 가지고 확인하려는 면에서 오는 이점을 살린다. 끝으로, 효과적인 의사소통은 서로에 대한 공감과 진솔한 연민을 필요로 한다. 무심하게 거리를 두고 지적인 측면으로만 상대방을 이해하려 해서는 안 된다. 서로 함께 공감하며 느낌을 나누며 그게 상대방에게 어떠한 의미인지 깊이 이해할 수 있어야 한다.

먼저, 부부가 발견한 그들의 강점을 기술해 보자

크리스와 제니퍼는 서로 가장 친한 친구라는 것이 최고의 강점이라고 보았다. 그들이 방문을 통해서 이야기하는 것을 통해 확인해 보았을 때 그 점은 분명하였다. 그들은 서로를 지극히 잘 알고 있었다. 제니퍼는 그들의 관계가 좋은 친구로 시작했다고 하였다. 그녀는 서로가 좋은 대화를 나누며 같은 것에 흥미를 느끼며 관심사가 같고, 동일한 일에 관해서는 냉소적인 태도를 보일 수도 있었다. 크리스는 이 점에 동의하였고, 덧붙이면서 그녀와는 거의 모든 것에 대하여 옳고 그름의 판단과 서로가 마땅히 어떻게 대해야 하는지에 관한 부분도 일치한다고 하였다. 그들은 전체적으로 서로에게 친절하였고, 그들의 아들도 그러한 친절한 행동을 배우고 있다. 제니퍼는 "당신이 살고 있는 곳에서 당신에게 친절한 사람들을 당신이 좋아하지 않는다면, 당신의 피난처는 어디일까요?"라고 말했다.

다음으로, 이 강점의 가치에 대하여 문헌에서는 어떻게 이야기하고 있는지 논의해 보자

부부에 관한 연구 결과들은 부부 사이 우정의 질은 관계의 장기적인 건강과 행복을 예측하는 가장 강력한 예측인자라고 보고 있다. 서로에게 좋은 친구가 되어 주는 배우자는 일상의 우여곡절 속에서도 더욱 탄력성을 보여 준다. 부부간 우정의 질은 어쩌면 건강한 결혼생활의 토대이면서도 가장 기본적 부분이 된다. 알다시피, 모든 부부가 서로 친구처럼 좋은 관계를 갖고 있다고 말하지 않는다. 때문에 당신의 우정의 질은 당연한 것으로 생각할 것이 아니다. 이러한 강점을 인식하고 기념하는 것이 굉장히 중요하며, 두 사람은 결혼생활의 토대로서 이처럼 강력한 우정을 지니고 있다는 점을 행운으로 여겨야 할 것이다.

강점 11: 각자가 가장 중요하다고 생각하는 부분을 적극적으로 지지하고 지원한다.

먼저, 부부가 발견한 그들의 강점을 기술해 보자

디에나는 석사 학위 공부를 이어 가고 있었고, 토니는 그녀의 개인적인 커리어에 대한 열망에 대하여 전적으로 지지하였다. 토니는 "그건 그녀의 개인적인 목표입니다. 그 점에 대하여 지지해 왔습니다."라고 설명하였다. 토니는 디에나도 토니 자신이 흥미가 생겨서 새로 시작한 부업에 대하여 전적으로 지지해 준다고 말하였다. 디에나도 이 점에 동의하였다. 비록 토니가 부업을 갖게 되어 자신이 좀 더 집에서 딸과 시간을 보내야 하며, 이 점은 본인을 피곤하게 만들 수 있겠지만, 여전히 토니가 자신의 포부를 성취하길 원하고 있다. 분명 토니와 디에나는 깊이 감사하며 서로의 지지에 대하여 소중히 여기고 있다.

다음으로, 이 강점의 가치에 대하여 문헌에서는 어떻게 이야기하고 있는지 논의해 보자

나는 이러한 유형의 지지를 자율성 지지라고 이야기하는데, 이는 인간의 가장 기본적인 심리적 욕구 중의 하나라고 생각한다. 자율성은 친밀감의 욕구와 직접적인 관계를 보이고, 진심 어린 친밀한 관계의 복잡 미묘한 면을 반영해 준다. 강하고 건강한 관계에는 상호 의존하는 공유된 삶과 서로 구별되는 복잡한 개인의 독립성이 함께 존재한다. 건강한 관계는 이러한 분리할 수 없는 두 가지 관계의 질적 측면에 대하여 서로 인정하고 존중해야 한다. 배우자에게 가장 중요한 것을 발견하고 그것을 열정적으로 지원할 수 있는 부부들은 그들의 삶과 관계에서 더 건강하고 행복하게 지낸다. 이는 굉장한 강점이다. 배우자가 시간을 들이는 것을 허용하는 것이 쉽지 않을 수 있겠으나, 이것을 의도적으로 유지하는 것이 아주 중요하다. 이는 격려받아야 하고 축하받아야 하며 당연히 감사해야 할 강점이다.

강점 12: 모든 부부는 해결할 수 없는 이슈들이 있다. 우리는 그 이슈들을 다룰 때 관계가 안전하다고 느껴지는 방식으로 다룬다.

먼저, 부부가 발견한 그들의 강점을 기술해 보자

잭은 이렇게 이야기했다. "나는 한 걸음 물러서서 그녀가 감정을 표현할 수 있도록 합니다. 그녀는 곧 차분해지고, 나는 그녀에게 이야기할 수 있게 됩니다. 왜냐하면 나의 목표는 그녀를 행복하게 해 주는 것이기 때문입니다." 잭은 "서로의 옳은 점, 틀린 점들을 좀 더 수용할 때, 우리가 점차 더 성장하는 것 같다고 생각합니다."라고 말하면서, 서로 사이에 풀리지 않을 것처럼 보이는 이슈들을 더 많은 포용심을 가지고 효과적으로 다룬다고 하였다.

다음으로, 이 강점의 가치에 대하여 문헌에서는 어떻게 이야기하고 있는지 논의해 보자.

장기적인 결혼생활에 관한 최신 연구들에서 가장 중요하게 생각하는 주제 중 하나가 바로 모든 부부는 적어도 몇 가지 풀리지 않는 문제점들을 가지고 있다는 점이며, 이는 결혼의 제일 초창기부터 제일 마지막까지 결혼생활의 한 부분으로 내재화되어 있다. 결혼생활은 서로 다른 복잡한 개인들이 함께 지내며 강렬하고 장기적으로 친밀한 관계를 형성하게 되는 것이기 때문에 이런 현상은 일리가 있다. 결혼생활에서는 장기적으로 친밀한 관계를 유지하게 되는데 몇 가지 부분에 대해서는 끊임없이 마찰을 겪으며 쉬운 해결책을 절대 받아들이지 않고 저항하기도 한다. 대부분의 부부는 쉽게 해결되는 이슈들은 관계의 초기에 모두 마무리 짓게 되며, 조금 더 어렵지만 해결 가능한 문제들은 시간을 두고 조금 더 노력하고 마음을 쓴다. 결국엔 진정으로 해결책이 없는 몇 가지 이슈만 남게 된다. 나는 이를 진퇴양난의 영구적 문제라고 부르는데, 이는 정상적일 뿐만 아니라 장기적인 관계 속에서는 피할 수 없다. 무엇이 불행한 부부와 행복한 부부를 구별 짓는가 하면, 이러한 영구적인 문제가 있고 없고가 아니라 이러한 문제를 배우자와 어떻게 다정하고 완만하게 다루는지이다. 좌절과 무망감에 압도되며 이러한 영구적인 문제를 공격하는 부부들은 시간이 흐를수록 건강치 못한 상태가 된다. 영구적인 이슈에 대하여 마음을 터놓고 친절과 유머로 임하는 배우자는 그들의 친밀한 관계를 유지하게 되며, 관계에서 불가피한 마찰을 다루기 위한 여유 공간을 마련해 놓는다. 만약 이러한 유형의 품위와 유머가 당신 관계에서의 강점이라면, 자랑으로 여기고 감사해야 한다.

강점 13: 우리 둘은 결혼생활을 최우선 순위에 두고 있다.

먼저, 부부가 발견한 그들의 강점을 기술해 보자

줄리아는 그들의 결혼생활을 최우선 순위에 두고 있는 점을 가장 중요한 강점으로 골랐다. 그녀는 그들의 관계가 건강하게 유지되어야 할 필요가 있음을 절감하고 있다. 그래서 그녀와 데이브는 주중에도 서로 함께 시간을 보내기 위해 적극적으로 노력한다. 예를 들면, 그들은 토요일 오후 5시에 저녁

데이트를 한다고 하였다. 데이브는 줄리아가 시간대를 잘 조정하는 능력이 있고, 그뿐만 아니라 그렇게 정해진 시간대에 무엇을 할지 결정하는 것은 자유재량에 맡기는 점에 대해서도 고마워하고 있었다고 말했다. 그는 서로 함께 보내는 시간을 갖는 것 자체가 가장 중요하다고 하였다.

다음으로, 이 강점의 가치에 대하여 문헌에서는 어떻게 이야기하고 있는지 논의해 보자

- 부부 연구들의 결과를 보면, 결혼생활에 대하여 함께 헌신하는 것과 결혼 건강과 안정성 간에 강력한 연관성이 있음이 지속적으로 보고되고 있다. 결혼생활을 우선순위에 두기 위해 헌신하는 것은, 배우자가 결혼 관계의 건강을 적극적으로 돌볼 수 있도록 해 주며, 어려운 시간을 훨씬 더 수월하게 넘길 수 있게 해 주는 결혼의 질적인 요소라고 한다. 결혼생활을 가장 중요한 우선순위에 두는 가치를 공유하는 것은 결혼생활의 기초 토대가 되는 강점이다. 이처럼 공유된 가치 체계는 서로의 관계에 대하여 바라보고 이야기하는 공통된 방법을 마련해 준다. 그리고 이는 의사소통 스타일에서의 차이와 다른 이슈들 간에 교량 역할을 하는 잠재력으로 발휘된다.
- 관계를 우선순위에 두는 것은 건강한 결혼생활을 위한 가장 기본적인 구성 요소이다. 결혼생활이 살아 있는 생명체와 같아서 정기적인 돌봄과 보살핌이 필요하다는 점은 갈수록 분명해지고 있다. 아마 서로에게 사랑하는 마음으로 주의를 기울이며 시간을 함께 보내는 것이 바로 정기적인 돌봄과 보살핌의 가장 기초적인 형태일 것이다. 서로의 관계를 우선순위에 두는 것이 얼마나 중요한 점인지는 더 강조할 필요가 없을 정도이다.

강점 14: 우리는 자녀 양육에 있어 좋은 팀이다.

먼저, 부부가 발견한 그들의 강점을 기술해 보자

벤과 신디 사이에 주목할 만한 또 다른 강점은 효과적으로 부모 역할을 하는 데 같이 능력을 최대한 발휘할 수 있다는 점이다. 서로 협력하며 딸을 양육하는 동안 아이를 돌보는 것에 관한 일치점을 발견하였다. 신디는 다음과 같이 이야기하였다. "제 딸이 어떻게 자라야 하는지에 대해 우리는 의견이 일치하였습니다. 우리는 훈육 방법이 비슷합니다. 우리가 서로 논쟁할 필요가 없었기 때문에 이 점은 매우 효과적이었습니다." 자녀 양육에서의 결속력은 그들 부부 관계뿐 아니라 딸의 건강에도 도움이 된다는 점을 신디는 알고 있었다. "우리는 딸을 동일하게 훈육합니다. 아빠가 엄마보다 더 딱딱하게 훈육하거나 혹은 그 반대로 대하거나 하지 않습니다." 이러한 강점은 자녀를 돌보며 자연스럽게 협력해 온 벤과 신디 부부에게는 매우 쉽게 찾아 온 것처럼 보인다.

다음으로, 이 강점의 가치에 대하여 문헌에서는 어떻게 이야기하고 있는지 논의해 보자

부부의 친밀한 관계의 질과 그들의 공동 육아의 질은 관련은 있지만, 정확히 일치하는 현상은 아니다. 공동 육아, 즉 아이를 함께 돌보는 것은 아마도 현대 결혼생활에서 가장 도전적인 부분이 아닌가 싶다. 반복해서 보고되는 연구 결과를 보면, 대부분의 부부는 부모가 되면 결혼 만족도가 낮아지는 것을 예상할 수 있다. 이와 동시에, 부모가 되면 서로 간에 유대감은 더 강해지는 점을 발견할 수 있다. 때문에 비록 부모로서 많은 시간과 자원이 요구되는 점에 대해서는 신체적으로, 정서적으로, 결혼생활 건강의 측면에서 스트레스를 받을 수 있으나, 부부는 대개 더 큰 유대감과 공통의 목표의식에 몰두하게 된다. 건강한 공동 육아는 결혼생활 건강과 자녀의 건강 모두에 도움이 된다는 점이 계속해서 연구를 통해 밝혀지고 있다. 건강한 공동 육아는 다음의 여러 구성 요소를 포괄하고 있다. ① 아이 돌보는 일을 서로가 공평하게 느낄 만큼 분할하는 것(비록 완벽하게 분할되지는 않을지라도), ② "우리는 이 일을 공동으로 하고 있어."라는 것을 서로 나누고 있는 느낌, 즉 연대감과 지지, ③ 배우자를 부모로서 인정하는 것에 대한 긍정적인 견해, ④ 아이와 공평하게 시간을 보내는 것, 즉 서로가 모두 적극적으로 육아에 참여하고 있다는 느낌. 친구나 가족을 통해 지켜봐서 알겠지만, 부부가 자녀를 양육하며 서로 좋은 팀이 된다는 점은 모든 부부가 누리는 강점은 아니다. 만약 공동 육아가 결혼생활의 강점이라면 분명 감사하고 축하받아야 할 것이다.

강점 15: 우리는 각자의 삶에서 생긴 스트레스에 대하여 서로 지지적인 방법으로 대화를 나눈다.

먼저, 부부가 발견한 그들의 강점을 기술해 보자

엘렌이 폴과의 결혼생활에 있어 가장 주요한 강점으로 언급한 점은 둘 중에 한 명이 개인적으로 힘든 시간을 보낼 때 서로를 아주 많이 지지한다는 것이었다. 그녀는 "저는 매우 예민합니다. 때문에 누군가를 필요로 할 때가 있습니다. 그는 그 점을 굉장히 잘합니다. 제가 쉽게 울기 때문입니다. 저를 돌보아 줄 누군가가 없다면 어떻게 행동해야 할지 모르겠습니다."라고 말했다. 이에 대해 폴은 "우리는 서로 필요로 할 때 서로의 필요가 무엇인지 알아차리는 좋은 감각을 지니고 있습니다. 서로 함께 오래 지내왔기 때문에 그런 것

같습니다. 이 점이 처음 시작할 때부터 우리를 이끌어 온 것 같습니다."라고 말했다.

다음으로, 이 강점의 가치에 대하여 문헌에서는 어떻게 이야기하고 있는지 논의해 보자

- 연구자들은 이러한 형태의 정서적 지지는 친밀한 관계가 제공해 주는 가장 중요한 기능 중 하나이며, 신체와 정신건강에 긍정적인 토대가 된다고 이야기 한다. 폴과 엘렌이 보여 준 건강한 결혼생활을 보면 알 수 있다.
- 서로에게 사회적으로 지지를 제공하는 것에 능숙한 부부는 그렇지 못한 부부에 비해 더욱 건강하며 행복하다고 한다. 사실, 사회적 지지에 관한 기술은 문제 해결 능력과 더불어 최상의 결혼생활 건강을 유지하는 데 매우 중요한 것으로 나타난다. 정서적인 지지를 제공하는 것과 문제를 해결해 주는 것 간의 차이를 쉽게 구별할 수 있는 배우자는 많지 않다. 주로, 한 사람이 정서적인 지지를 원하는 반면에 상대방은 그나 그녀의 문제를 해결하려 하여 좌절감을 느낀다. 만약 서로 강한 정서적인 지지를 주고받으며 행복한 관계를 유지하고 있다면, 모든 부부가 지니지 않은 귀한 강점을 보유하고 있는 것이다.

강점 16: 우리는 우리 관계에 매우 헌신적이다.

먼저, 부부가 발견한 그들의 강점을 기술해 보자

애나벨라와 앨런은 서로 결혼생활에 대하여 굉장히 헌신적이다. 부부로서 어떠한 난관에 부딪혀도 동반자와 팀 동료처럼 진심으로 연결되어 있다. 앨

런은 가족을 지원하는 데 도움이 되는 일이라면 긴 노동 시간으로 개인적으로 부담이 될 수 있는 일을 포함하여 어떠한 일이라도 할 용의가 있다. 애나벨라는 가족들의 좋은 시간을 보장하기 위해서 근검절약하며 휴가 계획을 착실히 세운다.

다음으로, 이 강점의 가치에 대하여 문헌에서는 어떻게 이야기하고 있는지 논의해 보자.

- 부부 연구의 결과들에서는 서로 공유하는 헌신과 결혼생활의 건강과 안정성 간에 강력한 상관관계가 있음을 일관되게 보여 주고 있다. 헌신하는 것은 배우자가 결혼 관계의 건강을 적극적으로 돌볼 수 있도록 해 주며 어려운 시간을 훨씬 더 수월하게 넘길 수 있게 해 주는 것으로 나타난다.
- 연구를 통하여 진정한 헌신이란 최소한 두 가지 광범위한 요소로 이루어져 있음을 이야기한다. 전념하는 헌신은 서로 공유하는 상호 연계성으로부터 나온다. 제한된 헌신은 목표와 가치에 대하여 투자를 공유하는 것을 인식하는 것에서부터 나온다. 이러한 두 가지 헌신의 요소는 서로를 떠받친다. 더 커다란 진정한 상호 연계성의 느낌이 사람들을 진솔하게 함으로써 결혼생활과 자녀 양육과 같은 부분에 결과적으로 헌신할 수 있도록 돕는다. 결국 목표와 가치에 대한 공통된 노력을 기울이는 것은 진정한 상호 연계성의 느낌을 가져다 주는 면이 있다.

Chapter 10

커플 체크업 연구의 결과 및 미래 연구 방향

이 장에서 나는 우리 연구 팀과 내가 결혼 체크업(MC)에 관하여 진행해 온 실증적인 연구들을 간단하게 개관하려고 한다. 우리는 초기 개념증명 실험과 통제된 예비연구를 끝마쳤다. 이 책의 마지막 장을 쓰는 이 시점에, 우리는 국립아동보건인간개발연구소(National Institute of Child Health and Human Development: NICHD)의 지원을 받아 6년간 215쌍을 대상으로 진행된 무선할당 임상실험을 막 끝마쳤다. 치료에 참여한 모든 부부는 2년간 연례적인 MC를 받았고, 이후 2년간 경과를 추적하였다. 녹스빌에 위치한 테네시 대학교의 Kristi Coop Gordon 박사와 함께, 우리는 아동 및 가족 관리부의 지원을 받아 서비스를 충분히 받지 못하는 부부들을 위하여 MC를 1차 의료 환경에서 제공하고 그 효과를 검증하기 위한 작업에 착수하였다.

커플 체크업에 관한 예비연구

우리는 최근 종료된 무작위 대조군을 활용한 통제된 실험에 앞서, 종단적 추적연구를 포함한 두 가지 탐색적 연구를 수행하였다(Cordova, Scott, et al., 2005; Cordova, Warren, & Gee, 2001; Gee, Scott, Castellani, & Cordova, 2002). 첫 번째 연구(Cordova et al., 2001)는 다음의 내용들을 확인해 보기 위한 비교 연구로 설계되었다. ① MC가 위험에 처한(at-risk) 부부의 관심을 갖게 하는지 여부, ② 치료 순응도, ③ 치료 안전성. Gee와 동료들(2002)은 최초 참여자를 대상으로 검진을 받은 지 2년 후 추적연구를 진행하였다. 두 번째 연구(Cordova, Scott, et al., 2005)는 통제집단이 없는 상태에서 실시된 무작위 배정의 임상실험이었다. 예비연구의 결과들은 다음의 MC의 네 가지 주목표에 따라 정리되어 있다. 이러한 연구에 참여하기 위해서는 부부는 반드시 혼인 상태로 동거 중이어야 한다. 동성 부부는 최근 매사추세츠에서 진행된 최대 규모 연구에서는 포함되었으나, 그 이전 일리노이에서 수행되었던 예비연구들에는 포함되지 않았다. 우리의 가장 최신 실험 결과가 각각 제시되어 있다.

조기 식별과 개입 성공하기

초창기 예비연구는 정보 제공적인 검진이 부부들 중 높은 비율을 차지하는 치료 회피적이고, 위험 단계에 있는 부부들의 관심을 얻어 내서 예방적인 개입으로 활용하기에 유용할 것이라는 가정을 확인하기 위한 목적으로 수행되었다. 위험 단계에 있지만 아직 스스로 보기에 갈등 상태에 있지 않다고 평가하는 부부들의 마음을 끌어당기기 위해, 고통을 받고 있다고 보고하는 배우자들의 참여를 제한하지 않았다. 우리는 관계 건강 검진에 관심을 보이는 모든 부부를 대상으로 연구 참여자를 모집하였기 때문에, 이전에 예방적인 목적으로 수행된 연구들에서처럼 건강한 부부들만 지원하는 것으로 끝나게 될 위험을 지니고 있었다. 즉, 모집된 피험자가 모두 저위험군 부부로 구성될 가능성이 있었다. 때문에 이러한 연구들에서, 우리는 전반적 결혼불만족도 척도(Global Distress Scale: GDS) 결과를 기준으로, 최소한 배우자 한 사람 점수가 중간 정도에서 고도의 고통 수준(T점수로 50점 이상)이라고 보고한 경우 또는 결혼만족도 검사 개정판(Marital Satisfaction Inventory, Revised(MSI-R; Synder & Aikman, 1999) 결과상 하위척도에서 심각한 고통의 범주(T점수로 60 이상)로 상승한 척도가 하나라도 있을 경우 위험군 부부라고 조작적으로 정의하였다. 이렇게 정의함으로써, ① 전반적으로 심각하게 고통받고 있거나, ② 전반적으로 중등도 수준으로 고통받고 있거나, ③ 전반적으로는 만족하지만 관계 중 최소 한 가지 영역에서 심각하게 고통받고 있는 배우자를 포함시켰다.

첫 번째 예비연구(Cordova et al., 2001)는 스스로 MC에 찾아온 부부 중 61%(n=19)가 위험군으로 분류되었다. 위험군으로 분류한 인원 중 71%는 GDS에서 심각한 고통 수준을 충족시키지 않았다. 추후에, 우리가 기본적인 연구 목적으로 대조군으로 모집된 부부들에서는 27%(n=10)만 위험군으로 분류되었다.

두 번째 예비연구(Cordova, Scott, et al., 2005)에서는 스스로 찾아온 부부 중 77%(n=57)가 위험군으로 분류되었다. 위험군 중 56%(n=32)는 GDS 결과상 심각한 고통 수준 기준에 충족되지 않았다. 따라서 두 번의 예비연구를 기준으로 MC에 참여한 부부 중 상당한 비율이 지속적인 관계 악화 가능성이 있는 위험군의 기준으로 분류되었다.

위험군 부부에 대한 조작적 정의의 타당성을 검토하기 위해, 두 번째 예비연구에 참여한 위험군 집단의 MSI-R 평균점수를 Snyder(1997)가 보고한 100명의 치료를 받기 위해 방문한 부부와 154명의 일반 지역사회 부부의 점수와 비교해 보았다. 결과는 관계 기능의 악화 측면에서, 위험군의 점수는 평균적인 지역사회 부부의 점수와 치료를 위해 방문한 부부의 점수 사이에 있을 것이라 가정하였다. T검증 결과 우리의 위험군 표집집단의 평균 GDS 점수는 Snyder의 치료군 표집집단의 점수보다 유의하게 낮았으며, 지역사회 표집집단의 점수보다는 유의하게 높았다. 거의 모든 MSI-R의 하위척도에서도 유사한 패턴이 나타났다.

이러한 분석자료를 통해 전체 집단 중 결혼생활이 악화되어 갈 가능성이 있는 위험군 부부라는 것이 존재하며, 이들은 MC를 찾고 참여할 것이라 예상할 수 있다. 다시금, 위험군 부부는 이론적으로 건강한 관계 만족을 보이는 단계와 치료를 받고자 하는 동기를 갖거나 혹은 이혼을 고려할 정도로 결혼생활에서 괴로움을 겪고 있는 사이의 중간 단계에 위치해 있다. 이러한 연구결과들은 이미 결혼한 사람들 중에 위험군 부부가 존재하며 이들을 선별적인 개입의 대상으로 모집할 수 있다는 점을 최초로 제안하고 있다.

관계 건강을 저해하는 증상들을 즉각적으로 완화시키기

첫 번째 MC 연구는 치료의 안전성에 관한 질문에 답하는 데 초점을 맞추었다(Cordova et al., 2001). 때문에 결혼생활 불만족이 관심 있는 변수였다. 본 연구에서, MC에 참여한 남편과 부인의 결혼 만족도 점수는 사전-사후를 기준으로 각각 유의하게 향상되었다(아내: $t(30)=3.78$, $p<.001$; 남편: $t(30)=2.87$, $p<.01$). 추가적으로 GDS 점수는 한 달 후 추적했던 시점을 기준으로 더 악

화되지 않았다.

두 번째로 수행된 무선연구(Cordova, Scott, et al., 2005)의 목표는 통제 조건에 대비하여 MC의 효과를 비교하는 것이었다. 결혼생활 만족도와 더불어 친밀감, 협력/수용, 변화에 대한 동기 등 변화를 가져오는 이론적인 기제들을 평가하였다.

결혼 불만족도, 친밀감, 수용, 변화에 대한 동기를 종속변수로 하여 대조군과 실험군의 사전-사후 개입 변화 정도를 확인하기 대한 일련의 혼합설계 분산분석을 수행하였다. 치료 여부(MC vs. 대조군)가 피험자 간 요인, 시간 변화(사전 vs. 사후 개입)가 피험자 내 요인이었다. 이러한 분석에서 관심의 대상은 치료 여부와 시간 변화(Treatment × Time) 간 상호작용 효과이다. 유의한 상호작용이 있었다는 의미는 사전 대비 사후의 점수가 치료 여부에 따라 유의하게 차이가 난다는 뜻이다. 분석 결과 결혼 불만족도, 친밀감, 수용 그리고 관계의 질을 향상시키기 위해 직접적인 행동을 취하고자 하는 동기 변수들에서 치료 여부와 시간 변화 간 유의한 상호작용 효과가 관찰되었다(〈표 10-1〉 참조). 각 변수들에서 대조군에 비해 MC 집단에서 점수의 긍정적인 변화가 더 큰 것으로 나타났으며, 이는 MC가 상대적으로 다른 통제 조건에 비해 더 효과적임을 입증한 예비적인 근거가 되었다.

이처럼, 초기 예비연구들을 통해 MC에 참여하는 것이 효과적인 결혼 건강 행동을 추구하는 것을 해치는 여러 고통의 증상을 즉각적으로 완화해 주는 것을 확인할 수 있었다. 또한 친밀감, 수용, 그리고 행동이 치료 효과에 대한 매개변인으로 나타났으며, 두 번째 예비연구를 통하여 MC가 통제 조건에 비해 사전-사후에 더 큰 효과가 있음을 밝혀냈다.

〈표 10-1〉 **MC와 통제집단 간 주요 결과 분석: 관계 고통감, 친밀감, 수용 및 변화에 대한 동기**

측정	MC			통제집단			개입 X 시점	
	n	M	SD	n	M	SD	F(df), p	ηP2
					고통감			
사전	39	54.1	8.1	35	51.3	7.8		
사후	39	51.7	8.3	35	50.3	7.4	F(1,72)=4.24*	.06
					친밀감			
사전	38	3.0	0.5	31	3.1	0.4		
사후	38	3.1	0.5	31	2.8	0.7	F(1,67)=21.6***	.24
					수용			
사전	37	19.2	9.8	29	12.3	5.6		
사후	37	15.0	8.3	29	11.8	6.5	F(1,64)=9.40**	.13
					행동			
사전	37	3.3	0.7	27	3.3	0.6		
사후	37	3.7	0.7	27	3.4	0.6	F(1,64)=9.62**	.13

주:수용의 경우 점수가 낮을수록 배우자의 수용정도가 더 큰 것을 의미함. 부분적인 에타제곱(ηP^2)은 효과에 기인하는 효과 + 오차의 비율과 동일한 측정치임. MC=Marriage Checkup.
* p<.05. ** p<.01. *** p<.001.

출처: Cordova, J. V., Scott, R. L., Dorian, M., Mirgain, S., Yaeger, D., & Groot, A. (2005). The marriage checkup: A motivational interviewing approach to the promotion of marital health with couples at-risk for relationship deterioration. *Behavior Therapy, 36*, 307. Copyright 2005 by Elsevier. 허락하에 재인쇄함.

적절한 도움 추구 행동을 위한 동기부여

MC는 전반에 걸쳐 적절한 관계 건강 행동을 선택하기 위한 동기부여의 목적으로 설계되었다. 그 행동들에는 집에서 배우자가 관여할 수 있는 일상적 행동에서부터 전문적 도움을 찾는 것까지를 포괄한다. 건강 행동 중 가장 커다란 장벽인, 전문가에게 도움을 요청하는 것에 관하여 2년간의 추적조사를 바탕으로 최초로 연구하였다(Gee et al., 2002). 의뢰는 본 연구자와 상의하여 치료자의 판단에 기초하여 이루어졌다. 치료자는 총 29부부 중 12부부(41%)에게 의뢰를 제안하였다. 일곱 부부에게는 부부치료를, 다섯 부부에게는 개별 평가를 제안하였다.

두 번째 연구(Cordova, Scott, et al., 2005)에서는, 치료를 추천하였거나 또는 특정한 그들의 이슈에 따라 다른 형태의 개입을 추천해 주었다. GDS 점수는 치료를 추천받은 남편(M=60.5, SD=10.2)이 그렇지 않은 남편의 점수(M=48.8, SD=7.7)보다 훨씬 더 높았다[$t(27)=-3.5$, $p<.01$]. 또한 치료를 추천받은 아내의 GDS 점수(M=61.3, SD=9.9)도 그렇지 않은 아내의 점수(M=50.5, SD=8.6)보다 훨씬 더 높았다[$t(27)=-3.1$, $p<.01$]. 이와 같이 치료 권고를 결정하는 데 부부의 고통감 수준이 결정적인 역할을 하였다.

추적연구에서 수집된 24쌍의 부부의 자료를 보면, 2년간 추적조사를 통해 29%(일곱 쌍)가 치료에 찾아왔으며, 그중 71%의 남편과 86%의 아내가 이전에 치료 권고를 받았었다. 치료 권고를 받은 부부 중(24쌍 중 11쌍), 남편의 45%, 아내의 60%가 치료에 찾아왔다. 치료 권고를 받지 않는 배우자들 중에서는 15%의 남편과 7%의 아내만 치료를 받았다. 일반적으로, 남편보다는 아내들이 구체적인 치료 권고를 따른다(40% vs. 18%). 회귀분석 결과를 보면 아내의 경우 치료 권고를 받는 것이 이후에 치료에 방문하는 것을 유의하게 예측하는 것으로 나타났으나, 남편의 경우에는 그렇지 않았다($\beta=.53$, $p<.01$; $\beta=.33$, $p=.12$, 각각 $n=24$).

이러한 초기 추적조사 데이터는 표본 크기가 상대적으로 작기 때문에 주의해서 해석해야 한다. 하지만 최초의 예비연구 결과와 함께 MC에 참여하는 것이 이후에 치료를 알아보는 것을 촉진한다는 예비적인 근거를 제공하였다. 우리의 최신 연구 결과는 부부들이 MC 이후 도움 추구 행동을 하는 것에 관하여 다음에 정리해 놓은 것과 같이 상당히 많은 정보를 제공해 준다(Fleming & Cordova, 2012).

관계 악화와 이혼을 예방하기

첫 번째 사전조사를 통해 실시된 2년의 추적연구는 MC가 장기적으로 효과가 있을 가능성에 대한 예비적인 근거를 제공해 주었다(Gee et al., 2002). 개입 전 결혼 만족도 점수를 MC 참여 2년 후 추적조사 시 수집된 결혼 만족도 점수와 비교해 본 결과, 개입을 통하여 사전에서 사후 개입 간 변화했던 점수는 시간이 지나도 유사하게 유지되는 것으로 나타났으며, 이는 아내와 남편 모두에서 관찰되었다[$t(23)=-3.59$, $p<01$; $t(23)=-2.50$, $p<.50$].

두 번째로 수행된 장기적인 추적조사 결과는 MC가 결혼생활 건강에 부정적 영향을 주는 요인들을 예방하는 능력이 있을 것이라는 초기 가설을 지지해 준다. 예를 들면, MC 부부는 친밀감, 수용, 행동에 옮기고자 하는 동기 등의 점수에서 초기의 향상이 있었으며, 이는 6개월 이후 추적 피드백, 6개월에서 12개월 이후 추적조사에서 안정적으로 유지되었으며, 또한 부부들은 실행 가능한 관계의 이슈들에 대한 자각을 갖게 되었다.

반면, 통제집단 부부들의 추적조사 시 측정한 자료의 분석 결과, 아내가 남편을 수용하는 면이 감소되었으며, 실행 가능한 이슈들에 대한 인식이 줄어드는 등 6개월 추적조사 동안 더욱 악화된 것으로 나타났다. 이처럼, MC 부부에서는 향상된 영역들이 통제집단 부부에서는 악화된 것을 볼 수 있다.

반등 효과

통제집단 부부에서 사전 대비 사후에 악화되었던 친밀감이 6개월 후 다시 높아지는 것으로 나타났다. 이 점은 최초의 악화가 일시적이었거나 혹은 통제집단 부부의 친밀감 악화가 추적조사 결과 시에는 조금 더 적어진 것을 의미할 수 있다. MC 부부의 경우에는, 향상된 점수가 유지되고 있으면서 관계 고통감이 작은 효과 크기이지만 약간 다시 높아진 것을 보이고 있다(〈표 10-2〉 참조).

〈표 10-2〉 **결과변수의 평균과 표준편차의 집단 내 비교: 피드백 시점, 6개월, 6~12개월 추적조사 결과**

측정	피드백 (n=22/25)		6개월 (n=22/25)		d d	6개월 (n=16/14)		12개월 (n=16/14)		d
	M	*SD*	*M*	*SD*		*M*	*SD*	*M*	*SD*	
					고통감					
MC	49.7	8.9	51.6	8.7	0.22	52.1	9.2	52.0	9.1	
통제집단	48.8	7.3	48.6	7.3		47.2	7.7	47.2	7.8	
					친밀감					
MC	3.1	0.5	3.1	0.7		2.9	0.7	3.0	0.6	
통제집단	2.8	0.6	3.2	0.4	0.80	3.2	0.4	3.2	0.4	
					수용					
MC	14.7	9.4	16.3	11.0		17.0	13.6	11.4	8.7	.50
통제집단	12.2	7.0	15.5	10.9	0.37	13.3	10.7	11.3	8.5	
					행동					
MC	3.7	0.5	3.4	0.7		3.3	0.8	3.4	0.6	
통제집단	3.4	0.6	3.4	0.6		3.5	0.6	3.2	0.6	

주: 사례 수(n)는 '/'(사선 또는 슬래시) 앞은 MC 표본, 뒤는 통제집단 표본임. 비교한 두 시점 모두에서 자료가 있는 경우 평균을 제시함. 피드백 시점과 6개월 추적 시점 간 비교 또는 6개월 추적과 16개월 추적 시점 간 비교 결과, 다른 첨자열에 적힌 평균은 유의하게 차이남. 수용의 경우 점수가 낮을수록 배우자의 수용 정도가 더 큰 것을 의미함.

이러한 결과는 우리의 가장 최신 연구에서도 유사하게 나타났다. 친밀감과 관계 만족도는 MC 이후에 어느 정도 다른 궤적을 따르는 것으로 밝혀졌다. 이 장에서 이 점에 대한 좀 더 자세한 내용을 다루도록 하겠다.

본 연구 결과에 따라, 우리는 최신 연구를 다양한 방식으로 강화시켰다. 첫째, 우리는 더 많은 수의 표본을 모집하였다. 둘째, 더 긴 추적조사 기간을 설정하였으며, 지속적인 참여를 최대화하고 중도 탈락을 최소화하기 위한 절차와 자원을 마련하였다. 셋째, 우리는 연례 검진 모형을 더 잘 검증하고 최초 개입의 효과를 강화하기 위해 최초 검진 후 1년 뒤 두 번째 검진을 실시하였다. 끝으로, MC의 참여와 관련되어 변화할 수 있는 내용들에 대한 평가를 강화하기 위하여 광범위하고 다양한 평가 도구를 포함시켰다.

치료 효과에 대한 매개

우리는 친밀감, 동기, 수용의 변화가 치료 참여와 관계 고통감 간의 관계를 매개할 것이라고 가정하였다. 상관관계 결과는 친밀감과 행동에서의 변화 동기가 매개변인으로 작용하는 것을 지지해 주었다. 그리고 Baron과 Kenny(1986)가 제안한 방식대로 회귀분석을 실시하였다. 그 결과, 치료집단과 관계 고통감의 변화 간에 보이던 관련성이 친밀감의 변화를 추가하였을 때 더 이상 유의하지 않게 변하는 것을 확인하였다(직접 효과, β=–.25, p<.05; 간접 효과, β=–.08, ns). 행동에서의 변화 동기는 치료집단과 관계 고통감 변화 간 관련성을 매개하지 않는 것으로 나타났다(직접 효과, β=–.25, p<.05; 간접 효과, β=–.33, p<.05). 대신, 행동에서의 변화 동기와 치료집단은 각각 독립적으로 관계 고통감의 변화를 예측하였다.

매개분석 결과는 변화에 대한 친밀감 이론을 지지하였다(Cordova & Scott,

2001). MC는 배우자의 대인관계적인 취약성을 드러내고 서로를 너그럽고 긍정적인 관계의 방식으로 대할 수 있는 장면을 마련함으로써 친밀감을 배양시킬 수 있을 것으로 평가된다. 최신 연구에서는 변화에 대한 동기와 수용 등 변화의 기제를 계속해서 탐구하고 있다.

커플 체크업 하기 전 관계 건강 추구를 예측하기

지금부터는 우리의 최신 연구에서 밝혀낸 결과를 간단히 요약해 보려 한다. MC를 연례 신체 건강 검진과 동일한 관계 건강에 대한 검진으로 설명하고 있기 때문에, 특히 도움을 찾는 부부들에게 진입 장벽이 더 낮도록 설계하였으며, 이렇게 독특한 상황에서 우리는 도움 추구를 예측하는 요인들을 살펴보고자 하였다(Fleming & Cordova, 2012). 본 연구에서, 우리는 많은 부부가 MC를 찾기 이전에 독서, 인터넷을 통한 정보 검색, 신뢰하는 친구와의 이야기, 치료에 방문하기와 같은 여러 방식으로 도움을 추구해 왔음을 확인하였다.

부부들은 궁극적으로 그들의 고통감에 의해 도움 추구에 대한 동기가 생겨난다고 가정한다. 단, 부부가 도움을 추구할 때 마주하는 상당한 장애물이 고통감보다 훨씬 더 큰 경우는 제외될 수 있다. 관계 건강이 악화되고 있지만 아직은 3차 진료를 받을 만큼 심각하지 않은 부부들의 마음을 매료할 수 있도록 MC는 모든 부부에게 정확하게 매력적일 수 있도록 설계되었다. 이를 고려하여, 첫 번째 가설을 부부들은 관계 고통감에 의해 동기화되어 여러 형태의 도움 추구에 관여할 것이라고 세웠다. 또한 흔히 여성이 관계 웰빙의 바로미터이며(Faulkner, Davey, & Davey, 2005), 여성이 남성보다 훨씬 더 도움 추구를 많이 한다는 근거를 바탕으로(Mackenzie, Gekoski, & Know, 2006;

Ojeda & Bergstresser, 2008), 우리는 여성의 고통감 수준이 그들의 관계 도움 추구를 예측할 뿐만 아니라 남편의 관계 도움 추구도 예측할 것이라 추측하였다.

끝으로, 우리는 도움 추구에 대한 부부의 수준은 개인 수준의 도움 추구에 비해 훨씬 더 복잡할 것이라고 가정하였다. 예를 들어, 개인의 수준에서는 도움 추구에 대한 태도가 실제 도움 추구에 대한 강력한 예측변인이라고 알려져 있다. 하지만 우리는 관계 장면에서는 그러한 관련성이 훨씬 더 약할 것이라고 가정하였다. 왜냐하면 남편들이 치료 추구에 대한 부정적인 태도를 조금 더 많이 갖고 있기 때문에 남자의 경우 태도와 행동 간의 관련성이 훨씬 더 약하게 보고되기 때문이다(Good, Dell, & Mintz, 1989).

MC 프로젝트에 참여한 210쌍의 이성애자 부부의 개입 전 자료를 활용하여 분석해 보았다. 덧붙여, 아내와 남편의 관계 도움 추구에 대한 태도, 관계 고통감 그리고 실제 관계 도움 추구 간의 상관관계를 검토해 보았으며, 각각 구분하여 배우자 본인–상대 배우자 상호의존성 모델(Actor-Partner Interdependence Models: APIM)을 검증하였다. 먼저 관계 도움 추구에 대한 태도와 실제 관계 도움 추구 간의 관련성을 보았다. 다음으로 관계 고통감과 관계 도움 추구 간의 관계를 검증해 보았다.

남편과 아내의 경우 모두에서 관계 도움 추구 태도와 실제 관계 도움 추구 간 상관관계가 없는 것으로 나타났다(상관계수 범위 –.03에서 .13). 배우자 본인–상대 배우자 모델 결과 배우자 본인 효과, 배우자 효과 모두 유의하지 않았다. 이러한 결과들은 태도와 행동 간에 관련성이 존재한다는 이전 문헌들의 결과와 일치하지 않는다. 즉, 남편과 아내의 태도 간에 복잡한 조합이 개인 수준에서는 확실하였던 태도와 행동 간 관련성을 약화시켰다고 볼 수 있다. 때문에 배우자의 관계 도움 추구에 대한 태도가 관계 도움 추구 행동을 예측한다고 이야기할 수 없다. 남성은 보통 도움 추구에 대한 부정적인 견해를 가지고 있어서 실제로도 도움 추구 행동을 잘 하지 않는다. MC를 찾은 부부에서는 이러한 상관관계가 영에 가까워졌다. 즉, 도움 추구에 대한 부정적 견해를 지닌 일부 남편의 경우 그들 생각대로 하도록 남겨졌을 경우보다 오히려 더 도움을 받는 것을 확인할 수 있다. 반대로, 도움 추구에 대한 긍정적 견해를 지닌 아내들의 경우 남편의 견해에 영향을 받아 보통의 상태에 비해 도움 추구가 줄어들 수 있다.

또한 우리는 아내의 관계 고통감의 수준이 그녀 자신과 남편의 관계 도움 추구를 예측하는 것을 확인할 수 있었다. 반면, 남편의 관계 고통감 수준은 본인 또는 아내의 도움 추구를 예측하지 않았다. 이처럼, 연구 결과는 이성애자 부부에 있어서 여성이 관계건강의 바로미터이며 부부 수준의 도움 추구를 예측하는 것은 오직 아내의 결혼 불만족도뿐이라는 가정을 지지하고 있다.

여기에는 몇 가지 함의점이 있다. 첫째로, 우리가 가정했던 바처럼 관계 수준의 도움 추구는 개인 수준의 도움 추구보다 훨씬 더 복잡한 시도라는 점이다. 일반적인 도움 추구 태도는 예측력이 없었던 반면, 아내의 고통감 수준은 예측력이 있었다. 둘째, 아내를 목표로 하는 것이 초기 개입에 부부들을 동기화하기 위한 가장 효과적인 방법이라는 점이다. 아내의 관계 고통감 수준이 증가할수록, 관계에 도움이 되는 어떠한 것이든 이용하기 시작하는데, 잠재적으로 관계 건강 검진이 이에 포함될 수도 있다. 끝으로, 남자 배우자와 작업 동맹을 형성하는 데 특히 관심을 기울어야 한다. 왜냐하면 본인의 의지에 반해 검진에 찾아왔을 가능성이 더 높기 때문이다.

커플 체크업: 결혼생활 건강 관리의 접근성 확대

우리의 최신 연구 결과를 활용하여 부부 집단을 끌어당기는 데 어느 정도 성공했는지 여부를 확인해 보았다. 왜냐면 우리는 신체 건강을 확인하는 연례적인 신체 건강 검진처럼 MC가 관계 건강에 대하여 같은 방식으로 활용되었으면 하는 바람이기 때문이다(Morrill et al., 2011). 우리는 MC가 모든 관계 건강의 스펙트럼에 걸쳐 부부들의 마음을 끌어당기는지, 관계 건강 관리를 찾은 적 없던 부부들에게 매력적으로 다가가는지, 그리고 3차 부부치료에 비해 더욱 접근성이 높은 것으로 인식하는지 여부를 검토해 보았다.

표본은 사전 설문지를 제출한 215쌍의 부부들로 구성하였다. 부부들은 무선적으로 치료 집단(n=113쌍)과 대기자 집단(n=102쌍)으로 배정되었다. 그들이 작성한 질문지로는 결혼만족도 검사 개정판(MSI-R), 전반적 결혼불만족 척도(GDSl; Snyder, 1997), 정신건강 활용도 질문지 그리고 우리가 자체적으로 제작한 다양한 정신건강 치료 서비스 이용에 관한 평가 질문지가 있었다. 그리고 113쌍의 치료집단을 대상으로 면담 자료를 수집하였는데, MC를 찾은 이유를 다음과 같이 질문하였다. "왜 지금 결혼 체크업을 신청하게 되었는지에 관해 간단히 말씀해 주세요." "어떻게 부부로서 결혼 체크업에 참여하는 것을 선택하였는지에 관해 간단히 말씀해 주세요." "결혼 체크업을 통해 무엇을 얻고자 하십니까?" 코딩 체계를 개발하여 이러한 질문들에 대한 부부들의 응답을 분류하였다. 11가지 코딩 범주가 개발되었으며, 신뢰도 지수인 카파 값의 범위는 적당한 수준에서 훌륭한 수준에 이르렀다.

먼저, 면담을 통해 수집된 자료인 MC를 찾은 이유에 대하여 분석해 보았다. 가장 일반적인 이유(47%)는 '분명히 드러나지 않은 치료 추구'라고 범주

화했다. 우리의 코딩 체계에서 분명히 드러나지 않은 치료 추구라는 응답은 관계에 관한 분명한 염려가 있다고 말하지 않았으나 배우자의 응답에서 관계에 관한 염려를 암시적으로 표현하였을 경우 코딩하였다. 예를 들면, '대화의 장을 마련하기 위해서' '고쳐야 할 필요가 있는 부분에 대하여 고치기 위해' 등의 응답은 분명히 드러나지 않은 치료 추구의 범주로 코딩되었다. 이는 가장 빈번하게 관찰된 응답이었고, 아직은 치료에 대한 필요를 느끼거나 그들 자신이 분명하게 '고통받고 있다'고 생각할 수 있는 만큼의 고통감을 겪고 있지는 않으나, 관계에 대한 모호하거나 커가는 우려를 가지고 있는 부부들에게 MC가 새로운 기회를 제공해 줄 수 있을 것이라는 나의 가정에 정확히 부합되는 결과이기도 한다. 본 검진을 통하여 그들이 필요로 하는 도움을 제공받는 동안 약간의 도움을 필요로 하는 부부들이 계속해서 그들을 행복하고 건강하다고 생각할 수 있게 할 가능성에 대하여 나는 만족스러움을 느낀다. MC를 설계할 당시 분명히 이러한 유형의 부부들은 염두에 두고 있었다. 이러한 유형의 부부들은 초기 개입을 통하여 많은 혜택을 받을 수 있을 것이며, 아마도 그들이 향후 스스로를 고통받고 있다고 명백하게 인식하게 되는 것으로부터 구해 주는 역할을 했을 것이라고 믿는다.

가장 많이 보고된 다섯 가지 응답 중 나머지 네 가지는 다음과 같다. 관계에 대하여 배우고 싶어서(41.4%), 명백하게 치료받기를 원해서(38.4%), 재미삼아서(36.4%), MC에서 말하는 건강을 위해서(35.4%). 관계에 대하여 더욱 배우고 싶어서라는 범주는 말 그대로, 배우자가 MC에 방문한 이유를 관계에 대하여 더욱 배우고 싶어서라고 응답한 경우에 코딩된다.

고통감 때문에만 검진을 찾게 되는 것이 아니라 다양한 이유로 검진에 방문할 수 있도록 하기 위해 우리는 의도적으로 MC를 치료적이라고 표현하기보다는 정보를 제공하고 교육적인 검진이라고 홍보했다. 가용한 문헌들과 나의 부부치료 경험을 통해 내가 판단하건대, 사람들은 절대로 단순히 관계에 대하여 더욱 배우고 싶어서 치료를 찾지 않는다. MC를 찾은 세 번째 가장 흔한 이유는 명백하게 치료를 받기 원해서였다. 달리 말해, 3차 기관의 부부치료에 방문하였을 때 일반적으로 대답하는 형태의 응답이다. 이 응답이 상위 다섯 가지 응답 내 포함되었다는 점이 반가운 이유는, MC가 상당히 고통받고 있으나 달리 3차 치료를 방문하지 않았던 부부들의 마음을 끌어당겼다는 점을 보여 준다고 볼 수 있기 때문이다. 바꾸어 말하면, MC 치료자는 다른 곳에서는 맞닥뜨리지 못했을 그들에게 서비스와 동기부여를 제공할 수 있어야 할 것이다.

부부들이 MC에 참여한 이유를 재미나 흥미 때문에라고 응답했을 경우 재미 삼아서 범주로 분류하였다. 나는 이 범주가 상위 다섯 가지 응답에 포함되어 있음이 반갑다. 왜냐하면 이러한 응답은 3차 치료에 방문한 사람들에게는 거의 들을 수 없는 응답인 반면, MC를 찾은 이유로 보고된다는 점이 나를 안심시키기 때문이다. 사람들에게 관계 건강에 대한 정기적이고 효과적인 예방적 관리법을 격려하는 것은 상당히 도전적일 수 있다. 치료자들이 재미와 흥미를 줄 가능성이 있는 MC와 같은 프로그램을 개발할 수 있는 한, 그들은 이처럼 중요한 공중 보건 필요에 관한 서비스 제공에 크게 도움이 될 것이다.

건강상의 이유라는 범주는 예방적인 관점으로 관계를 유지하며 관계에 관한 건강을 돌보는 것을 추구하는 것이 필요하다고 생각되어 MC를 찾은 경우 코딩하였다. 관계 기능에 관한 최고의 비유는 행복(예: 관계 만족도), 화합가능성(관계 적응) 또는 노력("관계는 힘든 일이다.")과 관계가 있다. 이미 관계 건강의 측면이라든지 관계 건강이란 이야기 틀을 쉽게 수용할 수 있는 부부들을 만난 것은 참으로 고무적이다. 사람들이 관계와 결혼생활을 관계 건강이라는 측면에서 생각해 봄으로써 이미 신체 건강에 대하여 노력을 기울이고 있는 것처럼 관계 건강을 좀 더 관리할 수 있게 되길 희망한다.

도움 추구에 대한 장벽을 효과적으로 낮추고 있는지 확인해 보기 위해 면담 자료와 건강 관리 활용 자료를 함께 분석해 보았다. 응답자 325명 중 63.7%가 MC에 참여하기 이전에 한 번도 부부치료에 방문해 본 적이 없었다. 그리고 46.8%는 개인치료를 받아 본 경험이 없으며, 32.6%는 어떠한 종류의 정신건강 관리 또는 치료를 받아 본 경험이 없었다. 대다수의 참여자는 특별히 MC가 치료가 아니었기 때문에 선택했으며, 전통적인 치료였다면 방문의사가 없었을 것이라고 말했다. 참여자 중 54.2%는 그들 스스로 치료를 받을 필요가 없다고 느끼고 있으며, 10.5%는 배우자 중 한 명이 치료에 참여하는 것을 원치 않는다 하였고, 4.9%는 부부 모두 치료에 대하여 불편함을 드러냈다.

이처럼, 치료에 방문한 경험이 없거나 치료에 방문할 의사가 없는 사람들도 검진에는 참여를 원하는 것으로 보인다. 심각한 고통감을 경험하는 부부들 중 상대적으로 적은 수만 3차 진료를 찾으며, 그들 중 1차 예방 워크숍에 방문하는 부부는 거의 없다는 점에서 이러한 발견은 중요하다. 게다가 현재는 예방적 관점에서 관계 건강을 관리하고 유지하기 위해 정기적으로 도움을 받을 수 있는 방법이 없다. MC에 방문한 부부 중 다수의 비율은 이전 치료 경험이 없었던 부부였다. 그들 중 다수는 치료에 대해서 편견을 지니고 있었다. 이러한 점을 보면, MC와 같은 형태의 개입이 일단 대중적으로 널리 퍼지게 되면 잠재적으로 훨씬 더 높은 비율의 사람들이 이용 가능하게 될 것이라 생각한다.

관계 건강 스펙트럼의 전반에 걸친 부부들에게 MC가 매력적인지 여부를 확인하기 위해 우리는 부부들의 GDS 점수를 분석해 보았다. 그 결과, MC에 방문한 부부들의 점수는 극도로 고통스러운 수준에서부터 매우 만족하는 수준까지 폭넓게 분포되어 있었다. 443명의 응답자 중 162명의 점수는 만족 범위에 속했으며, 197명은 중간 정도의 고통 수준 범위에 속했고, 84명의 점수는 심각한 수준의 고통 수준 범위에 속했다. 점수의 분포를 검토해 본 결과, 기본적으로 쌍봉형 분포를 지니고 있었다. 첫 번째 최빈값은 만족 범위에서 관찰되었고, 또 다른 최빈값은 중간 정도의 고통 수준 범위에서 보고되었다. 게다가 MC 부부의 점수 변산은 Snyder(1997)의 연구에서 대조군이었던 치료를 희망하는 집단과 지역사회 부부 집단에서의 변산보다 훨씬 더 큰 것으로 나타났다. 이러한 점들을 통해 MC의 형태가 관계 건강 검진이라는 목표에 맞게 기능 스펙트럼의 전 범위에 있는 부부들의 마음을 성공적으로 끌어당겼음을 알 수 있다. 더 많은 수의 부부가 정기적인 관계 검진 검사에 참여할수록, MC 치료자가 광범위한 공중 보건 수준에서 관계 건강을 증진시킬 수 있는 확률이 높아질 것이라 생각한다.

끝으로, 도움 추구에 대한 장벽을 효과적으로 낮추었는지 여부를 추가로 확인해 보기 위해, 수집된 면담과 설문지 자료들 중 도움 추구 장벽에 관한 부부의 인식에 관한 부분을 분석해 보았다. 코딩된 면담 자료를 기준으로 보면, 참여자 중 14.1%가 MC가 표준적인 치료보다 더 장벽이 낮아서 치료에 참여하게 되었다고 보고하였다. 이러한 부부들은 또한 MC가 전통적인 치료보다 덜 위협적이며 더 간편해 보였다고 하였다. 자기보고 설문지에서는 응답자 중 17.8%가 시간과 돈의 측면에서 실행적인 장벽이 더 적었다고 응답하였고, 추가적으로 8.8%는 '다른' 범주에 응답하며 장벽이 거의 없다고 보고하였다. 이러한 결과는 우리의 의도에 부합한다. 최소한 어떤 부부들에게는 MC의 포맷이 두드러지게 진입 장벽을 낮추어 참여를 유도했다는 것이다.

요약해 보면, 이러한 결과들은 MC의 포맷이 전반에 걸쳐 실제로 결혼생활 관리에 대한 접근성을 높일 수 있었다는 근거를 제공해 준다. 그러한 결과에 따라 Kristi Coop Gordon 박사와 나는 현재 주로 저소득층 부부를 대상으로

1차 진료 세팅 내에서 어떻게 하면 MC를 효과적으로 전파할 수 있는지에 대하여 연구 중에 있다.

국립아동보건인간개발연구소(NICHD)에서 지원받은 무선통제 실험에 대한 결과

지금까지 수행된 우리의 최대 효과연구는 유니스 케네디 슈라이버 국립아동보건인간개발연구소의 자금 지원을 받아 수행한 것이다. 연구의 목표는 MC에 대한 강력한 무선통제 임상실험을 수행하는 것으로, 1년 간격으로 두 번의 연례 검진을 실시하여 전 범위의 관계 건강에 대한 효과성을 확인하고 관련된 변인을 2년간 추적하는 것이었다. 우리는 신문과 TV 광고를 통해 무료 결혼 건강 검진을 받기 원하는 부부들을 광범위하게 모집하였다.

우리는 MC에 관심을 보인 사람들로부터 334건의 연락을 받았고, 선별을 거쳐 215쌍이 연구에 참여하게 되었다. 우리의 선별 범주는 간단하였는데, 결혼 상태이며, 함께 거주해야 하며, 현재 부부치료에 참여하고 있지 않아야 한다는 것이었다. 215쌍의 부부는 20세부터 78세까지의 연령대로 평균연령은 여성 44.5세(표준편차=10.8), 남성 47세(표준편차=11.5)였다. 표본의 대부분은 백인(93.1%)이었으며, 다음으로 아프리카계 미국인(2.4%), 아시아인(2.4%), 라틴계 미국인(1.8%) 아메리칸 인디언(0.4%) 순이었다. 평균 결혼 기간은 15.1년이었으며, 22일부터 56년까지의 범위를 보였다. 평균적으로 슬하에 두 명의 자녀를 두었고 가정의 평균소득은 7만 5,000달러에서 9만 9,000달러 사이로, 최소 1만 달러에서 10만 달러의 범위를 보였다. 교육과 관련해서, 표본 중 88%가 고졸 이상이며, 43.9%는 학사 학위 이상을 소지하였다.

부부들은 연구를 위한 선별 단계를 거친 후, 첫 번째 설문지 패키지가 발송되었다. 작성 완료된 설문지를 회신받은 후, 그들을 MC 조건과 대기자 통제조건으로 무선 배정하였다. 통제 조건에 포함된 부부들은 2년간의 추적 관찰 이후에 MC를 받게 되었다. 치료집단과 통제집단 모두에게 동일한 간격으로 추적조사 설문지 패키지가 전달되었다. 전달 간격은 치료집단을 기준으로 다음과 같이 정해져 있었다. ① MC 전, ② MC 후, ③ 2주 후, ④ 6개월 후 ⑤ 1년 후. 1년이 지난 시점에 MC에 참여한 부부들은 두 번째 연례 검진을 받았고, 앞의 간격과 동일하게 사전, 사후, 2주, 6개월 그리고 1년간의 스케줄에 따라 연구가 진행되었다. 이렇게 하여 MC 집단과 통제집단의 자료를 수집하였다. 다음으로 이어지는 결과는 1차년도와 2주 추적조사에 대한 분석 결과이다.

MC의 목표를 고려하여 우리의 기본적인 결과 분석의 초점은 친밀감과 관계 만족도였다. MC의 핵심은 배우자 사이에 건강한 관계와 관계 만족의 중심이 되는 기반으로서 친밀감을 배양하는 것이다. 동시에 이전 결과들을 토대로 우리는 관계 만족도가 친밀감과 동일한 것은 아니며 치료의 반응에 따라 서로 달라지기 쉬울 것이라고 기대하였다. 나는 만족도는 친밀감보다 다양한 요인에 의해 훨씬 더 변동성이 클 것이며, 친밀감이 그대로 유지되거나 혹은 성장하는 동안에도 하루하루의 만족도는 커질 수도 있고 작아질 수도 있을 것이라는 예감이 들었다.

이어지는 우리의 현재 결과에 대한 분석은 현재 진행 중인 논문의 내용을 간략하게 기술한 것이다(Cordova et al., 2013). 우리는 다층 모형 접근을 활용하였다. 사전 검사에서부터 일 년 2주 후 추적조사에 이르는 총 7번의 시점을 포함시켜 친밀감과 관계 만족도를 각각 구별하여 모델링을 진행하였다(향후에는 2년이 된 시점의 결과까지 포함하여 분석을 진행할 예정이다). 모델은 개인 내에서의 반복 측정에 대한 관찰을 포함하여 총 세 가지 수준으로 구성되었다. 이때 개인은 부부 구성원으로서의 각 개인을 의미한다. 이러한 접근으로 분석하는 것의 중요한 점은 바로 그들이 배우자와 훨씬 더 강력한 통계적 의존성을 가진다는 것을 고려하며, 결측치도 더 잘 추정할 수 있다는 것이다. 모형 검증은 근본적으로 가용한 데이터를 활용하여 특정한 모형에 대한 적합도를 검증한다는 것이다. 이 경우, 자료에서 관찰된 변화가 선형 형태로 설명 가능한지, 아니면 2차식이나 세제곱 형태의 변화인지를 확인하고, 치료집단에서 보인 변화가 통제집단에서의 변화와 차이가 있는지를 검증하는 것이다.

결과변수로서 친밀감은 선형 형태의 변화를 보였으며 MC 집단과 통제집단 간 차이가 있었다([그림 10-1] 참조). 매 측정 시점에 대하여 MC와 통제집단 부부 간에 차이 분석을 실시한 결과, 일 년 추적조사(부스터 회기 전)가 이

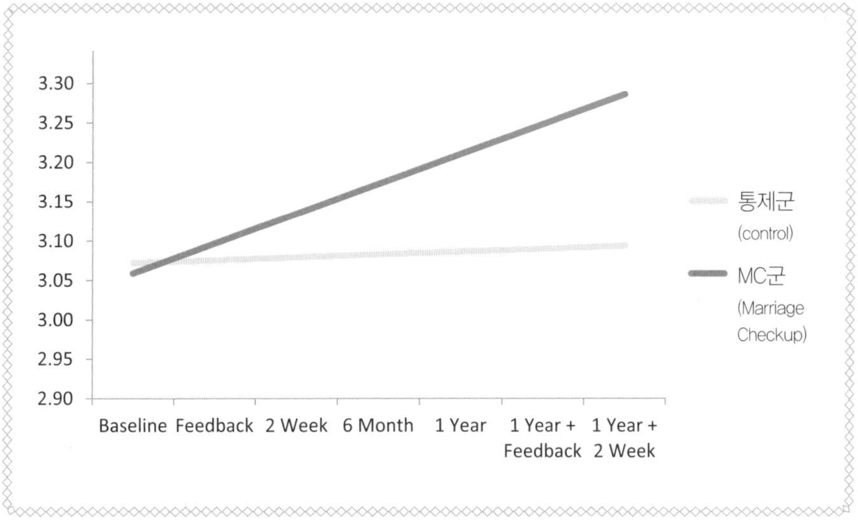

[그림 10-1] **친밀한 관계내 안전감 질문지(ISQ)로 측정한 결과**

출처: Corova, J. V., Fleming, C. E., Morrill, M. I., Sollenberger, J. W., Harp, A. G., Gray, T. D., ... Wachs, K. (2013). The Marriage Checkup: A Randomized Controlled Trial of Annual Relationship Health Checkups. 출판을 위해 원고를 제출함.

루어진 순간부터 유의한 집단 차이가 나타나기 시작했으며, 일 년 피드백과 2주 추적조사 시에도 그것이 유지되었다. 이와 같이 MC 부부들의 친밀감은 개입 이후 일 년과 2주의 추적조사 과정에서 꾸준히 향상된 반면, 통제집단 부부의 친밀감의 궤도는 평평하게 유지되었다.

결과변수로서 관계 만족도에 관해 살펴보면, 만족도의 변화는 세제곱 형태의 모형이 가장 적합한 것으로 나타났으며, 치료집단과 통제집단 간에 구별이 가능했다. MC 부부들이 보인 변화의 형태는 '오르는 M자형'이라고 부르는 모양이었다. MC 부부들의 경우, MC 이후 관계 만족도가 급격히 증가하였다가 다시금 기저선으로 돌아왔으며(최초의 기저선 수준까지 돌아가는 것은 아니었음), 이후에 관계 만족도가 더 크게 증가하였고, 번갈아 가며 기저선 방향

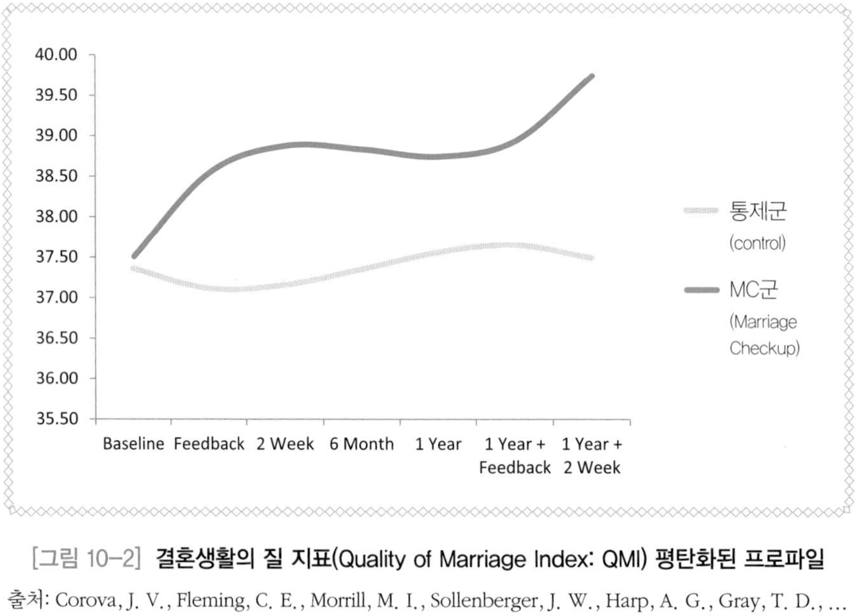

[그림 10-2] **결혼생활의 질 지표(Quality of Marriage Index: QMI) 평탄화된 프로파일**

출처: Corova, J. V., Fleming, C. E., Morrill, M. I., Sollenberger, J. W., Harp, A. G., Gray, T. D., ... Wachs, K. (2013). The Marriage Checkup: A Randomized Controlled Trial of Annual Relationship Health Checkups. 출판을 위해 원고를 제출함.

으로의 감소가 이어졌다. 하지만 여전히 기저선에 비해 상당히 위에 위치하고 있다([그림 10-2] 참조). 집단 차이를 분석한 결과 MC 후 피드백 지점에서는 유의한 수준에 접근했고, 2주 후 통계적으로 유의하였으며, 6개월과 일 년 피드백 지점에서는 다시 유의한 수준에 접근하는 정도였으며, 일 년 2주 후 추적조사 시점에 다시금 통계적으로 유의한 차이가 보고되었다.

이렇게 더 많은 수의 표본 내에서, MC가 부부의 관계 건강에 대하여 측정 가능한 수준의 긍정적 효과가 있음이 지속적으로 관찰되고 있다. 이러한 분석을 통해, 시간 변화에 따른 친밀감과 관계 만족도의 긍정적인 차별 효과를 볼 수 있다. 또한 친밀감과 관계 만족도는 갈수록 증가하며, 특히 두 번째 연례 검진 이후 두드러졌다.

MC의 결과 지표인 친밀감은 시간이 지속됨에 따라 축적되는 선형적 형태의 변화를 보이는 것으로 나타났으며, 일 년의 추적 시점에서부터는 통제집단과 비교하였을 때 유의한 차이를 보였다.

비록 늘어나는 선형 효과는 어떤 점에서는 데이터 분석을 위한 접근을 반영하지만, 이는 친밀한 사건이 친밀한 사건을 불러온다는 친밀감 이론과 일관된다. 바꿔 말하자면, 배우자가 관계에서 취약함을 더 표현함에 따라 인간의 약점을 더욱 수용할 수 있게 해 주며, 서로가 상호 간에 진실된 모습을 보여 주며 편안해지게 된다는 것이다. 배우자에게는 이러한 과정이 친밀한 안전감을 가져다준다.

M자형의 오르는 세제곱 궤적은 검진이 모든 환경(관계, 치과, 의료)에서 시간에 따라 어떠한 효과를 보이는지에 관한 나의 예상과 일치한다. 치과의 비유를 예로 들어 보자. 나는 대다수의 사람이 치과 검진 직전과 치과 검진 직후에 그들의 치아를 평소보다 더 잘 관리한다(예: 칫솔질하기)고 추측한다. 이는 치과 검진과 스케일링의 효과에 더해져서 이로운 결과를 가져올 수 있다.

관심과 돌봄이 증대되는 시기들이 점차적으로 누적되어 감에 따라 더 나은 치아 건강을 유지할 수 있게 되며, 더 건강한 치아 관리 습관이 형성된다. 이처럼 구강 관리에 대한 주의를 높이고 유지시키는 데 도움을 주는 정기적인 치과 검진 없이는, 구강 상태는 지속적으로 주의를 끌지 못해 고통에 시달릴 수 있다.

정기적으로 MC를 받는 것은 앞에서와 유사하게 관계 건강에 대한 주의를 높일 수 있는 새로운 환경을 만들어 줄 수 있다. MC에 참여하는 부부들은 MC 직전과 MC 중 그리고 정기적인 MC 직후에 관계 건강에 대하여 더욱 관심을 가지게 되고 적극적으로 주의를 기울일 것이다. 관계 만족도에 대한 오르는 M자형 결과는 전반적인 관계 건강에 대한 기저를 이루는 지속적인 성장이 축적됨을 반영한다. 통제집단의 결과는 기본적으로 평평한 선이다. 이는 곧 정기적인 검진이 없이는 관계 건강은 달리 개선되기 어렵다는 점을 의미한다.

우리가 수행한 가장 최신 연구의 초기 결과들은 정기적인 관계 건강 검진에 참여하는 것에 대한 중요하고 주목할 만한 긍정적인 건강 효과를 입증한 우리의 이전 연구들의 결과와 완전히 일치한다. 지금껏 나는 일반적인 대중들을 대상으로 한 보급 연구를 실행하기 전, 검진의 효과에 대한 훌륭한 경험적인 근거를 모으는 데 최대한 주의를 기울여 왔다. 이제 나는 연구 결과들을 통해 정기적으로 MC를 받는 것이 실천적으로 유용하다는 점에 대하여 점차 더 확신한다. 그리고 나의 연구 팀과 나는 우리의 첫 번째 대규모 보급 연구를 시작하였다.

제한점과 후속 연구 방향

지금까지 우리 연구 팀에서 발표한 자료들은 MC의 효능(예: MC가 무선통제 연구를 통해 결과가 긍정적인지 여부)에 중점을 두고 있다. 이러한 연구들은 MC의 효과성(예: MC가 표준화된 건강 관리 모델에 성공적으로 내보내질 수 있는지)에 관한 사안은 다루고 있지 않다. 효과성에 관한 사안을 체계적으로 다루기 위해, Kristi Coop Gordon 박사와 나는 테네시 녹스빌에 있는 1차 진료기관을 통한 MC의 보급 연구를 수행하기 위해서 아동 및 가족 관리부의 연구비 지원을 받았다. 우리의 목표는 대략 500여, 주로 저소득층 부부를 모집하여 부부의 관계 건강을 증진시키고 이혼율을 감소시키는지, 그리고 관계 문제로 도움을 청하는 것에 대한 낙인을 감소시킬 수 있는지 확인하는 것이다.

1차 진료기관이 관계건강 검진을 광범위하게 보급하는 데 효과적인 현장임을 입증할 수 있길 바라며, 검진에 참여하는 것이 친밀감과 만족감, 의사소통을 향상시키는 데 기여하며, 지역사회 자원에 대한 적절한 활용과 재정적 안정성을 도모하며, 더 건강한 자녀 양육을 돕는 데 기여함을 입증하길 원한다.

내 동료인 미 공군 Jeffrey A. Cigrang 중령과 나는 MC를 공군 행동건강 최적화 프로그램에 보급하는 목적으로 수행되는 시범사업을 위해 국방부 연구비 지원을 받았다. 이 연구의 종합적인 목표는 MC가 1차 진료기관에서 일하는 행동건강 상담가에 의해 결혼생활 탄력성 증진을 위한 목적으로 군인들에게 실시될 수 있도록 단기개입의 형태로 조정하는 것이다. 구체적인 목표는 진행이 빠르고 시간 제약이 있는 1차 진료 환경하에 적합하게 MC의 절차를 조정하는 것, 군인 부부가 경험하는 독특한 스트레스원을 다룰 수 있도록 MC의 내용을 다듬는 것, 행동건강 상담가에 의해 수행되는 MC가 효과적인지와 군인 부부들이 쉽게 접근할 수 있는지, 그리고 전체 대상에게 충분한지와 관계 건강을 향상시키는 데 효과적인지 확인하는 것이다. 본 예비연구의 결과를 바탕으로, 향후 더 큰 단위로 엄격하게 수행되는 연구가 이루어지길 바란다.

지금까지의 연구는 고등교육을 받은, 비(非)라틴아메리카계 백인 부부를 대상으로만 수행되었다는 제한이 있기 때문에 본 연구의 결과를 다양한 인구에게 일반화시키는 것은 제한적이다. 우리의 연구 참여자들 대다수는 중산층의 고등교육을 받은 백인이었다. 현재 진행 중인 연구들에서는 더욱 대표성을 지닌 표본이 참여하도록 바라고 있다. 예를 들어, 테네시 연구에서는 전통적으로 서비스를 충분히 받지 못하는 집단을 대상으로 작업하고 있으며, 향후에는 사무실에 방문할 필요 없이 참여자의 집에서 검진을 받을 수 있게 하여 진입 장벽을 더욱 낮출 수 있도록 할 것이다.

끝으로, 지금까지는 MC가 연구 프로토콜의 일부로 무료로 제공되었거나 또는 참여에 대한 보상을 제공해 주었다. 아직은 임상 현실 상황에서 검진의 적용성에 대해서 아는 바가 없다. 자유 시장 조건하에서 과연 임상의, 성직자, 행동건강 상담가들이 임상 실무의 일부로 MC를 채택할 것인가? 부부들이 연례적인 관계 건강 검진을 찾고 비용을 지불할 것인가? 건강 관리 기업들은 표준적인 서비스 일환으로 관계 건강 검진을 제공할 것인가? 이러한 질문들에 대한 답은 아직 없다. 희망컨대, 우리가 관계 건강의 측면에서 분명하고, 자료에 기반을 둔, 주목하지 않을 수 없는 사례를 만들어, 신체적 · 정신적 그리고 아동의 건강과 더불어 정기적으로 관계 검진에 참여하는 것이 모든 사람의 가장 큰 관심사가 될 수 있길 바란다.

결론

연구 팀과 나는 MC의 임상실험을 위해 여러 단계를 성실하게 진행해 왔다. 각 단계마다 검진의 긍정적 결과를 얻을 수 있었고, 다음 단계로의 지속을 지지해 주었다. MC가 부부의 전반적인 관계 건강을 향상시키는 데 도움을 준다는 긍정적인 증거를 확보하였고, 이제는 MC가 기능적인 건강 관리 체계 내에서 효과적으로 보급될 수 있는지를 입증하기 위한 시도를 진행하고 있다.

나는 MC에 대하여 다음과 같은 비전을 갖고 있다. 즉, 앞으로 여러 증거를 쌓아 가면서 MC가 관계 건강을 위한 검진으로 연례 신체 검사와 6개월마다 하는 치과 검진처럼 사람들의 삶 속에 자리 잡게 되는 모습을 기대한다.

전반적인 건강과 관계 건강은 불가분의 관계라는 점을 이야기하는 자료들은 분명하고 탄탄하다고 믿는다. 우리의 진행 중인 연구 프로그램은 MC의 유용성과 효과성에 관한 긍정적인 증거들을 제공해 나갈 것이다. 마치 정기적인 치과 검진이 대다수의 우리가 건강한 치아를 일생에 유지하는 데 도움을 주는 것처럼 정기적으로 MC를 받는 것은 일생에서 개인이 결혼생활과 장기적인 관계 건강을 유지하는 데 도움을 줄 수 있을 것이다. 적은 양이라 할지라도 관계로부터 야기되는 고통감이나 이혼율을 떨어뜨릴 수만 있다면, MC 치료자는 세계에서 전반적으로 고통받는 사람들에게 상당한 도움이 될 것이다.

참고문헌

Allen, J. G. (1981). The clinical psychologist as a diagnostic consultant. *Bulletin of the Menninger Clinic, 45,* 247-258.

Amato, P. R. (2001). Children of divorce in the 1990s: An update of the Amato and Keith (1991) meta-analysis. *Journal of Family Psychology, 15,* 355-370. doi:10.1037/0893-3200.15.3.355

Amato, P. R., & Keith, B. (1991). Parental divorce and the well-being of children: A meta-analysis. *Psychological Bulletin, 110,* 26-46. doi:10.1037/0033-2909.110.1.26

Anker, M. G., Duncan, B. L., & Sparks, J. A. (2009). Using client feedback to improve couple therapy outcomes: A randomized clinical trial in a naturalistic setting. *Journal of Consulting and Clinical Psychology, 77,* 693-704. doi:10.1037/a0016062

Baron, R. M., & Kenny, D. A. (1986). The moderator-mediator variable distinction in social psychological research: Conceptual, strategic, and statistical considerations. *Journal of Personality and Social Psychology, 51,* 1173-1182. doi:10.1037/0022-3514.51.6.1173

Baucom, D. H., & Hoffman, J. A. (1986). The effectiveness of marital therapy: Current status and application to the clinical setting. In N. S. Jacobson & A. S. Gurman (Eds.), *Clinical handbook of marital therapy* (pp. 597-620). New York, NY: Guilford Press.

Baucom, D. H., Shoham, V., Mueser, K. T., Dauito, A. D., & Stickle, T. R. (1998). Empirically supported couple and family interventions for marital distress and adult mental health problems. *Journal of Consulting and Clinical Psychology, 66,* 53-88. doi:10.1037/0022-006X.66.1.53

Beach, S. R. H., Arias, I., & O'Leary, K. D. (1986). The relationship of marital satisfaction and social support to depressive symptomatology. *Journal of Psychopathology and Behavioral Assessment, 8,* 305-316. doi:10.1007/BF00960728

Berger, R., & Hannah, M. T. (Eds.). (1999). *Preventive approaches in couples therapy.* Philadelphia, PA: Brunner/Mazel.

Birchler, G. R., Weiss, R. L., & Vincent, J. P. (1975). Multimethod analysis of social reinforcement exchange between maritally distressed and nondistressed spouse and stranger dyads. *Journal of Personality and Social Psychology, 31,* 349-360. doi:10.1037/h0076280

Bradbury, T. N. (1994). Unintended effects of marital research on marital relationships. *Journal of Family Psychology, 8,* 187-201. doi:10.1037/0893-3200.8.2.187

Bradbury, T. N., & Fincham, F. D. (1990). Attributions in marriage: Review and critique. *Psychological Bulletin, 107,* 3-33. doi:10.1037/0033-2909.107.1.3

Buehlman, K. T., Gottman, J. M., & Katz, L. F. (1992). How a couple views their past predicts their future: Predicting divorce from an oral history interview. *Journal of Family Psychology, 5,* 295-318. doi:10.1037/0893-3200.5.3-4.295

Burke, B. L., Arkowitz, H., & Menchola, M. (2003). The efficacy of motivational interviewing: A meta-analysis of controlled clinical trials. *Journal of Consulting and Clinical Psychology, 71,* 843-861. doi:10.1037/0022-006X.71.5.843

Butcher, J. N. (1990). *MMPI-2 in psychological treatment.* New York, NY: Oxford University Press.

Carrère, S., Buehlman, K. T., Gottman, J. M., Coan, J. A., & Ruckstuhl, L. (2000). Predicting marital stability and divorce in newlywed couples. *Journal of Family*

Psychology, 14, 42-58. doi:10.1037/0893-3200.14.1.42

Carter, R. (1995). *Helping yourself help others: A book for caregivers.* New York, NY: Three Rivers Press.

Christensen, A., & Heavey, C. L. (1990). Gender and social structure in the demand/withdraw pattern of marital conflict. *Journal of Personality and Social Psychology, 59,* 73-81. doi:10.1037/0022-3514.59.1.73

Christensen, A., & Jacobson, N. S. (2002). *Reconcilable differences.* New York, NY: Guilford Press.

Christensen, A., Jacobson, N. S., & Babcock, J. C. (1995). Integrative behavioral couple therapy. In N. S. Jacobson & A. S. Gurman (Eds.), *Clinical handbook of couple therapy* (pp. 31-64). New York, NY: Guilford Press.

Cordova, J. V. (2001). Acceptance in behavior therapy: A theory for uni the process of change. *Behavior Analyst, 24,* 213-226.

Cordova, J. V. (2009). *The Marriage Checkup: A scientific program for sustaining and strengthening marital health.* New York, NY: Aronson.

Cordova, J. V., Fleming, C. E., Morrill, M. I., Sollenberger, J. W., Harp, A. G., Gray, T. D., . . .Wachs, K. (2013). *The Marriage Checkup: A randomized controlled trial of annual relationship health checkups.* Manuscript submitted for publication.

Cordova, J. V., Gee, C. G., & Warren, L. Z. (2005). Emotional skillfulness in marriage: Intimacy as a mediator of the relationship between emotional skillfulness and marital satisfaction. *Journal of Social and Clinical Psychology, 24,* 218-235. doi:10.1521/jscp.24.2.218.62270

Cordova, J. V., Jacobson, N. S., & Christensen, A. (1998). Acceptance versus change interventions in behavioral couple therapy: Impact on couples' in-session communication. *Journal of Marital and Family Therapy, 24,* 437-455. doi:10.1111/j.1752-0606.1998.tb01099.x

Cordova, J. V., & Scott, R. L. (2001). Intimacy: A behavioral interpretation. *Behavior Analyst, 24,* 75-86.

Cordova, J. V., Scott, R. L., Dorian, M., Mirgain, S., Yaeger, D., & Groot, A. (2005). The Marriage Checkup: A motivational interviewing approach to the promotion of marital health with couples at risk for relationship deterioration. *Behavior Therapy, 36,* 301-309. doi:10.1016/S0005-7894(05)80112-1

Cordova, J. V., Warren, L. Z., & Gee, C. B. (2001). Motivational interviewing as an intervention for at-risk couples. *Journal of Marital and Family Therapy, 27,* 315-326. doi:10.1111/j.1752-0606.2001.tb00327.x

Cummings, E. M., Faircloth, W. B., Mitchell, P. M., Cummings, J. S., & Schermerhorn, A. C. (2008). Evaluating a brief prevention program for improving marital conflict in community families. *Journal of Family Psychology, 22,* 193-202. doi:10.1037/0893-3200.22.2.193

Davidson, G. N. S., & Horvath, A. O. (1997). Three sessions of brief couples therapy: A clinical trial. *Journal of Family Psychology, 11,* 422-435. doi:10.1037/0893-3200.11.4.422-435

Doherty, W. J., Lester, M. E., & Leigh, G. K. (1986). Marriage Encounter weekends: Couples who win and couples who lose. *Journal of Marital and Family Therapy, 12,* 49-61. doi:10.1111/j.1752-0606.1986.tb00638.x

Doss, B. D., Atkins, D. C., & Christensen, A. (2003). Who's dragging their feet? Husbands and wives seeking marital therapy. *Journal of Marital and Family Therapy, 29,* 165-177. doi:10.1111/j.1752-0606.2003.tb01198.x

Eifert, G. H., McKay, M., & Forsyth, J. P. (2006). *ACT on life not on anger: The new acceptance and commitment therapy guide to problem anger.* Oakland, CA: New Harbinger.

Eldridge, K. A., & Christensen, A. (2002). Demand-withdraw communication during couple conflict: A review and analysis. In P. Noller & J. A. Feeney (Eds.), *Understanding marriage: Developments in the study of couple interaction* (pp. 289-322). New York, NY: Cambridge University Press. doi:10.1017/CBO9780511500077.016

Eubanks Fleming, C. J., & Cordova, J. V. (2012). Predicting relationship help seeking prior to a Marriage Checkup. *Family Relations, 61,* 90-100. doi:10.1111/j.1741-3729.2011.00686.x

Faber, A., & Mazlish, E. (1999). *How to talk so kids will listen and listen so kids will talk.* New York, NY: Avon Books.

Faulkner, R. A., Davey, M., & Davey, A. (2005). Gender-related predictors of change in marital satisfaction and marital conflict. *American Journal of Family Therapy, 33,* 61-83. doi:10.1080/01926180590889211

Finn, S. E. (1996). *Manual for using the MMPI-2 as a therapeutic intervention.* Minneapolis: University of Minnesota Press.

Finn, S. E. (2007). *In our clients' shoes: Theory and techniques of therapeutic assessment.* Mahwah, NJ: Erlbaum.

Finn, S. E., & Butcher, J. N. (1991). Clinical objective personality assessment. In M. Hersen, A. E. Kazdin, & A. S. Bellack (Eds.), *The clinical psychology handbook* (2nd ed., pp. 362-373). New York, NY: Pergamon Press.

Finn, S. E., & Tonsager, M. E. (1997). Information-gathering and therapeutic models of assessment: Complementary paradigms. *Psychological Assessment, 9,* 374-385. doi:10.1037/1040-3590.9.4.374

Funk, J. L., & Rogge, R. D. (2007). Testing the ruler with item response theory: Increasing precision of measurement for relationship satisfaction with the Couples Satisfaction Index. *Journal of Family Psychology, 21,* 572-583. doi:10.1037/0893-3200.21.4.572

Gee, C. B., Scott, R. L., Castellani, A. M., & Cordova, J. V. (2002). Predicting 2-year marital satisfaction from partners' discussion of their Marriage Checkup. *Journal of Marital and Family Therapy, 28,* 399-407. doi:10.1111/j.1752-0606.2002.tb00365.x

Good, G. E., Dell, D. M., Mintz, L. B. (1989). Male role and gender role conflict: Relations to help seeking in men. *Journal of Counseling Psychology, 36,* 295-300. doi:10.1037/0022-0167.36.3.295

Gottman, J., Markman, H., & Notarius, C. (1977). The topography of marital conflict: A sequential analysis of verbal and nonverbal behavior. *Journal of Marriage and the Family, 39,* 461-477. doi:10.2307/350902

Gottman, J. M. (1994). *What predicts divorce: The relationship between marital processes and marital outcomes.* Hillsdale, NJ: Erlbaum.

Gottman, J. M. (2002). *The relationship cure: A five-step guide to strengthening your marriage, family, and friendships.* New York, NY: Three Rivers Press.

Gottman, J. M., & DeClaire, J. (2002). *The relationship cure: A five-step guide for building better connections with family, friends, and lovers.* New York, NY: Three Rivers Press.

Gottman, J. M., & Gottman, J. S. (1999). The marriage survival kit: A research-based marital therapy. In R. Berger & M. T. Hannah (Eds.), *Preventive approaches in couples therapy* (pp. 304-330). Philadelphia, PA: Brunner/Mazel.

Gottman, J. M., & Levenson, R. W. (1999). How stable is marital interaction over time? *Family Process, 38,* 159-165. doi:10.1111/j.1545-5300.1999.00159.x

Gottman, J. M., & Silver, N. (2000). *The seven principles for making marriage work: A practical guide from the country's foremost relationship expert.* New York, NY: Three Rivers Press.

Grolnick, W. S., & Seal, K. (2008). *Pressured parents, stressed-out kids: Dealing with competition while raising a successful child.* New York, NY: Prometheus Books.

Hahlweg, K., Schindler, L., Revenstorf, D., & Brengelmann, J. C. (1984). The Munich marital therapy study. In K. Hahlweg & N. S. Jacobson (Eds.), *Marital interaction: Analysis and modification* (pp. 3-26). New York, NY: Guilford Press.

Halford, W. K., O'Donnell, C., Lizzio, A., & Wilson, K. L. (2006). Do couples at high risk of relationship problems attend premarriage education? *Journal of Family Psychology, 20,* 160-163. doi:10.1037/0893-3200.20.1.160

Halford, W. K., Osgarby, S., & Kelly, A. (1996). Brief behavioral couples therapy: A preliminary evaluation. *Behavioural and Cognitive Psychotherapy, 24,* 263-273. doi:10.1017/S1352465800015113

Halford, W. K., & Osgarby, S. M. (1993). Alcohol abuse in clients presenting with marital problems. *Journal of Family Psychology, 6,* 245-254. doi:10.1037/0893-3200.6.3.245

Hayes, S. C., Strosahl, K. D., & Wilson, K. G. (1999). *Acceptance and commitment therapy: An experiential approach to behavior change.* New York, NY: Guilford Press.

Holtzworth-Munroe, A., Smutzler, N., Bates, L., & Sandin, E. (1997). Husband violence: Basic facts and clinical implications. In W. K. Halford & H. J. Markman (Eds.), *Clinical handbook of marriage and couples interventions* (pp. 129-151). Chichester, England: Wiley.

Jacobson, N. S., & Christensen, A. (1996). *Acceptance and change in couple therapy: A therapist's guide to transforming relationships.* New York, NY: Norton.

Jacobson, N. S., Follette, W. C., & Pagel, M. (1986). Predicting who will benefit from behavioral marital therapy. *Journal of Consulting and Clinical Psychology, 54,* 518-522. doi:10.1037/0022-006X.54.4.518

Johnson, C. A., Stanley, S. M., Glenn, N. D., Amato, P. R., Nock, S. L., Markman, H. J., & Dion, M. R. (2002). *Marriage in Oklahoma: 2001 baseline statewide survey on marriage and divorce* (S02096 OKDHS). Oklahoma City: Oklahoma Department of Human Services.

Kazdin, A. E. (2008). *Parent management training: Treatment for oppositional, aggressive, and antisocial behavior in children and adolescents.* New York, NY: Oxford University Press.

Kazdin, A. E. (2009). *The Kazdin method for parenting the defiant child.* New York, NY: Mariner Books.

Kreider, R. M. (2005). Number, timing, and duration of marriages and divorces: 2001. *Current Population Reports* (pp. 70-97). Washington, DC: U.S. Census Bureau.

Linehan, M. M. (1993). *Cognitive behavioral treatment of borderline personality disorder.* New York, NY: Guilford Press.

Mackenzie, C. S., Gekoski, W. L., & Know, V. J. (2006). Age, gender, and the under-utilization of mental health services: The influence of help seeking attitudes. *Aging and Mental Health, 10,* 574-582. doi:10.1080/13607860600641200

Maisto, S. A., O'Farrell, T. J., Connors, G. J., McKay, J. R., & Pelcovits, M. (1988). Alcoholics' attributions of factors affecting their relapse to drinking and reasons for terminating relapse episodes. *Addictive Behaviors, 13,* 79-82. doi:10.1016/0306-4603(88)90028-7

Markman, H. J., Floyd, F., Stanley, S. M., & Storaasli, R. D. (1988). Prevention of marital distress: A longitudinal investigation. *Journal of Consulting and Clinical*

Psychology, 56, 210-217. doi:10.1037/0022-006X.56.2.210

Markman, H. J., Renick, M. J., Floyd, F. J., Stanley, S. M., & Clements, M. (1993). Preventing marital distress through communication and conflict management training: A 4- and 5-year follow-up. *Journal of Consulting and Clinical Psychology, 61*, 70-77. doi:10.1037/0022-006X.61.1.70

Markman, H. J., Stanley, S. M., & Blumberg, S. L. (2001). *Fighting for your marriage: Positive steps for preventing divorce and preserving a lasting love*. New York, NY: Jossey-Bass.

Marlatt, G. A. (Ed.). (1998). *Harm reduction: Pragmatic strategies for managing high-risk behaviors*. New York, NY: Guilford Press.

McCarthy, B., & McCarthy, E. (2002). *Sexual awareness: Couple sexuality for the twenty-first century*. Cambridge, MA: Da Capo Press.

McCarthy, B., & McCarthy, E. (2003). *Rekindling desire: A step-by-step program to help low-sex and no-sex marriages*. New York, NY: Routledge.

McCarthy, B., & McCarthy, E. (2012). *Sexual awareness: Your guide to healthy couple sexuality*. New York, NY: Routledge.

McCarthy, B., & Metz, M. E. (2004). *Coping with erectile dysfunction: How to regain confidence and enjoy great sex*. New York, NY: New Harbinger.

McHale, J. P. (2007). *Charting the bumpy road of coparenthood: Understanding the challenges of family life*. New York, NY: Zero to Three Press.

Miller, W. R., & Baca, L. M. (1983). Two-year follow-up of bibliotherapy and therapist-directed controlled drinking training for problem drinkers. *Behavior Therapy, 14*, 441-448. doi:10.1016/S0005-7894(83)80107-5

Miller, W. R., & Rollnick, S. (2002). *Motivational interviewing: Preparing people to change addictive behavior* (2nd ed.). New York, NY: Guilford Press.

Miller, W. R., & Sovereign, R. G. (1989). The check-up: A model for early intervention in addictive behaviors. In T. Loberg, W. R. Miller, P. E. Nathan, & G. A. Marlatt (Eds.), *Addictive behaviors: Prevention and early intervention* (pp. 219-231). Amsterdam, the Netherlands: Swets & Zeitlinger.

Miller, W. R., Sovereign, R. G., & Krege, B. (1988). Motivational interviewing with problem drinkers: II. The Drinker's Check-up as preventive intervention. *Behavioural Psychotherapy, 16,* 251-268. doi:10.1017/S0141347300014129

Morrill, M. I., Eubanks-Fleming, C. J., Harp, A. G., Sollenberger, J. W., Darling, E. V., & Cordova, J. V. (2011). The Marriage Checkup: Increasing access to marital health care. *Family Process, 50,* 471-485. doi:10.1111/j.1545-5300.2011.01372.x

Muñoz, R. F., Mrazek, P. J., & Haggerty, R. J. (1996). Institute of Medicine report on prevention of mental disorders: Summary and commentary. *American Psychologist, 51,* 1116-1122. doi:10.1037/0003-066X.51.11.1116

National Center for Family and Marriage Research. (2009). *Divorce rate in the U.S., 2008* (FP-09-02). Retrieved from http://ncfmr.bgsu.edu/pdf/family_profiles/file78753.pdf

Newton, T. L., Kiecolt-Glaser, J. K., Glaser, R., & Malarkey, W. B. (1995). Conflict and withdrawal during marital interaction: The roles of hostility and defensiveness. *Personality and Social Psychology Bulletin, 21,* 512-524. doi:10.1177/0146167295215009

Norton, A. J., & Moorman, J. E. (1987). Current trends in marriage and divorce among American women. *Journal of Marriage and the Family, 49,* 3-14. doi:10.2307/352664

Ojeda, V. D., & Bergstresser, S. M. (2008). Gender, race-ethnicity, and psychosocial barriers to mental health care: An examination of perceptions and attitudes among adults reporting unmet need. *Journal of Health and Social Behavior, 49,* 317-334. doi:10.1177/002214650804900306

Orman, S. (2006). *The nine steps to financial freedom: Practical and spiritual steps so you can stop worrying.* New York, NY: Three Rivers Press.

Pasch, L. A., Harris, K. W., Sullivan, K. T., & Bradbury, T. N. (2004). The social support interaction coding system. In P. Kerig & D. Baucom (Eds.), *Couple observational coding systems* (pp. 319-334). New York, NY: Guilford Press.

Patterson, G. R., & Forgatch, M. S. (1985). Therapist behavior as a determinant for client noncompliance: A paradox for the behavior modifier. *Journal of Consulting and Clinical Psychology, 53,* 846-851. doi:10.1037/0022-006X.53.6.846

Poston, J. M., & Hanson, W. E. (2010). Meta-analysis of psychological assessment as a therapeutic intervention. *Psychological Assessment, 22,* 203-212. doi:10.1037/a0018679

Prochaska, J. O., & DiClemente, C. C. (1983). Stages and processes of self-change of smoking: Toward an integrative model of change. *Journal of Consulting and Clinical Psychology, 51,* 390-395. doi:10.1037/0022-006X.51.3.390

Ptacek, J. T., Pierce, G. R., & Ptacek, J. J. (2008). Coping, distress, and marital adjustment in couples with cancer: An examination of the personal and social context. *Journal of Psychosocial Oncology, 25,* 37-58. doi:10.1300/J077v25n02_03

Robertson, J. M., & Fitzgerald, L. F. (1992). Overcoming the masculine mystique: Preferences for alternative forms of assistance among men who avoid counseling. *Journal of Counseling Psychology, 39,* 240-246. doi:10.1037/0022-0167.39.2.240

Sareen, J., Jagdeo, A., Cox, B. J., Clara, I., ten Have, M., Belik, S.-L., . . .Stein, M. B. (2007). Perceived barriers to mental health service utilization in the United States, Ontario, and the Netherlands. *Psychiatric Services, 58,* 357-364. doi:10.1176/appi.ps.58.3.357

Schaefer, M. T., & Olson, D. H. (1981). Assessing intimacy: The PAIR inventory. *Journal of Marital and Family Therapy, 7,* 47-60. doi:10.1111/j.1752-0606.1981.tb01351.x

Schmaling, K. B., & Sher, T. G. (1997). Physical health and relationships. In W. K. Halfrod & H. J. Markman (Eds.), *Clinical handbook of marriage and couples interventions* (pp. 323-345). Hoboken, NJ: Wiley.

Schnarch, D. (2009). *Passionate marriage: Keeping love and intimacy alive in committed relationships.* New York, NY: Norton.

Segal, Z. V., Williams, J. M. G., & Teasdale, J. D. (2002). *Mindfulness-based cognitive therapy for depression: A new approach to preventing relapse.* New York, NY: Guilford Press.

Shadish, W. R., & Baldwin, S. A. (2003). Meta-analysis of MFT interventions. *Journal of Marital and Family Therapy, 29,* 547-570. doi:10.1111/j.1752-0606.2003.tb01694.x

Silverstone, B., & Hyman, H. K. (1993). *Growing older together: A couple's guide to understanding and coping with the challenges of later life.* New York, NY:

Pantheon.

Snyder, D. K. (1997). *Marital Satisfaction Inventory, Revised (MSI-R).* Los Angeles, CA: Western Psychological Services.

Snyder, D. K., & Aikman, G. G. (1999). Marital Satisfaction Inventory-Revised. In M. E. Maruish (Ed.), *Use of psychological testing for treatment planning and outcome assessment* (2nd ed., pp. 1173-1210). Mahwah, NJ: Erlbaum.

Snyder, D. K., Baucom, D. H., & Coop Gordon, K. (2007). *Getting past the affair: A program to help you cope, heal, and move on—together or apart.* New York, NY: Guilford Press.

Snyder, D. K., Castellani, A., & Whisman, M. A. (2006). Current status and future directions in couple therapy. *Annual Review of Psychology, 57,* 317-344. doi:10.1146/annurev.psych.56.091103.070154

Stanley, S. M., Amato, P. R., Johnson, C. A., & Markman, H. J. (2006). Premarital education, marital quality, and marital stability: Findings from a large, random household survey. *Journal of Family Psychology, 20,* 117-126. doi:10.1037/0893-3200.20.1.117

Stanley, S. M., & Markman, H. J. (1992). Assessing commitment in personal relationships. *Journal of Marriage and the Family, 54,* 595-608. doi:10.2307/353245

Uebelacker, L. A., Hecht, J., & Miller, I. W. (2006). The Family Check-Up: A pilot study of a brief intervention to improve family functioning in adults. *Family Process, 45,* 223-236. doi:10.1111/j.1545-5300.2006.00092.x

U.S. Census Bureau. (2012). *Statistical abstract of the United States: 2012* (Table 59. Households, families, subfamilies, and married couples: 1980 to 2010). Retrieved from http://www.census.gov/compendia/statab/2012/tables/12s0059.pdf

Veroff, J., Douvan, E., & Kulka, R. A. (1981). *The inner American: A self-portrait from 1957 to 1976.* New York, NY: Basic Books.

Weiner Davis, M. (2003). *The sex-starved marriage: Boosting your marriage libido: A couple's guide.* New York, NY: Simon & Schuster.

Weissman, M. M. (1987). Advances in psychiatric epidemiology: Rates and risks for major depression. *American Journal of Public Health, 77,* 445-451. doi:10.2105/

AJPH.77.4.445

Whisman, M. A. (2007). Marital distress and *DSM-IV* psychiatric disorders in a population-based national survey. *Journal of Abnormal Psychology, 116,* 638-643. doi:10.1037/0021-843X.116.3.638

Whisman, M. A., & Uebelacker, L. A. (2006). Impairment and distress associated with relationship discord in a national sample of married or cohabiting adults. *Journal of Family Psychology, 20,* 369-377. doi:10.1037/0893-3200.20.3.369

Widenfelt, B. V., Markman, H. J., Guerney, B., & Behrens, B. C. (1997). Prevention of relationship problems. In W. K. Halford & H. J. Markman (Eds.), *Clinical handbook of marriage and couples interventions* (pp. 651-675). New York, NY: Wiley.

Winters, K. (2010). Brief interventions with drug abusing adolescents [Class handout]. Department of Psychiatric, University of Minnesota, Minneapolis, MN.

Wolcott, I. H. (1986). Seeking help for marital problems before separation. *Australian Journal of Sex, Marriage, and Family, 7,* 154-164.

Worthington, E. L., McCullough, M. E,. Shortz, J. L., Mindes, E. J., Sandage, S. J., & Chartrand, J. M. (1995). Can couples assessment and feedback improve relationships? Assessment as a brief relationship enrichment procedure. *Journal of Counseling Psychology, 42,* 466-475. doi:10.1037/0022-0167.42.4.466

Yorgason, J. B., Roper, S. O., Sandberg, J. G, & Berg, C. A. (2012). Stress spillover of health symptoms from healthy spouses to patient spouses in older married couples managing both diabetes and osteoarthritis. *Families, Systems, & Health, 30,* 330-343. doi:10.1037/a0030670

찾아보기

저자 소개

James V. Cordova 박사는 임상심리학자로서 미국 클라크 대학교의 심리학과 교수로 재직하고 있으며, 동 대학교의 부부 · 가족 연구 및 결혼 체크업 센터 소장이다. 그는 미국 시애틀에 소재하는 워싱턴 대학교에서 박사학위를 받았으며, Neil Jacobson, John Gottman과 함께 통합적 부부치료에 대한 경험적 연구를 수행하였다. 또한 부부 연구 분야의 리더로서 연구논문을 활발하게 발표해 왔으며, 지난 15년간 많은 부부치료자를 길러 냈다. 그는 동기강화 접근을 사용해서 부부 관계를 증진시키는 결혼 체크업 프로그램을 개발한 연구자로 널리 알려져 있다. 최근에 미국 국립보건소에서 100만 달러의 연구비 지원을 받아 신체건강을 위해 매년 검진을 받는 것처럼 결혼 체크업(검진)을 받는 것의 효과를 검증하는 연구를 수행하여, 연구 결과를 「Journal of Consulting & Clinical Psychology」에 발표했다. 현재 Cordova 박사는 Kristi Coop Gordon 박사와 함께 미국 아동 및 가족 행정부에서 200만 달러의 연구비를 지원받아 1차 진료기관에서 저소득층을 대상으로 결혼 체크업을 실시해 효과를 검증하는 연구를 수행하고 있다. 그의 연구는 뉴욕타임스, 워싱턴포스트, CNN과 같은 미국 주요 언론의 스포트라이트를 받은 바 있다.

역자 소개

권정혜(Jung-Hye Kwon)

서울대학교 심리학과 졸업
미국 UCLA 대학교 임상심리학 박사
미국행동인지치료학회(ABCT) 정회원
한국심리학회 공인 임상심리전문가
한국인지행동치료학회 공인 인지행동 치료전문가
정신보건임상심리사(1급)
인지행동치료전문가
미국 Academy of Cognitive Therapy 공인 슈퍼바이저
전 한국임상심리학회 회장
　한국인지행동치료학회 회장
　아시아인지행동치료학회 회장
현 고려대학교 심리학과 교수
　World Confederation of Cognitive & Behavioral Therapies 창립 준비위원

채규만(Paul Kyuman Chae)

서울대학교 대학원 심리학과 졸업
미국 Illinois Institute of Technology 임상심리학 박사
미국 Couple Communication 강사 훈련 자격증 소유
미국 일리노이주 임상심리전문가
한국심리학회 공인 임상심리전문가
한국심리학회 공인 상담심리전문가
한국인지행동치료학회 공인 인지행동 치료전문가
정신보건임상심리사(1급)
한국 기독상담학회 감독 회원
전 한국임상심리학회 회장
　한국인지행동치료학회 회장
　대한성학회 회장
　정신보건전문요원협회 회장
　성신여자대학교 심리학과 교수
현 한국심리건강센터 소장
　성신여자대학교 심리학과 명예교수

커플 체크업

당신의 결혼은 건강합니까?

The Marriage Checkup Practitioner's Guide
–Promoting Lifelong Relationship Health–

2019년 1월 25일 1판 1쇄 인쇄
2019년 1월 30일 1판 1쇄 발행

지은이 • James V. Cordova
옮긴이 • 권정혜 · 채규만
펴낸이 • 김진환
펴낸곳 • ㈜학지사
04031 서울특별시 마포구 양화로 15길 20 마인드월드빌딩
대표전화 • 02-330-5114 팩스 • 02-324-2345
등록번호 • 제313-2006-000265호

홈페이지 • http://www.hakjisa.co.kr
페이스북 • https://www.facebook.com/hakjisa

ISBN 978-89-997-1729-1 03180

정가 20,000원

역자와의 협약으로 인지는 생략합니다.
파본은 구입처에서 교환해 드립니다.

이 책을 무단으로 전재하거나 복제할 경우 저작권법에 따라 처벌을 받게 됩니다.

이 도서의 국립중앙도서관 출판시도서목록(CIP)은 서지정보유통지원시스템 홈페이지(http://seoji.nl.go.kr)와 국가자료공동목록시스템(http://www.nl.go.kr/kolisnet)에서 이용하실 수 있습니다.
(CIP 제어번호: CIP2018042075)

교육문화출판미디어그룹 학지사
심리검사연구소 **인싸이트** www.inpsyt.co.kr
원격교육연수원 **카운피아** www.counpia.com
학술논문서비스 **뉴논문** www.newnonmun.com
간호보건의학출판 **학지사메디컬** www.hakjisamd.co.kr